REPORT ON THE DEVELOPMENT OF
URBAN RAIL TRANSIT TECHNICAL EQUIPMENT
IN CHINA (2019)

中国城市轨道交通技术装备
发展报告

(2019)

中国城市轨道交通协会技术装备专业委员会／主编

社会科学文献出版社
SOCIAL SCIENCES ACADEMIC PRESS (CHINA)

编委会

主编机构简介

中国城市轨道交通协会（简称城轨协会）是由有城市轨道交通相关业务的发展规划、设计咨询、投资融资、工程建设、运营管理、装备制造、科研院校等单位和个人自愿结成的全国性、行业性、非营利性社会组织。中国城市轨道交通协会技术装备专业委员会（简称专委会）是城轨协会的分支机构之一，目前已吸纳委员单位98家，其中副主任单位11家、理事单位87家，共有800余名专家为各类评审及规范制定等工作提供技术支持。

专委会的工作宗旨是协助政府部门和协会加快推动城轨装备自主化进程，服务业主和会员单位，促进行业健康有序发展。专委会的业务职责包括：致力于城轨装备行业发展的顶层设计研究和促进工作；在协会领导下协助产品认证工作，推动行业采信；完善城轨装备行业的标准体系，组织制定装备团体标准；开展调查研究，保持与业主单位及行业内相关企业的沟通；协助城轨装备方面统计和发布城轨交通装备行业相关数据；组织开展城轨装备行业新技术、新产品及其他重大技术项目的技术咨询、论证、审查、评定；跟踪国内外专业动态，加强海峡两岸暨香港、澳门及国际的技术交流与合作；承办协会委托的其他工作。

序　言

近年来，我国城市轨道（简称城轨）交通持续快速发展，为适应日益增长的城轨交通建设、运营需求，我国大力推进城轨交通装备产业关键技术装备研发及产业化，持续提高技术创新和产业制造能力，城轨技术装备水平大幅提升。随着我国创新驱动发展战略深入推进、国际产业竞争持续升级，国家对轨道交通装备等先进制造业的发展日益重视，为深入推进城轨交通装备创新发展，中国城市轨道交通协会技术装备专业委员会组织对城轨交通关键领域技术装备发展的历程和现状进行梳理，分析我国轨道交通装备发展面临的市场环境、社会环境和政策环境，总结近年来中国城轨技术装备领域在行业管理方面取得的主要成绩，编写了《中国城市轨道交通技术装备发展报告（2019）》，为持续提升我国城轨交通装备技术水平和核心竞争力、牢牢把握未来发展的战略主动权提供决策参考。

本报告是在中国城市轨道交通协会指导下，由中国城市轨道交通协会技术装备专业委员会编撰完成。编写过程中，得到了北京市轨道交通建设管理有限公司、呼和浩特市城市轨道交通建设管理有限责任公司、太原市轨道交通发展有限公司、中国中车股份有限公司城轨事业部、中车研究院科技发展部、中车长春轨道客车股份有限公司、中车青岛四方机车车辆股份有限公司、中车南京浦镇车辆有限公司、比亚迪汽车工业有限公司、北京磁浮交通发展有限公司、新誉集团有限公司、株洲中车时代电气股份有限公司、北京纵横机电科技有限公司、中铁电气化勘测设计研究院有限公司、中国中铁电气化局集团有限公司、交控科技股份有限公司、北京全路通信信号研究设计院集团有限公司、高新现代智能系统股份有限公司、八维通科技有限公司、同方股份有限公司、新松机器人自动化股份有限公司、深圳方大自动化集团有限公司、蒂森电梯有限公司、同方威视技术股份有限公司等单位相关专家及技术人员的大力支持，他们提供了大量专业性素材，为高质量完成书稿编撰提供了有力支撑，在此一并表示感谢。

由于本报告涵盖内容较多，覆盖专业较广，编者业务水平有限，难免存在诸多不当和疏漏之处，热诚欢迎国内外同行、专家及各位读者批评指正。

编委会

2019 年 11 月于北京

摘　要

近年来，我国城市轨道（简称城轨）交通持续快速发展，呈现运营规模化、网络化、制式多元化的发展趋势。截至 2018 年末，内地共计 35 个城市开通运营了 185 条城轨交通线路，运营总里程达 5761.4 公里，在优化城市交通格局、提高交通效率、繁荣城市经济等方面发挥了重要作用。为适应日益增长的城轨交通建设、运营发展需求，我国大力推进城轨交通装备产业关键技术装备研发及产业化，持续提高技术创新和产业制造能力，并取得重要进展。

本书由中国城市轨道交通协会技术装备专业委员会编撰，得到了中国城市轨道交通协会、中国铁道科学研究院集团有限公司、中国中车股份有限公司等单位的大力支持，是国内首部城轨交通技术装备领域的专业研究报告。

本书共分为总报告、技术篇、专题篇及附录四个部分。总报告梳理了中国城轨交通的发展历程、现状与未来发展规划，将中国城轨交通发展历程划分为起步、开始建设、调整、建设高潮、持续健康发展等五个阶段，总结了各阶段发展的主要特点及典型线路；结合行业发展统计数据，从各城轨交通线路长度、制式等方面，总结了中国城轨交通发展现状及发展规划。

第二部分为技术篇。从城轨车辆、车辆电气牵引和控制系统、车辆制动系统、牵引供电和配电系统、信号系统、通信系统、自动售检票系统、综合监控系统、车站设备、云平台、BIM 系统、检测设备等 12 个专业领域，分析了各领域技术装备的发展现状、应用情况及未来主要的发展趋势等。

第三部分为专题篇。从国际国内市场环境、社会环境、政策环境和管理措施四个方面分析了城轨交通技术装备发展面临的外部条件；并从车辆统型、技术装备标准制定、城轨装备试验线及国家装备实验室建设、装备认证四个方面，总结了近年来中国城轨领域在行业管理方面取得的主要成绩。

本报告将有助于全行业及有关部门及时掌握我国城轨交通技术装备发展态势，客观研判未来发展方向，为持续提升我国城轨交通装备技术水平和核心竞争力、牢牢把握发展战略主动权提供决策参考。

目　录

IV 附录

总 报 告

R.1
中国城市轨道交通技术装备发展
回顾与展望

一 中国城市轨道交通发展历程及现状

（一）中国城市轨道交通发展历史

自1969年10月1日北京开通中国内地第一条地铁线路以来，中国内地城市轨道（简称城轨）交通经历了50余年的曲折发展，总结其发展过程，大致经历以下几个阶段。

1. 起步阶段

从20世纪50年代，中国开始筹备地铁建设，规划了北京地铁网络。1965～1976年建设了北京地铁一期工程(54公里)。当时地铁建设的指导思想更注重人防功能。随后建设了天津地铁（7.1公里，现已拆除重建）、哈尔滨人防隧道等工程。

2. 开始建设阶段

20世纪80年代末至90年代初，由于城市规模限制及道路等基础设施比较薄弱，北京、上海、广州等特大城市的交通问题非常突出。以上海轨道交通1号线（21公里）、北京地铁复八线（13.6公里）和地铁一期工程改造、广州地铁1号线（18.5公里）等建设项目为标志，我国内地真正以城市交通为目的的地铁项目开始建设。进入20世纪90年代，随着上海、广州地铁项目的建设，国内一批城市如沈阳、天津、南京、重庆、武汉、深圳、成都、青岛等均开始计划建设轨道交通，并进行了大量的前期工作。

3. 调整阶段

由于各大城市要求建设的地铁项目较多，且在建地铁项目的工程造价较高，1995年12月国务院发布国办60号文，暂停了地铁项目的审批，并要求做好发展规划和国产化工作。同时，原国家计委开始研究制定城市轨道交通设备国产化政策。至1997年底，提出以深圳地铁1号线（19.5公里）、上海轨道交通3号线（24.5公里）和广州地铁2号线（23公里）作为国产化依托项目，并于1998年批复了上述3个项目的立项，从此城市轨道交通建设项目重新开始启动。

4. 建设高潮阶段

随着积极财政政策的实施以进一步扩大内需，国家于1999年开始陆续批准一批城市轨道交通项目开工建设。1999年以后，国家先后审批了深圳、上海、广州、重庆、武汉等10个城市的轨道交通项目开工建设，并投入40亿元国债资金予以支持。

预计至2020年，规划建设国内城市轨道交通的城市总数将达到80座，全国规划建设的城市轨道交通网通车总长度将在6600公里以上。

5. 持续健康发展阶段

为防范地方系统性债务风险，确保城市轨道交通建设运营可持续健康发展，2018年国务院和国家发改委接连发布有关加强城市轨道交通建设管理的文件，分别从城市申报标准、城轨车辆产能管理和城轨安全运行等方面提出了新的要求。2018年3月初，国家发改委就《关于进一步加强城市轨道交通规划建设管理的意见（草案）》广泛征求意见，该草案拟将申建地铁城市的财政收入、GDP、人口等门槛重新优化，以适应各类城市的不同需求环境与财力支撑条件。2018年3月19日，国家发改委发布《加强城市轨道交通车辆投资项目监管有关事项的通知》称，加强城市轨道交通车辆投资项目监管，有效预防和化解产能过剩，并明确城轨车辆产能利用率低于80%的地区，不得新增城轨车辆产能；企业申请建设扩大城轨车辆产能项目，上两个年度产能利用率应均高于80%。2018年3月23日，国务院发布《关于保障城市轨道交通安全运行的意见》强调，城市轨道交通发展要与城市经济社会发展阶段、发展水平、发展方向相匹配、相协调。2018年7月13日，国务院办公厅印发《关于进一步加强城市轨道交通规划建设管理的意见》（国办发〔2018〕52号）（简称"52号文"），对新形势下我国城市轨道交通规划建设工作作出部署，提出了申报建设轨道交通城市的GDP、财政、市区常住人口等硬性指标，以保障城市轨道交通建设运营可持续健康发展。

随着中国城市轨道建设进入持续健康的发展阶段，"十三五"期间，我国城轨将由一线城市有序向二线甚至少数发达三线城市逐步渗透，未来城轨发展的主要驱动力也来自多点崛起的城市群。2016年5月，国家发改委与交通运输部联合印发的《交通基础设施重大工程建设三年行动计划》指出，2016～2018年国家将在城市交通领域重点推进103个项目前期工作，新建城市轨道交通2000公里以上，共涉及资金1.65万亿元。未来，城市轨道建设速度将进一步加快，全国范围内城轨装备需求量将进一步扩大。

（二）中国城市轨道交通发展现状

伴随经济发展，中国城市交通拥堵问题日趋严重，城市轨道交通以其运量大、全天候、安全等特点，成为缓解城市交通压力的重要方式。近年来，国内城市轨道交通行业快速发展，新运营里程持续扩大。截至2018年12月31日，我国已建成并投入运营的城市轨道交通线路为5761.4公里（不含港澳台，包含地铁、轻轨、单轨、市域快轨、现代有轨电车、磁（悬）浮交通、APM）。其中，地铁4354.3公里，占线路总长的75.6%；轻轨255.4公里，占线路总长的4.4%；单轨98.5公里，占线路总长的1.7%；市域快轨656.5公里，占线路总长的11.4%；现代有轨电车328.7公里，占线路总长的5.7%；磁浮交通57.9公里，占线路总长的1.00%；APM 10.2公里，占线路总长的0.2%。2018年中国各城市轨道交通运营线路规模统计如表1所示。

表1 2018年各城市城轨交通运营管线路规模统计汇总

序号	城市	线路长度（公里）	各系制式线路长度（公里）							各敷设方式线路长度（公里）			场站（座）		
			地铁	轻轨	单轨	市域快轨	现代有轨电车	磁浮交通	APM	地下线	地面线	高架线	车站	换乘站	停车场/车辆段
1	北京	713.0	617.0	／	／	77.0	8.9	10.2	／	434.7	132.8	145.5	347	59	31
2	上海	784.6	669.5	／	／	56.0	23.7	29.1	6.3	430.5	96.1	258.1	386	59	31
3	天津	226.8	166.7	52.3	／	／	7.9	／	／	149.5	15.9	61.5	163	7	13
4	重庆	313.4	214.9	／	98.5	／	／	／	／	183.2	2.1	128.1	160	19	16
5	广州	463.9	452.3	／	／	／	7.7	／	3.9	383.9	11.4	68.5	227	28	17
6	深圳	297.6	285.9	／	／	／	11.7	／	／	240.6	17.4	39.6	186	29	16
7	武汉	348.0	263.7	37.8	／	／	46.4	／	／	229.1	41.8	77.1	233	27	22
8	南京	394.3	176.8	／	／	200.8	16.7	／	／	198.2	28.0	168.2	187	13	15
9	沈阳	128.4	59.0	／	／	／	69.4	／	／	59.0	69.4	／	119	4	4
10	长春	117.7	38.6	61.5	／	／	17.5	／	／	42.9	55.0	19.8	119	8	7
11	大连	181.3	54.1	103.8	／	／	23.4	／	／	55.2	55.3	70.8	106	3	7
12	成都	329.8	222.1	／	／	94.2	13.5	／	／	204.3	111.0	14.5	190	14	11
13	西安	123.4	123.4	／	／	／	／	／	／	112.0	／	11.4	89	6	8
14	哈尔滨	21.8	21.8	／	／	／	／	／	／	21.8	／	／	22	1	1
15	苏州	164.9	120.7	／	／	43.0	44.2	／	／	112.8	45.0	7.1	120	6	8
16	郑州	136.6	93.6	／	／	／	／	／	／	76.3	44.3	16.0	64	2	4
17	昆明	88.7	88.7	／	／	／	／	／	／	63.7	3.3	21.7	57	4	6
18	杭州	114.7	114.7	／	／	／	／	／	／	108.1	0.5	6.1	80	5	5

续表

序号	城市	线路长度（公里）	各系统制式线路长度（公里）							各敷设方式线路长度（公里）			场站（座）		
			地铁	轻轨	单轨	市域快轨	现代有轨电车	磁浮交通	APM	地下线	地面线	高架线	车站	换乘站	停车场/车辆段
19	佛山	21.5	21.5	/	/	/	/	/	/	21.5	/	/	15	/	1
20	长沙	67.3	48.8	/	/	/	/	18.6	/	47.8	/	19.5	45	1	3
21	宁波	74.5	74.5	/	/	/	/	/	/	39.5	/	35.0	50	1	5
22	无锡	55.7	55.7	/	/	/	/	/	/	41.5	0.3	13.9	45	1	4
23	南昌	48.5	48.5	/	/	/	/	/	/	48.5	/	/	40	1	3
24	兰州	61.0	/	/	/	61.0	/	/	/	/	61.0	/	6	/	1
25	青岛	178.2	44.9	/	/	124.5	8.8	/	/	70.8	10.7	96.7	92	3	6
26	淮安	20.1	/	/	/	/	20.1	/	/	/	20.1	/	23	/	1
27	福州	24.6	24.6	/	/	/	/	/	/	24.6	/	/	21	/	2
28	东莞	37.8	37.8	/	/	/	/	/	/	33.7	0.4	3.6	15	/	1
29	南宁	53.1	53.1	/	/	/	/	/	/	53.1	/	/	41	/	3
30	合肥	52.3	52.3	/	/	/	/	/	/	52.3	/	/	46	2	2
31	石家庄	28.4	28.4	/	/	/	/	/	/	28.4	/	/	26	1	3
32	贵阳	33.7	33.7	/	/	/	/	/	/	29.7	1.6	2.4	24	1	2
33	厦门	30.3	30.3	/	/	/	/	/	/	25.9	1.6	2.8	24	/	2
34	珠海	8.8	/	/	/	/	8.8	/	/	/	8.8	/	14	/	1
35	乌鲁木齐	16.7	16.7	/	/	/	/	/	/	16.7	/	/	12	/	1
总计		5761.4	4354.3	255.4	98.5	656.5	328.7	57.9	10.2	3639.8	833.6	1288.0	3394	305	263

由以上的统计数据可知，中国内地的城轨交通已经进入持续健康发展的新阶段，运营规模创历史新高，城轨交通发展日渐网络化、差异化，制式结构多元化，网络化运营逐步实现。

（三）中国城市轨道交通发展规划

截至 2018 年底，据不完全统计，共有 63 个城市的城轨交通线网规划获批（含国家发改委批复的 44 个城市和地方政府批复的 19 个城市），其中，城轨交通线网建设规划在实施的城市共计 61 个，线路总长 7611.0 公里（不含已开通运营线路），包含地铁、轻轨、单轨、市域快轨、现代有轨电车和 APM 6 种制式。其中，地铁 6118.8 公里，占比 80.4%；轻轨 28.8 公里，占比 0.4%；单轨 101.9 公里，占比 1.3%；市域快轨 665.0 公里，占比 8.7%；现代有轨电车 691.6 公里，占比 9.1%；APM 4.9 公里，占比 0.1%；无磁浮交通规划线路。同时，建设规划线路 3 条及以上的城市有 38 个，27 个城市扣除已运营线路后的建设规划规模均超 100 公里。规划车站总计 5129 座（按线路累计计算），其中换乘站 1372 座，换乘站占比约为 26.8%（见表 2）。

表 2　2018 年各城市城轨交通规划线路规模统计汇总

单位：公里，座

序号	城市	规划建设线路长度	各系统制式线路长度							车站数	
			地铁	轻轨	单轨	市域快轨	现代有轨电车	磁浮交通	APM	车站	换乘站
1	北　京	438.9	401.1	/	/	/	32.9	/	4.9	206	81
2	上　海	413.1	311.3	/	/	86.2	15.6	/	/	518	157
3	天　津	295.7	295.7	/	/	/	/	/	/	153	36
4	重　庆	267.5	239.5	/	/	28.0	/	/	/	156	57
5	广　州	271.2	256.8	/	/	/	14.4	/	/	134	/
6	深　圳	263.5	263.5	/	/	/	/	/	/	168	73
7	武　汉	291.0	260.8	/	/	30.2	/	/	/	151	35
8	南　京	240.3	194.1	/	/	46.2	/	/	/	81	33
9	沈　阳	123.8	123.8	/	/	/	/	/	/	62	27
10	长　春	162.5	105.6	28.8	/	28.2	/	/	/	183	62

续表

序号	城市	规划建设线路长度	各系统制式线路长度							车站数	
			地铁	轻轨	单轨	市域快轨	现代有轨电车	磁浮交通	APM	车站	换乘站
11	大 连	144.3	101.5	/	/	42.8	/	/	/	80	24
12	成 都	347.5	279.5	/	/	/	68.0	/	/	244	64
13	西 安	224.3	224.3	/	/	/	/	/	/	153	44
14	哈 尔 滨	72.1	72.1	/	/	/	/	/	/	53	17
15	苏 州	312.7	229.6	/	/	41.0	42.1	/	/	247	57
16	郑 州	106.1	106.1	/	/	/	/	/	/	85	39
17	昆 明	110.0	110.0	/	/	/	/	/	/	72	32
18	杭 州	399.7	339.0	/	/	60.7	/	/	/	279	92
19	佛 山	116.8	102.5	/	/	/	14.3	/	/	66	19
20	长 沙	213.1	213.1	/	/	/	/	/	/	145	43
21	宁 波	124.0	100.1	/	/	23.9	/	/	/	76	23
22	无 锡	59.1	59.1	/	/	/	/	/	/	42	7
23	合 肥	123.3	123.3	/	/	/	/	/	/	100	30
24	南 昌	96.4	96.4	/	/	/	/	/	/	78	20
25	青 岛	211.3	150.6	/	/	60.7	/	/	/	125	48
26	福 州	150.9	150.9	/	/	/	/	/	/	109	31
27	南 宁	100.2	100.2	/	/	/	/	/	/	82	24
28	石 家 庄	56.5	56.5	/	/	/	/	/	/	45	13
29	济 南	84.4	84.4	/	/	/	/	/	/	43	19
30	太 原	49.2	49.2	/	/	/	/	/	/	23	7
31	兰 州	36.0	36.0	/	/	/	/	/	/	29	10
32	贵 阳	140.9	80.3	/	/	60.6	/	/	/	90	24
33	乌鲁木齐	89.7	89.7	/	/	/	/	/	/	72	20
34	呼和浩特	49.0	49.0	/	/	/	/	/	/	42	1
35	厦 门	227.5	227.5	/	/	/	/	/	/	96	33
36	徐 州	67.0	67.0	/	/	/	/	/	/	52	15
37	常 州	61.3	54.0	/	/	/	7.3	/	/	54	3
38	东 莞	126.9	126.9	/	/	/	/	/	/	47	5
39	南 通	59.6	59.6	/	/	/	/	/	/	31	6
40	温 州	156.5	/	/	/	156.5	/	/	/	35	4
41	芜 湖	46.9	/	/	46.9	/	/	/	/	36	6
42	包 头	42.1	42.1	/	/	/	/	/	/	32	1
43	洛 阳	41.3	41.3	/	/	/	/	/	/	33	6

序号	城市	规划建设线路长度	各系统制式线路长度							车站数	
			地铁	轻轨	单轨	市域快轨	现代有轨电车	磁浮交通	APM	车站	换乘站
44	绍　兴	44.9	44.9	/	/	/	/	/	/	29	2
45	南　平	26.2	/	/	/	/	26.2	/	/	9	/
46	三　亚	8.7	/	/	/	/	8.7	/	/	15	/
47	泉　州	53.7	/	/	/	/	53.7	/	/	56	/
48	台　州	70.5	/	/	/	/	70.5	/	/	73	/
49	黄　石	27.0	/	/	/	/	27.0	/	/	26	/
50	渭　南	55.0	/	/	55.0	/	/	/	/	5	/
51	安　顺	26.9	/	/	/	/	26.9	/	/	32	/
52	红河州	62.3	/	/	/	/	62.3	/	/	83	18
53	文　山	17.2	/	/	/	/	17.2	/	/	18	/
54	德令哈	14.8	/	/	/	/	14.8	/	/	20	/
55	天　水	20.1	/	/	/	/	20.1	/	/	17	/
56	毕　节	28.1	/	/	/	/	28.1	/	/	18	/
57	泸　州	44.2	/	/	/	/	44.2	/	/	21	/
58	黔南州	22.0	/	/	/	/	22.0	/	/	18	/
59	弥　勒	18.9	/	/	/	/	18.9	/	/	19	/
60	瑞　丽	35.5	/	/	/	/	35.5	/	/	39	/
61	保　山	21.0	/	/	/	/	21.0	/	/	23	4
	总　计	7611.0	6118.8	28.8	101.9	665.0	691.6	/	4.9	5129	1372

注：①表中1～44项中的地铁、轻轨、单轨、市域快轨、APM线路为国家发改委审批项目，1～44项中的现代有轨电车、磁浮交通线路和44项以后项目均为地方政府审批项目，国家发改委审批项目总计6864.4公里，占比90.2%，地方政府审批项目总计746.6公里，占比9.8%；②已开通运营的线路不再计入此统计表内；③截至统计期末，获批情况未公示的项目不计入在内；④景区内旅游线路、工业园区内仅供员工使用的通勤线路、科研试验线等不承担城市公共交通职能的线路不计入在内。

截至2018年底，国家发改委批复的44个城市规划线路总投资达38911.1亿元。其中上海、北京、广州、杭州、深圳、武汉6市的投资计划均超过2000亿元，6市规划线路投资总额为15438.8亿元，占全国已批复规划线路投资的37.1%；成都、重庆、青岛、天津、西安、苏州、福州、厦门、长沙9市规划线路投资总额均在1000亿元以上。城市轨道交通计划总投资额稳步增长,各城市线路规模持续扩大,并逐渐成网,城市轨道交通已从单一线路化发展逐步迈入网络化发展时代。

二 中国城市轨道交通关键技术、核心产品 及装备研发现状

近年来,为全面提升我国轨道交通装备技术水平和核心竞争力,进一步提高轨道交通装备自主研发产品质量保障能力、试验验证能力,实现从"中国制造"向"中国创造"转型并推进我国轨道交通装备"走出去",我国通过统筹安排系列自主化产品研制与产业化应用项目等措施,围绕城市轨道交通车辆、轨道交通控制系统等重点领域的主要任务,进行了一系列科研探索和创新实践,极大地推动了我国城市轨道交通装备产业向中高端迈进取得突破性进展,进一步健全完善了轨道交通装备产品体系,并在智能化城市轨道交通关键装备工程化应用方面取得了初步成效,城市轨道交通全产业链配套与服务能力、产品质量保障能力得到明显提升。

对中国城市轨道交通关键技术、核心产品及典型装备研发现状以及未来技术发展趋势进行概括梳理如下。

(一)城轨车辆技术

《城市公共交通分类标准》(CJJ/T 114 - 2007)明确了城市轨道交通系统包括地铁系统、单轨系统、有轨电车、磁浮系统、自动导向轨道系统、市域快速轨道系统等,一般不同的轨道交通系统对应着不同的车辆形式。

1. 地铁车辆

我国地铁车型分为 A 型、B 型以及 L 型(采用直线电机牵引)。A 型地铁列车长度一般在 21~24 米,宽度为 3 米;B 型地铁列车长度一般在 19~21 米,宽度为 2.8 米;L 型地铁列车长度一般在 16~19 米,宽度为 2.8 米,目前国内使用较少,仅有早期的北京机场线、广州地铁 4、5、6 号线在使用。近年来,地铁车辆技术的发展逐渐表现出车辆高速化、车辆结构轻量化

及安全舒适性要求提高、列车智能化、牵引变流技术 SiC 代替 IGBT、永磁直驱牵引技术、以太网列车通信网络技术以及变频制冷和热泵采暖空调节能技术等趋势。

2. 单轨车辆

单轨车辆按照走行模式和结构，主要分为悬挂式和跨座式两类。其中，中运量跨座式单轨交通系统特色鲜明，其单向客运能力为每小时 1 万～3 万人次，且在编组方式、能源利用、系统整合、车辆轻量化、维修保养、建设成本以及运营安全等方面具有一定的优势。中运量跨座式单轨车辆采用动力电池＋地面储能电站＋车辆智能电源管理系统的组合，可以充分吸收制动回馈能量，能量利用效率大大提高。此外，车辆设计有智能化控制系统，信号系统、通信系统及储能电站等数据均与车辆系统进行实时交互，实现功能高度整合。新型中运量跨座式单轨通过云系统把车辆的控制与线路信号紧密结合，并且通过云平台的大数据智能化管理，把车辆运营、维保、乘客服务等无缝对接，提高了系统效率，降低了运营风险。

3. 现代有轨电车

现代有轨电车从制式方面可以分为钢轮钢轨车辆和胶轮导轨车辆。胶轮导轨车辆仅有法国劳尔公司生产，且胶轮车辆造价高昂，国内仅有天津泰达和上海张江两条线路使用；钢轮钢轨车辆因技术成熟且造价低廉，正逐渐成为国内新建有轨电车线路的首选。目前，国内有能力生产有轨电车并具备交付业绩的厂商有南京浦镇、大连机车、青岛四方、长春客车、株洲机车和唐山客车等。

4. 中低速磁浮车辆

在需求和新技术的推动下，中低速磁浮车辆技术发展显示出智能化"中低速磁浮车辆＋"的新形势，全自动运行系统（FAO）将车辆控制与列车控制系统深度融合，从而实现控制的便捷、高效，减少了车载基础设备的资源浪费。此外，随着维护检修智能化技术的提高（如检修机器人的投入使用），中低速磁浮车辆车载设备标准模块化趋势也逐渐显现。应用方面，2016 年 5 月，长沙磁浮快线实现商业载客试运营，最高运行速度达 100km/

h；2017 年 12 月，北京 S1 磁浮线实现商业载客试运营，最高运营速度达 100km/h，更高等级速度的中速磁浮列车已生产下线；2018 年 6 月，在株机下线商用磁浮 2.0 版中速磁浮列车，设计时速为 160km/h；2018 年 11 月，新一代中低速磁浮车在中车大连下线，最高运行时速达 160km/h。

5. APM 车辆

由于 APM 车辆只适用于小区域范围内的客流旅客疏运，国内开通的 APM 线路只有广州、北京、上海 3 条。目前，我国 APM 车辆核心设备产业化已具备了良好的技术能力储备，在引进新技术的同时，不断对车辆一些关键部件进行结构及性能优化，逐步具备产品升级改造能力，设备采购和维护成本不断降低。随着我国 APM 车辆、信号、牵引系统等核心机电设备国产化、产业化进程的推进，APM 捷运系统将有望更多地融入我国大城市的轨道交通网络中。

6. 市域快轨车辆

市域快轨车辆采用更大功率的牵引动力，最高运行时速可达 160km，速度等级较普通地铁车辆提高近一倍。市域快轨在交通制式上、线路敷设方式上呈现多样化特点，因此在系统技术与设备标准上也进行了适当调整。目前，国内一些城市在开展中心城区城市轨道交通建设的同时，已着手开展市域快轨线网规划的编制工作，个别城市已启动了市域快轨建设。以北京为例，目前已至少规划 3 条 R 线、6 条 S 线，以及新机场线与其他各市郊专线等，要求车辆运营时速在 120 ~ 160km，皆属于市域快轨交通。

7. 城际列车

为满足区域经济快速发展和城市群崛起对城际轨道交通的需求，我国成功研制 CRH6 型城际动车组。CRH6 型城际动车组在保持和谐号高速动车安全、可靠等优点的基础上，吸收了传统地铁车辆轻型、载客多等优点，兼具高速列车和地铁列车的部分优势，完善和补充了我国轨道交通车辆的层次架构。该系列动车组分为时速 200km/h 的 CRH6A、时速 160km/h 的 CRH6F 和时速 140km/h 的 CRH6S 三种速度级别类型。

（二）车辆牵引和控制技术

城市轨道交通车辆电气牵引和控制系统包括交流电传动系统、网络控制和诊断系统、辅助电源系统三大车载电气子系统。随着电力电子技术、信息技术、新型材料等新技术的发展和现代控制技术的进步，城市轨道交通车辆电气牵引和控制系统也在向更高效、安全、绿色、智能方向发展。近年来，在高能效永磁同步电机驱动、以太网列车控制和诊断、高频辅助变流器、智能运维等方面，已取得技术突破和阶段性成果，相关成果开始应用于实践并逐步批量应用。

1. 高能效永磁同步电机驱动系统

我国中车株洲电力机车研究所有限公司（简称中车株洲所）等机构从2000年以后便开始进行永磁同步牵引电动机的研究，自2010年在沈阳地铁2号线装车应用研究以来，先后在地铁车辆和有轨电车上得到应用。目前典型的应用项目有长沙地铁、北京地铁、天津地铁、浦镇低地板、佛山高明低地板、青海德令哈低地板、韩城空轨车辆等。永磁同步电机驱动系统的关键技术如系统设计、永磁同步电机设计、永磁材料可靠性及其应用、变流及其控制策略等获得突破，并通过数个项目的实践和应用验证，不但日趋成熟，而且在向无位置传感器控制、电机不解体维护新型结构、轻量化等方向发展。此外，满足轨道交通特定线路及车辆需求条件的低地板车、城轨地铁等，也逐渐在应用或研究永磁直驱系统以实现其特殊需求。

2. 以太网列车控制和诊断系统

中车株洲所等单位在2012年就已经完成了基于实时以太网技术的网络控制平台研发，DTECS – 2是完全符合即将颁布的IEC 61375国际标准的最新版本，其网络架构分为两级：以太骨干网，采用骨干网交换机，链路汇聚方式进行冗余；编组网，采用编组网交换机，环网方式进行冗余。目前，相关成果已实现装车应用，如长沙地铁1号线和3号线、红河低地板车、洛杉矶地铁、北京新机场线等。

3. 高频辅助变流器

隔离变压器工作频率为18～20kHz，重量轻；效率达92%～94%；电路技术串联或并联设计，适应 DC1500V/750V 电网；前级 Boost/Buck 预稳定变换器；IGBT 零电压开通，小电流关断，损耗低；整流二极管零电流关断，损耗低无反向恢复问题。目前，高频辅助变压器不仅在城轨地铁中有应用，而且在有轨电车、空轨实现了装车考核。

4. 智能运维系统

国内相关单位如中车株洲所等已研发出成熟的牵引、辅变、网络、制动等成型产品并已批量应用于机车、动车、城轨等轨道交通领域，行业内产品应用经验丰富，能为整车设备的智能化管理研究提供技术支撑，可以提供针对列车关键部件的检测、诊断和预测等服务。现有的车载信息化与智能化平台 CMD、WTDS、OCS 已经在机车、动车、城轨领域批量运用，具备采集车载所有数据的功能，为城市轨道交通领域智能化系统的设计、测试以及模型训练提供数据支撑。

（三）车辆制动技术

制动系统作为城市轨道交通车辆的重要组成部分，承担车辆运行的调速、停车控制等功能，其性能直接影响车辆的运行组织和运营安全。模块化、小型化、轻量化是制动系统产品的主要发展方向，而网络化和智能化将是未来的控制技术发展方向，对产品的安全性、可靠性、可维护（修）性也会有更高的要求，同时生命周期成本要逐步降低。

1. 系统协同

基于目前制动系统的制动力管理、停车控制、防滑控制性能，以车辆整体运行要求为目标，制动系统是制动力控制的执行机构，而整列车的制动车控制需在减少制动磨耗、管理制动力、提高运行效率等方面进行协同。

2. 网络化和智能化发展

就制动系统而言，网络化主要是需要采用统一的以太网，实现从设备到列车再到地面通信协议和数据的一致。目前，国内的主要设备生产商都可以提供以太网连接设备，完全使用以太网控制的城轨列车已开始进行设计和生产。关于智能诊断，制动系统自身的智能化发展目前还处于起步阶段。制动智能诊断技术主要发展方向为把目前广泛使用的固定判定条件的诊断方式发展为具有历史数据及趋势分析的智能诊断和预测诊断，以更好地支撑智能化的预防性维修。

3. 轻量节能

基础制动装置多数部件均使用铸造成型的工艺方法，为避免各种因素对结构强度的影响，在设计时结构冗余度较高，带来的负面效果就是重量偏大。通过采用强度更高的材料，使结构能够更加简洁，能够以较小的截面来满足强度要求，从而达到减重的目的。

4. 无油空气压缩机

无油空气压缩机面临的最大问题是润滑油乳化、装置的轻量化和节能环保。目前，由车辆耗风低引起的工作率低和乳化问题，会引起压缩空气含油量过高；若液态油进入车辆管路，对车辆造成的影响非常大，甚至引起制动系统故障，严重时需对部件进行返厂大修。不仅如此，有油空气压缩机漏油会带来环境污染等诸多问题。考虑无油空气压缩机对于空气质量的高要求，其是否完全适用还有待观察，与此同时无油空气压缩机的价格高昂，也将是延缓其在国内市场进一步推广的重要影响因素。因此，无油空气压缩机应用也会得到广泛关注。

（四）牵引供电和配电技术

城市轨道交通系统中，牵引供电和配电系统相关设备的选择及新技术、新产品、新工艺、新材料等的应用，始终遵循"技术先进、安全可靠、节能环保、投资经济、运营方便"的原则。为了使供电系统可靠地运行，应选用具有一定运行经验的、成熟的、可靠的节能型产品，并应充分考虑运营维护的安全、便利性。

1. 主变电所或开闭所

主变压器采用有载调压三相双绕组（或加平衡绕组）交流电力变压器，具有损耗低、噪声低、局放小、抗短路能力强、可靠性高、寿命长、现场安装维护方便的特点。近年来，在主变电所采用静止无功发生器（Static Var

Generator，SVG）进行无功补偿，该技术代表了无功补偿技术的发展已在轨道交通供电系统主变电所实现了广泛应用。

2. 接触网

近年来接触网方面新技术、新产品、新工艺、新材料等获得了较大的发展和应用，主要体现在接触网承力索铜铬锆合金绞线、接触网地下区段纳米导电精、接触网防雷技术、专用回流轨回流系统、双重绝缘技术以及全自动驾驶城市轨道交通无人区接触网系统方案的应用等领域。

3. 电力监控系统

目前国内北京、上海、南京等早期开通过的轨道交通线路电力监控系统采用以线路为单元单独构建电力监控系统，但是随着综合监控系统在轨道交通中应用的成熟和广泛，电力监控系统的中央级和车站级基本都会采用集成于综合监控系统中，电力监控系统的变电所综合自动化系统则单独设置。未来，基于云技术架构的综合监控系统以及基于 IEC61850 的数字化变电站综合自动化系统将得到更为广泛的应用。

4. 再生电能利用

储能介质（超级电容、电池、飞轮等）技术不断发展，超级电容储能方案已在广州、东莞、青岛、北京等地挂网试验，在北京 8 号线四期 2 座牵引变电所正式运行。目前，国内供货商逐渐掌握了相关核心原材料的生产技术，采用国内生产设备替代进口生产设备，使超级电容器大幅度降低成本成为可能，为电容储能装置在轨道交通推广应用提供了有利条件。但电容的寿命受充放电次数（温度在 25℃时，电容充放电寿命为 100 万次）和环境温度影响较大，性能还需进一步提升。

5. 能源管理系统

线路级能源管理系统智能表计技术成熟，已广泛应用在轨道交通供电系统、动力照明系统供电回路的智能计量。同时，给排水系统设置远传水表和通风系统设置智能热力表计技术成熟，已被广泛应用在国内轨道交通车站和车辆基地，为能源管理系统提供数据支撑。

（五）信号技术（含FAO）

城市轨道交通信号系统是指挥列车运行，保证列车安全，提高运输效率的关键设备，通常由各类信号显示、轨道电路、道岔转辙机等设备及其他附属设施构成。2000年以来，在技术和市场的推动下，出现了基于通信的列车控制系统（Communication Based Train Control，CBTC）。CBTC应用初期，其核心技术掌握在西门子、泰雷兹、阿尔斯通等少数国际巨头手中，不同核心技术提供方的技术封闭性导致了不同厂家的信号系统之间无法进行接口，增加了运营管理的成本和难度。近年来，各家掌握CBTC核心技术的厂商有意愿为线网级运营提供更加适用的信号系统，同时，为推进互联互通工作，中国城市轨道交通协会组织相关单位讨论明确了互联互通的具体需求，并已完成全部12个规范的编制和发布工作。重庆市轨道交通4号线、5号线、10号线及环线作为国家级示范工程，首先应用互联互通信号系统；北京地铁5号线是纵向互联互通需求的典型代表。

网络化、自主化、智能化、云计算化是轨道交通发展的重要方向，面对行业的发展，信号系统的重要发展方向主要表现为以下三方面。

1. 互联互通全自动运行

互联互通FAO（I-FAO）是指轨道交通路网内，装载不同厂商信号设备的全自动运行列车跨线和共线运行，从而实现轨道交通路网间的联通、联运。互联互通全自动运行的关键技术及创新点涉及：统一适用于全自动运行的轨道交通互联互通的信号系统需求和系统架构、统一适用于全自动运行互联互通的子系统需求分析和功能分配、适用于全自动运行互联互通的一系列接口规范、满足全自动运行高可靠性的互联互通设备的优化以及优化基于全自动运行的轨道交通互联互通信号系统的LTE综合承载数据流。

2. 基于车车通信的全自动运行

基于车车通信的全自动运行突破了目前所有轨道交通列车控制系统均依赖于车站和轨旁设备实现列车运行控制的固有模式，完全依靠车载实现列车控制，列车之间可通过无线通信完成信息交互，从而直接获知前行列车的位置和速度，并控制列车运行。

3. 基于云平台的大数据应用及调度

基于云平台的大数据应用及调度可以满足行车调度指挥智能化和集成化的需要，满足网络化运营、应急管理发展以及全自动运行的需要，采用云平台的大数据应用及调度的新一代信息化体系是城轨信息化建设的发展趋势。

（六）通信技术

通信系统设备是城市轨道交通主要的组成部分，一般由专用通信系统、民用通信引入系统、公安通信系统组成。在以"互联网＋大数据＋人工智能"三位一体解决方案为核心的新兴产业融合基础技术在国内迅速兴起的环境下，在轨道交通自动化、信息化、智能化的运营管理和调度指挥理念的推动下，轨道交通通信系统技术装备也在向着 IP 化、集中化、综合化方向发展。

1. 传输系统

目前可应用于轨道交通的传输技术主要包括：OTN（开放式传输网络）、MSTP（多业务传送平台）、纯 IP 技术以及 PTN（分组传送网络）。随着以视频、云计算、物联网为代表的新兴业务对带宽需求剧增，加之传输系统呈现高速率、高容量的发展趋势，现有的骨干光传输系统迫切要求进一步提升传输容量，光传输复用维度也从单纯的时分复用发展到时间、波长、频率、偏振态、传输模式的多维复用、多管齐下。

2. 无线通信系统

LTE 技术在城市轨道交通正在得到广泛应用，部分城市正在开展建设宽窄带融合，是涵盖无线调度、车地数据传输等业务的综合无线通信系统的有益尝试。未来，LTE 技术将进一步拓展在城市轨道交通运营管理中的应用领域，提供承载语音、视频、数据等业务的综合无线业务平台将成为未来一段时间的发展趋势。

（七）综合监控

城市轨道交通综合监控系统是一个功能强大的、开放的、模块化的、可扩展的分布式控制系统，是一个集成和互连了多个子系统的综合系统。综合监控系统的发展以城市轨道交通运营为目标，作为面向轨道交通运营的数字化信息共享平台，超越了独立系统的局限性，将各个系统的信息进行采集、集中处理、集中调度、联动控制，并适当提供统计、分析、辅助决策功能，为调度、维护人员提供最简便、直接的手段，做出快速、高效的响应。近年来，以 ISCS 为核心的线路生产信息集成平台逐渐发展和成熟，在轨道交通的系统集成上，借助以云计算、物联网、智能传感和大数据技术为代表的新一代信息技术开始有效地应用，轨道交通系统逐步集成并呈现智能化、网联化、协同化趋势，开始注重智能巡检、节能等领域技术的发展。

（八）车站设备

目前，人工智能、大数据、毫米波、太赫兹、CT 技术等新兴技术逐渐应用到安检防爆领域，如基于智能识别算法的 X 光安检机智能识别机，是对 X 光安检机生成的图像进行智能判别的专用设备，目前已经在北京地铁、厦门 BRT、重庆地铁、成都地铁得到应用；采用安全的主动式毫米波技术的毫米波人体安检门，以非接触的方式对人体体表进行快速查验，已在深圳地铁等展开试点应用；太赫兹安检设备在北京等地地铁有试点应用。未来，随着 AI 技术、大数据等技术的进一步发展，以及与安检技术的不断融合、转化，为适应轨道交通的行业特点，未来安检设备的发展将呈现集成化、智能化、大数据、服务标准化等趋势。

（九）云平台

云计算是一种新兴的共享基础架构的方法。建立在云计算技术发展基础之上的城市轨道交通云平台技术，充分利用云计算技术对城市轨道交通企业的资源进行整合，打通各专业系统数据壁垒，以提升整体信息化系统的弹性、动态性、整体性。目前，城市轨道交通云平台技术发展处于 IaaS 阶段，随着云计算、大数据、物联网等新技术与城市轨道交通的深度融合，新一代信息化体系架构将助推基于 IaaS 架构的城市轨道交通云平台的建设与发展。针对城市轨道交通云平台的技术应用，国内相关单位从两个方面展开了深入研究：一是业务系统云化部署，二是运用云计算技术有效提升城市轨道交通信息化发展水平。

针对城市轨道交通安全与既有线路改造困难的问题，深圳、温州、武汉等城市在新建线路中针对部分业务系统在不改变系统原有架构基础上使用云化部署方案。此方案可解决单系统的资源弹性扩展与动态部署问题，但是没有打破系统与系统之间的信息传递壁垒，目前温州 S1 线一期工程西段开通试运行。呼和浩特、太原等城市则充分利用新建城市的后发优势，在建设之初就搭建基于车站、线网中心两级架构的线网级融合云平台，将传统模式下的车站、线路中心、线网中心三级架构进行优化升级，后续新线接入线网中心云平台，而且根据城市轨道交通业务系统安全等级、生产调度响应及时性等要求配置不同的资源池。此外，在推动城市轨道交通云平台技术的创新实践中，中国城市轨道交通协会牵头编制了《新一代智慧城轨体系的信息技术系统的 IT 架构及信息安全规范》，在此基础上，正在推进云平台架构、网络架构、安全保护、线网指挥调度、大数据平台五个方面相关技术标准、设计标准的编制工作。规范的编制、发布对城市轨道交通云平台的推广发展将起到引领作用。

未来，随着云计算与人工智能、BIM 技术的不断结合，以及私有云与公有云共存的融合云模式的逐步应用，IaaS 层服务向 PaaS、SaaS 层深入发展，城市轨道交通云平台技术将迎来新一轮的发展。

（十）BIM 技术

自 2000 年以来，国内外相关学者开展了很多关于 BIM 技术的理论研究。从 2010 年起，BIM 技术开始在实践项目中应用。我国 BIM 标准研究起步较晚，主要因为我国工程项目组织结构复杂、组织管理模式较难满足基于

BIM 的项目全生命周期管理需要等，以运营为导向的建设项目全生命周期集成管理还处于探索阶段。

目前，BIM 技术已逐渐在城市轨道交通项目中普及，从以设计和施工阶段的应用为主逐渐过渡到运营阶段的应用，同时由以单一的设计和施工企业应用为主转变为业主方在项目设计、施工以及运维阶段全面应用。根据最新的行业调查结果，截至 2018 年 12 月，全国已有 29 个城市 107 条轨道交通线路使用了 BIM 技术。在北京、上海、广州、深圳、无锡、南京等城市的轨道交通工程中，业主在合同中明确规定需要使用 BIM 技术指导设计与施工，主要应用于建设期，部分应用于运营期，设计阶段仍是目前国内城市轨道交通 BIM 技术应用最广泛、最成熟的阶段。未来，BIM 技术凭借其可视化、集成化等优势，或将进一步应用于城市轨道交通资产管理等领域。

需要指出的是，一直以来，缺乏统一的 BIM 技术标准是制约 BIM 技术在我国建筑行业落地应用与发展的主要障碍之一。目前，国内城市轨道交通工程 BIM 技术数据标准正处于研究制定和不断完善的过程中，行为标准方面主要以交付标准为主，行业标准与地方标准方面都在开展研究，且多集中于企业标准层次，面向数据标准制定的工作较少，影响力小。

（十一）基础设施检测技术

1. 综合检测列车

我国北京、上海、重庆、广州、深圳等城市的轨道交通已运用专业的轨检和弓网检测车，近年逐渐出现了检测功能集成的趋势。针对我国城市轨道交通基础设施规模大、运量大、线路繁忙的特点，基础设施检测工作对于智能化、综合性的检测设备的需求愈发突出，以提高检测效率和检测质量为目标，研发适用于城市轨道交通基础设施检测的综合检测技术将成为下一阶段的重要发展趋势。

2. 轨道检测车

国内地铁应用的轨道几何测量系统均以惯性测量原理和结构光测量技术

为主，检测系统主要由激光摄像组件、惯性测量组件、信号处理单元、数据处理单元几个部分组成。轨道检测车在轨道的动态安全检查和指导养护维修方面起到了很重要的作用，解决了人工测量效率低、检测准确度不高的问题。随着嵌入式技术和图像技术的发展，轨道检测设备将向小型化、智能化的方向进一步发展。

3. 接触网检测车

随着国铁领域高速铁路供电安全检测监测系统（6C 系统）投入运行，覆盖动态检测、静态监测、专业检测车、运营车在线监测等的供电安全现代化检测监测技术手段和装备体系已经形成，初步实现了对牵引供电设备全方位、全覆盖、周期性的检测和实时在线监测。国内各地铁公司目前也在借鉴高速铁路 6C 系统的建设经验，探索为地铁快速建立高质量的供电安全检测监测技术和装备体系。但其设备运营维护一般以供电车间为主，这对于 6C 系统各检测监测装置的部署、各检测项目的配置及检测精度、检测数据的分析应用都提出了新的问题。

三 中国城市轨道交通技术装备制造企业市场竞争力及出口情况

（一）中国城轨装备制造企业市场竞争力分析

在国家利好政策引导和市场强劲需求拉动下，我国轨道交通装备制造业正进入高速成长期。2017 年，中国轨道交通装备制造业销售收入达到 6109 亿元，2018 年中国轨道交通装备制造业销售收入超过 6560 亿元，预计 2018 ~ 2022 年的年均复合增长率约为 7.43%，到 2022 年中国轨道交通装备制造业销售收入将达到 8738 亿元，展现了轨道交通装备持续快速发展的广阔前景。

我国共有 7 家装备制造企业具备城市轨道交通车辆投标资质，年产能约为 9200 辆，城市轨道交通车辆逐渐呈现产能过剩趋势。此外，具有投标资质的牵引企业有 12 家，信号企业有 11 家，市场基本呈现饱和状态。

表3 我国部分关键装备企业

序号	企业名称	主系统产品	大类
1	中车长春轨道客车股份有限公司	城市轨道交通车辆	车辆制造企业
2	中车青岛四方机车车辆股份有限公司	城市轨道交通车辆	
3	中车株洲电力机车研究所有限公司	城市轨道交通车辆	
4	中车南京浦镇车辆有限公司	城市轨道交通车辆	
5	中车大连机车车辆有限公司	城市轨道交通车辆	
6	中车唐山机车车辆有限公司	城市轨道交通车辆	
7	北京地铁车辆装备有限公司	城市轨道交通车辆	
8	北京控股磁悬浮技术发展有限公司	磁浮	
9	株洲中车时代电气股份有限公司	牵引、制动、车钩	核心关键系统企业
10	中车青岛四方车辆研究所有限公司	牵引、制动、车钩	
11	北京纵横机电技术开发公司	制动、牵引	
12	新誉集团有限公司	牵引	
13	中车永济电机有限公司	牵引	
14	中车大连电力牵引研发中心有限公司	牵引	
15	上海阿尔斯通交通电气有限公司	牵引	
16	江苏经纬轨道交通设备有限公司	牵引	
17	深圳市英威腾交通技术有限公司	牵引	
18	湘潭电机股份有限公司	牵引	
19	南京华士电子科技有限公司	牵引	
20	嘉善华瑞赛晶变流技术有限公司（浙江）	牵引	
21	交控科技股份有限公司	信号	
22	北京通号国铁城市轨道技术有限公司	信号	
23	北京市华铁信息技术开发总公司	信号	
24	卡斯柯信号有限公司	信号	
25	上海电气泰雷兹交通自动化系统有限公司	信号	
26	浙江众合科技股份有限公司	信号	
27	上海富欣智能交通控制有限公司	信号	
28	南京恩瑞特实业有限公司	信号	
29	北京和利时系统工程有限公司	综合监控、信号	
30	北京交大微联科技有限公司	信号	
31	南京中车浦镇海泰制动设备有限公司	制动	
32	南京康尼机电股份有限公司	车门	
33	中车戚墅堰机车车辆工艺研究所有限公司	车钩	

城市轨道交通车辆方面，随着新型整车及其部件的生产设备和制造基地建设的加快推进，轨道交通装备制造新的增长极逐步形成，市场竞争态势逐渐增强。2017 年，国内最大的城轨车辆供应商中国中车在国内共交付车辆约 5400 辆，京车装备公司国内交付车辆 292 辆。中车长客轨道车辆有限公司依托现代跨座式单轨交通车辆关键技术自主开发及整车集成应用项目，开展 400 米中小运量车辆调试线建设，新增铝合金车体生产设备，产能建设持续推进。成都轨道交通产业园建设取得阶段性成果，各业务板块全部投入生产。围绕整车及关键部件开展生产线建设，取得了良好的产销业绩。中车株洲电力机车有限公司年产 50 列（250 辆，4 模块或 6 模块编组）储能式现代有轨电车项目完成批量生产。中车株洲时代新材料科技股份有限公司开发的城市轨道交通车辆用减振降噪产品得到广泛应用，其中，轴箱弹簧在国内外大量装车运用，总数量超 10 万件，国内总销售额超过 1.4 亿元、市场占有率达 80% 以上，海外业务实现总销售收入超过 1.1 亿元；抗侧滚扭杆和空气弹簧在全世界范围内广泛应用，抗侧滚扭杆年销售额达 0.8 亿元以上，空气弹簧年销售额达 1 亿元以上。数据显示，2015～2017 年，长客股份、青岛四方、南京浦镇位居中国地铁车辆市场前三，合计中标金额超过 1030 亿元，市场占比接近 74%。此外，受行业利好形势及招投标政策变动影响，部分央企、地方国企以及民营企业也纷纷投资布局城轨交通车辆市场，如中国铁建、中国中铁、中国通号、比亚迪等，原车辆供应商京车装备公司拟在保定满城进行扩建，市场同质化竞争激烈，城轨车辆市场面临产能过剩风险，只有结合供给侧结构性改革，鼓励差异化创新，才能继续保持城轨车辆产业竞争力。

通信、信号系统领域，目前国内分别有十余家供货商，竞争相对比较充分。信号系统方面，目前有多家厂商掌握了 CBTC 信号系统核心技术，自主化产品替代工作正逐步展开。截至 2019 年 4 月 18 日，对国内（大陆）CBTC 市场情况进行统计可知，卡斯柯占据总路线的 30%（65 条线），位居首位；泰雷兹、交控以及合众科技分别占据总线路的 15%（33 条）、15%（32 条）和 11%（25 条），列第二、三、四位，具体市场占有情况如图 1 所示。

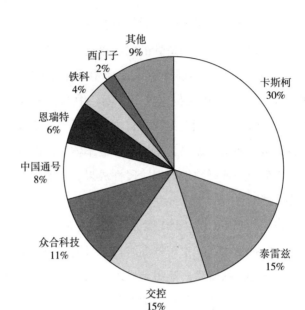

图1 中国大陆CBTC市场分布

　　LTE－M技术方面，作为我国拥有核心自主知识产权的国际通信标准技术，自行业协会力推使用LTE制式综合承载城轨交通生产业务以来，截至2017年11月，已有108条（含已开通和在建项目）拟采用或已采用LTE承载相关应用，其中92条拟采用或已采用LTE替代CBTC。预计"十三五"期间城轨交通信号系统的市场空间为548.24亿元，年均复合增速高达20%。城市轨道交通信号系统是用于列车进路控制、列车间隔控制、调度指挥、信息管理、设备工况监测及维护管理的高效综合自动化系统，通常由列车运行自动控制系统和车辆段信号控制系统两大部分组成。城轨交通信号系统是保证列车安全、高效运行的关键设备，而CBTC是当前主流的信号系统。城轨交通信号系统是保证列车运行安全、实现行车指挥和列车运行现代化、提高运输效率的关键系统设备，其主要功能在于进行列车进路控制及调度、信息管理、工况监测、维护管理。

　　轨道交通控制系统方面，随着创新能力的提升，我国在城轨全自动运行系统等方面的技术优势逐渐凸显，带动产品的应用范围不断扩大。依托北京燕房线开展研发和示范应用的城市轨道交通全自动运行系统，将提升我国在轨道交通领域的技术优势，培育多元化市场环境，推动轨道交通高端装备的产业化，为后续在全国乃至全球的运用打下基础。

牵引系统方面，目前国内共有十余家牵引系统供货商，竞争相对比较充分，其中中车时代电气市场占有率比较高。近两年，民营牵引系统供货商逐渐崭露头角，如江苏经纬和深圳威腾等都已开始获得市场订单，受行业形势影响，还有部分国企与民营企业欲涉足牵引市场，但仍面临投资规模大、研发周期长、应用风险大等诸多挑战。自2017年开始，将进一步扩大市场开放度，取消外资企业投标限制，增加市场的竞争性。

（二）中国城市轨道交通技术装备出口情况

近年来，我国轨道交通装备企业在国际产业链分工中的地位进一步提高，整车及车轴等相关技术对外输出或产品出口规模持续扩大，成为国际城轨交通市场重要产品、重要领域的有力竞争者。凭借关键技术自主突破和产业化能力的不断增强，我国轨道交通装备制造企业如中国中车、中国通信等的国际化经营步伐明显加快，在海外市场的竞争力不断增强，海外业务成效显著，目前，我国城市轨道交通技术装备已出口至亚、非、拉、美等十多个国家和地区。

1. 中国中车

目前，中国中车的产品已经出口至全球六大洲100多个国家和地区，出口产品实现了从中低端到高端的升级，出口市场实现了从亚非拉到欧美的飞跃，出口形式实现了从产品出口到产品、资本、技术、服务等多种形式组合的出口。近年来，中国中车陆续获得沙特麦加朝觐地铁、以色列特拉维夫轻轨维保项目，获得马来西亚42列无人驾驶轻轨车辆机电总包项目，"产品＋服务"模式稳步推进。截至2017年10月底，中国中车城轨车辆出口签约数为825辆。

（1）美国波士顿地铁车辆项目

美国波士顿地铁车辆项目由中车长春轨道客车股份有限公司（简称中

车长客）承担。已于 2014 年 11 月 19 日与业主正式完成合同签约，2014 年 12 月 18 日业主正式下达了开工通知。本项目招标标的为 284 辆地铁车（其中包括 152 辆橙线地铁车和 132 辆红线地铁车），以及备件、手册、检测试验设备和培训、司机模拟驾驶仪等备选设备。项目资金来自马萨诸塞州州政府资金预算。在 6 个月的投标时间内，中车长客第一时间成立了中美两国的专业化联合团队，制定了明确的竞标策略，编制了合格的投标方案文件，最终成功中标。

该项目是整个中车集团、中国轨道交通装备企业，乃至整个中国高端交通装备企业首次登陆美国高端市场的关键一步，同时是轨道交通装备企业进行欧美跨国投资/经营并进入美国市场的重要一步，进一步开拓了中国中车轨道交通装备全球业务板块。

（2）印度加尔各答地铁车辆项目

2015 年 6 月 8 日，中国中车旗下大连机车公司收到了由印度铁道部发来的加尔各答南北线 14 列 112 节地铁车辆合同文本。此批列车车型为宽轨，4 动 4 拖 8 辆编组，最大载客量达 2500 人，最高运行时速为 80 公里。首列车于 2017 年初交付。

这是南北车合并为中国中车后，首次对外宣布斩获海外订单。加尔各答是印度第三大城市。为缓解城市公交运输压力，印度铁道部决定招标采购加尔各答地铁车辆，更换加尔各答长达 23.45 公里的地铁南北线已使用 30 多年的老旧车辆。2015 年 2 月，大连机车公司中标该项目。这是大连机车研制的城轨车辆继出口中东与东南亚之后，首次进入南亚市场。

（3）以色列特拉维夫市轻轨车辆项目

2015 年 12 月，以色列特拉维夫都会区公共运输有限公司（NTA）宣布，将向中车长客采购 120 列 100% 低地板轻轨车辆，装备特拉维夫市第一条城市轨道交通线路。这是中国轨道交通装备企业在以色列面向全球的招标中首次胜出，对中国轨道交通产品进入国际城市轨道交通高端市场具有重要战略意义。

这次中标的以色列项目的全部标的，除 120 列 100% 低地板轻轨车辆，还包括 16 年的车辆检修维护，这也是中车长客检修维护服务出口年限最长的项目。

（4）印度那格浦尔地铁车辆项目

2016 年 1 月，那格浦尔 69 辆地铁车辆项目由马哈拉施特拉邦地铁公司全球公开招标，同年 10 月，中车大连机车车辆有限公司（简称中车大连公司）收到马哈拉施特拉邦地铁公司全球公开招标地铁项目 69 辆地铁车辆的设计、生产、供货、调试、试运行和培训，以及主要系统部件的 10 年维护保养的中标通知书，2017 年 3 月 29 日完成合同签订工作。在合同签订后，中车大连公司快速推进项目实施，完成了设计、物料采购及首列车生产等工作。

2018 年 11 月，由中车大连公司设计制造的中国首列出口印度那格浦尔地铁车辆正式下线。该车采用不锈钢车体，最大设计速度为 80km/h，各项技术指标居于世界先进水平。那格浦尔项目是中车大连公司继加尔各答项目之后在印度市场获得的第二个大订单。

（5）印度德里地铁车辆项目

2016 年 3 月，中国中车旗下南京浦镇车辆有限公司（简称中车浦镇）与德里地铁公司签订诺伊达地区地铁线车辆采购合同，合同总额达 1.09 亿美元（约合人民币 7.25 亿元）。

诺伊达是印度的名胜地区，此次来自全球的 3 家国际性大公司参与竞标，中车浦镇公司以其完善的技术、优良的品质和优质的服务一举夺魁。此次签订的订单共涉及 19 列车 76 辆。列车采用不锈钢车体，两动两拖 4 节编组，整列载客 1034 人。诺伊达地铁线路全长 29km，2017 年 7 月开始交付，2018 年 4 月交付完毕。此前在 2008 年时，南京浦镇就在印度孟买获得 108 辆地铁车辆订单，这也是当时中国地铁类首个整车出口海外的项目。2015 年 6 月，中车浦镇制造的列车在孟买地铁一号线全面投入运营。

（6）美国洛杉矶地铁车辆项目

2017 年 3 月，中国中车与洛杉矶市的大都会交通局签订协议，要为洛杉矶新造 64 辆地铁车辆，整个订单价值 6.47 亿美元（约合人民币 44.7 亿元），全部列车将在 2021 年 9 月交付完成。此外，价值 1.375 亿美元（约合人民币 9.45 亿元）的费城 45 列新造通勤列车订单同样由中国中车获得。

（7）马来西亚 42 列无人驾驶轻轨车辆

2017 年 8 月，由中车株洲电力机车有限公司（简称中车株机公司）牵头组成的联合体与马来西亚国家基建公司签订供货合同，将在未来两年内为吉隆坡轻轨三号线提供 42 列车辆。订单中的 40 列车辆将在中车株机公司旗下马来西亚中车轨道交通装备有限公司制造。这是首个由中国企业牵头主导的海外全自动无人驾驶轻轨车辆项目，对于中国轨道交通装备"出海"具有里程碑意义。

2. 中国通号

中国通号是轨道交通通信信号领域技术、产品和服务供应商，是全球最大的轨道交通控制系统解决方案提供商，拥有轨道交通控制系统设计研发、设备制造及工程服务等完整产业链，是中国城市轨道交通"走出去"的重要成员企业。

近年来，中国通号推进海外工程项目建设，积极推进巴基斯坦拉合尔橙线，巴基斯坦铁路改造项目（7 + 24 站），阿根廷 Sarminto、Miter 线，伊朗德黑兰 1、2、3、4 号线，伊朗库姆单轨线等项目；陆续签订了德黑兰地铁四号线电力电缆、库姆单轨道岔、埃塞道口等涉外销售合同。

（1）沙特麦加轻轨项目系统工程

沙特麦加轻轨南线全线长 17.6km，沿线设 9 座车站，1 座车辆段，其中信号系统由系统管理中心、列车控制中心、车站控制中心、车载控制中心组成，通信系统由传输、无线、时钟、电话、广播、门禁、乘客信息、电视监控、宽带无线接入平台、综合维修、综合监控组成。项目范围包括信号系统、通信系统和综合监控系统的维保工作。项目合同于 2013 年 4 月签订。

（2）阿根廷 M&S 线基础信号项目

M 和 S 铁路为阿根廷的市郊通勤铁路。M 线全长 70km，共 38 个车站；S 线全长 38km，共 17 个车站。项目范围包括信号系统的升级改造，含设计、供货、安装、安装督导、调试、开通及质保期服务等内容，主要系统包括车载和地面配套设备。项目合同于 2013 年 7 月签订。

四 未来三年中国城市轨道交通技术装备发展展望

（一）城轨交通网络快速发展将带动城轨交通技术装备需求持续增长

作为现代城市公共客运交通体系的骨干，城市轨道交通在促进城市经济发展、优化城市结构布局以及改善城市生态环境等方面可以发挥基础性和先导性作用，世界主要大城市大多具有完善成熟的轨道交通系统，城市轨道交通线网密度较大。而放眼国内，由于城轨交通地域分布不均，两极分化严重，供给远远不足，大部分一、二线城市的城轨交通发展水平仍低于主要国际城市，城轨占公共交通出行比例、人均地铁里程以及地铁密度均远低于国际水平，我国城市轨道交通建设仍有巨大的发展空间和潜力。

进入 21 世纪以来，在新型城镇化快速推进和城市优先发展公共交通的大形势下，中国城市轨道交通的发展呈现世界罕见的速度和规模，发生了翻天覆地的变化。随着我国城市轨道交通的快速发展，轨道交通投资额也逐年快速提高，2008 年我国城市轨道交通完成投资金额 1144 亿元，至 2017 年已增长到 4739 亿元，复合年均增长率达 17.11%。目前，我国城市轨道交通发展任务仍十分繁重，2016 年以来，全国城市轨道交通继续保持快速增长、良性发展的态势，城轨投运线路规模、投资规模以及在建规模均创历史新高。

我国城市轨道交通建设规模仍将保持快速增长态势。据相关预测，到"十三五"期末，我国运营线路成网规模超过 400km 的城市将超过 10 个，其中，北京、上海将成为千公里级的城轨交通"巨网"城市，广州、深圳、重庆、天津、南京、成都、武汉、郑州等将成为线网规模 400km 以上的城轨交通"大网"城市。因此，未来一段时间内，各城市中城轨新线的持续开建与通车，将使包括地铁、轻轨、有轨电车等在内的城轨交通技术装备市场的巨大需求逐步释放，在此背景下，轨道交通装备行业仍将呈现强劲的增长态势。

（二）制造业转型升级将促进城轨交通技术装备自主化水平进一步提升

制造业是立国之本、兴国之器、强国之基，是国民经济的主体；打造具有国际竞争力的制造业，是我国提升综合国力、保障国家安全、建设世界强国的必由之路。轨道交通装备制造业作为创新驱动、智能转型、强化基础、绿色发展的典型代表，是我国高端装备制造领域自主创新程度最高、国际创新竞争力最强、产业带动效应最明显的行业之一。目前，我国制造业优势产业已初步形成，但高端核心领域仍有不足，要求城轨行业在一些关键领域抢占先机、取得突破，推动制造业转型升级。

为适应日益增长的城市轨道交通建设、运营发展，我国通过加快构建形成产学研用相结合的城轨交通创新体系，不断深化城轨关键装备及核心零部件的自主研发和产业化，城轨交通装备产业也实现了长足发展。我国城市轨道交通装备产业的创新发展，已逐步扭转了大量关键核心技术受制于人的被动局面，为满足国内外市场需求的标准化、谱系化、多样化技术产品的进一步研发奠定了坚实的产业基础。各类关键技术的产业化对国民经济、社会民生、环境可持续等产生了积极影响，有效带动了上下游相关企业协同发展，进一步提高了城轨技术装备在国际市场的影响力和竞争力，为国家重大战略和重大工程的实施提供了有力支撑。

未来三年，我国将继续深入推进城市轨道交通关键技术产业化发展，重点围绕智能化、系列化、高效化以及与安全有关的城市轨道交通关键系统及装备，适应城市轨道交通网络化运营、一体化管理发展趋势，重点开展智能化关键系统及装备、适应新型城镇化发展的新型车辆装备、安全保障系统及装备的自主研发和工程化应用，持续提升城市轨道交通智能化管理水平和安全保障能力，增强我国城市轨道交通装备的技术水平和核心竞争力。

（三）新技术革命将推动城轨交通技术装备智能化发展

当今世界，在移动互联网、大数据、超级计算、传感网、脑科学等新理论、新技术的驱动下，一些重大颠覆性技术创新正在催生新产业新业态，信息技术、生物技术、制造技术、新材料技术、新能源技术广泛渗透到几乎所有领域，带动了以智能、绿色、泛在为特征的群体性重大技术变革，科技创新链条愈发灵巧，技术更新和成果转化更加快捷，产业更新换代也逐渐加快。大数据、云计算、人工智能、物联网等智能技术的快速发展和相互融合，不断促进社会生产和消费从工业化向自动化、智能化转变，社会生产力持续提高，劳动生产率不断飞跃，新技术与制造业的深度融合正在世界范围内掀起一场全新的科技革命和产业变革。

随着世界主要轨道交通强国积极推进新技术、新材料、新工艺与轨道交通的融合发展，国内的新一轮产业技术革命也正与加快转变经济发展方式发生历史性交汇。把握住新技术革命带来的机遇，推动城轨交通技术装备智能化发展，是我们赢得全球轨道交通科技竞争主动权的重要战略抓手，也是推动我国轨道交通装备制造业跨越发展、相关产业优化升级、生产力整体跃升的重要战略资源。面对新技术革命带来的新机遇、新挑战、新要求，我国相继制定了《中国制造2025》《"十三五"国家战略性新兴产业发展规划》等政策指导文件，为我国今后一段时间的轨道交通装备发展指明了方向。

未来三年，我国应准确把握城市轨道交通智能化发展趋势，围绕先进适用智能化城市轨道交通装备、新型技术装备研发试验检测平台等领域，组织实施一批产业基础好、掌握一定核心技术、市场潜力大、带动能力强的关键技术研发及产业化项目，进一步完善多样化、系列化的城市轨道交通装备体系，推进城市轨道交通技术装备的智能化发展。

（四）适应互联互通需求将促进城轨交通技术装备加快标准化步伐

多年以来，我国城市轨道无论是技术装备，还是工程建设标准，由于种种原因，都未能实现统一的接口标准，各装备供货商之间的系统也无法互联互通，因此，城市轨道交通线路长期以来大多采用独立运营、跨线降级的方式运行。近年来，互联互通已成为国内城市轨道交通技术装备新的发展方向，以信号系统为例，其正逐步通过系统总体架构、通信协议、工程设计标准等的统一，在系统层面实现 CBTC 及降级模式下的互通互换及联通联运。互联互通已成为城市轨道交通的重要发展趋势，作为当前城市轨道交通尤其是城轨装备制造领域亟须解决的核心瓶颈问题之一，城轨交通技术装备的互联互通及互操作相关系列标准的建立，将极大地推动行业的可持续发展。

由于我国城市轨道交通需求多样，运营制式及运输产品种类丰富，有必要对城市轨道交通规划、建设、运营、维修、养护全生命周期制定全覆盖、全过程的标准体系。城市轨道交通标准体系的建立，有利于解决城市轨道交通工程建设、运营和管理中具有全局性和共性的突出问题，有利于加快建设进程和提高建设质量，有利于实现装备制造业的标准化和模块化，并最终实现网络运营与维修养护。今后的城市轨道路网建设过程中，在网络规划阶段就应把运营互联互通作为重要考虑因素，并在招投标阶段对各专业提出优先考虑满足互联互通标准的要求。

未来一段时间，在国内外市场需求旺盛的背景下，我国应适应城市轨道交通装备的互联互通需求，积极开展城轨交通技术装备互联互通及互操作标准的研究，推动建立标准体系及架构，形成标准化、模块化、智能化的自主知识产权车辆，满足互联互通和统型要求，建立城市轨道交通标准车辆技术平台，形成协会团体标准并开展标准全过程试验验证，不断推动中国城市轨道交通装备标准化工作，实现标准与技术、标准与创新、标准与认证的相辅相成，最终建立与国际接轨的中国城市轨道交通标准体系，更好地助力中国城市轨道装备制造"走出去"。

（五）国际竞争将催生领先的城市轨道交通技术装备制造企业

目前，国际轨道交通装备特别是机车车辆市场的总体形势是供大于求，西方企业垄断大部分的国际市场，不断拓展中国市场，中国企业开拓国际市场时，不仅要面对庞巴迪（Bombardier）、阿尔斯通（Alston）、西门子（Siemens）、通用电气（GE）以及 GM/EMD 等世界知名企业的竞争，而且要迎接印度、韩国等产品技术水平相当国家的铁路装备企业的挑战，特别是在目前国内产能过剩的情况下，国内企业在海外项目的竞争显得更加复杂、激烈。

在全球范围内，轨道交通装备供应体系主要分为机车车辆和基础设施装备两大类。机车车辆方面，传统的国际市场结构主要由欧系、日系两大机车车辆制造阵营构成。欧系以加拿大庞巴迪、法国阿尔斯通、德国西门子、瑞士施塔德勒等为代表，其产品销往世界多个国家，2015年欧洲供应商约占据了全球68%的市场份额，居主导地位。日本是欧洲之外的传统轨道交通装备强国，其在国内市场表现优异，在国际市场上也占有较大份额。近年来，已占据国内绝大部分市场的中国企业正积极推进轨道交通装备"走出去"，逐渐成为国际寡头市场新兴的竞争者。基础设施装备方面，奥地利Voestalpine集团、德国Vossloh集团、俄罗斯BetEltrans公司和Elteza公司、印度钢铁管理局等是轨道结构部件的主要制造商，占有较大市场份额，但俄罗斯和印度公司主要以区域市场或本国市场为主。德国西门子公司、法国泰雷兹集团（Thales）、意大利安萨尔多公司（Ansaldo STS）等为国际性的通信信号系统装备制造商，在全球市场占据主导地位。综合来看，世界轨道交通装备市场呈现寡头竞争格局，国外少数知名轨道装备及系统供应商依托长期技术积累、雄厚的资金支持，积极推进技术创新、产品升级，以有效巩固、扩大独占性市场利益。但是，只有激烈的市场竞争，才能催生领先的城市轨道交通技术装备制造企业。作为全球轨道交通装备市场的新兴参与者，中国企业正面临巨大的市场机遇，必须持续推进关键技术的研发和产业化，提高全产业链核心竞争力，努力在"走出去"中实现新突破。

未来一段时间，面对国外尤其欧美发达国家市场在技术、标准等方面激烈的竞争和严苛的准入壁垒，中国将继续提高城市轨道交通装备产品关键技术装备的自主化率和国产化率，巩固在国内市场的主导地位，发展高端技术装备产品，建立能够适应多样化需求的产品系列，推动行业检测试验等平台建设，提高试验检验等技术基础能力，不断推升我国城市轨道交通研发、设计、制造、检验等整体实力，进一步扩大城市轨道交通装备产品关键技术装备在境外市场的份额，增强中国城市轨道交通技术装备的国际竞争力和影响力。

技 术 篇

ℝ.2
城市轨道交通车辆发展水平

一　概述

根据行业标准《城市公共交通分类标准》（CJJ/T 114 – 2007），城市轨道交通系统包括地铁系统、单轨系统、有轨电车、磁浮系统、自动导向轨道系统、市域快速轨道系统等。一般不同的轨道交通系统对应着不同的车辆形式。

（一）地铁车辆

地铁车辆是一种由电力牵引、轮轨支持与导向，运行在地下隧道、地面或高架线路上的大运量轨道交通工具。自 1863 年世界上第一条地铁在伦敦建成通车以来，地铁车辆经历了早期的蒸汽机车牵引、后来的内燃机车牵引、现在的电力牵引三个发展阶段。从车辆类型的划分来看，世界各地地铁车型没有统一的标准，往往是按照建设需要量身定制，比如纽约地铁的 A 系统和 B 系统。在我国，地铁车型分为 A、B 型以及 L 型（采用直线电机牵引）。A 型地铁车辆长度一般在 21～24 米，宽度为 3 米；B 型地铁车辆长度一般在 19～21 米，宽度为 2.8 米；L 型地铁车辆长度一般在 16～19 米，宽度为 2.8 米，目前已有北京机场线、广州地铁 4、5、6 号线在使用。地铁车辆主要技术参数如表 1 所示。

表 1　地铁车辆主要技术参数

车辆类型	A 型车	B 型车	L 型车
车辆长度（mm）	22000	19000	17080
车辆宽度（mm）	3000	2800	2800
车辆编组（辆）	4～8	4～8	4～6
车辆定员（站 6 人/m²）	310	230～245	218～243
速度等级（km/h）	80～120	80～120	80～100
额定电压（v）	DC1500	DC1500（750）	DC1500

截至 2018 年末，国内城市轨道交通车辆制式分布（按开通线路条数）：A 型车制式 39 条，B 型车制式 89 条。在已运营城市中，地铁车辆仍以 80km/h 速度等级的车辆为主，按线路条数占比约为 71%，按里程占比约 67.4%。2015～2018 年从中国地铁车辆制造企业市场订单来看，中车长客股份、中车四方股份、中车浦镇股份位居中国地铁车辆市场前三，市场占比接近 74%。

近年来，由于城市轨道交通建设由城市中心向外围发展，对列车旅行速度要求较高，100～120km/h 速度等级的地铁车辆也越来越多，大连 3 号线，天津 9 号线，上海 11 号、17 号线，昆明 6 号线，成都 10 号线等地铁车辆最高运行速度都达到 100km/h，广州 3 号、9 号线，上海 16 号线，东莞 2 号线，深圳 11 号线等地铁车辆最高运行速度都达到 120km/h。

随着列车速度等级越来越高，列车各种智能化检测设备逐步增加，但这些车辆的设计制造沿用了现有的地铁车辆标准，可能会出现轴重超标，气密性较差、噪声加大、制动闸瓦热容量不满足，列车速度与站间距不匹配等问题。适应较高速度等级的地铁车辆的相关技术标准亟待制定。

根据国内城市轨道交通地铁车辆的发展情况和运用经验，地铁车辆技术的发展趋势主要有以下几点。

1. 车辆结构轻量化及安全舒适性要求提高

采用先进的优化设计理论，使车体结构、转向架结构以及电气设备等，在满足相关标准要求下，实现车辆的轻量化目标。研究新型轻质合金材料（如镁铝合金）和复合材料（如碳纤维）在车体及转向架结构部件上的应用，研究车辆被动吸能技术，当列车发生意外碰撞时，将事故损失降到最低。通过车体结构的优化设计和设备安装方式的变化，提高整备状态下车体的固有频率，并采用高性能减震降噪材料，吸收噪声并降低噪声的传播，减少车辆的振动，提高乘坐舒适性。

2. 列车智能化

车辆健康自诊断及维护大数据处理技术，如列车专家分析系统，实现了关键部件在线实时诊断，对故障实现早期预警及分级预警，准确指导列车的运用和维修。

非电气系统的智能感知技术，通过安装在转向架走行部关键部件上的复合传感器，检测冲击、振动、温度，并通过基于广义共振与共振解调的故障诊断技术，实时监控关键部件的安全运行。

3. 牵引变流技术 SiC 代替 IGBT

SiC 电力电子器件较 IGBT 具有更低的导通电阻，具有更高的击穿电压，工作频率更高，开关损耗更低，散热性更好，能够在更高的温度下工作，同时 SiC 电力电子器件抗辐射能力极强，辐射不会导致 SiC 的电气性能出现明显的衰减。因此 SiC 代替 IGBT 具有更优异的牵引、电制动性能。

4. 永磁同步直驱牵引技术的应用增长

以前采用的交流传动需要一个变速齿轮机构来将电机的转矩传递到轮轴上，而采用永磁同步电机可以将电机整体地安装在轮轴上，形成整体直驱系统，即一个轮轴就是一个驱动单元，省去了一个齿轮箱。永磁同步直驱牵引系统和交流传动牵引系统相比，有优异特性。

5. 以太网列车通信网络技术

轨道交通车辆的发展对列车网络技术提出新的要求。如更大的传输带宽：能够更大量、更快速地传输数据。更加智能化：需要传输更多的数据用于网络融合、数据挖掘，要能够智能化诊断、辅助决策。更强的集成能力：要提供控制、媒体、诊断、维护、监测等功能，集成 TCMS、CCTV、PIS、列车维保等系统。更加的开放：要能够与无线网络、地面 IT 网络的无缝集成。以太网列车通信网络技术能满足上述的诸多要求。

6. 变频制冷和热泵采暖空调节能技术

我国地铁空调机组 90% 以上采用单冷空调，根据目前运营线路的能耗统计分析，地铁车辆用电量为总用电量的 50% ~ 60%，而以空调为主的辅助系统能耗较大。伴随着我国城市发展逐渐以节约能源与环境保护为可持续发展为主题，地铁车辆是节能减排的重点之一。变频机组可防止压缩机频繁的启动，降低压缩机启动能耗；可根据实时的载客量及环境温度，调节机组的冷量、热量的输出，降低机组的能耗；在冬季环境温度高于 −5℃时，采用变频热泵系统，热泵系统在环境温度 −5℃以上时能效比约为 2，高于普通定频空调的能效比。

7. 辅助雷达防护系统的应用

辅助雷达防护系统利用航天领域二次雷达技术转化，高精度、高实时测量前后车距，实现列车的实时防护；系统独立于信号系统，能在隧道高架等复杂电磁环境中对探测范围内的前方同轨列车或指定点进行探测和预警，尤其为无人驾驶列车在 ATP 失效或人工驾驶模式下的列车运营，提供安全防护和运营保障，避免列车追尾事故的发生。

8. 可编程逻辑控制单元（LCU）

LCU 装置采用热备冗余模块化（模块 A、模块 B）设计，主要由 IO、主控制和网络模块构成。它能采集控制器、开关、按键、接触器辅助触点等电气信号，经逻辑计算后驱动各类负载，完成指定的时序控制功能。采用先进的 LCU 技术，取代原有部分继电器的功能，利用软件实现逻辑控制、故障诊断和运行记录；利用高可靠性电路和器件，实现双系统热备冗余，减少列车运行故障，降低安全风险，提高运营保障能力。

（二）单轨车辆

单轨车辆是通过在轨道梁运行的橡胶轮胎走行轮支持车体，并借助转向架的导向轮和稳定轮起到引导和稳定作用，是在高架线路上行驶的中运量轨道交通工具。单轨车辆按照走行模式和结构，主要分成两类：悬挂式单轨车辆和跨坐式单轨车辆。单轨车辆的主要技术参数如表2所示，主要特点有如下几点。

表2　单轨车辆主要技术参数

名称	跨坐式单轨		悬挂式单轨	
	中运量	小运量	中运量	小运量
车辆长度（mm）	15000	12000	12000	10000
车辆宽度（mm）	3100	3165	2880	2300
车辆编组（辆）	2~8			
单节车载客量（6人/m²）	150	120	120	100

1. 编组灵活

单轨车辆编组灵活，可按实际需求实现2~8节编组，实现不同组合。

2. 能源利用

采用"接触轨＋动力电池＋地面储能电站＋车辆智能电源管理系统"的组合，充分吸收制动回馈能量。回馈的多余电能由储能电站反馈给车辆用于起动和加速，能量利用效率大大提高。

3. 系统整合

新型单轨采用高度整合的设计理念，车辆设计有智能化控制系统、信号系统、通信系统及储能电站等，且数据均与车辆系统进行实时交互，高度整合。新型单轨通过云系统把车辆的控制与线路信号紧密结合，并且通过云平台的大数据智能化管理，把车辆运营、维保、乘客服务等无缝对接，提高了系统效率，降低了运营风险。

单轨车辆生产厂家根据各地规划的线路情况，有针对性地推出合适的单轨车辆系统。如中车长客股份为重庆轨道交通生产的6节编组和8节编组单轨车辆；中车四方股份生产的永磁跨座式单轨列车，最高运行时速达到80km，生产的悬挂式单轨列车，最高运行时速达到70km；比亚迪根据客流量不同，生产不同型号的 A、C 型跨座式单轨车等。

我国已建成的单轨系统主要有重庆市轨道交通 2 号线和 3 号线，银川市旅游单轨线、西安市曲江旅游单轨线和深圳连接几个旅游度假区的欢乐干线等。单轨系统由于本身的技术特点，吻合了部分城市的设计规划，目前有多个城市拟计划建设单轨系统。如辽宁省沈阳市，吉林省吉林市，安徽省芜湖市、淮南市，河南省郑州市的郑东新区以及桂林市与比亚迪合作建设旅游示范线等。

单轨系统通常为高架，高架单轨具有成本低，工期短，占地少，污染小，能有效利用道路中央隔离带，适于建筑物密度大的狭窄街区的优点。因而单轨也为大城市中等客流的交通线路和中等城市主要交通线路提供了选择。特别是在地形条件复杂、利用其他交通工具比较困难的情况下，能体现其优越性。

（三）现代有轨电车

现代有轨电车是在传统有轨电车基础上改造发展起来的现代低地板有轨电车，是使用电力牵引，用于城市客运的轨道交通工具。相比传统有轨电车，现代有轨电车具有运量大、换乘快捷、运行速度快、低噪声等优点。作为现代有轨电车的主流，100% 低地板有轨电车已成为首选，其最大优势在于便利性强，乘客可以无须通过站台上下车，且对残障人士和儿童上下车更为有利，因此可大幅缩短车辆停站时间，减少高峰时段客流量巨大产生的交通隐患和客流压力。

在我国，2013 年 8 月沈阳浑南有轨电车成网运营以来，苏州、南京、广州、青岛、淮安等城市也已建成现代有轨电车并投入商业运营。预计到2020 年，将规划、建设有轨电车线路超过 150 条，里程超过 2500km，工程总投资超过 3000 亿元。

有轨电车车辆从制式方面可以分为钢轮钢轨车辆和胶轮导轨车辆。现代有轨电车多采用 100% 低地板型式，按车辆结构形式基本可分为三类：单车型、浮车型及铰接型，主要车辆参数如表 3 所示。

表3　现代有轨电车主要技术参数

车辆类型	单车型	浮车型	铰接型
列车编组（辆）	4	5	3
车辆长度（mm）	36600	32230	36210
车辆宽度（mm）	2650	2650	2650
速度等级（km/h）	70	70	70

目前，国内有能力生产有轨电车并具备交付业绩的厂商有中车浦镇城轨有限责任公司（简称中车浦镇）、中车大连机车、中车四方股份、中车长客股份、中车株机公司和中车唐山公司等公司。

2012年7月，中车浦镇与庞巴迪签订技术引进协议，引进庞巴迪Flexity 100%低地板有轨电车生产平台，生产车辆已交付苏州有轨电车1号线、南京河西线和南京麒麟线等3个项目。车辆模块化组装，车辆的各模块通过铰接结构和贯通道装置相连，由一个拖车转向架模块、两个动车转向架模块和两个悬浮模块铰接组成。车辆最高设计速度80km/h，最高运行速度70km/h。

2012年10月，中车大连机车引进安萨尔多百瑞达SIRIO系列100%低地板有轨电车生产平台，现已完成珠海1号线和北京西郊线的交付。地面牵引供电系统是SIRIO系列有轨电车的一大技术亮点。

2013年，中车四方股份通过完全技术转让形式引进捷克斯柯达有轨电车，并已完成青岛城阳有轨电车线和佛山有轨电车线的交付。

中车长客股份2005年开始自主研发70%和100%低地板有轨电车，自主生产的低地板有轨电车在沈阳浑南线路、长春轻轨4号线、成都有轨电车蓉2号线等线路正式载客运营。

2012年6月西门子向中车株洲电机转让了Combino Plus有轨电车全套技术。随后中标广州海珠区试验线、宁波鄞州区示范线、淮安市有轨电车一期等项目。中车株机公司有轨电车为储能式有轨电车，其储能器件采用国内领先的7500F双电层超级电容，寿命长达10年或100万次。

中车唐山公司与德国LogoMotive公司联合设计出祥龙号100%低地板现

代有轨电车，泉州有轨电车示范线、南平市武夷新区旅游专线等均采用该型号有轨电车。

现代有轨电车经过多年的发展，技术上已经非常成熟，最新一代的车辆采用模块化、轻量化和人性化的理念设计，广泛应用在世界各地。下一代低地板有轨电车将在智能化、节能环保、舒适性方面有进一步提升。

1. 自动驾驶

2018 年柏林国际轨道交通技术展上，西门子公司展示了世界首列自动驾驶的有轨电车。该车辆将用于认识现实条件下自动驾驶有轨电车所遇到的挑战和可改进之处。这辆测试有轨电车具有多激光雷达、无线电探测器和摄像头等传感器，可实时监测周围的交通环境。此外，它还通过运行复杂的算法功能来解释此数据并提供适当的响应。自动驾驶的有轨电车能够响应有轨电车交通信号，在到站时自动停车，并在轨道区域出现其他车辆行驶和行人时立即响应。

2. 轻量化

轻量化是轨道交通车辆行业永远的主题，减重降耗一直是其追求的目标，体现在通过新材料、新工艺的运用减重，通过车辆集成设计减重等方面。

（1）复合车体技术。不锈钢、铝合金、碳钢和复合材料的大面积运用，在保证车辆性能的前提下，运用粘结技术，使用骨架、承载式三明治车顶结构、蒙皮模块化结构减少车体自重。

（2）复合新型材料车辆设备件的运用。车辆设计过程中，各种安装支架、骨架、扶手现在通常采用不锈钢材料和铝合金材料。新型材料的运用，如碳纤维、7 系铝合金等材料的运用，将有效减少车辆设备件的重量。

（3）车辆设备的集成设计。车辆设计过程中，通过模块化设计、集成设计、减少单独使用的设备件。

（4）车辆其他设备优化减重。车辆设计过程中，除车体、转向架等关键部件外，从大部件开始，通过车辆部件的有限元分析（FEA），优化结构，减少设计重量。

3. 无接触网技术

国内用户对无接触网供电技术的喜好程度，远远超过了国外用户的预期。以阿尔斯通的 APS 技术、安塞尔多的 TRAMWAVE 技术为代表的第三轨供电技术，技术水平高、造价高、技术壁垒大；以庞巴迪为首的 PRIMOVE 技术，一直未能在正线运用，且旅客对此类技术的效率问题、电磁辐射问题一直难以接受；基于超级电容和蓄电池技术的储能技术，难度较低，更适合于国内用户。但是储能装置的生命周期成本问题一直是用户关注的焦点。适时开展一些新技术如燃料电池技术的研究和运用。类似这样的新技术，国内几乎与国外同步，与国外厂家开发难度相当。

与技术引进相比，自主开发的产品还处于起步阶段，需要通过不断试验、优化设计和改进设计，对储能装置的控制策略和能量利用策略进行优化，对储能装置的 LCC 成本进行评估。开发基于信号控制的全自动化无接触网解决方案必然需要提上日程。

4. 交叉学科技术运用

国内汽车行业随着中国制造业的崛起，正在逐步展开开发设计工作。汽车设计的专用技术，相对于轨道车辆行业，成本更低，技术更加成熟，如 NHV（噪声、振动和不平顺）技术等一类专用技术。用户对舒适度的关注，必然会逐步渗透到轨道车辆设计行业，交叉学科的运用也必将成为一大趋势。

（四）中低速磁悬浮车辆

磁悬浮列车与传统轮轨列车不同，用电磁力将列车浮起、导向和驱动，按照速度等级，通常分为高速和中低速两种类型。

20 世纪 80 年代，我国的国防科技大学、西南交通大学开始磁悬浮技术研究，研究短定子直线电机和长定子直线电机形式的驱动系统。为了推进中低速磁悬浮列车技术工程化研发，科技部将其列入了"十一五"科技支撑计划重点项目，此举得到了从事磁浮交通研发的产学研团队的积极响应。2005 年在上海建成临港中低速磁悬浮试验线和三节编组的磁浮列车，2008

年在唐山建成 1.5km 中低速磁悬浮试验线，2012 年在株洲建成 1.5km 的试验线。2016 年 5 月，长沙磁浮快线实现商业载客试运营，最高运行速度达 100km/h。2017 年 12 月，北京 S1 磁浮线实现商业载客试运营，最高运营速度达 100 km/h。更高等级速度的中速磁悬浮列车已生产下线。2018 年 6 月在中车株机下线商用磁浮 2.0 版中速磁悬浮列车，设计时速为 160km/h。2018 年 11 月新一代中低速磁浮车在中车大连下线，最高运行时速达 160km/h。

中低速磁浮列车具有高运行速度、低噪声振动、抱轨运行安全可靠、小曲线大坡道、低建设成本、建设周期短等特点，更接近商业运行的经济性、实用性目标，其车辆主要技术参数如表 4 所示。

表 4　中低速磁悬浮车辆主要技术参数

名称	中低速磁浮	名称	中低速磁浮
技术路线	常导短定子	车辆宽度(mm)	2800
列车编组(辆)	3	受流方式	DC 1500 V
车辆长度(mm)	15000	速度等级(km/h)	100~160

发展中低速磁悬浮技术，摆在人们面前的主要问题是磁悬浮的安全距离和电磁辐射对人体的具体影响。中国科学院电工研究所、北京市环境保护科学研究院、北京市环境保护监测中心和云南省环境科学研究院 4 家机构对北京 S1 线中低速磁浮列车电磁辐射进行测试检测，其检测结果一致说明：中低速磁浮列车系统没有额外的高频电磁辐射。

中低速磁悬浮列车具有爬坡能力强、转弯半径小、噪声小、安全等特点，是新型城市轨道交通工具，具有一定发展前景；中低速磁悬浮列车应用范围广泛，在城区、旅游景区、城际线路、枢纽之间均有较好的适用性。

天津滨海新区正在进行中低速磁悬浮系统的选线工作，济南、洛阳、重庆、常州等城市也表达了建设中低速磁浮系统的意向。

（五）旅客自动输送系统（APM）

APM 是"旅客自动输送系统"（Automatic People Mover）的简称。这种

轨道交通的最大特点是全自动运营，不需要司机的值守。

APM 车辆系统由车体、转向架（包括走行导向系统、驱动系统、摩擦系统和悬挂系统）、电传动系统、制动系统、空调与通风、列车控制诊断系统、乘客信息系统等几大部分组成。APM 车辆主要技术参数如表 5 所示。

表 5　APM 车辆主要技术参数

车辆类型	导向方式：中央导向或侧导向
车辆长度（mm）	11750 ~ 12750
车辆宽度（mm）	2650 ~ 2850
速度等级（km/h）	80

APM 系统以胶轮作为走行轮和水平导向轮。APM 系统的车辆具有运行噪声低、振动小、维护成本低、运行转弯半径小、爬坡能力强、加（减）速度大等优势，适应临近大客流、社区区域运行。

APM 系统采用较短的车身、灵活编组的形式，能够满足断面客流 0.8 万 ~ 3 万人/h 的运输需求，可以实现较大的客流适应范围，适应性较好，尤其适合在轨道交通骨干线网基本建设成型的条件下，进一步建设断面客流需求低于 3 万人/h 的中运量线路，主要为线网延伸以及商业区、核心区、建筑密集区的短途接驳线路等。

APM 系统采用胶轮，设计时速可达 80km/h。其发车间隔可缩短至 1.5 分钟，运输效率高，可以实现"小编组、高密度"运营组织。

目前，适用于小区域范围内客流旅客疏运的 APM 线路已有广州、北京、上海 3 条。广州 APM 线全长 3.94km，共设置 9 座车站，全部为地下车站，采用胶轮 2 节编组列车，满足旅游观光购物的出行需要。北京首都机场 T3 航站楼的 APM，全程 2km，2 ~ 4 节编组。车辆长 12m，每节车厢可乘载 80 ~ 83 名乘客。上海浦江线线路全长 6.644km，全部为高架线，采用 APM300 型 4 节编组列车，额定载客量 566 人，超员载客 726 人，用于改善沿线社区居民的出行条件，发挥了轨道交通"方便、快捷、安全、准时"的优势。

（六）市域快轨车辆

市域快轨交通是大城市市域范围内的客运轨道交通线路，服务于城市与郊区、中心城市与卫星城、重点城镇间等，服务范围一般在100km之内。

轨道交通是支撑都市圈内部交通的基础，但是在都市圈尺度范围内，尤其是市中心向外30~40km范围，轨道交通系统选型有城际铁路、市域快速轨道交通或地铁等多种方案，每种方案有其特殊的行政体制与行业技术背景，这也导致我国市域快轨交通的发展比较滞后。

市域快轨的型式可根据当地的预测客流量、环境条件、线路条件、运营需求等因素综合比较选定。《市域快速轨道交通设计规范》（T/CCES2 - 2017）推荐了市域快轨车辆主要技术参数，如表6所示。

表6　市域快轨车辆主要技术参数

名称	市域 A 型		市域 B 型		市域 D 型(暂定)
供电制式	AC 25kV	DC 1500V	AC 25kV	DC 1500V	AC 25kV
车体基本长度(mm)	22000		19000		22000
车体基本宽度(mm)	3000		2800		3300
每侧车门数(对)	2~5		2~4		2~4
最高运行速度(km/h)	120~160	120~140	120~140		120~160

市域快轨采用更大功率的牵引动力，最高运行时速可达160km/h，速度等级较普通地铁车辆提高近一倍，极大地方便了周边卫星城以及城镇和市区的联系。另外，可根据不同区域情况配备时速为140~160km/h、不同车辆断面与供电制式的市域快轨车辆。与城际列车相比，市域快轨车辆更具有地铁列车快速启动和快速制动的功能，列车运行线路在100km以内，车内不设卫生间和给水系统，这样维修和维护更加简单。市域快轨车辆可采用双供电制式的受电弓，并且具有动态自动切换功能，受电弓能在铁路 AC 25kV 和城轨 DC 1500V 的接触网中自由切换，既可运营在高速动车组轨道上，亦可与地铁线路共轨运营或换乘。2014年4月24日，我国首列市域快轨车辆

在中车长客股份的试乘线路上运行，该款列车采用双供电制式的受电弓，并可自动切换，此款快轨车辆最高运行时速为 160km/h。作为我国首列市域快轨车辆，在制造材料上首次采用了碳纤维、铝镁合金等新材料，列车节能环保性更强，同时成功应用了高速动车组上的一系列先进的减震降噪技术，并在转向架上特别增设减震器，确保列车快速运行中的稳定性，有效提高乘客的乘坐舒适度。

温州轨道交通 S1 线市域动车组由中车四方股份完全自主研发，采用 4 节编组市域动车组（2 动 2 拖），设计时速为 140km/h，车体宽度 3.3m，采用 ATO（有人监控下的列车自动驾驶）模式、AC 25kV 同相供电制式；车厢内座椅以纵向和横向相结合的方式布局，最大载客量达 1328 人，未来预留 6 节编组，整车的国产化率达到了 98% 以上，具有持续运行速度高、平均旅行速度快、载客量大等优势。2018 年 10 月 1 日，一期工程开通试运行。

北京新机场线作为服务于新机场航空客流的专用线路，最高运行速度 160km/h，并采用全自动驾驶技术。该市域快轨列车以 CRH6F 城际动车组技术平台为基础，采用 4 动 4 拖 8 节编组。在结构设计上，车辆长度参照地铁 A 型车，中间车为 22.8m，宽度参照高速动车组列车，为 3.3m；同时借鉴高速动车组的座椅设计模式，每节车厢设 64 个横排座椅，列车最大载客量为 1538 人，兼容了地铁 A 型车载客量大和高速动车组舒适性好的优点，列车将专设一节车厢作为行李车，乘客在始发站可办理值机和行李托运业务，实现人与行李提前分离。

二 地铁车辆

（一）A 型地铁车辆

A 型地铁属于城市轨道交通的一种，其特点是运输能力大、准时快捷、舒适安全、节省空间、节能环保等。第一，最大运量的城市轨道交通系统。

A型地铁每辆车额定载客量（AW2）310人/辆（客室内自由站立面积载客按6人/m²计算），按行车间隔2min和列车额定载客量计算，A型地铁单向高峰小时输送能力为高运量4.5万~7万人/h。A型地铁的运输能力要比地面公共汽车大7~10倍，是任何城市交通工具所不能比拟的。地铁车辆的列车编组、定员与运能如表7所示。第二，技术成熟、国产化程度高。在我国，对比其他6种城市轨道交通系统（轻轨、单轨、有轨电车、磁浮、自动导向轨道交通、市域快速轨道交通），地铁占比最高、起步最早、技术最成熟。目前，地铁车辆的国产化率最高可接近100%。

表7　地铁车辆的列车编组、定员与运能

车型		列车编组（辆/列）							运量级（万人/h）
		2辆	3辆	4辆	5辆	6辆	7辆	8辆	
A	长度（m）		69.2	92.0	114.8	137.60	160.4	183.2	高运量 4.5~7
	定员（人）		930	1240	1550	1860	2170	2480	
	运能（人/h）		27900	37200	46500	55800	65100	74400	
B	长度（m）		58.10	77.65	97.20	116.75	136.30	155.85	
	定员（人）		710	960	1210	1460	1710	1960	
	运能（人/h）		21300	28200	36300	43800	51300	58800	
L_b	长度（m）	34.04	50.88	67.72	84.56	101.40			大运量 2.5~5
	定员（人）	459	701	943	1185	1427			
	运能（人/h）	13770	21030	28290	35550	42810			

1. 总体参数

A型地铁车辆的总体参数如表8所示。

表8　A型地铁车辆的总体参数

序号	项点	参数
1	线路条件	①正线最大坡度30‰~35‰ ②正线平面曲线最小曲线半径：300m ③站台高度：1080mm
2	车辆材质	不锈钢/铝合金
3	受电方式	受电弓/受流器

序号	项点	参数
4	车辆尺寸	车辆长度（车钩连接面）：中间车为22800mm 头车：24400mm
5		车辆最大宽度：约3091mm（鼓形）、3000mm
6		客室地板面高度：1130mm
7		车内净高：≥2100mm
8	轴重	轴重≤17t（不锈钢车）16t（铝合金车）
9	载客量	AW2 定员载荷（6人/m²）：310人 AW3 超员载荷（9人/m²）：465人 乘客人均重量按60千克/人
10	编组形式	8辆编组方案：6M2T 6辆编组方案：4M2T
11	速度等级	80~120km/h
12	车门数量	单侧5套

2. 适用范围

2018年7月13日，国务院办公厅发布《关于进一步加强城市轨道交通规划建设管理的意见》，要求申报建设地铁的城市一般公共财政预算收入在300亿元以上，GDP在3000亿元以上，市区常住人口在300万人以上，单向高峰小时客流量3万人以上。而达不到以上要求的城市（多为三、四线城市）可以考虑修建轻轨、有轨电车或者BRT等。

按照圈层理论，在城市的不同功能区形成了对轨道交通不同的需求，在城市主城区，主要由大中运量的轨道交通系统提供服务（如地铁）。主城区大运量、中速的轨道交通系统（如地铁）是解决该类交通的最佳选择，最高速度为80~100km/h，旅行速度一般在30~40km/h，运量大、发车密度高，基本为地下全封闭系统，能解决20km半径圈内的通勤出行问题。

3. 发展情况

截至2018年12月31日，中国大陆建成投运城市轨道交通的城市已达32个，运营里程5582km，运营线路174条。其中，A型地铁里程1360.6km，占比26.6%，A型地铁线路39条，占比25.2%。

近 10 年来，随着自主创新技术的不断提升，在轨道交通装备和基础设施建设方面，都有了日新月异的变化。逐渐突破了牵引、制动、网络、信号、通信等方面制约轨道交通发展的核心技术难题，国产化率持续提高，完全掌握了车辆自主设计、制造、试验和验证技术。同时逐步制定了部分国家标准、行业标准。

城轨车辆经过近 50 年的发展，从无到有，从落后到先进，从进口到出口，经历了第一代、第二代的更新换代，即将迎来第三代城轨列车。第三代城轨列车将在车辆综合技术性能方面逐步升级，在互联互通、高度智能、节能环保、人性化、安全可靠、新材料、新工艺等方面有所突破。

4. 新技术、新产品、新工艺、新材料应用

随着城轨车辆技术的发展，A 型地铁车辆在互联互通、高度智能、节能环保、人性化、安全可靠、新材料、新工艺等方面已经开展了一系列的技术研究和应用，部分城轨车辆技术已经得到了充分验证，具备批量使用条件，具体见表 9 所示。

新技术、新产品、新工艺、新材料的应用，一方面提升车辆的性能、优化乘客的乘坐体验，另一方面也会有一部分项点会增加地铁公司的车辆采购成本。所以，在一个项目中，最终采用多少项新技术、新产品、新工艺、新材料要视需求适当选配。

5. 未来技术发展方向（近期 3~5 年）和储备情况

（1）标准规范和车辆统型

未来城轨车辆应有标准化、系列化的特征，同时应具备互联互通的功能，以实现车辆的跨线运营，提高车辆的综合使用效益，从而提高中国城轨产品的竞争力。由于我国城市轨道交通建设起步较晚，目前城轨车辆标准远未达到标准化要求，中国城市轨道交通协会适时提出构建城轨产品技术标准体系、标准城轨车辆的研制可从根本上解决上述问题，对于规范行业的健康发展具有深远意义。

通过对典型研制项目和技术引进项目所采用的标准进行系统的分析和总结，提出分类标准清单。开展对 ISO、IEC、UIC、EN、JIS、DIN、NF 等与

表 9　新技术、新产品、新工艺、新材料应用现状及推广前景

序号	发展方向	项点	性能提升	应用情况	推广前景 近期（5年）可推广	推广前景 远期（10年）可推广
1	标准.规范	标准规范和车辆统型	降低成本；提高劳动生产率	城轨车辆标准体系制定工作已经开始；标准 A 型不锈钢地铁车已经依托深圳地铁 10 号线设计完成	√	
2	高度智能	2.1 全自动驾驶	减少人为失误,提升可靠性；提升 10% 的旅行速度；平峰时少发车,需要时可自动加车；减少操作人员,优化列车运行,降低成本	国产化的全自动驾驶系统已经在北京燕房线上完成了示范运行。国内已经有超过 10 个城市规划了近 1000km 的全自动运行线路	√	
		2.2 以太网控车	更高的传输速率；信号传输实时性好；更大的带宽；协议和接口开放性好,软硬件支持厂家多	北京新机场线、苏州地铁 1 号线延伸线、苏州地铁 3 号线,无锡地铁 3 号线	√	
		2.3 大容量车地通信	提升车地通信（带宽 6 倍以上提升）,有效推动实时在途检测、智能运维、车载视频功能	科技部下一代地铁项目上运用	√	
		2.4 智能运维	提升检修效率；降低了车辆全寿命周期内运维成本；实现车辆检修模式由计划修向状态修转变	深圳地铁智慧运维项目已完成系统原型开发并上线；上海地铁 18 号线智能运维项目正在研发阶段	√	

续表

序号	发展方向	项点	性能提升	应用情况	推广前景	
					近期（5年）可推广	远期（10年）可推广
2	高度智能	2.5 高频辅逆	重量减少40%；效率提升2%；系统对网压适应能力提升	科技部下一代地铁，成都地铁2、5、8线，深圳地铁4号线，杭州地铁5号线等项目适用应用；马来西亚安邦项目有5年运用业绩	√	
		2.6 蓄电池牵引	库内短距离调车；断电自救援至就近站台，提升疏散安全性	北京，上海，天津等城市已经批量应用	√	
		2.7 锂电池技术	循环使用寿命长；能量密度高；输出功率较大；集成后体积较小；电池管理系统安全性强	科技部下一代地铁项目示范应用	√	
		2.8 LCU 逻辑控制单元	免维护；可靠性高；可通过软件编程的方式实现控制功能	上海，广州，深圳等多个城市的十余条线路上已批量应用	√	
		2.9 多网融合	简化了各系统的网络模块设计；实时性好；可维护性好；智能应用可拓展性强	科技部下一代地铁，长沙地铁1号线，长沙地铁3号线，无锡地铁1号线，南逸项目示范应用		√

续表

序号	发展方向	项点	性能提升	应用情况	推广前景 近期（5年）可推广	推广前景 远期（10年）可推广
3	节能环保	3.1 永磁电机	额定效率高,节能；体积小；噪声小；允许的过载电流大	佛山地铁3号线,厦门地铁2号线,深圳地铁10号线,长沙地铁5号线批量应用	√	
		3.2 智能照明	人性化,自动调整色温；自动调整发光强度,节能	批量应用	√	
		3.3 变频空调	节能；车内温度波动小；启动电流低；耐高温性	批量应用	√	
		3.4 节能运营技术	优化控车曲线,节能	广泛应用	√	
		3.5 灵活编组	对不同区域,不同时段运力不平衡的线路,同一列车灵活增减车辆数量,提高车辆的运用效率,降低能耗	国外有,国内北京地铁公司正在研究	√	
		3.6 铝合金制动盘	重量轻；导热性好	香港地铁,上海地铁,深圳地铁批量应用	√	
		3.7 碳化硅逆变器	低损耗,效率高；体积小,重量轻	研制开发中		√
		3.8 永磁直驱技术	取消了传统的齿轮箱和联轴节,传动效率高,转向架重量轻,电机噪声低,节能	科技部下一代地铁项目示范应用		√

续表

序号	发展方向	项点	性能提升	应用情况	推广前景 近期（5年）可推广	推广前景 远期（10年）可推广
3	节能环保	3.9 线路储能	提高线网电压稳定性；减少能源消耗	广州地铁6号线得峰岗站投入运营		√
		3.10 专用轨回流	解决杂散电流泄漏至道床造成床设备及管路腐蚀的问题	国内正在研制的采用专用轨回流技术的具体项目：宁波市轨道交通4号线；马来西亚LRT3项目		√
4	人性化	4.1 高速WIFI	网络速度提升6～10倍；费用相对较低	批量应用	√	
		4.2 空气净化技术	杀菌；除异味	批量应用	√	
		4.3 多角度送风	车厢内风速场和温度场更均匀	上海、武汉部分项目使用	√	
		4.4 主动降噪技术	对频率范围在1000Hz以下的中低频噪声能够实现良好的低频噪声控制效果，是传统无源噪声控制措施的补充	研究应用阶段		√
		4.5 智慧侧窗技术	智慧车窗既可以极大地为乘客提供信息及娱乐服务，又可以播放广告等商业主和广告厂家增收	科技部下一代地铁项目示范应用		√
		4.6 径向转向架	曲线轮轨冲击小，磨耗小，延长车轮寿命	北京机场线		√
		4.7 转向架变刚度转臂节点	曲线轮轨冲击小，磨耗小，延长车轮寿命	科技部下一代地铁项目示范应用		√

续表

序号	发展方向	项点	性能提升	应用情况	推广前景	
					近期（5年）可推广	远期（10年）可推广
5	安全可靠	5.1 高可靠性	降低运营成本；提高运营效率	北京、上海等多项目陆续提升车辆可靠性要求	√	
		5.2 防火要求	加强车辆防火安全	北京、上海等多项目陆续提升车辆防火要求	√	
		5.3 主动防护技术	障碍物提前预警，提升车辆安全	科技部下一代地铁项目示范应用	√	
		5.4 轨检技术	缩短工人轨检时间，提升车辆安全	北京、上海、南宁、青岛等城市进行装车试验		√
		5.5 雷达防护系统	探测相邻列车，信号系统故障时避免追尾	青岛、济南等城市进行科研装车试验		√
6	新材料	6.1 碳纤维	重量轻；强度高	科技部下一代地铁项目示范应用		√
		6.2 高强度钢板	重量轻；强度高	科技部下一代地铁项目座椅骨架示范应用；多项目车钩安装应用	√	
		6.3 高强度铝板	重量轻；强度高	多项目司机室骨架应用	√	
		6.4 轻量化材料应用	轻量化铝型材、铝蜂窝吸能结构；贯通道轻量化铝踏板；转向架轻量化材料应用（铝材）；玻纤维预浸料＋酚醛发泡板；玻纤维预浸料＋纸蜂窝	多项目应用		

续表

序号	发展方向	项点	性能提升	应用情况	推广前景	
					近期（5年）可推广	远期（10年）可推广
7	新工艺	7.1 激光焊接	效率高；施工后外观质量高	波士顿地铁	√	
		7.2 摩擦搅拌焊	效率高；强度及疲劳强度高	多项目车体结构应用	√	
		7.3 铝板真空吸附成型	效率高；成型效果好	部分项目立罩板、窗口使用		√

轨道交通相关的国际先进标准的对比分析与研究工作，梳理标准差异，形成城轨产品标准体系构架。结合科研项目，对开展的基础设计理论、设计规范、试验方法、产品零部件的科研攻关与研究项目，逐步制定和提升具有自主知识产权的设计类、产品类、检验类等技术标准，注重技术标准的完整配套，完成城市轨道交通车辆技术标准体系的搭建。优化及统一产品平台，引导产品设计向系列化、通用化、谱系化、模块化方向发展。

（2）高度智能

a. 全自动运行

全自动运行项目已经遍布北京、上海、成都、香港、新加坡、武汉等城市共 20 个项目。2008 年北京机场线是国内首条引入全自动驾驶技术的线路，上海地铁 10 号线是国内首条按照 GOA4 等级建设的全自动驾驶线路。这两条地铁线分别采用庞巴迪和阿尔斯通的车辆控制系统。北京燕房线是国内第一条完全自主知识产权的全自动运行线路，已于 2017 年底开通运营。

全自动运行技术是将车辆、信号、通信、供电、屏蔽门等几大核心专业之间的系统协调与运营，应急事件的处理，由以往的人工处理变成系统或远程控制完成，避免了人为失误造成的损失和人工检车造成的效率低下，提高了系统的可靠性和效率。

全自动运行优点如下：①更可靠——降低人为失误，可靠性提升；②更高效——缩短发车间隔和出库时间，提升旅行速度；③更灵活——平峰时少发车，应对重大事件时自动加车；④更低的运营成本——大幅减少操作人员，优化列车运行，降低运营能耗。

目前国产化的全自动驾驶系统已经在北京燕房线上完成了示范运行。据不完全统计，国内超过 10 个城市已经规划了近 1000 公里的全自动运行线路，这将给相关专业带来近千亿元的市场订单，对国内轨道交通系统的自动化技术提升及振兴国内轨道交通行业带来积极的促进作用。

b. 以太网控车

目前列车控制网络主要基于 MVB 技术，具有强实时性、高可靠性等特点。近年来，工业以太网技术在工业自动化和过程控制领域发展迅速，随着铁路行业基于网络的远程诊断与维护、旅客对信息与舒适性等需求的提出，以太网作为列车网络被广泛应用，且被列入 IEC 61375 标准，成为列车网络的主要发展方向。

基于 IEC 61375 标准，以太网控车采用列车总线（ETB）+ 车辆总线（ECN）的总线技术，利用实时安全传输协议和安全控制技术构建控制、监控和维护一体化网络，实现高可靠、高带宽、高质量的网络系统。通过高性能的以太网总线交换机技术、以太网组网技术、实时以太网通信协议（TRTP），实现对网络严格的实时性要求，其主要技术优点如下：①接口开放性好，总线传输速率达 100Mb/s，传统 MVB 网仅 1.5Mb/s；②采用实时协议，信号传输实时性能好，更大的带宽可实现更小的传输延时；③软硬件支持厂家多，用户有较多的选择。

以太网列车网络技术是今后列车网络技术的主要发展方向，目前已经在北京新机场线、苏州 1 号线延伸线、低地板车项目批量装车应用，苏州 3 号线地铁车、无锡 3 号线地铁车装车验证。

c. 智能运维

国内外城轨车辆运营商越来越重视运维体系的智能化水平，以期实现提升车辆运营安全性和效率，降低车辆全寿命周期运维成本的目标。

智能运维基于物联网、大数据、人工智能、云计算及下一代通信技术的综合运用，在对车辆故障预测与健康管理深入研究的基础上，实现对现有运维体系的升级和革新，实现被动维护到主动预防的转变，最终目的是实现基于状态维修和综合规划管理。其主要优点包括以下四方面。第一，实现了城轨车辆的在途安全监测。通过组建全面的车载诊断网，准确获取车辆各部件的状态，并且应用大数据分析方法和工具实现对失效和故障的预测，从而降低正线故障率，减少安全事故。第二，实现了车辆检修模式由计划修向状态修的转变。通过故障预测与健康管理，能够掌握列车关键零部件的剩余寿命，进而减少部分均衡修或计划性维修，采用依据剩余寿命的状态修。第三，通过优化配件库存、减少维修人员，降低维护成本和培训费用等，有效降低了车辆全寿命周期内运维成本。第四，日均检修效率、故障处置效率和应急故障处理效率都得到了显著提升，实现大幅提升检修效率的目标，从而提升城轨交通运营效率。

目前深圳地铁智慧运维项目已完成系统原型开发与上线，上海地铁18号线智能运维项目正在研发阶段。

d. 蓄电池牵引

国内外城轨车辆的供电方式主要有接触网和第三轨。当接触网或第三轨或车辆高压供电出现故障时，列车无法自救，只能依靠救援车辆，对运营组织影响较大。在第三轨受流的段场内，存在操作人员意外触电的安全隐患。为解决此类问题，蓄电池牵引技术被应用到城轨车辆中。

蓄电池紧急牵引基本原理是由蓄电池提供能量，达到列车低速短距离运行的目的。列车牵引系统采用双电源供电方式。在正常牵引模式下由供电网给列车提供能源，在电网故障或无电网时使用车载蓄电池为列车提供牵引能源。可实现段场内自牵引，提高作业人员安全性，降低调车机使用率。

目前国内北京、上海、沈阳等地铁及有轨电车线路均有所应用，但受限于采用的电池功率小、能量密度小等问题，只用于库内短距离调车。也可实现断电自救援至就近站台，提高运营效率，提升疏散安全性。但要实现恶劣工况的牵引救援，需要增加蓄电池容量及相关设备，给整车轴重带来较大压力。蓄电池紧急牵引在北京、上海、天津等城市已经进行批量推广。目前北京4号线已运营10年。

e. 逻辑控制单元（LCU）

目前在地铁列车的功能控制方面，继电器发挥着重要作用，其触点卡滞、过热、磨损、表面氧化或不清洁等会导致继电器失效。根据有关部门对列车控制回路故障原因的分析统计，有60% ~80%以上的故障是由继电器引起，严重地影响了旅客服务质量。

LCU是采用光电耦合器代替电磁式继电器的机械触点，通过内部软件运算实现逻辑功能的一种微机控制器，输入/输出采用了A/B路热备冗余机制。主要优点包括：① LCU避免了机械触点的各种失效情形，在寿命内不需要维护；②其热备冗余机制，能无缝切换，在出现任意模块单点故障的情况下，LCU 功能不受影响，整个系统的可靠性得到了有力保障；③通过软件编程方式实现控制功能，能够实现继电器实现不了的状态检测、故障上传，便利了用户在后期对车辆功能的调整；④ LCU 初次装车的成本比继电器高，但可有效降低维修维护成本，产生长期的经济效益，每列车全寿命周期内可降低约 50% 的费用。

目前，LCU 技术已经从单独的替换继电器发展到联网协同工作、融入列车控制网络，以及实现更高的冗余技术阶段。目前在上海、广州、深圳等多个城市的十余条线路上已批量推广。随着无人驾驶技术和智能运维系统的推广，列车的功能更加复杂，传统的继电器控制更加满足不了系统的容量要求，LCU 技术表现出良好的适用性。

（3）节能环保

a. 永磁电机

国内城轨牵引电机普遍采用三相异步电机，特点为体积较大、功率密度较小、低速输出的扭矩较小、效率较低。永磁电机相对三相异步电机在以上方面更具优势，受到了城轨行业的高度重视，已成为城轨牵引系统的发展方向。

电机转子由以往的硅钢片和线圈变更为永磁体，永磁电机具有重量轻、体积小、效率高、发热小、可靠性高等优势。永磁电机本身的效率高、功率因数高，额定效率提升，功率密度提升，更节能；永磁电机发热小，因此电机冷却系统结构简单、体积小、噪声小；永磁电机允许的过载电流大，可靠性提高。

永磁电机在北京、天津、青岛、沈阳、长沙、佛山等城市各装一列（或一辆）示范列车，最早的沈阳 2 号线装车试验已经运营 7 年。永磁电机在佛山 3 号线、厦门地铁 2 号线、深圳地铁 10 号线、长沙地铁 5 号线等地铁项目已经进行批量推广。

b. 智能照明

智能人性化、高效节能的 LED 光源照明。根据车内空间与外界自然光的情况对灯具的亮度进行动态调节，实现车厢照度平衡。根据车厢外界自然光对车内照度补偿的变化调整照明灯具的发光强度，达到车厢照明平衡，从而节约能源；在早晚人流低谷时段，车厢人少时可以降低车厢照明等级，比如降低到额定的50%左右，以节约能源。

故障预警：照明系统供电模组设计了一个控制模块，通过以太网可以与车辆通信系统连接，上报照明系统的工作状态、故障情况；通过故障提醒，尽早知道故障类型和故障位置，便于系统故障排除。

c. 变频空调

城市轨道交通系统耗电量大，运行成本高。其中空调系统是轨道交通车辆主要的耗能系统之一。根据目前运营线路的能耗统计数据分析，轨道交通车辆用电量为总用电量的50%～60%，其中以空调为主的辅助系统能耗最高约占车辆能耗的50%。节能型变频空调已经被越来越多业主选用。

定频空调机组频率恒定，靠不断地开停压缩机来维持客室温度，压缩机每次开机停机周期为7分钟，开停一次，增加一次开关损耗。变频空调开机后避免频繁开停，减少开关损耗，高频降温，低频连续运转维持恒温，同时，比定频频率更低的低频运转更节能。优点如下：①根据节能实验数据，变频空调节能约20%～30%；②定频空调起停时车内温度波动大，变频空调持续运转，车内温度波动小，乘客体感更舒适；③启动电流低，变频空调启动时压缩机工作在低频状态，起动电流小；④耐高温性能强，变频空调机组可以在高温工况下，压缩机以较低的频率工作，空调机组不停机，保证车内有适当的冷空气。

重庆单轨、长春轻轨、沈阳地铁1号线等项目应用变频空调较早。2013年，在深圳地铁2、5号线全部使用变频空调后，其他一些城市的地铁项目也开始使用变频空调，包括广州地铁、上海地铁、成都地铁等。现在的地铁新项目多数有节能要求，因此空调节能技术的使用将成为地铁车辆的主题。

d. 铝合金制动盘

目前，城市轨道交通列车最高运行速度为80km/h的部分车辆采用盘型制动，100 ~ 160km/h 的列车均采用盘型制动。按照制动盘材料一般可以分为铸铁制动盘、铸钢制动盘、铝合金制动盘、锻钢制动盘等多种。随着车辆人性化和智能化的发展，车辆加装的设备越来越多，车辆越来越重，轻量化设计压力越来越大，同时节能环保也要求轻量化设计，采用轻质铝基复合材料制动盘是车辆制动系统在近年来的一个非常明显的变化趋势。

铝基制动盘比铁或钢制动盘轻 60% 以上；铝基制动盘采用碳化硅颗粒增强铝基复合材料，具有导热性能好，可减少热疲劳、热裂纹的发生；耐磨性好，可延长制动盘使用寿命。

铝基制动盘已逐步推广应用，在香港地铁、上海地铁、深圳地铁 11 号线等车辆均有运用业绩。

（4）人性化

a. WiFi 技术

智能终端性能和功能的快速发展，催生了大量的新的互联网应用，WiFi 以其高性价比、高带宽优势，已经成为人们日常生活中必不可少的上网方式。交通工具可通过专业设备将以太网网络的连接转换为 WiFi 信号提供终端接入，来完成车载 WiFi 网络的部署。

地铁 WiFi 是面向地铁这类公共交通工具推出的 WiFi 上网设备，是 WiFi 终端通过车地无线信号转换成 WiFi 信号供乘客接入互联网获取信息、娱乐或移动办公的业务模式。地铁车地通信采用"轨旁热点 + 车载车地热点"方案，使用 802.11ac 技术、快速漫游切换等技术，达到 300 ~ 500Mbps 带宽，在列车移动过程中，车载热点与轨旁热点进行通信，轨旁热点将用户上网数据通过车站交换机回传至控制中心，控制中心连接运营商出口，实现用户终端与互联网的连通。该技术已应用在北京、上海、广州、重庆等数十条地铁线路。

b. 多角度送风

目前地铁内部主要采用沿车长方向车顶两侧送风，随着舒适性要求的提升，需要对空调的送风方式进行优化。参考动车、高铁利用行李架和窗帘盒设置出风口的方式，在地铁侧顶板或中顶板增加出风口，在风道内设置更多的导流板，实现多角度送风，并进行仿真及实物验证，确保流场及风速场的均匀性，进而获得更均匀的风速场和温度场，进一步提升车厢内的舒适性。但风道结构复杂，维护及清洁工作量增加。

目前在上海 14 号线项目中已经批量应用了该结构，下一步将通过试验来验证车厢内风速场和温度场的均匀性。

（5）安全可靠

a. 高可靠性

目前，车辆关键子系统通过采用技术成熟方案，选用高可靠性部件，采用可靠性专业工具（如可靠性建模与预计、故障模式影响分析 FMEA、故障闭环管理系统 FRACAS、故障树分析 FTA 等）对车辆及关键子系统进行分析，并强化供应商管理等手段，来提高车辆的可靠性及安全性。

未来将进一步应用大数据，建立可靠性数据平台，对车辆运营数据进行深入分析，发现并消除车辆薄弱环节；深入开展维修性分析，使车辆部件易接近、易维修；对供应商工作体系及工作内容严格约束。从技术上、管理上全面把控，从而实现车辆可靠性的进一步提高。把车辆安全性能放在首位，尽最大可能消除车辆的运营与维护产生的危险。

b. 防火

目前国内车辆材料执行的防火标准为德国 DIN 5510、英国 BS 6853、法国 NFF 16 - 101、国际铁路联盟 UIC 564、欧盟 EN 45545 等。防火标准要求不统一，部分防火标准要求也并不全面。车辆结构耐火，只有部分业主对地板结构和司机室客室间壁门结构进行了防火屏障要求，但是测试标准和隔火时间也不统一。

欧盟 2016 年 3 月开始统一执行 EN 45545 标准，目前越来越多的国内业主在车辆材料和结构耐火方面执行 EN 45545 防火标准。和其他防火标准相比，EN 45545 防火标准更系统和全面，对材料从易燃性、产烟性、烟气毒性、发热速率等方面都进行了规定，车辆结构耐火规定更全面。未来城轨车辆执行 EN 45545 防火标准，能够跟国际主流车辆防火标准接轨，从而使车辆防火设计与国际接轨，达到国际先进水平。

6. 未来技术发展方向（远期5～10年）

除近期城轨车辆技术外，A型地铁车辆还在互联互通、高速智能、节能环保、乘客舒适、列车安全等方面开展了一系列前瞻性的技术研究，部分技术已完成原型产品验证，还需要进行科研车试验验证。部分技术还需要进行科研立项研究，进行先进技术的储备，列为远期发展方向（5～10年，详见表10）。

表10　未来技术发展方向（远期5～10年）

序号	发展方向	项点
1	互联互通	灵活编组
		大容量车地通信
2	高度智能	多网融合
		锂电池技术
		车车通信技术
		雷达防护系统
		主动防撞系统
3	节能环保	碳化硅逆变器
		永磁直驱技术
		高频辅逆
		线路储能
		专用轨回流
		节能运营技术
4	人性化	主动降噪技术
		智慧侧窗技术
5	安全可靠	轨检技术

（二）B型地铁车辆

自2013年以来，国内35个城市共有128个B型地铁车辆项目招标，车辆总数达到18063辆，对以上项目车辆总体技术方案、指标进行统计，主要包括列车编组、编组形式、车体材料、车体断面形式、速度等级、受流形式、受电电压、牵引控制方式、制动控制方式、空调形式等，具体参见表11。

表 11　近五年国内 B 型地铁车辆主要特点

列车编组					
列车编组	3 编组	4 编组	5 编组	6 编组	8 编组
项目数量	1	16	1	109	1
占比（%）	0.78	12.50	0.78	85.16	0.78

编组形式						
编组形式	2M1T	3M1T	2M2T	3M2T	3M3T	4M2T	6M2T
项目数量	1	8	8	1	6	103	1
占比（%）	0.78	6.25	6.25	0.78	4.69	80.47	0.78

车体材料			车体断面形式		
车体材料	不锈钢	铝合金	车体断面形式	梯形	鼓形
项目数量	43	85	项目数量	66	62
占比（%）	33.59	66.41	占比（%）	51.56	48.44

速度等级			辅助系统		
速度等级	80	100	120	辅助供电方式	扩展	并网
项目数量	97	21	10	项目数量	112	16
占比（%）	75.78	16.41	7.81	占比（%）	87.50	12.50

受流形式			受电电压		
受流形式	受电弓	受流器	受电弓 + 受流器	受电电压	DC1500V	DC750
项目数量	99	28	1	项目数量	110	18
占比（%）	77.34	21.88	0.78	占比（%）	85.94	14.06

牵引系统			制动系统		
牵引控制方式	车控	架控	制动控制方式	架控	车控
项目数量	105	23	项目数量	91	37
占比（%）	82.03	17.97	占比（%）	71.09	28.91

车门形式			空调形式		
车门形式	塞拉门	内藏门	外挂门	空调形式	变频	定频
项目数量	87	40	1	项目数量	32	96
占比（%）	67.97	31.25	0.78	占比（%）	25.00	75.00

　　通过对以上型谱统计分析，总结 B 型地铁车辆存在如下特点。①列车编组：基本为 6 辆编组，编组型式有 4M2T、3M3T，其中 4M2T 车辆居多。

②车体材料、断面：铝合金、不锈钢两种材质，鼓形和梯形两种断面共存，其中车体材质以铝合金居多。③速度等级：分 80km/h、100km/h、120km/h 速度等级，其中 80km/h 速度等级车辆居多。④受流形式：主要有 DC1500V 受电弓、DC750V 受流器、DC1500V 受流器三种，其中以 DC1500V 受电弓车辆居多。⑤系统配置：牵引系统以车控模式为主，制动系统以架控模式为主；辅助系统较多采用扩展供电方式；受电弓多为气囊弓；受流器多为下部受流。⑥车门有内藏门、塞拉门、外挂门，其中塞拉门及内藏门居多。⑦车钩以车辆端部半自动、中间半永久车钩居多。⑧空调以定频空调居多。⑨运营模式基本均采用 ATO。

1. 总体技术要求

B 型地铁车辆基本技术条件是根据所在城市的自然环境、使用要求、线路主要参数、供电条件、车辆限界、行车条件等，对车辆种类、列车编组、车辆轮廓尺寸、载客能力、车辆自重、列车速度、起动平均加速度、制动平均减速度等主要技术参数和技术指标提出要求。

除维修手册中指出的易损易耗件以外，车辆及主要结构部件使用寿命为 30 年。所有安装在车辆上的设备均能在使用环境中良好工作，且能耐强风、沙尘、高温、高湿、振动、噪声、盐蚀、腐蚀、雪、雾、冰雹及清洁剂污染等。

B 型地铁车辆分布在北京、武汉、天津、成都、大连、杭州、西安、青岛、南京、苏州、郑州、宁波、沈阳、重庆、长沙、南宁、昆明、无锡、南昌、福州、徐州、厦门、合肥、哈尔滨、深圳、济南、呼和浩特、贵阳、常州、东莞、佛山、嘉兴、长春和绍兴，共 34 个城市。跨度非常大，地域非常广泛，包括了中国各地的典型气候条件。各城市使用的 B 型地铁车辆必须适应当地的气候条件，比如哈尔滨地铁车辆必须具备抗高寒的气候条件，乌鲁木齐的地铁车辆必须具备抗风沙能力，广州、青岛等沿海地区的地铁车辆必须具备耐盐雾腐蚀性能，贵州的地铁车辆必须具备走大坡度、常年湿滑线路的条件。

（1）车辆使用条件

车辆运行需 $-25℃ \sim +45℃$ 的环境温度（哈尔滨、乌鲁木齐等极端气候条件的城市除外）、95% 的相对湿度、38m/s 的最大风速要求。列车可在地面、高架和隧道内、过海隧道的线路上安全行驶。车辆在地面库内检修和存放，应考虑停放库内夏季不设空调，冬季不设采暖的条件，列车能在常温下正常启动。车辆经地面铁路线运送或公路运输方式运送至车辆段。列车运行采用 ATO 自动驾驶和人工手动驾驶方式。列车采用无人 ATO 自动折返方式、有人 ATO 自动折返方式和司机手动驾驶折返方式。值乘方式采用单司机制。在进行机械洗刷时，车内不漏水、渗水，可经受清洗剂的作用。正线铺设双线，列车运行在右车道。

最高运行速度：80km/h、100km/h、120km/h

正线及辅助线采用 9 号道岔，车场线采用 7 号道岔

站台高度：1050mm

站台边缘至线路中心线：1500mm

（2）供电额定电压：DC1500V/DC750V

其他特殊要求：蓄电池牵引方式，车辆具备蓄电池牵引功能，满足 AW0 载荷列车依靠蓄电池动力（无接触轨、车间电源和滑触线）在车辆段内进出库及转轨作业需求。

（3）车辆主要尺寸及限界

车体长度：　　　　　　　　19000mm（Tc 车适当加长 Δ）

车体最大宽度：　　　　　　2890（鼓形车体）/2800mm

客室地板面距走行轨顶面高度：1100mm

车钩高度：　　　　　　　　660mm

客室内净高：　　　　　　　≥2100mm

（4）车辆载客能力

站立乘客占用面积：额定载客按 6 人/m² 计算，超员载客按 8 人/m² 计算，结构强度按 9 人/m² 计算，乘客人均重量按 60 千克/人，具体载客能力如表 12 所示。

表 12　B 型地铁车辆载客人数

单位：人

项目	单车	
	头车	中间车
座席	36	44
定员	226	258
超员	290	329

（5）车辆自重与轴重

车辆自重：拖车≤33t，动车≤35t，对于 120km/h 速度等级列车，车重≤37.5t。

轴重：车辆最大轴重≤14t，对于 120km/h 速度等级列车，车辆最大轴重≤14.5t。

（6）速度

最高运行速度为 80km/h、100km/h、120km/h。

2. 新材料、新技术的发展现状及应用情况

（1）碳纤维复合材料的应用

碳纤维复合材料结构是将碳纤维与树脂结合的复合材料，以其轻量化、高强度、高耐候的优异综合性能，成为解决地铁车辆轻量化问题的绝佳选择。国内外轨道交通车辆大量采用碳纤维复合材料，用于非承载结构和次承载结构的技术已经非常成熟，目前均研究用于主承载结构。中车四方股份已经从材料、工艺、结构设计、标准及验证各环节大量尝试，积累经验，为城轨车辆应用奠定基础。

（2）铝合金制动盘

铝合金制动盘已逐步推广应用，在香港地铁、上海地铁、深圳地铁等车辆均有运用业绩。

（3）铝合金齿轮箱

铝合金齿轮箱箱体比铸铁齿轮箱箱体轻 45% 以上；铝合金齿轮箱箱体还具有耐腐蚀性好、散热好等优点。铝合金齿轮箱在上海地铁 1 号线增购

车、广州地铁 2 号线国产化车、时速 350km/h 标准动车组等项目上均有应用业绩。

（4）预浸料

预浸料制作的产品质量高，通过合理的铺层设计，基本上解决了原玻璃钢开裂、变形等问题，适合用于轨道交通内外饰件的制作。

预浸料产品与原玻璃钢产品相比，尺寸稳定性也有很大提高，而且使各表面均具有良好的加工质量，同时工艺可重复性高，产品质量的提升也相对减少了后期的维护成本。

应用业绩：成都 17、18 号线窗口墙板，下一代地铁列车。

（5）复合地板

地板芯材选用实木胶合板，其正面和底面复合防火酚醛膜或铝板，边缘用防水涂料封边，结构防火可满足 Bs 6853 Ia 级，隔音性能达到 RW31dB（A），比传统铝蜂窝地板高 2dB（A）。环保性能满足 TB3139 要求。

在成都地铁 17、18 号线，成都 1 号线三期应用。

（6）铝蜂窝司机室

焊接铝蜂窝板是以焊接铝蜂窝为芯材，两面敷铝面板，组合后整体在近 600℃的温度场中一次性钎焊焊接，材料所有节点均为金属。

该结构具有强度高、耐高温、优良的抗冲击性且冲击无飞溅物，隔音性好、可焊接、易加工、可二维和三维成型、重量轻、无烟无毒、环保可回收，可内部探伤。

在成都地铁 17、18 号线应用。

（7）镁铝合金

镁铝合金主要成分是金属镁与铝，还包含很多其他金属元素。其特点是：密度小（$1.8g/cm^3$），强度高，弹性模量大，散热好，消震性好，承受冲击载荷能力比铝合金大，耐有机物和碱的腐蚀。目前，镁铝合金主要用于航空航天、运输、化工、火箭等工业部门。可在车下线槽选用。

（8）激光焊接不锈钢车体

激光焊接是一种新型的焊接技术，具有焊缝窄、焊接速度快、变形小等优点，为进一步改进不锈钢车体结构，改善外观效果，中车四方股份积极开展激光焊接不锈钢车体的研制，开发在不锈钢车体上应用激光焊接技术的结构设计方法和制造工艺流程。

激光焊接不锈钢车体具有如下优点：焊接热输入量少，结构变形小，表面平整，外观效果好；端部底架采用厚板奥氏体不锈钢材料，彻底解决端部底架的腐蚀问题，无须喷涂防护油漆，延长车体使用寿命，减少维护费用；利用不锈钢强度高的特性进行轻量化设计，进一步实现车体的轻量化。端部底架采用奥氏体不锈钢材料后，车体重量可以比传统的采用碳钢端部底架的车体重量减轻 400~500kg。

（9）走行部在线监测系统

在线监测系统是一种走行部安全监测装备，通过安装在走行部关键部件上的复合传感器，同时监测冲击、振动、温度 3 个物理量，并通过基于广义共振与共振解调的故障诊断技术，实现走行部关键部件的车载在线实时诊断，对于故障实现早期预警和分级报警，准确指导车辆的运用和维修。目前青岛地铁 1、8、11、13 号线都安装了在线监测系统。

（10）永磁电机

永磁电机与异步电机相比，体积和质量都可以大幅度减小，功率密度可大幅度提升，而且更易实现多极低速大扭矩传动，各发达国家均在积极开展采用永磁电机的牵引传动系统的研究。全封闭式结构有效降低电磁噪声及内部空气动力噪声，转子采用永磁体励磁，无转子铜耗，永磁电机功率因数高，定子电流较小，降低定子铜耗，永磁电机总损耗较异步电机减少40%~50%。

（11）转向架新技术—永磁直驱转向架

采用永磁电机直接驱动转向架，取消齿轮箱传动装置，能耗降低、噪声、维护量大幅降低，效率明显提升。适用于各种速度级的转向架。

采用轮对直接驱动、电机全封闭液冷技术，实现了高效低能耗、低噪声、易维护的性能。与现有结构相比，牵引传动总效率提高约5%，能耗降低约15%，车下噪声降低约10db。适用于最高速度80km/h的地铁车辆。

（12）变频空调

客室安装2台变频空调机组，机组可根据要求实现空调制冷、制热调节，处理车内空气的温度和湿度。冬季采用热泵制热，客室舒适性更高，与定速空调相比，变频空调机组具有优良的节能能力。空调机组自带紧急通风模块，取消外部独立紧急通风逆变器，有利于整车减重，三相电故障后，空调机组可以智能检测，自动转换到紧急通风模式，三相电恢复后，自动转至正常模式。

（13）变频椭圆管换热器空调

变频椭圆管换热器空调能耗小，上海地铁5号线改装变频热泵空调，统计表明：每台空调年制冷节能达29.8%，每辆车制热节能达69.3%。

椭圆管换热器：空气侧阻力低，风机功耗较低；换热面积大，能效比可提升18.6%，实现空调节能。

（14）空气净化装置

空气净化装置利用深频紫外光与空气中水分子和氧分子反应，释放大量的光等离子体。这些光等离子体可杀灭空气中及物体表面的细菌、病毒等微生物，同时降解空气中的有害化合物，从而起到杀菌、消毒、防霉、分解化学气体、去除异味、沉降颗粒、清新空气的作用。

（15）节能降耗新技术—纳米陶瓷膜车窗

纳米陶瓷膜由多层结构组成，其中纳米陶瓷层可选择性地隔绝红外线热源；UV隔绝层可阻隔阳光中99%以上的紫外线。

车窗玻璃夹层粘贴纳米陶瓷膜，可提高30%隔音量，隔绝99%以上的紫外线和95%以上的红外线辐射，节能效果好。

（16）水性油漆

水性油漆是绿色环保涂料，在欧洲和新加坡等发达国家的地铁车辆上被大量使用，国内地铁车辆首次使用。水性油漆是以水作为稀释剂、不含有机溶剂的涂料，不含苯、甲苯、二甲苯、甲醛、游离TDI有毒重金属，无毒无刺激气味，对人体无害，不污染环境。

水性油漆表面张力大，浸润性能差，在金属材料表面容易形成圆形油滴，导致油漆附着力差。所以，水性油漆喷涂工艺要求高、施工难度大，只有环保要求较高的地铁车辆才选用。

（17）LED 平面光源照明系统

客室照明采用 LED 平面光源，光源颗粒采用串、并联的接线方式，实现均匀点亮照明；LED 灯无汞污染，也不含铅，是绿色环保产品；与荧光灯比较，在同等亮度下，LED 灯能耗低，可节约用电 40% 以上。

（18）雷达辅助防护系统

雷达辅助防护系统利用航天领域二次雷达技术转化，高精度、高实时测量前后车距，实现列车的实时防护；系统独立于信号系统，能在隧道高架等复杂电磁环境中对探测范围内的前方同轨列车或指定点进行探测和预警，避免列车追尾事故的发生。

（19）可编程逻辑控制单元（LCU）

LCU 装置采用热备冗余模块化（模块 A、模块 B）设计，主要由 IO、主控制和网络模块构成。它能采集控制器、开关、按键、接触器辅助触点等电气信号，经逻辑计算后驱动各类负载，实现指定的时序控制功能。采用先进的 LCU 技术，取代原有部分继电器的功能，利用软件实现逻辑控制、故障诊断和运行记录。

利用高可靠性电路和器件，实现双系统热备冗余，降低列车运行故障和风险，提高运营保障能力。

（20）碳化硅逆变器技术

碳化硅（SiC）是一种具有优异性能的新型半导体材料，在相同的电压电流规格下，SiC 器件的封装尺寸更小。混合碳化硅器件由硅 – IGBT 和 SiC 二极管组成。SiC 二极管使恢复电流减少，从而减少二极管恢复损耗、减少 IGBT 打开损耗。相比普通硅器件逆变器减少损耗 26%。

（21）基于体感舒适度的空调控制技术

以人体热舒适度评价体系（PMV/PPD 理论）为基础，从人体的热感觉出发，结合实测的客观参数，综合分析不同乘客对现行热环境的主观感受，研究多工况下最佳的中性调节温度及范围，总结出车辆空调设计的"标准人"模型，并结合变频空调系统，实现客室环境控制的合理性，满足绝大多数乘客（90%以上）的要求。

（22）智能照明系统

智能照明系统采用集中电源供电，并设置光感传感器，可根据外部环境的变化自动调节输出功率；根据季节变化，自动调节色温，提供更为舒适的乘车环境，降低车辆的能耗。同时智能照明系统可自动调节照度、色温，上报系统故障等。

（三）直线电机车辆

直线电机车辆运载技术目前已在加拿大温哥华空中列车线、多伦多Scarborough线，马来西亚吉隆坡PUTRA II线，日本大阪七号线（鹤见绿地线）、东京十二号线（大江户线）、福冈3号线、神户海岸线，美国纽约肯尼迪机场线、底特律DPM系统以及我国广州地铁4、5、6号线，北京机场线等5个国家12条轨道交通线中得到应用，运用线路超过300km。目前，国内广州地铁4、5、6号线共运行208列（956辆），北京地铁机场线运行10列（40辆）。

1. 车辆总体技术指标

直线电机车辆的主要技术参数如表13所示。车辆最高运行速度不应低于70km/h。直线电机车辆通常采用4、6辆编组型式，全动车配置。轴重：L_b型车≤13t；L_c型车≤11t。

表13　直线电机车辆主要技术参数

序号	参数	Lb 型车	Lc 型车
1	车体基本长度 a(mm)	16800	15500
2	车体基本宽度(mm)	2800	2600
3	车内净高(mm)	≥2100	
4	地板面高(mm)	930	850
5	轴重(t)	≤13	≤11
6	通过最小曲线半径(m)	60	
7	轮径(mm)	730	660
8	每侧车门数(对)	3	2 或 3

注：a 为带司机室的车辆，可加长。

直线电机车辆的牵引特性曲线设计可以分为恒转矩区、恒功区和特性区。起动加速度需要满足顶层目标对于牵引性能及舒适性指标中冲击极限等值的规定。在定员载荷下,列车运行于平直干燥轨道上,车轮为半磨耗状态,额定供电电压时,直线电机车辆加速度性能如表14所示。

表14 直线电机车辆加速性能要求

最高运行速度	启动加速度	平均加速度
100km/h	$0 \sim 35$km/h,≥ 1.0m/s^2	$0 \sim 70$km/h,≥ 0.55m/s^2

采用微机控制的直通式电空制动系统,并基于网络及硬线冗余控制方式;全列车设两套空气压缩机单元;列车制动力管理采用全列制动力分配控制方式;每辆车都配有一套电空制动控制装置。在达到要求的制动性能的同时尽量节能环保,改善空气制动装置,充分利用电制动;优化电空制动控制,提高再生制动利用率。直线电机车辆制动减速性能如表15所示。

表15 直线电机车辆减速性能要求

最高运行速度	制动减速度(m/s^2)	
	常用制动	紧急制动
100km/h	1.0	1.3

2. 车辆关键部件系统

(1) 牵引系统

牵引控制系统采用一台VVVF逆变器向两台直线感应电动机供电的交流传动系统;采用DC1500V(或DC750V)供电制式,牵引系统包括VVVF逆变器、直线感应电动机,牵引系统主电路采用逆变器—直线感应电动机构成的直—交电传动系统,采用车控或架控方式。

在牵引工况时,DC1500V(或DC750V)经线路电抗器提供给中间回路,再由逆变器变换成频率、电压均可调的三相交流电,向直线感应电动机供电。当车辆处于再生制动工况时,逆变器将直线感应电动机输出的三相交流电整流成直流电，反馈回电网或者由制动电阻消耗。

采用受电弓受电的列车应设避雷装置。设置快速断路器和隔离开关。

（2）制动系统

直线电机车辆制动系统具有快速停车、节能环保、安全可靠等特点，采用"电气再生制动＋电空直通式制动系统"的复合制动方式，必要时可设置磁轨制动，尽可能提高制动响应能力和制动减速度，具有实时载荷补偿功能和较高的电制动能力，采用模拟式连续可控的制动控制方式，采用低磨耗环保技术并具有较高的防滑效率措施，采用盘形制动器，不使用踏面制动。

（3）转向架

直线电机转向架主要包括构架组成、轮对轴箱定位装置、直线电机悬挂装置、二系悬挂及中央牵引装置、基础制动装置、转向架管路、附件安装等，一系轴箱定位装置采用轴箱外置式布置。

直线电机转向架主要特点如下：整体设计紧凑，模块化；最大设计速度100km/h，最小通过曲线半径60m；适应160mm超高及1∶300的缓和曲线顺坡率；转向架使用寿命不少于30年；轴箱、一系悬挂外置布置；直线电机以5点悬挂方式吊挂在独立的支撑箱上，保证运行过程中气隙的稳定；直线电机间隙调整采用加垫片方式的高度调整装置，结构简单可靠、操作简便易行；采用空心车轴，降低簧下重量；采用整体辗钢车轮；采用LM磨耗形踏面，提高通过半径小曲线性能；采用轮装盘形基础制动，易于更换闸片，制动盘和闸片散热性能好；二系悬挂采用空气弹簧、无摇枕结构；牵引装置采用弹性无磨耗Z字形牵引装置；转向架设有整体吊装装置。

3. 发展趋势

随着城市轨道交通的快速发展，城区线网日益密集，受城市特殊地质结构、地形地貌、既有建筑物、历史文化古迹保护等诸多因素的制约，大坡道、小半径的城市轨道交通工程选线在构建多层次、立体化城市轨道交通系统中难以避免，而直线电机驱动的地铁车辆技术由于爬坡能力强、转弯半径小、噪声低以及隧道断面小和建设成本低等显著优势，成为突破上述制约的技术选择。

三　单轨车辆

（一）跨座式单轨车辆

单轨交通系统因其具有安全、便捷、美观、投资省、占地少、运量适中、适应性强、建设周期短、转弯半径小、爬坡能力强、环保性能优、更易于实施等优势，日益受到各方的关注和重视，成为中等城市骨干线路与大城市加密和延伸线的一个全新的多样化选择，有利于完善国内城市交通结构，促进中国城市轨道交通持续健康、多制式协调发展。

跨座式单轨交通系统主要由车辆、轨道结构、设备系统和车站建筑等组成。跨座式单轨交通车辆通过单根轨道来支撑、稳定和导向，车辆骑跨在梁轨合一的轨道梁上运行，一般采用高架线路，必要时辅以地面或地下敷设。

跨座式单轨交通属于中小运量城市轨道交通系统，按其运量大小可分为大型单轨和轻型单轨：大型单轨单向高峰小时输送能力为 1.5 万 ~ 3.1 万人/h，轻型单轨单向高峰小时输送能力为 0.7 万 ~ 2.6 万人/h。

跨座式单轨系统属于城市轨道交通的一种，具有城市轨道交通共性的特点：运输能力大、准时快捷、舒适安全、节省空间、节约能源、绿色环保等。

1. 总体技术参数

重庆跨座式单轨车辆总体技术参数如表 16 所示，比亚迪跨座式单轨车辆总体技术参数如表 17 所示。

表 16　重庆跨座式单轨车辆总体技术参数

车型	跨座式单轨车辆
编组	4/6/8 编组
列车长度	60200mm/89400mm/118600mm
车体长度（Mc 车）	14800mm

续表

车型	跨座式单轨车辆
车体长度（M 车）	13900mm
车体宽度	2900mm
车辆最大宽度（门口踏板处）	2980mm
车体最大外部高度	5300mm
设计速度	80km/h
最小水平曲线半径	50m
最小垂直曲线半径	1000m
轴重	11t
供电条件	DC1500V
受电方式	轨道梁两侧刚性接触网
转向架	跨座式双轴转向架
最大坡度	60‰
最大载客能力	882 人/1342 人/1802 人

表 17　比亚迪跨座式单轨车辆总体技术参数

名称		车辆类型		备注
		Mc 车	M 车	
轨道梁断面尺寸（mm）		700×1500		（宽×高）
车体长度（mm）		14050	10930	
车体宽度（mm）		3165	3165	
车辆总高度（mm）		4220	4220	车辆最低点至最高点
最小转弯半径（m）		45		
每辆车单侧乘客室门数（个）		2	2	
载客人数	座位数（人）	15	18	AW1
	定员（人）	132	141	AW2,6 人/m²
	超员（人）	191	202	AW3,9 人/m²
轴重（t）		≤14	≤14	AW3,9 人/m²
最高运行时速（km/h）		80		
动力电池	应急续驶里程	≥5km		AW0 空载

2. 专用技术装备

（1）道岔及其子系统

跨座式单轨道岔是一种特殊的结构，又名"分歧器"或"转辙器"。跨座式单轨道岔是一种钢质特殊结构的专用道岔，其截面形状与 PC 轨道梁保持一致。道岔梁转辙通过电力驱动与轨道梁或另一道岔梁实现对位而形成岔道，以完成车辆行驶线路转换。跨座式单轨道岔运行接受行车调度信号的统一调度，按照既定的转辙形式和转辙时间，完成要求的动作，满足列车的需求，是车辆换线、折返、故障停留、编组、调度必不可少的机电一体化设备。每组跨座式单轨道岔由若干节道岔梁连接而成，道岔锁紧时，相当于轨道梁，列车从其上通过。

跨座式单轨道岔主要由道岔梁、移动台车、驱动装置、锁定装置、信号控制环线、接触网及控制系统等组成。道岔作为中运量跨座式单轨工程中线路上的一部分，与车辆相互匹配，具体体现如下。结构匹配：采用标准梁宽，优化结构，实现道岔小型化、轻量化。性能匹配：转向架与道岔相互匹配，提高列车的过岔速度、平稳性以及舒适性。限界匹配：满足车辆通过限界，缩短道岔转辙时间，提高列车通过效率。

跨座式单轨道岔按其结构和线形，主要分为关节型道岔、平移型道岔、枢轴型道岔及梁替换型道岔，见图1所示。

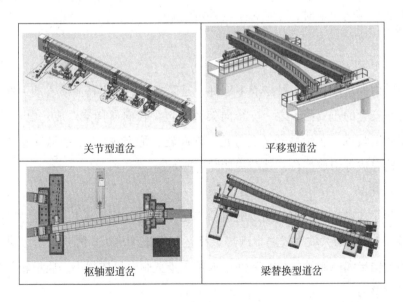

关节型道岔　平移型道岔

枢轴型道岔　梁替换型道岔

图1　跨座式单轨道岔

（2）轨道梁及其子系统

轨道梁是承载列车重量和列车运行导向的结构，兼具桥梁和轨道的作用，对列车的运行安全、平稳、舒适性影响大，故对其结构刚度、强度、精度、平面度要求高。

轨道梁是跨座式单轨交通系统的关键性技术装备之一，跨座式单轨采用的是预应力混凝土轨道梁（简称 PC 梁），既起到承载和导向作用，也是各种系统设备及线路通道的载体，具有精度高、功能多、埋件多、呈空间曲线、需进行一对一设计和二次设计等特点。

（3）供电系统

中运量跨座式单轨采用 DC1500V（DC750V）直流供电；列车供电采用接触轨受流，正负极分别置于轨道梁两侧，集电靴与接触轨侧面接触。车上设置有备用电池插座，在供电异常情况下列车驶入临近车站，同时满足列车在车辆段的牵引用电需求。

车体有接地防护措施。转向架上安装有静电靴，可在车辆进入车站时通过静电轨、接地系统将电导入大地。车辆段一般采用车载电池牵引，在车辆段需要长时间通电时，才考虑采用外接电源。

（4）车辆及其子系统

a. 转向架

转向架总成是列车的核心零部件，是影响车辆的运行品质、动力性能以及行车安全的重要因素之一。转向架系统包含转向架构架总成、电动总成、机械制动装置、车轮总成（走行轮、导向轮、稳定轮）、二系悬挂总成、牵引机构总成等组成部分，其结构如图 2 所示。

b. 电机

跨座式单轨采用永磁同步电机，满足中运量跨座式单轨动力性能要求，可通过 100‰ 的大坡度线路，满足最高运行车速 80km/h 的要求。电机是车辆动力输出和电制动的核心部件，永磁同步直驱电机体积小、质量轻、功率大、效率高。

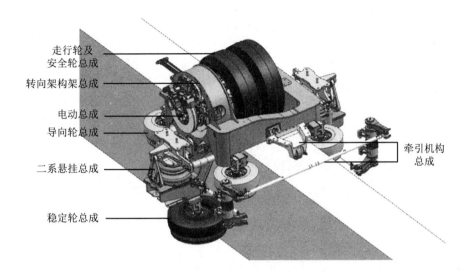

走行轮及
安全轮总成

转向架构架总成

电动总成

导向轮总成

牵引机构
总成

二系悬挂总成

稳定轮总成

图2 单轴转向架系统组成

c. 应急动力电池

应急动力电池采用模块化封装的磷酸铁锂动力电池，具备 IP67 以上的防护等级。列车制动时，应急动力电池吸收制动能量，通过与储能电站的配合，极大地提高了能量利用效率，降低了运营成本；电网故障时，动力电池能实现应急驱动，维持车辆运行到最近站点，保障乘客安全；能实现无电轨行驶，车辆段及辅助线路等可以不需铺设高压电轨，维护保养作业更安全。

d. 储能系统

一般城市轨道交通列车在制动时，能量会通过电机回馈至牵引系统直流母线，造成母线电压升高和波动。为稳定母线电压，提高能量利用效率，新型的中运量跨坐式单轨系统，推出电池储能型再生制动能量回馈系统解决方案。该方案主要采用 DC/DC 装置将列车的再生制动能量吸收到车载电池包和超大容量储能电池组中，列车制动时，回馈能量首先储存在车载电池中，多余能量传递给导电轨，供区间内行驶的其他列车起动和加速时取用，再有多余的能量则由大容量储能电池组吸收，当直流母线电压较低时则由储能电池组将电能回送到接触网供列车使用。

3. 发展现状和趋势

跨座式单轨车辆最早由德国 ALWEG 公司于 1952 年研发，并于 1959 年开始商业运营。1960 年日本和庞巴迪先后引进 ALWEG 跨座式单轨。1964 年为适应大运量、稳定性需求，日立在原单轴基础上研发双轴转向架跨座式单轨，并于 1985 年研制出大运量城市交通系统——北九州单轨，迄今日立双轴转向架跨座式单轨已持续投入运营 40 余年。

2004 年，中车长客股份引进了日立的双轴转向架技术并进行吸收优化，首列跨座式单轨车在重庆轨道交通 2 号线上线运营。2016 年，比亚迪历时 5 年研发的具有 100% 自主知识产权的云轨（跨座式单轨）正式通车；2017 年 10 月，采用比亚迪云轨列车的银川花博园单轨线正式开通运营。

结合跨座式单轨交通系统独特的结构形式及十余年国内上线运用情况，理论创新、方法创新、技术及产品创新极大地促进了我国跨座式单轨装备科技的进步，加速了跨座式单轨制式在我国的推广。

跨座式单轨十余年来运营经验不断积累，相对于地铁建设具有低成本、短周期等优势，加之国家发改委对于轨道交通建设申报条件的收紧，国内不少城市相继将目光聚集在跨座式单轨制式上。国内目前已在重庆、银川运营 3 条跨座式单轨线路，还有多个城市（遵义、万州、绵阳、涪陵、邯郸、顺德、九寨沟、中山、吉林、葫芦岛等）有单轨交通建设的意向。同时，随着国家"一带一路"倡议的推进和国力的增强，国内企业参与到国际市场竞争中，并与国外意向用户展开了技术交流。

在逐渐扩大的国内外市场需求中，国外竞争对手日立制作所、庞巴迪的车辆总体技术水平和中车长客股份相当。日立制作所、庞巴迪和中车长客股份在车辆结构上的主要区别是转向架结构形式不同，日立制作所和中车长客股份的转向架均为双轴式转向架，庞巴迪的转向架为单轴式转向架。

表18　国内规划建设跨座式单轨的城市

序号	地区	城市	项目名称	公里数
1	重庆	万州		待定
2		涪陵		20.75km
3		重庆	重庆二号线增购车辆	31km
4	贵州	遵义	遵义2号线	42.1km
5	四川	绵阳		待定
6		九寨沟		待定
7	河北	邯郸		待定
8	广州	顺德		待定
9		中山		待定
10	吉林	吉林		20km
11	辽宁	葫芦岛		33.7km

车辆将采用模块化设计技术，研究单轨车辆新架构、新结构、新材料及新能源应用技术，突破智能控制、节能环保、监控一体化、工业以太网、在途信息智能服务、碰撞吸能等关键技术，研制车辆车体、转向架、牵引传动、制动、列车控制等关键子系统，开发具备低噪声、低能耗、高可用性和高适用性特征的新型单轨车，全面提升跨座式单轨车辆技术应用水平。

关键技术研究：①针对车辆低噪声、低能耗、高可用性以及高适应性的特征，重点突破全自动列车控制、新一代列车控制网络、节能环保、新能源牵引传动、在途智能监测预警与运维保障等列车关键技术；②研制高可用性、高适用性、高安全性及具有节能环保特征的车体、转向架等关键部件，研制全自动列车控制、制动、基于新能源应用的节能型牵引传动以及智能化旅客信息服务等关键装备；③构建涵盖设计、制造、试验和验证全过程的车辆技术体系和技术平台，形成相应技术标准和规范。

（二）悬挂式单轨车辆

1. 总体技术要求

悬挂式单轨列车作为一种轻型、中速、中运量的新型公共交通方式，是一体化、多模式、立体公交体系的组成部分，与常规公交、轨道交通等其他公交方式错位发展，是其他公共交通方式的有益补充和完善。悬挂式单轨交通具有施工方式简单、安全度高、噪声低、自动化程度高、全天候运行、节约土地、爬坡能力强、造价较低、美观舒适度高等优点。中车四方股份悬挂式单轨列车总体技术参数见表19所示。

表19　中车四方股份悬挂式单轨列车总体技术参数

序号	项点	技术指标
1	编组型式	
1.1	车辆型式	MC、M
1.2	编组方式	+ MC1 - M0 - MC2 +
2	总体尺寸	
2.1	列车长度(mm)	33450(车钩连接面距离)
2.2	车体长度	头车:11525 中间车:10400(车钩连接面距离)
2.3	车辆最大宽度(mm)	2400
2.4	客室内高度(mm)	≥2100
3	车辆重量	
3.1	车辆自重(t)	MC 车:14.1,M 车:13.5
3.2	轴重(t)	5
4	车辆载客能力	
4.1	座席(人)	MC 车:20;M 车:24;列车:64
4.2	定员(人)	MC 车:64;M 车:72;列车:200
4.3	最大载员(人)	MC 车:86;M 车:96;列车:268
5	最高运行速度(km/h)	55
6	蓄电池牵引能力	车辆配置一套蓄电池组(钛酸锂电池)，在仅有蓄电池供电时，列车能够在平直道以 20km/h 的速度牵引不低于 3km 距离
7	车体结构及材料	中空铝合金挤压型材,侧墙采用铝塑板
8	转向架结构型式	两轴交流电机独立驱动、具有橡胶导向轮与橡胶走行轮结构、空簧承载的转向架，由构架、走行轮、导向轮、驱动装置、基础制动装置、受流装置、中央吊挂装置等组成
9	走行轮直径(mm)	518(自由)
10	导向轮直径(mm)	280(自由)
11	制动系统	
11.1	制动系统	电制动、液压制动混合(电制动为主)
11.2	基础制动	夹钳式、液压盘式制动

序号	项点	技术指标
12	客室车门	
12.1	车门型式	电动塞拉门
12.2	车门对数(每辆每侧)	2
13	车内设备	
13.1	客室座椅排列	纵排 + 横排
13.2	客室照明	LED 平面光源

2. 新技术、新产品、新工艺、新材料的应用

（1）乘坐舒适性设计

列车平稳性设计措施：设置横向减震装置，有效提升车辆横向运行稳定性与舒适性；采用实心橡胶轮胎，一系悬挂橡胶堆，二系空气弹簧悬挂，三级减震提升车辆的垂向稳定性；采用 220mm 宽度车轮，有效提升车辆承载能力及在轨道梁内运行的稳定性。

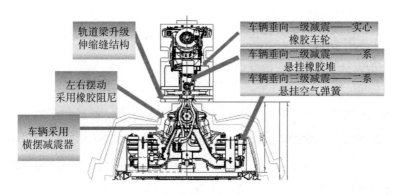

图3 悬挂式单轨车辆乘坐舒适性设计

列车的内外饰设计：客室侧门采用结构成熟、可靠的双扇电控电动塞拉门，可有效降低和减少车内噪声和灰尘；车窗采用大面积双层玻璃车窗，具有良好的隔音隔热能力，且能最大限度保证乘客观景视野；空调系统采用微机控制的变频空调，节能环保。

（2）高效的牵引能力

车辆采用永磁电机牵引，具有以下明显优势：永磁电机本身的功率效率

高以及功率因数高；永磁电机发热小，因此电机冷却系统结构简单、体积小、噪声小；永磁电机允许的过载电流大，可靠性显著提高。

（3）车体稳定装置

为增强车辆停站旅客上下车过程中的车辆稳定性，车体下部增加止摆装置，与站台上预设的齿板啮合，防止车辆晃动，同时兼具站台接地功能。

（4）应急牵引蓄电池

经统计，列车断电故障占列车掉线总故障的80%以上，牵引蓄电池的设置，可以在线路断电时，将旅客送到车站疏散。

（5）高性能实心橡胶轮胎

走行轮采用实心新型橡胶，能够提高车辆的舒适性，同时缓和由轨道传递给转向架的振动冲击，采用实心橡胶轮胎能够在有限的空间内提供足够的承载能力。经过对多种高性能橡胶配方进行比选试验，提升了实心橡胶轮的使用寿命和承载能力。

（6）轻量化材料

全车采用了大量的轻量化材料，如大型中空铝合金车体、酚醛聚酯发泡轻型材质用于车辆内饰和次地板结构。

3. 发展趋势

随着单轨技术在国内的发展，悬挂式单轨交通主要适用于以下几种场景：①大型景区内部的观光客流；②多个景区之间串联的交通；③中小城市的交通干线；④大城市一些点对点接驳交通；⑤地形复杂、无法正常修建传统轨道交通的场合。

四 现代有轨电车

（一）轮轨式低地板有轨电车

轮轨式有轨电车是城市轨道交通的一种制式，19世纪末就已大量使用，但随着汽车的发展，逐渐衰落。其运量介于公共汽车和地铁车辆，主要在城市路面行驶。其特点在于轨道、供电、车站、设备等建设成本远低于地铁系统，可以与城市路面交通车辆公用路权；车辆转弯半径小、爬坡能力强，线路设计可尽量避免拆迁，并且采用电力牵引，节能环保。因此，随着技术不断升级，车辆低地板率不断提高，从 20 世纪 60 年代开始，轮轨式低地板有轨电车在欧美发达国家开始复兴，并在 80 年代后大量建设，尤其被中小城市广泛采用。2010 年以后，国内越来越多的城市开始筹备或建设轮轨式低地板有轨电车系统。截至 2018 年末，全国已有 14 个城市共计 25 条 318km 轮轨式有轨电车线路开通运营。在大城市，有轨电车可作为地铁线路在郊区或新区的延伸补充线路；而在中小城市，有轨电车可作为城市公共交通的主干线路和旅游观光特色线路。

轮轨式低地板有轨电车经过了 100 多年的发展，全球产生了 20 家左右具有相当实力的制造厂家，主要分布在欧洲和亚洲，以 Bombardier、Alstom、Siemens、Skoda、Pesa、Ansaldo、CAF、Stadler 为主，占据着大部分的国际市场份额，其产品代表着有轨电车最先进的技术，并引领着技术的发展方向。对于轮轨式低地板有轨电车，各厂家都有其主型产品，如 Bombardier 公司的 Flexity 系列、Alstom 公司的 Citadis 系列、Siemens 公司的 Combino 系列、CAF 公司的 Urbos 系列、Stadler 公司的 Variobahn 系列、Pesa 公司的 Swing 系列、Skoda 公司的 ForCity 系列、Ansaldo 公司的 Sirio 系列，这些主流产品在市场上具有非常强劲的竞争力。

随着有轨电车在国内的兴起，以中国中车为主的中国轨道交通车辆制造厂家也相继推出了轮轨式低地板有轨电车产品。2000 年，原中国北车集团大连机车研究所有限公司和大连现代轨道交通有限公司电车工厂共同开发研制了 DL6W 系列 70% 低地板车辆，是中国首台低地板有轨电车车辆，地板面高度为 400mm，应用于大连有轨电车系统。2006 ~ 2011 年，长春市 2 条轻轨线路先后通车运营，选用 70% 低地板车辆，由中车唐山、中车湘潭和中车长客 3 家公司提供车辆，地板高度均高于 350mm。2010 年，在科技部"十一五"支撑项目支持下，中车长客股份研发 100% 低地板有轨电车车辆，用于沈阳浑南新区有轨电车线路，车辆采用铝合金车体、独立轮转向架，地板面高度为 380mm。2012 年之后，国内各车辆主机厂开始大规模技术引进和自主再创新的工作。中车大连机车与意大利安萨尔多百瑞达公司签订技术引进合作协议，首次将现代有轨电车及地面供电系统技术引入中国。中车唐山公司的现代有轨电车是与 LogoMotive 公司联合设计，在包括转向架在内的技术上拥有完全自主知识产权。中车四方股份通过技术转让方式，引入捷克斯柯达低地板有轨电车产品技术，生产型号为 15T-ForCity 的现代有轨电车。中车浦镇公司引进庞巴迪最新一代的 Flexity 2 平台，并根据中国实际的使用环境进行适应性改造，实现了 100% 和 70% 低地板有轨电车技术本土化生产，并完全自主研发，实现了全国产化车辆的设计和生产。中车株机公司与西门子公司签署 100% 低地板有轨电车技术合作协议，获得 Combino 车辆的全套技术，之后自主研发了浮车型 100% 低地板有轨电车。可以看出，中国轨道交通车辆企业已完全具备了轮轨式低地板有轨电车车辆的自主研发、制造、验证能力，并逐步开始平台化、标准化工作。

轮轨式低地板有轨电车引进的平台主要有如下几种：中车长客委托福伊特设计；中车唐山委托德国 LogoMotive 设计；中车大连与安萨尔多公司签订了合作协议（Sirio）；中车株机与西门子公司签订了合作协议（ComBino Plus）；中车浦镇与庞巴迪公司签订了合作协议（Flexity 2）；中车四方与斯柯达签订了技术转让协议（ForCity 15T）；京车与福伊特签订委托设计协议；湘电与福伊特签订委托设计协议；新筑委托福伊特整车设计；中国通号＋湘电＋INOKEN 在长沙建立合资公司，INOKEN 提供技术。

1. 车辆总体技术

（1）车辆类型

轮轨式低地板有轨电车自开始应用以来，经过了多次的更新换代。由最初的单节编组、高地板车型，逐渐发展到多节编组、低地板车型。车辆编组从 2 模块到 7 模块不等，车辆低地板比例越来越高。目前仅少量项目还在采用 70% 低地板车型，大部分车辆都已实现了 100% 低地板。因技术方向不同，现存的 100% 低地板有轨电车包括三种主要车型：单车型、浮车型、铰接型。虽然车辆连接形式不同，但其典型车型的车辆参数类似，车辆长度均在 32～36m，定员载客量在 300 人左右。

单车型车辆的典型车型是 4 模块 4 转向架车型，主要特点是车体较短，各个模块基本采用等长度设计，每节车体下都有一个转向架，且位于车体中部。车辆定距较小，轴重 10t，轴重容易分配和平衡。由于轴重较小，其轮对寿命较长，运营维护成本相对较低。但其使用转向架多，转向架高于部分地板位置只能使用座椅掩盖，造成通道较窄、车内不够宽敞。

浮车型车辆的典型车型是 5 模块 3 转向架车型，主要特点是所采用的转向架数量少，整车重量轻，单位车长和单位车重的载客量大，单位乘客的运营能耗低，客室内部空间受转向架影响小、空间宽敞，车辆成本及运营维护成本低。但其轴重较大，并且存在模块间的铰接连接，对车体强度要求较高。目前浮车型应用最为广泛，几乎国内外所有有轨电车生产厂家都开发了此类车型。

铰接型车辆的典型车型是 3 模块 4 转向架车型，在列车中间两车体的连接处布置一个公用的转向架，车体通过铰接装置及转盘相连。其主要特点是车内空间受转向架影响最小，但其转向架结构复杂，车端连接位置空间狭小，应用并不广泛。

表 20　轮轨式有轨电车车辆类型

（2）载客量和运能

轮轨式低地板有轨电车的主流产品具有 20～50m 不同长度的一系列产品，按每平方米 6 人计算，列车载客人数达到 200～400 人，单向设计运能一般可达到每小时 0.5 万～0.8 万人次。如果将两列列车串连起来，现代有轨电车单向运能可在每小时 1 万～1.2 万人次。该运输能力已远远超过长编组的公共汽车或 BRT。

若按照每平方米 8 人计算，两列串联的 32m 列车实际单向运能可达每小时 1.4 万人次左右；两列串联的 44m 列车实际单向运能可达每小时 1.8 万人次左右，接近轻轨的运输能力。

（3）运行速度

轮轨式低地板有轨电车的设计最高运行时速可达 70km/h，考虑线路曲线半径、路口数量、站间距等限制因素，在城市中心地区平均旅行速度一般都在 20km/h 左右，在城市郊区的平均旅行速度可达 30km/h。

国外已有设计时速达 100km/h 的轮轨式低地板有轨电车在运行，如 Vossloh 公司给英国谢菲尔德提供的 class 399 型有轨电车，其最高运行速度达到 100km/h，车辆长度 37m，地板面高度为 425mm，定员载客 238 人。目前国内尚没有该有轨电车车型，对于包含大站间距的线路，其对提高旅行速度将有明显的优势。

（4）线路通过能力

轮轨式低地板有轨电车可通过的最小水平曲线一般不大于 25m，最小竖曲线一般设置为 1000m，国内新建线路也都按此标准要求。国外由于大量老线路的存在，最小水平曲线可达到 18m，最小竖曲线可达到 500m。

轮轨式低地板有轨电车的爬坡能力可达到 60‰，有些车型甚至可以达到 80‰，但由于钢轮钢轨黏着限制，有轨电车都需要设置撒砂装置，以避免车轮打滑。

轮轨式低地板有轨电车的轴重最大不超过 12.5t，部分车型轴重可实现 10.5t，相对其他城轨车型，轴重较小。

轮轨式低地板有轨电车的线路通过能力明显优于地铁、轻轨等城轨车辆，其能很好地满足城市路面运行的需求，最大限度减少线路建设时的拆迁等成本。

（5）地板面高度

轮轨式低地板有轨电车通常采用简易式站台，站台高度一般为 300mm 左右，车辆门入口高度控制在 400mm 以下，以方便乘客，特别是为老年人、妇女及儿童、身体障碍者和乘轮椅的乘客提供乘车方便。

对于车内低地板覆盖率，目前主流车型为 70% 低地板有轨电车与 100% 低地板有轨电车两种。70% 低地板有轨电车一般为 3 辆编组形式，采用传统轮对的带动力转向架与独立轮对的不带动力转向架，车内低地板面积占整车的 60%~70%。100% 低地板有轨电车采用全低地板结构，编组形式多样。为了实现车内乘客站立区域全部为无台阶的低地板，需要特殊的转向架结构，如独立轮对转向架或小轮径常规转向架。相对 70% 低地板，100% 低地板有轨电车拥有更优的舒适性和载客能力，被广泛采用，而 70% 低地板车辆因检修方便，成本相对较低，同样受到用户欢迎。

（6）供电制式

轮轨式低地板有轨电车除了采用传统架空线供电外，在部分景观、空间限制区段，还可以采用储能供电或地面第三轨供电，可实现全线不设置接触网，可实现较好的景观效果。

a. 接触网供电

接触网供电的方式与大部分地铁所采取的供电方式基本相同。列车通过车顶受电弓从架空接触网取得电能，通常采用的供电电压为 DC 750 V。目前国内有轨电车较多采用该种供电方式。

b. 储能供电

储能供电车辆在车上安装有储能装置，在线路部分区段或车站之间不架设接触网，通过车载储能装置为车辆供电，利用车辆停站或在网运行的时间通过受电弓为车载储能装置充电，保证车辆正常运行。储能供电方式是目前国内普遍使用的有轨电车无接触网供电方式，其技术关键点在于储能装置的性能。目前，储能装置主要有动力电池、普通超级电容、能量型超级电容等。近年来部分厂家也开始尝试将氢燃料电池作为储能装置。

表 21　储能装置对比

储能装置	体积	重量	存储电量	持续可用电量	启动加速性能	系统复杂程度	续航能力	寿命	储能装置成本	供电成本	适用范围
动力电池	小	轻	多	少	较差	复杂	长	5～7 年	较高	低	全线无网或局部无网
能量型超级电容	适中	适中	适中	多	好	简单	较长	8～10 年	适中	低	全线无网或局部无网
普通超级电容	大	重	少	少	好	简单	短	8～10 年	高	高	全线无网

c. 第三轨供电

第三轨供电以在地面上铺设的供电轨取代架空接触网。由于有轨电车在路面行驶，与公共交通和行人公用路权，供电轨道不能有任何触电风险。目前该方式仅有 Alstom 的 APS 技术，Ansaldo 的 Tranwave 技术和庞巴迪的 Primove 技术。由于存在技术不成熟、线路施工难度大、造价高、供电效率低、车辆运营受环境影响大等问题，三种技术均没有得到大规模应用。

2. 有轨电车新技术

最新一代的轮轨式低地板有轨电车吸纳了众多新技术，例如独立轮转向架、弹性车轮、复合材料车身、车端铰接结构、大容量车载储能、永磁同步电机等。

（1）独立轮转向架

实现有轨电车低地板的关键部件是转向架。传统结构的转向架，轮径大，附带有电机、齿轮箱、制动装置等设备，无法实现地板面的降低。最早的低地板转向架设计是在无动力转向架上实现的。由于没有电机、齿轮箱等驱动装置，为了释放转向架区域的地板空间，需要将制动装置外置，同时把传统车轴改为 U 形轴桥结构，这样，转向架的各个车轮均相互独立，这也是最基本的独立轮转向架。

图 4　独立轮转向架轴桥结构

70% 低地板有轨电车就是基于这种改变设计出来的，中间转向架是无动力的独立轮转向架，而车辆两端依然是传统轮对的带动力转向架，车辆中部大约 70% 的区域都实现了低地板，故称为 70% 低地板有轨电车。独立轮动力转向架是 100% 低地板有轨电车的核心技术，而独立轮动力转向架的导向和驱动问题是 100% 低地板有轨电车正常行驶的关键。

图 5　70% 低地板有轨电车

中车株机公司从西门子公司转让的 Combino 系统有轨电车，其动力转向架采用了独立轮设计，车轮采用轴桥连接，并创新性地采用纵向同步牵引技术，即电机侧式悬挂控制同侧车轮，而两侧车轮相互独立。

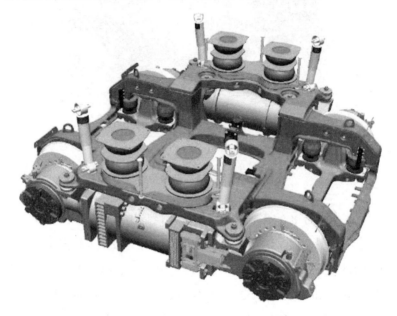

图6　Combino Avenio 系列转向架

中车大连机车从安萨尔多公司转让的 Sirio 系列有轨电车，其动力转向架采用轴桥附带传动轴的方式连接两侧车轮，并附带多个齿轮箱和差速器结构，以保证列车蛇形运动的同时，实现 100% 低地板，Sirio 系列转向架如图7 所示。

中车浦镇从庞巴迪公司转让的 Flexity 系列有轨电车却并没有采用独立轮转向架，其动车和拖车转向架均采用了传统轮轴结构，通过小轮径和车内缓坡过渡的方式实现 100% 低地板，电机悬挂在两侧，分别控制一个轮对，Flexity 系列转向架如图8 所示。

Alstom 最新一代有轨电车转向架"Ixége"，也由独立轮改为传统轮轴式结构，以解决蛇形运动缺乏导致的轨道偏磨问题。回归传统轮轴结构成为低地板有轨电车转向架的发展趋势，Alstom"Txége"转向架如图9 所示。

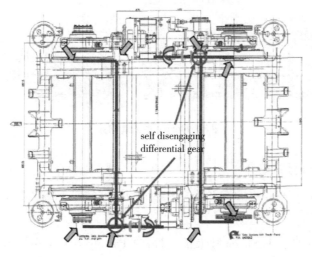

self disengaging
differential gear

图 7 Sirio 系列转向架

（2）弹性车轮

为了满足城市街道的降噪要求，弹性车轮技术在轮轨式低地板有轨电车上得到广泛运用。低地板有轨电车运行速度较低，可以采用弹性车轮。弹性车轮、一系、二系悬挂组成三系悬挂系统，使车辆行驶噪声和振动大幅降低，同时乘坐舒适性明显提高。

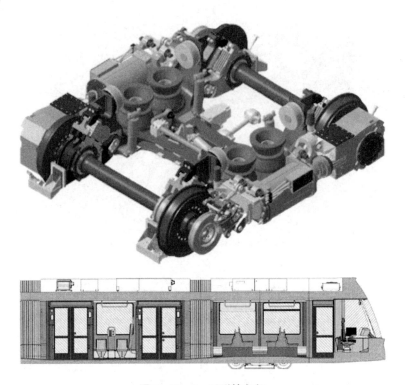

图8　Flexity 系列转向架

（3）复合材料车身

随着复合材料技术的发展，越来越多的轨道交通车辆开始逐步采用复合材料车身结构。

中车四方股份从 Skoda 技术转让的 15T ForCity 有轨电车采用了全复合材料车顶结构，整个车顶通过粘接与侧墙钢结构连接，车顶复合材料板上直接内嵌设备安装结构和内装骨架接口。

（4）车端铰接结构

为了便于通过城市地面小半径曲线轨道，轮轨式低地板有轨电车大多采用短车体，长度在 3～9m，车体之间通过车端铰接装置相连接。通过不同形式铰接装置的组合，约束或释放车体的某个自由度，从而保证车辆可以平稳运行。图10是浮车型100%低地板有轨电车通常使用的车端铰接装置，①、②、③、④分别为侧滚自由铰、点头自由铰、转动铰和固定铰。

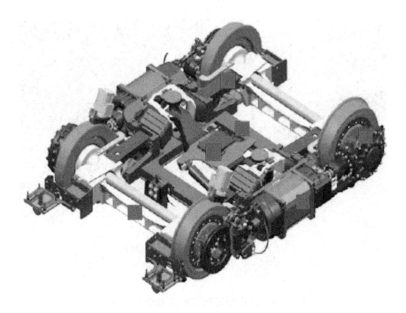

图 9 Alstom "Ixége" 转向架

① ② ③ ④

图 10 浮车型 100% 低地板有轨电车车端铰接装置

（5）大容量车载储能

为了尽可能提高有轨电车在无接触网运行时的车辆性能，并尽可能减少线路充电设施，越来越多的大容量车载储能技术被开发出来。

2018 年，中车株机公司的第三代超级电容有轨电车在厂区调试线上开始动态调试。第三代有轨电车具有可混合储能供电、适用城郊各地、车辆转弯更灵活、乘客乘车更舒适等优点。车辆上设置了超级电容和钛酸锂蓄电池共同作为车辆动力来源，该增程供电制式能适应更大范围内的站间距，减少沿线充电站设置。这种无网供电模式能实现能量循环利用，且能更好地保护城市景观。

图11　中车株机公司第三代超级电容有轨电车

中车四方股份为德令哈现代有轨电车提供的超级电容储能装置内装载了最新的锂离子超级电容器，该超级电容器拥有百万次的循环寿命，更能将能量密度提高到双电层超级电容器的 3 倍，减小了成系统后的体积和重量，减轻了整车在布局和轴重设计上的负担。

2017 年 12 月，中车四方股份为全国首条氢能源有轨电车线路——佛山高明现代有轨电车示范线研发设计的首列氢能源有轨电车在佛山下线，这种氢能源有轨电车装有 6 个 140L 的储氢瓶，一次性加氢可以达到 18 公斤，续航里程达到 120 ~ 150km。佛山市高明区现代有轨电车搭载了 230kW 大功率氢燃料电池堆和大容量钛酸锂电池，两者配合为车辆供电。有轨电车运行时，氢燃料电池作为牵引主动力，锂电池则在启动加速阶段提供辅助动力，车辆最高以 70km/h 速度持续运行。车辆惰行、停站时，燃料电池为锂电池充电；制动时，锂电池回收制动能量，实现能量的循环利用。氢燃料电池和锂电池的混合动力，具有响应快、启动加速性能好、制动能量回收率高等突出优势。新型氢能源有轨电车创新采用储氢与散热系统耦合式设计，储氢量大，续航里程更长，解决了普通储能式有轨电车的续航"瓶颈"问题。

江苏中辆新能源轨道交通装备有限公司研制的"三位一体"绿色新能源现代有轨电车，在南京顺利通过了专家技术评审。"三位一体"绿色新能源，是指列车运行时，1/3 利用太阳能发电，1/3 利用自动回收的列车刹车时产生的制动再生能，1/3 利用城市电网在用电低谷时段输出的"富余"电能。

（6）永磁同步电机

早期的牵引电机主要为直流电机。随着电机制造技术的发展，交流电机已成为主流，三相鼠笼异步电机应用最为广泛。但永磁同步电机在节能方面的优势被逐渐重视起来。斯柯达 ForCity 型有轨电车采用永磁同步电机驱动，体积小、重量轻、效率高（效率为 0.97，异步电机效率为 0.92）、黏着利用好，是目前世界上最先进的驱动技术；电机采用液冷，无电机冷却噪声。

图 12　永磁同步电机

3. 有轨电车发展趋势

轮轨式低地板有轨电车经过多年的发展，技术上已经非常成熟。最新一代的车辆采用模块化、轻量化和人性化的理念设计，被广泛应用在世界各地。下一代轮轨式低地板有轨电车将在智能化、节能环保、舒适性方面有进一步提升。

（1）自动驾驶

2018 年柏林国际轨道交通技术展上，西门子公司展示了世界首列自动驾驶的有轨电车。该车辆将用于认识现实条件下自动驾驶有轨电车所遇到的挑战和可改进之处。这辆测试有轨电车具有多激光雷达、无线电探测器和摄像头等传感器，可实时监测周围的交通环境。此外，它还通过运行复杂的算法功能来解释此数据并提供适当的响应。自动驾驶的有轨电车能够响应有轨电车交通信号，在到站时自动停车，并在轨道区域出现其他车辆行驶和行人穿越时立即响应。

（2）轻量化

轻量化是轨道交通车辆行业永恒的主题，减重降耗一直是其追求的目标，体现在通过新材料、新工艺的运用减重，通过车辆集成设计减重等方面。

复合车体技术：不锈钢、铝合金、碳钢和复合材料的大面积运用，在保证车辆性能的前提下，运用粘结技术，使用骨架、蒙皮模块化结构减少车体自重。

复合新型材料车辆设备件：车辆设计过程中，各种安装支架、骨架、扶手现在通常采用不锈钢材料和铝合金材料；新型材料的运用，如碳纤维、7系铝合金等的运用，将有效减少车辆设备件的重量。

车辆设备的集成设计：车辆设计过程中，通过模块化设计、集成设计，减少单独使用的设备件。

车辆其他设备优化减重：车辆设计过程中，除车体、转向架等关键部件外，从大部件开始，通过车辆部件的有限元分析（FEA），优化结构，减少设计重量。

（3）无接触网技术

国内用户对无接触网供电技术的喜好程度，远远超过了国外用户的预期。以 Alstom 的 APS 技术、Ansaldo 的 Tranwave 技术为代表的第三轨供电技术，技术水平高，造价高，技术壁垒大；以庞巴迪为首的 Primove 技术，一直未能在正线运用，且旅客对此类技术的效率问题、电磁辐射问题一直难以接受；基于超级电容和蓄电池技术的储能技术，难度较低，更适合于国内用户。但是储能装置的生命周期成本问题一直是用户关注的焦点。适时开展一些新技术如燃料电池技术的研究和运用。类似这样的新技术，国内几乎与国外同步，开发难度相当。

与技术引进相比，自主开发的产品还处于起步阶段，需要通过不断试验、优化设计和改进设计，对储能装置的控制策略和能量利用策略进行优化，对储能装置的 LCC 成本进行评估。开发基于信号控制的全自动化无接触网解决方案必然需要提上日程。

（4）交叉学科技术运用

国内汽车行业随着中国制造业的崛起，正在逐步展开开发设计工作。汽车设计的专用技术，相对于轨道车辆行业，成本更低，技术更加成熟。如NHV（噪声、振动和不平顺）技术等一类专用技术。用户对舒适度的关注，必然会逐步渗透到轨道车辆设计行业，交叉学科的运用也必将成为一大趋势。

（二）胶轮有轨电车

胶轮有轨电车是为了解决居民短距离出行问题而推出的一种低运量轨道交通方式。它可以在片区内环状串联住宅区与学校、医院、商场、公园、写字楼等公用建筑，解决片区内短距离出行问题，也可以连接地铁站、公交场站等为中长距离的出行提供接驳。利用走行轮和设于轨道梁内侧的导向轮，实现车辆在 U 型导向梁上的行进和转向，可快速行驶，拥有独立路权，不影响已有的交通形式。

1. 车辆技术特点

（1）车体

胶轮有轨电车车体采用通长大断面铝合金中空挤压型材全焊接结构，由底架、车顶、侧墙、端墙、车头骨架等部分组成。胶轮有轨电车采用的全铝车身，结构安全可靠，刚度大，寿命长而且车辆轻量化。

胶轮有轨电车将大型设备都布置在下车体，使上车体可进行个性化定

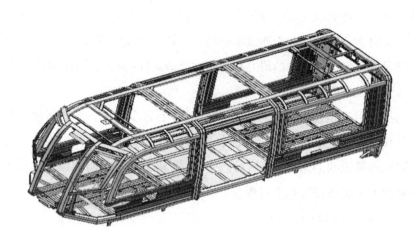

图13　铝合金车体结构

制。例如应用于旅游场所的车辆，车顶、车端、侧墙可采用大玻璃设计，使车内视野开阔，可视区域大，从而满足观景效果极佳的要求。应用于城市道路或者小区的车辆，车辆外观颜色也可根据环境特点及需求进行定制化设计。

（2）转向架

转向架总成是列车的核心零部件，是影响车辆的运行品质、动力性能以及行车安全的重要因素之一。

胶轮有轨电车车辆转向架系统包含转向架构架、电动总成、基础制动装置、车轮总成（走行轮、导向轮）、二系悬挂总成、牵引机构总成等组成部分，其结构如图14所示。

（3）电机

胶轮有轨电车采用永磁同步直驱电机，电机布置于转向架内部，作用是将电能转化为机械能，同时可以将机械能转变为电能来实现电回馈功能，是车辆动力输出和电制动的核心部件。

胶轮有轨电车采用自主研发的永磁同步电机，完全满足胶轮有轨电车的动力性能要求，可以实现在120‰的最大坡度不溜车、最高车速80km/h的

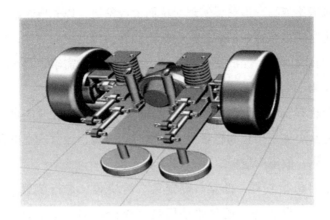

图14 胶轮有轨电车车辆转向架

设计要求。

（4）动力电池

胶轮有轨电车采用动力电池驱动，其采用的磷酸铁锂动力电池已经有近十年的安全运营经验。电池供电电压为750V，容量为160kwh。针对电池的温度特性，胶轮有轨电车特别设计了电池热管理系统，能始终保持电池工作温度为20℃~30℃，使电池在性能较好的状态下工作。

2. 导向梁及其子系统

导向梁是承载列车重量和列车运行导向功能的结构，兼具桥梁和轨道的作用，对列车的运行安全、平稳、舒适性影响极大。故对其结构刚度、强度、精度、平面度要求极高。

胶轮有轨电车采用的是钢梁结构，既起到承载和导向作用，也是各种系统设备及线路通道的载体，具有精度高、功能多、埋件多、呈空间曲线、需进行一对一设计和二次设计等特点。

胶轮有轨电车导向梁的特点如下：大跨桥梁设计，减少对道路空间的遮挡，景观性好；先进模板与专业化生产，保证精度；预制桥梁现场架设，施工周期短。

3. 道岔及其子系统

胶轮有轨电车道岔是一种钢质特殊结构的专用道岔。道岔梁转辙通过电力驱动与轨道梁或另一道岔梁实现对位而形成岔道，以完成车辆行驶线路的转换。胶轮有轨电车道岔的运行接受行车调度信号的统一调度，按照既定的转辙形式和转辙时间，完成要求的动作，满足列车的需求，是车辆换线、折返、故障停留、编组、调度必不可少的机电一体化设备。

由于胶轮有轨电车导向梁的特殊性，道岔系统采用比亚迪自主开发的秒级道岔，道岔更加小型化和轻量化，转辙时间更短，运营效率更高；操作方便，安全可靠，故障率较低。

道岔主要包括直梁、曲梁、固定梁、滑块梁、走行装置、驱动装置、锁定装置、导向装置等。道岔梁采用箱型焊接结构，主要由道岔梁本体、支座、接缝板座等组成。走行面板上设有防车辆倾覆的挡板，可以防止车辆在道岔上的倾覆，该挡板设计成指头形状，分别与滑块梁防倾覆板配合，实现道岔平移运动。直梁、曲梁、滑块梁的走行面防倾覆挡板分块通过高强度螺栓装配在梁上。目前秒级道岔主要包括 SAS 单开道岔和 SAS 平移道岔。

与国内外现有的胶轮有轨电车各类道岔设备相比，秒级道岔具有以下优势。①经济性：结构简单、造价低。②轻量化：体量小，道岔尺寸按 R15m（地铁 300m，跨坐式单轨最小 45m），可以最大限度做到零拆迁，所需安装场地空间小。③高效性：道岔更加小型化和轻量化，转辙时间更短（仅需 8s），运营效率更高。④通过性：过岔速度高、噪声小、列车通过时舒适性较好。⑤安全性：控制系统符合 TUV 的 SIL4 安全等级要求并高于同行业 SIL3。⑥转辙精度高，具有防车辆侧翻装置。

4. 供电系统

授流装置是胶轮有轨电车特有的供电方式，该供电技术不同于传统的接触轨/接触网授流方式。授流装置包括正极授流装置和负极授流装置。授流装置固定在车站梁上。当车辆驶入或驶出车站时，授流装置通过与固定在车上的取流器接触或分离，实现对车辆的充电与断电。

技术特点体现为以下四方面。①在车辆停站时，安全平稳地给车辆充电。取流器取流片采用特殊材料制成，取流高效稳定，且相比传统碳滑板耐

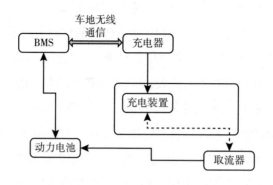

图 15　充电示意

磨性更高，授流装置内部设置多级弹性缓冲，保证授流器与取流器可靠地接触。②在车辆进出站时，授流装置不影响车辆的运行，整个充、断电操作实现全自动化，不需要人工干预。车辆通过信号接收装置（应答器）保证车辆停车位置，通信装置实现车地通信交互，由 BMS 根据需求给相应充电装置发送充电断电指令，实现全自动化的充断电过程。③授流装置与车辆取流器不产生碰撞，尽量减少摩擦，保证使用寿命，并且在进出站时，不产生拉弧。车辆采用车地通信进行自动充电，车辆在进站前充电装置没收到上电指令不会带电，充电结束后车辆发出断电指令后再动车，在进出站过程中不会产生拉弧。④授流装置采用全绝缘保护设计，防止充电过程中乘客可能的触电。授流装置的带电部分采用全包裹式设计，安全美观。

五　中低速磁浮车辆

（一）悬浮原理

　　F 形的低碳钢轨道通过轨枕固定在混凝土轨道梁上；电磁铁位于轨道的下方，并固定在车体转向架上，转向架上还装有直线感应电机的短定子；转向架通过空气弹簧与车厢连接在一起。电磁铁上还装有气隙传感器，用来测量电磁铁与轨道的气隙。电磁铁为典型的 U 形铁芯形式，轨道截面呈倒 U

形，它们的磁极宽度相同并相对。悬浮气隙约 8mm。

车辆在悬浮状态的运行中，如果由于外力的作用电磁铁与轨道的气隙变大（大于 8mm），则气隙传感器以电信号形式，把这个变化信息送到悬浮控制器中，并使电磁铁中的电流增大，相应的磁力增大，则电磁铁向上运动，气隙将恢复到原来的设定值 8mm。反之，当气隙变小时，悬浮控制系统将电磁铁中的电流减小，相应的磁力将减小，在重力作用下，电磁铁与轨道之间的气隙又恢复到原设定值。由此可见，只要电磁铁偏离了悬浮设定的气隙，电磁铁的电流就要相应变化，总能使磁力与重力保持相等。自动控制的悬浮系统的调节速度很快，只要合理配置系统参数和网络结构，就能够实现对电磁铁的稳定的悬浮控制。

电磁铁和轨道都为 U 型，当电磁铁侧向偏离轨道时，产生于电磁铁磁极和轨道之间的电磁力，会有一个侧向分量，形成侧向力或导向力，这个力将使电磁铁恢复到与轨道对齐的状态，这就是导向原理。可见导向是被动实现的，没有导向传感器，不进行主动控制。

（二）驱动原理

在转向架上装有感应式直线电机的定子，轨道上的铝反应板是直线电机的次级。直线感应电机是一种把圆形电枢拉直的一种特殊电机，等效示意如图 17 所示。当对它通入频率和电压都可以调节的三相交流电流时，其与轨道上的铝板及下磁路之间形成一个速度可调的行波磁场，并在铝板中产生感应电流和推动力，使车辆沿着轨道以可控的速度运动。因为推动力通过磁场反作用于轨道，直接作用于车体，不需要像轮轨车辆那样，要依靠"粘着力"来传递动力，故不会打滑或产生摩擦阻力。所以，只要电机的推力足够大，理论上可以爬上任意坡度的坡道。

（三）主要特点

环保性能：车体和轨道不接触，运行噪声低，距离 10m 处不大于 65dB（轻轨 92dB）；无机械振动；无磨耗，无粉尘污染；无电磁辐射污染。

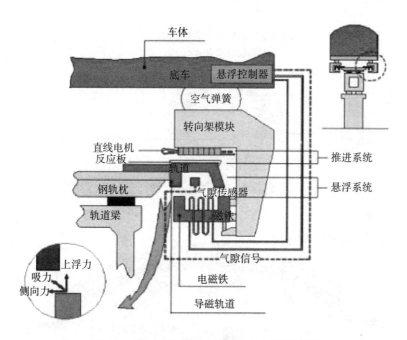

图16 中低速磁浮车辆悬浮和导向基本原理

乘坐舒适度：车辆处于悬浮状态，与轨道无直接接触；振动小，运行平稳，乘坐舒适。

线路适应性：正线转弯半径达 75m（轻轨 300m）；爬坡能力达 70‰（轻轨 35‰）。

运行安全可靠性：列车"包"在轨道上运行，无脱轨危险；列车、线路、供电、运行控制系统采用与地铁、轻轨相同或类似技术，安全可靠性高；采用电制动、机械制动、"落车"辅助制动三重制动方式，有充分的安全保障；即使停电，车载电源维持悬浮直至安全停车。

建设成本：线路适应性强、低噪声，征地、拆迁、噪声防护成本低；拥有自主知识产权，国产化生产，可大幅度降低车辆造价；车体轻、无震动、均载受力，土建结构造价低；车辆和轨道无接触，无机械传动系统，机械维修量小。

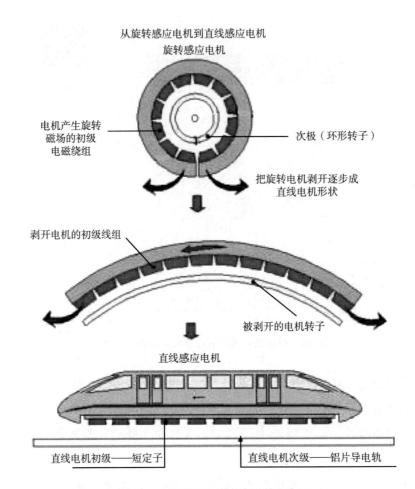

图 17　中低速磁浮列车牵引基本原理

（四）车辆系统构成

1. 车体

车体采用轻型铝合金中空挤压型材或其他铝合金型材。车体分为带司机室的动车和不带司机室的动车两种。车体及内部装饰主要由承载结构、内装（包括地板、顶板、墙板）、设备（包括门、窗、座椅及扶手和立柱）、车内照明、列车广播及乘客信息显示装置、空气调节装置、采暖装置等组成。

2. 悬浮转向架

悬浮转向架与轮轨车辆的转向架相当，车辆走行部由多个转向架组成，通过每个转向架的四个空气弹簧，纵、横向拉杆组成的空气悬挂系和转向机构与车厢连接。每个转向架由两个悬浮牵引模块通过两组防滚解耦机构连接而成，转向架上提供以下部件安装接口：直线牵引电机，悬浮电磁铁，驻车滑橇，液压支撑轮，机械制动器，制动增压缸，间隙传感器，受流器（部分转向架上安装），测速定位传感器（部分转向架上安装），动态轨检系统（部分转向架上安装）。悬浮转向架传递垂向悬浮力、横向导向力、纵向电机推力和机械制动力，提供车辆的运动解耦功能。

3. 二次悬挂系统与转向机构

（1）二次悬挂系统

车辆的一次悬架为悬浮系统。车辆共有两套由空气悬架和转向机构组成的二次悬挂系统，空气悬架为自动充、放气高度控制方式，主要由以下部分组成：空气弹簧、高度控制阀、附加气室、横向拉杆、纵向推杆、防过充钢丝绳。

二次悬挂系统在车体和悬浮转向架间传递垂向力、提供缓冲，同时使车体和悬浮转向架间有垂向的运动。选取合适的空气弹簧，使车辆具有较高的临界速度和较好的小曲线通过能力。

（2）转向机构

转向机构安装于转向架和车体之间，车辆共有两套对称布置的转向机构，主要组件包括 T 型臂、钢丝绳、长拉杆、滑台。

转向机构给转向架和车体间提供横向相对运动，并在车体与转向架间传递横向力。车辆转向时，一台转向架的一端发生转向运动作为主动端，带动另一台转向架的一端运动，两台转向架分别反向转动，组成与车体形成一定拓扑关系的走行机构。

4. 悬浮控制系统

悬浮控制系统是控制悬浮电磁铁产生适当电磁力来使磁浮列车稳定悬浮

在轨道上的系统。悬浮控制系统首先通过悬浮传感器得到电磁铁的悬浮状态，然后根据所得到的悬浮状态和悬浮控制算法得到电磁铁的电流来达到控制电磁铁电磁力的目的，以保证电磁铁与轨道之间的间隙始终保持在设定的间隙值，从而实现磁浮列车的稳定悬浮。

每辆磁浮车有 10 个悬浮模块，每个模块安装 1 套悬浮控制系统。每套悬浮控制系统包括一台悬浮控制机箱、两台悬浮传感器和一台整体电磁铁。车载电气系统向控制机箱提供 DC330V 和 DC110V 电源；悬浮控制器通过网络向列车控制系统发送状态信息；通过硬连线（110V 标准）接收列车控制系统发送的浮/落命令和复位命令，并向驾驶系统发送浮/落状态。悬浮控制系统通过网络进行调试。主要设备包括悬浮控制器、悬浮传感器、悬浮电磁铁。

5. 牵引和电制动系统

牵引和电制动系统主要包括以下设备：受流器、高压分线箱、高压电气柜、滤波电抗器、牵引逆变器、牵引电动机。

6. 辅助供电系统

辅助供电系统为车辆电气设备提供 AC380V、DC110V、DC330V 电源。辅助供电系统的供电对象包括如下设备：悬浮系统、空气压缩机、空气调节器、电热器、控制系统、照明、列车广播及乘客信息系统、车载通信和信号设备。

辅助供电系统具有干线级连、扩展供电、蓄电池等冗余和应急供电功能。

7. 制动系统

制动系统的基本特征为反应迅速、动作可靠，具有常用制动、快速制动、紧急制动及落车制动等功能。

系统组成包括但不限于以下设备：制动控制器（可与牵引控制器共用）、电空（液）制动装置、制动微机控制单元、风源系统（液压系统）、基础制动装置、监控终端装置。

（五）车辆相关使用条件及要求

1. 车辆使用条件

车辆可以在隧道、地面、高架线路上运行，车体及其所有外部安装的设备均能承受风、沙、雨、雪、冰雹的侵袭，可在应用地区自然条件下安全运行。

2. 供电条件

受电方式：正、负极轨供电，侧式受流

供电电压（额定）：DC1500V

3. 线路条件

中低速磁浮车辆所适用的线路条件如表 22 所示。

表 22　北京 S1 线工程线路条件

序号	项目	指标	说明
1	轨距	≤2000mm	
2	线路最大纵坡	53‰	最大 70‰
3	横坡	$\mid\alpha\mid$ ≤6°	
4	横坡（道岔）	$\mid\alpha\mid$ =0°	
5	横坡扭转率（正线）	$\Delta\alpha$ ≤0.12°/m	横坡角按线性变化
6	最小平曲线半径（正线）	200m	通过速度≤60km/h
7	最小平曲线半径	75m	最小 50m 通过速度≤15km/h，不设缓和曲线
8	最小竖曲线半径	1500m	包括上凸竖曲线和下凹竖曲线
9	道岔		侧线通过速度≤25km/h

（六）车辆发展现状

1. 投入运营的中低速磁浮

（1）长沙磁浮快线

线路全长 18.55km，全程高架，共设 3 座车站，列车采用 3 辆编组，最高设计速度为 100km/h。长沙磁浮快线于 2016 年 5 月 6 日开通试运营。截止到 2018 年底，长沙磁浮快线日最高客运量约 1.5 万人次。

（2）北京 S1 线

线路全长 10.2km，其中高架线 9.953km、隧道段 0.283km，共设 8 座车站，列车采用 6 辆编组，最高设计速度为 100km/h。北京 S1 线于 2017 年 12 月 30 日开通试运营（开通石门营站至金安桥站区间）。至今磁浮车辆运行状态良好。截止到 2019 年 5 月 28 日，北京 S1 线日最高客运量约为 3.1 万人次。

2. 设计生产中的中低速磁浮

（1）清远磁浮旅游专线

于 2017 年 12 月 29 日正式动工，计划 2019 年 10 月建成。专线全长 38km，将分两期建设。一期正线全长 8.10km，设银盏温泉、长隆大道、长隆主题公园等 3 站，远景预留长岗站，银盏停车场 1 个，项目估算总额为 24.104 亿元。设计时速为 100km/h，预计初期日均客运量将达到 1.31 万人次，远期日均客运量达到 9.14 万人次。2018 年 7 月 6 日，中车唐山公司中标我国首条中低速磁浮旅游专线——清远磁浮旅游专线项目车辆采购订单。

（2）张家界观光磁浮专线

观光磁浮将采用"一次性规划，分期建设"模式，规划全长 61.3km，其中主线长 59.3km，支线长 2km。一期从天门山索道下站至吴家峪站，全长约 39.6km，沿线拟设天门山站、荷花机场站、市民广场站、高铁站、森林公园站、吴家峪站 6 个站点，预计投资 91.08 亿元；二期从吴家峪站至大峡谷站，线路全长约 21.7km，沿线拟设宝峰湖站、黄龙洞站、大峡谷站 3 个车站，预计投资 49.91 亿元。计划 2019 年一期工程全线建成运营。

（3）长株潭磁浮快线

2017 年 4 月，长沙、株洲、湘潭相关部门就三市轨道交通规划进行对接。根据规划，将采用磁浮制式形成一条长株潭城际轨道环线，将湘潭、株洲以及长沙河西串联起来，从而使城铁线和磁浮线在长株潭地区形成一个 U 字形的结构，从长沙河西到沪昆高铁湘潭北站，经过湘潭市区、易俗河，再到株洲河西、株洲火车站，终点是城铁大丰站。长株潭城际轨道交通株洲段（即株洲轨道交通 1 号线）已确定采用磁浮制式，线路走向正在加紧优化完善中。先期将启动株洲西站到大丰站段，大约 27km，计划在 2020 年前建成投用。

（4）成都磁悬浮试验线

四川将打造从成都到德阳的磁悬浮列车试验线。线路的核心技术由西南交通大学提供。路线自成都市区经新都、青白江、广汉，最后抵达德阳，全长 88km，拟采用第二代中低速磁悬浮工程化列车。规划中的成德中低速磁悬浮线路有两个备选方案。一是德阳至成都天府国际机场方案。该方案线路全长约 109km，其中德阳段约 14km。起点为德阳汽车客运南站，过广汉后接成都市规划的 24 号线，经金堂、淮口、龙简新城、空港新城至天府国际机场。同时，该线路还可换乘 11 号线，至成都主城区或天府新区。另一个方案是成德大道方案。该方案线路全长约 59km，其中德阳段约 32km。起点为成都市国际商贸城杜家碾站，与成都地铁 1 号线和 5 号线换乘，沿成德大道至德阳火车站。该条磁悬浮列车设计速度为 160km/h。

（七）中低速磁浮车辆发展趋势与展望

中低速磁浮车辆的应用有力地支撑了立体化城市轨道交通的安全、高效、舒适、低碳、人性化五大目标的实现。但随着城市轨道交通建设的发展，中低速磁浮车辆装备面临着新的挑战，具体表现在如下几个方面。

首先，轨道交通能耗明显优于公路交通，按照同等运力比较，轨道交通能耗仅仅相当于小汽车的 1/9，公交车的 1/2。直线感应电机驱动方式是中低速磁浮车辆的特点，也是重点能耗的"用电大户"。随着运营里程变长，客运量的攀升，能耗问题日益突显，如何充分发挥中低速磁浮车辆的优势，从而降低总体能耗成为中低速磁浮车辆面临的新课题。

其次，城市轨道交通车辆车载设备繁杂一直是车辆技术发展需要攻破的难关，中低速磁浮车辆由于较轮轨制式车辆供电制式多，设备更为繁杂，建设和运营过程中的维护、修理有诸多不便。随着智能时代的发展，维护检修智能化水平提高（如检修机器人的投入使用），车载设备标准模块化将是亟待解决的问题。

最后，城市轨道交通的运营需要大量的司机、乘务人员和检修人员，成本高且人的行为失误容易带来安全、运营问题。需要通过提高磁浮车辆的智能化水平，实现运营的高度自动化、人力资源的优化配置。

全自动运行系统（FAO）是以利用现代信息技术提升运营服务水平、节约成本、合理配置资源为目的的新一代城市轨道交通运行控制系统，中低速磁浮车辆作为运行控制系统的一种承载体，需要将车辆控制与列车控制系统进行深度融合，从而实现控制的便捷、高效，减少车载基础设备的资源浪费。

六　旅客自动捷运系统（APM）

APM 是 Automated People Mover 的缩写，即旅客自动捷运系统。根据美国土木工程师协会（ASCE）的定义，APM 是一种全自动运行的自导向运输模式，车辆在导轨上运行，拥有独立路权。国际上，对于这种中小运量、系统高度集成、全自动运行、橡胶轮胎走行的系统，不同的国家或车辆厂家叫法不一，如自动导向运输系统（AGT，Automated Guideway Transit）、新交通系统（NTS，New Transportation System）、轻型自动列车系统（VAL，Véhicule Automatique Léger）。

参照《城市公共交通分类标准》（CJJ/T 114 - 2007），并结合国内目前行业俗称，APM 一般特指利用橡胶轮胎走行、有独立路权、设专用导向机构，并采用无人驾驶的运输系统。

与传统的钢轮钢轨地铁系统相比，APM 采用了全新的无人驾驶胶轮车辆、混凝土或钢制的运行路面、专用的供电轨和导向梁、定制的道岔机构等，这些新型的子系统与站台门、通信信号系统一起，高度集成，实现了全自动的捷运系统。自 1971 年在美国坦帕国际机场诞生世界第一条 APM 系统以来，APM 车辆得到持续的应用和发展。表 23 描述了 APM 系统具备的主要特征。

表 23　APM 系统的主要特征

线路条件	22m 平面曲线,60‰坡道
运能(高峰断面)	5000～30000 人次/h
建造成本	2 亿～3 亿元/千米
运营维护成本	设备自动化水平高,维护工作少,运维定员低
建造周期	2～3 年
环境	低噪声,低震动;设备简洁,城市景观好

　　无论是国内还是国际其他城市的 APM 项目,一般都采用核心机电设备系统总承包的方式。APM 先进的技术和高度集成的特点,决定了其需要由一家经验丰富的供应商负责系统集成,提供车辆、信号、道岔等核心设备,确保这些系统协调、整体功能顺利实现。

　　APM 系统是一种采用胶轮—混凝土走行界面(见图 18)的轨道交通工程,极大地降低了噪声。专用的路轨适用于高架、地面或地下。由于 APM 车辆爬坡和转弯能力强,车长短,其车站可以布置在沿线的任何位置,甚至直接设在建筑物内。系统扩建(包括延长轨道、增加车站等)时,可以将对旅客的服务干扰降至最低,甚至不干扰。

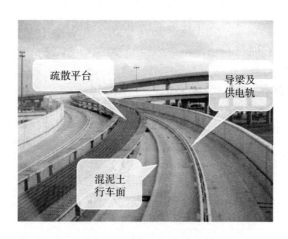

图 18　胶轮—混凝土路轨

按车辆导向方式，主要有中央导向和侧导向二种形式。车辆转向架除配置2个橡胶走行轮外，还配置一定数量的橡胶导向轮，走行轮提供支承及动力，导向轮与中央导梁或侧边导梁接触提供稳定的运行导引。图19描述了中央导向的H型导向梁轨道接口关系。

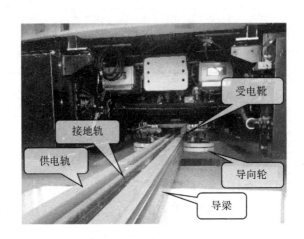

图19　中央导向轨道接口

APM车辆采用橡胶轮胎承载方式，其车辆运行安静，具有低噪声、低振动的优势，但其承载力相比钢轮钢轨方式受到制约，因而其车长较短，定员较少。APM车辆由自动列车控制系统（ATC）操纵实现全自动无人驾驶，采用电气牵引方式，可实现车辆灵活编组，既可单厢车辆运行，也可多车连挂运行，系统可同时安全运行不同编组的列车，从而使系统运量增倍。

（一）总体技术要求

APM车辆主要供应商，在国外主要有庞巴迪运输、法国西门子交通等企业；在国内中车浦镇车辆有限公司与庞巴迪运输集团瑞典公司于2014年合资成立了中车浦镇庞巴迪运输系统有限公司，进行APM系统包括车辆、轨旁及无人驾驶系统集成，提供设计、生产、销售、安装、调试和售后等一揽子解决方案。

各供应商开发生产的APM车辆采用各自的设计标准，并且在长期的发展中车辆规格变化较大，因此并没有统一的技术规格可以遵循。目前，比较典型的新一代 APM 车辆有庞巴迪 INNOVIA APM300；西门子 CityVal/AirVal；三菱重工 Crystal Mover（水晶捷运）。表 24 列举了三种类型的 APM 车辆的主要技术规格。

表 24　APM 车辆主要技术规格

车型	INNOVIA APM300	CityVal/Airval	Crystal Mover
车辆基本宽度（mm）	2845	2650/2800	2690
车辆基本长度（mm）	12750	11200	11840
车辆高度（mm）	3395	3615	3615
车内净高（mm）	2030	2090	2100
地板面高（mm）	1113	1010	1245
空车重量（t）	16.3		14.9
车辆最大轴重（t）	14		10
列车编组（辆）	1~6	2、4、6	单车或双车
车门（单侧）	2	2	2
额定载客量	151	132	120
超员载客量	198	171	154
车体结构	铝合金铆接	铝合金焊接	铝合金焊接
导向方式	中央导向轨（H 型导向梁）	中央导向轨（V 型导轨）	侧边安装导向轨（3200mm）
牵引供电	DC750V,接触轨	DC750V,接触轨	DC750V,接触轨
制动	再生制动/电阻制动/空气制动	再生制动/电阻制动/空气制动	再生制动/空气制动
转向架	每车 2 个单轴转向架	每车 2 个单轴转向架	每车 2 个单轴转向架
车辆最高运行速度（km/h）	80	80	80
最小水平曲线半径（m）	22	30/22	
最大线路坡道（%）	10	10	10

（二）发展现状和应用情况

日本于 20 世纪 80 年代至 90 年代建设开通了多达 11 条胶轮捷运 AGT 系统，其中 10 条为城市应用，1 条为机场应用。法国的橡胶车轮 VAL 车辆在里尔、芝加哥、台北、奥利、图卢兹、雷恩、都灵、巴黎、议政府（韩国）等城市的 13 条线路上运行。庞巴迪 INNOVIA APM 车辆广泛应用于全球 23 个大型机场和 4 条非机场线路，包括中国香港国际机场、北京首都机场、台北的木栅线和内湖线、广州珠江新城线、上海浦江线，迪拜国际机场，沙特阿卜杜勒阿齐兹国王机场，新加坡樟宜机场、武吉班让轻轨、盛港轻轨、榜鹅轻轨，韩国议政府轻轨线采用。

我国开通运营的 APM 线路概况如下：已开通 3 条，分别为 2007 年底开通的首都机场 APM 线，2010 年 11 月开通的广州珠江新城 APM 线和 2018 年 3 月开通的上海浦江 APM 线。后两者均为中等运量城市轨道交通线路。广州珠江新城 APM 线为世界首条全地下 APM 线路，全长 3.94km，设 9 座车站，列车采用 2 车编组，载客约 300 人，线路定位为独立的中心城市旅游观光线路。上海浦江线 APM 采用高架线路，全长 6.689km，设 6 座车站，列车采用带贯通道的 4 车固定编组，线路定位为与上海 8 号线地铁接驳的末端客流收集线路，通过沈杜公路站连接浦江镇大型居民区与 8 号线换乘。

我国近期正在规划建设中的 APM 线路有深圳国际机场线、成都天府国际机场线以及香港国际机场第三跑道扩建新建 APM 线等。其中，中车浦镇公司和中车浦镇庞巴迪公司联合体于 2017 年 6 月中标香港国际机场 APM 项目，中车浦镇庞巴迪公司于 2018 年 6 中标深圳机场 APM 项目，于 2018 年 11 月中标成都天府国际机场 APM 项目。国内外近三年主要的 APM 项目情况如表 25 所示。

表 25　近三年主要 APM 项目

项目名	类型	供电	车型	编组	数量（辆）
北京首都机场 APM 增购	既有线增购	AC600V	APM 300R	3 车	9
北京首都机场 T2 – T3 APM	新线	DC750V	APM		20
迪拜国际机场（Phase 1A）	新线	DC750V	APM		100
广州机场 APM	新线	DC750V	APM		20
广州珠江新城 APM 增购	既有线增购	AC600V	APM 300R		9
新洛杉矶国际机场（LAX）APM	新线	DC750V	APM	2 车	44

续表

项目名	类型	供电	车型	编组	数量（辆）
曼谷金线 APM	新线	DC750V	APM	2 车	6
上海浦江线（8 号线三期）APM	新线	DC750V	APM	4 车	44
深圳国际机场 APM	新线	DC750V	APM	灵活	18
香港国际机场第三跑道扩建新建 APM	新线	DC750V	APM	6 车	36
成都天府国际机场 APM	新线	DC750V	APM	灵活	4
新加坡布吉班加轻轨（BPLRT）APM 300R	老线加车	AC600V	APM 300R	1 车或 2 车	19

1. 核心部件技术发展现状、应用情况及趋势

APM 车辆核心部件技术随着时代的进步不断演进，如牵引供电由三相交流 600V 制式发展为直流 750V 制式，电传动控制由三相晶闸管直流斩波控制发展为 IGBT VVVF 交流传动，车辆控制发展为列车网络智能控制，车辆尺寸向大型化发展，列车向更长编组以及带贯通道的固定编组发展等。

2. 车体

APM 车体采用轻量化设计的铝合金结构。车体由三大部件组成——底架、车顶及边墙。底架由铝合金挤压型材焊接成一体。牵引电机、车钩、空气弹簧、悬臂设备通过钢制框架和螺栓与底架相连接，其他车下设备直接安装于底架型材上。边墙采用挤压铝合金多型标螺栓连接形成。车顶板采用铝合金型材焊接。车体三大部件的连接采用 Huck 螺栓铆接的方式。车辆两端采用玻璃钢（FRP）材料。

3. 转向架

APM 车辆采用胶轮单轴转向架，每辆车配置 2 台结构相同的动力转向架。每台转向架上除配置 2 个橡胶走行轮外，还配置 4 个橡胶导向轮，走行轮提供支承及动力，导向轮与中央导梁或侧边导梁接触提供稳定的运行导引。

转向架中央悬挂由中径胶囊空气弹簧、牵引拉杆和焊接鞍板组成。导向

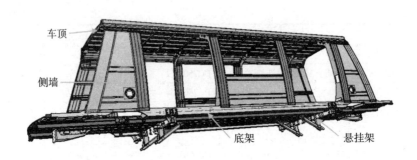

图 20　车体结构设计（INNOVIA APM300）

构架由冷拔矩形钢管和焊接横梁组成，在导向框架上配置有第 3 轨接触受流器、接地受流器和外置式盘型制动。驱动装置由车轴、齿轮箱、轮毂、驱动轮、驱动阀杆、制动鼓组成。此外，还设置防倾杆装置、自动高度调整阀、垂向油压减震器等装置。

转向架的驱动轴由一台牵引电机提供电力驱动，牵引电机安装于车体底架上，通过万向轴与转向架的齿轮箱连接。齿轮箱由一个差动机构的中心减速装置及轮毂上的行星减速装置构成。行星减速装置由太阳齿轮、环形齿轮及五个行星齿轮构成。主轴驱动太阳齿轮，太阳齿轮与行星齿轮啮合，由行星齿轮驱动车轮。

走行轮胎为特制的大直径充气轮胎，载荷依据车辆的重量进行设计和验证，设计寿命为 120000km，确保可以合格应用于特定载荷条件。每个轮胎设置漏气保护装置和胎压监视系统。

每台转向架的导向结构上安装 2 个供电靴和 1 个接地靴。供电靴沿供电轨和接地轨运行，为车辆提供连续的电力传送和连续的接地。供电靴碳滑板使用寿命为 16000km。

4. 制动系统

列车具备电制动和空气制动两种制动方式。电制动与空气制动协调配合，电制动时优先采用再生制动，电制动与空气制动应能实现平滑转换，在电制动力不足时空气制动按总制动力的要求补充不足的制动力。

空气制动具有相对独立的制动能力，由网络控制，即使在牵引供电中断

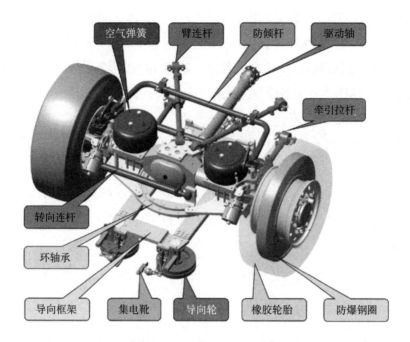

图 21　转向架总装配（INNOVIA APM300）

或电制动出现故障的意外情况下，也应能保证空气制动发挥作用，使列车安全停车。

自行式车辆的紧急制动基于车轮和运行面之间的摩擦力，因此，施加制动力的设备安装在车轮上，而非安装在电机轴或被齿轮与驱动轴分开的其他传送杆和其他形式的驱动耦合装置上。

5. 牵引传动系统

牵引传动系统安装于 APM 车辆底架上，采用全动轴配置。

对于 DC750V 供电，采用直—交传动系统，每辆车的牵引传动系统由 1 台 IGBT 轴控 VVVF 逆变器箱（含 2 套牵引逆变器 MCM 和 1 套辅助逆变器 ACM）、2 台三相异步牵引电机、2 套制动电阻和 2 台线路电抗器组成。系统可最大限度提供再生制动功率。

对于三相 AC600V 供电，采用交—直—交传动系统，每辆车牵引传动系统由 1 台 IGBT 轴控 VVVF 逆变器箱（含 2 套牵引逆变器 MCM 和 2 套三相四象限整流器 LCM）、2 台三相异步牵引电机、2 套制动电阻和 2 套三相电抗器组成。系统可最大限度提供再生制动功率和不低于 95% 的功率因数。

采用新一代模块化 IGBT 变流模块，IGBT 定额为 1700V/650A，最大开关频率达到 2kHz。变流器冷却为强迫风冷，牵引电机也采用强迫风冷。

6. 列车网络控制系统

列车网络控制系统 TCMS 与地铁列车采用的技术并无差异。采用符合 IEC61375 或相关标准的列车控制网络，通过列车控制网络实现列车牵引、制动、在线灵活编组等相关功能。采用先进的智能化列车故障诊断系统对列车及各子系统的状态信息、故障信息进行分析评估、显示、储存。设置高速维护信息网络，用于远程访问、调试、维护各子系统微机控制系统。设置车地无线通信接口，具备实时信息传输、视频监视传输、故障自动下载功能。

（三）发展趋势

APM 最典型，也是最早的应用，即起源于机场。作为技术先进，系统高度集成的新型系统，可靠性较高，更能够适应 24 小时全天候运行。

同时，由于很多机场在一开始规划时，并未预留远期扩建航站楼或专用轨道交通的捷运系统，因此后期扩建或新建捷运系统时，土建条件较为严苛，难以满足地铁制式对线路条件的要求。而 APM 转弯半径小，爬坡能力强，能较好地适应不同的线路条件。

据最新的民航统计数据，截至 2018 年我国已有 38 个机场年旅客吞吐量达到 1000 万人次以上。从机场发展经验来看，这些年旅客吞吐量 1000 万人次以上的机场将来都有建设捷运系统的需求，APM 系统将同行李系统一样成为机场运行的常见子系统之一。

在一些未进行轨道交通走廊预留规划的新城，建筑物密集，若采用地下敷设的地铁系统造价昂贵，且管线迁改复杂；若采用高架的地铁线路，则受制于线路条件，拆迁量大，且噪声大，难以满足环评要求。

APM 作为新型轨道交通制式，一开始就较为注重车辆外形及内装设计，取消了车头司机室，视野通透，乘客可站在车头欣赏外部景观。同时，车辆之上无须架设接触网，轨旁各种建筑工程较为简洁。以上种种设计，使 APM 系统能够与城市景观有机结合，变成城市新的风景线，提升城市形象和品位。

随着城市范围的快速扩张，城市的发展由单中心向多中心组团布局发展，中心城的外围区域轨道交通的线路较为稀疏，城市外围的许多居住区距离现有的轨道交通站点有一定间隔，无法实现步行至轨道交通车站服务范围的愿景。因此，需要建设接驳线路，方便客流进入轨道交通骨干网络，扩大轨道交通干线的吸引范围。从新加坡的 3 条 APM 线路、上海浦江线来看，APM 非常适合作为中低运量新型轨道交通。

随着我国 APM 车辆、信号、牵引系统等核心机电设备国产化、产业化进程的推进，APM 捷运系统将有望更多地融入我国大城市的轨道交通网络中。

中车浦镇公司和庞巴迪运输集团于 2014 年共同出资组建成立的中车浦镇庞巴迪运输系统有限公司（PBTS）已经建成全国首个 APM 车辆生产基地，形成了 APM 胶轮轨道交通车辆及系统设计制造能力，还建有试验线，除进行常规动态调试外，还能够在无人驾驶模式下进行列车性能试验以及与信号和通信系统的接口联调试验。新誉集团与庞巴迪运输集团合资成立的新誉庞巴迪信号系统有限公司（BNS）和新誉庞巴迪牵引系统有限公司（BNP）引进了庞巴迪 CITYFLO650 信号系统和 INNOVIA APM300 牵引系统的最新技术。

我国 APM 车辆核心设备产业化已具备了良好的技术能力储备。在引进新技术的同时，应不断采取措施对一些车辆关键部件进行结构及性能优化，具备产品升级改造能力，降低设备采购和维护成本，以提高 APM 车辆在轨道交通产品中的竞争力，推进 APM 车辆在我国的发展。

七　市域快轨车辆

目前中国的城市化正处于高速发展的进程中，2000 年我国的城市化率为 36%，2017 年城市化率是 57.96%。根据联合国的估测，我国的城市化率在 2050 年将达到 72.9%。城市化过程有两种基本形式，一种就是在原有城市的边缘摊大饼式扩展，另一种是发展新城或者在原有的半城市化地区有选择地发展卫星城市。城市以第一种形式发展到一定规模时，会产生一些阻碍城市进一步发展的因素，诸如自然环境、建设技术、地域结构等，城市规模越大限制性因素越强，形成一种外部不经济、规模不效益的门槛。追求可持续发展迫使许多大城市采取多中心、分散化的总体布局模式，从趋势上看，必然在城市周围区域发展卫星城镇。

周边卫星城镇与中心城市之间强烈的经济联系，需要靠高速的通勤和完善的交通运输体系来完成，周边城镇依赖于这种交通的便利连接才能顺利承担中心城市的某些功能。未来城市将形成以轨道交通为主干、常规公交为主体、支线公交为支撑、出租车为补充的立体多元交通体系。其中市域旅客出行主要考虑通过市域铁路与城市地铁进行换乘，满足市域交通走廊主通道功能，统筹城乡发展。

我国市域快轨交通车辆的发展随着各地市域轨道交通规划已进入快速发展阶段，区别于客运专线和城市地铁的城际轨道交通主要担负城市群内旅客输送的重任。相对应的市域轨道交通车辆与现有干线铁路车辆、城市轨道交通车辆之间既有联系又有区别，对其主要功能、技术参数及关键系统等开展研究，有益于引导市域轨道交通运输装备产业健康发展。

（一）市域快轨车辆技术定位

轨道交通在能量消耗、环境污染、事故损失、道路占用等方面有其他交通方式不可比拟的优势，分层次规划建设可有效地减少对城市交通的压力。

市域快轨交通不同于城际铁路客运专线和城市轨道交通线路，是介于两种轨道交通之间的一种，是联系城市边缘以及边缘组团的轨道交通系统，适用于城市区域内重大经济区之间中长距离的客运交通。市域快轨将城市的多个点或组团与城市边缘的交通接口连接起来，具有内聚外联的功能。内聚功能是指与城市轨道交通线网通过车站衔接，使卫星城市居民能便捷地换乘城市轨道交通到达市区各方向；外联功能是指市域交通以枢纽大型客站为依托，与干线铁路网相连、相通，集疏客站客流和沿线客流，使卫星城市居民可方便到市区换乘以到达其他城市。市域快轨是地铁和轻轨系统的有力补充。

（二）市域快轨交通线路特点

第一，主城区与郊区某集散地（机场、港口、高铁车站等）之间的线路；第二，既有地上线路（市郊）又有地下隧道线路（市中心）；第三，快速大运量，市区内最高速度为 120km/h，郊区最高时速为 160km/h；第四，大站停靠，市区平均站间距为 3km，郊区平均站间距为 8km；第五，地铁运营模式。

（三）国内城市快速轨道交通概况

目前北京市已至少规划 3 条 R 线、6 条 S 线，还有新机场线及其他各市郊专线等，要求车辆运营速度基本在 120～160km/h，全部属于市域快轨交通。

天津、大连、广州、上海等城市也分别建设了轻轨，大连 3 号线、广州 3 号线、珠三角城际、上海 11 号线等到主要卫星城镇、郊区的轨道交通快线。其中广州、深圳、上海已运营或规划中的交通快线达到 120km/h 及以上。

1. 北京市

根据发展规划，北京市将从一个中心城转变为两轴—两带—多中心的新格局，同时通过建设环首都经济圈，北京高速发展之后过多的产业、人口、资金将向周边地区覆盖。因此针对北京市快速轨道交通系统的发展，北京市规划了平谷线、新机场线、R1 线、S6 线等。上述线路与传统城市轨道交通相比，具有以下特点。①线路长：本轮轨道交通线网规划中，平谷线作为机场延伸线，服务平谷，线路长约 50km；R1 线服务通州和门头沟，长达 50km 以上；②站间距大：平谷线最大站间距达 25km；机场联络线最大站间距也达到 20km 以上，其他线路也存在类似情况；③服务的对象不同：以边缘组团为主，乘客乘坐的距离较长。

2. 广州市

广州市市郊铁路服务于城市核心区与外围组团，及外围组团之间的交通联系，站距 2~3km，设计速度一般大于 100km/h，运营速度超过 60 km/h；其中 3 号线全长 70km，设站 21 座，平均站间距为 3.5km，穿越中心城、连接机场；最高运行速度为 120km/h，列车采用 B 型车、6 辆编组的方式。

3. 上海市

上海市轨道交通线网分为市域级轨道线网、市区级地铁线网以及市区级轻轨线网。市域级轨道线网为整个市区提供快速到达城市各大枢纽的服务，配合城市朝多中心方向发展，并开辟了通往国际大枢纽站（空港、海港等）的通道，形成城市网络的骨架，属于城市快速轨道交通。其中上海 11 号线南段工程从龙阳路站至临港新城站长约 59km，其中地下线路长约 13.8km，高架线长约 45.2km，设站 11 座，其中地下站 2 座，高架站 9 座。最大站间距为 10.6km，最小站间距为 2.7km。采用 120km/h 的 A 型车、"3+3" 灵活编组模式。

4. 温州市

温州城市轨道交通 2020 年线网由 3 条市域铁路 S 线、3 条轨道交通 M 线组成，线网总规模达 235.29km，其中市域铁路 S 线总长度为 155.26km，轨道交通 M 线总长度为 80.03km。远景线网在 2020 年线网的基础上延伸形成，由 3 条市域铁路 S 线、4 条轨道交通 M 线组成，线网总规模达 381.51km。其中，市域铁路 S 线总长度为 257.48km，轨道交通 M 线总长度为 124.03km。

线网规划修编采用"市域铁路 S 线 + 大运量系统 M 线"的双层次网络。其中，市域铁路 S 线为都市区城镇间快速联系线路，大运量系统 M 线为中心城内各组团间常规线路。

远景线网在 2020 年线网的基础上延伸形成，由 3 条市域铁路 S 线、4 条轨道交通 M 线组成，线网总规模为 381.51km。其中，市域铁路 S 线总长度为 257.48km，轨道交通 M 线总长度为 124.03km。

（四）车辆总体技术指标

1. 车辆类型

车辆类型应根据当地的预测客流量、环境条件、线路条件、运营需求等因素综合比较选定。车辆的主要技术规格宜符合表 26 的规定。

表 26　市域车辆主要技术规格

名称		市域 A 型		市域 B 型		市域 D 型（暂定）
供电制式		AC25kV	DC1500V	AC25kV	DC1500V	AC25kV
车体基本长度（mm）	无司机室车辆	22000		19000		22000
	单司机室车辆	22000 + Δ		19000 + Δ		22000 + Δ
车体基本宽度（mm）		3000		2800		3300
车辆落弓高度（mm）		≤4400	3810 ~ 3850	≤4400	3810 ~ 3850	4640
车内净高（mm）		≥2100				
地板面高（mm）		1130		1100		1260 ~ 1280
固定轴距（mm）		2500		2200/2300		2500
车辆定距（mm）		15700		12600		15700
每侧车门数（对）		2 ~ 5		2 ~ 4		2 ~ 4
车门宽度（mm）		≥1300				
车轮直径（mm）		840 或 860		840		860 或 840
轴重（t）		≤17		≤15		≤17
最高运行速度（km/h）		120 ~ 160	120 ~ 140	120 ~ 140		120 ~ 160

注：Δ 表示司机室加长量；对于鼓形车体 A、B 型车，其最大宽度可相应增加；对于区段不同供电制式的互联互通线路，可采用 AC25kV/DC1500V 双流供电制式车辆。

2. 速度

根据市域快轨交通特点，为保证车辆加速性能的充分发挥，对于站间距 3、5、8 公里线路，运行速度一般规定如下：

平均站间距 3 公里——最高运行速度 120km/h；

平均站间距 5 公里——最高运行速度 140km/h；

平均站间距 8 公里——最高运行速度 160km/h。

3. 载客能力

载客能力受到多方面影响和制约，根据线路运营规划和预测，配置合适的轨道交通运能非常重要。站席密度和车辆长度是决定载客能力的主要因素。

（1）站席密度及乘客重量

表 27 为统计的国内外轨道交通车辆站席密度定义。

表 27　国内外轨道交通车辆站席密度定义

标准	TB1335	GB7928	JIS E7106	EN12663	UIC566
最大载客量	市郊客车 7 人/m²	超员 8 人/m²、额定 6 人/m²	5～10 人/m²	长途 2～4 人/m²，通勤/市郊 5～10 人/m²	4 人/m²
重量	65kg/人	60kg/人	55kg/人	长途：80kg/人 通勤/市郊：70kg/人	80kg/人

载客状态一般分为座席、少量站席（2 人/m²）、一般站席（4 人/m²）、较多站席（6 人/m²）、最大站席（8～10 人/m²）等。国内地铁等城市轨道交通客流可按最大站席等级定义，乘客重量按 60kg/人；干线客车目前按定员总数加 50% 超员计算（折合约 2 人/m²），旅客及其自带行李的重量之和取 80kg。市域快轨交通车辆介于二者之间，一般结合速度等级对站席密度及重量分类定义额定和最大载荷情况，如表 28 所示。

表 28　市域快轨车辆占席人数

每平方米有效空余地板面积	定员	超员	车体静强度校核计算
站立人数(人/m²)60kg/人	4	6	9

（2）车辆长度

单节车车辆长度对单车载客能力、轴重、过曲线能力等有较大影响，同时考虑与现有地铁车辆互联互通以及客流量要求，车辆长度按 A、B 型地铁执行。

表29　市域车辆车体基本长度

序	名称		市域A型	市域B型	市域D型
1	车体基本长度 （mm）	无司机室车辆	22000	19000	22000
2		带司机室车辆	22000 + Δ	19000 + Δ	22000 + Δ

4. 车辆编组形式

列车编组数量是市域轨道交通车辆设计的主要参数之一，由此匹配车站长度、供电和通风设备的容量、系统运输能力以及检修车库的长度等。列车编组数量的合理性既关系到市域轨道交通系统的建设成本，也关系到运营成本，同时影响服务水平。编组的数量是由客流量、列车运行密度、单车载客量决定的。

市域快轨交通车辆通常采用4、6、8辆编组型式。动拖比应根据启动加速度、制动减速度、旅行速度、故障运行能力等因素确定，不应小于1∶1。

5. 轴重

轴重是车辆重要技术指标之一，从运营经济性及轮轨作用力等方面，低轴重车辆无疑具有优越性；但大轴重可为增大载客能力、优化减振降噪等提高车辆乘坐舒适性提供便利条件。

A型地铁车辆最大轴重为16t，市域快轨交通车辆与其相比，速度有所提高，车体及设备重量增加，其轴重也会进一步增加，市域快轨交通车辆一般按轴重不大于17t设计。

表30　市域车辆轴重

名称	市域A型	市域B型	市域D型(暂定)
轴重（t）	≤17	≤15	≤17

6. 牵引性能

根据最高运行速度要求，160km/h速度等级的市域快轨可以在现有100km/h、120km/h的列车基础上进行牵引性能的提升，同时也可通过对现有160公里以上速度等级列车牵引系统进行改造，以满足市域车辆牵引性能要求。

市域快轨列车的牵引特性曲线设计可以分为恒转矩区、恒功区和特性区。起动加速度需要满足顶层目标对于牵引性能及舒适性中冲击极限等值的规定。

在定员载荷下，列车运行于平直干燥轨道上，车轮为半磨耗状态及额定供电电压时，市域快轨车辆加速度性能如表31、表32所示。

表31 市域快轨车辆加速性能要求（动拖比1:1）

最高运行速度	平均加速度（m/s²）	
	启动加速度(0～40km/h)	平均加速度
120km/h	≥0.8	0～120km/h≥0.45
140km/h	≥0.8	0～140km/h≥0.4
160km/h	≥0.7	0～160km/h≥0.35

表32 市域快轨车辆加速性能要求（动拖比2:1或3:1）

最高运行速度	平均加速度（m/s²）	
	启动加速度(0～40km/h)	平均加速度
120km/h	≥1.0	0～120km/h≥0.5
140km/h	≥1.0	0～140km/h≥0.45
160km/h	≥0.8	0～160km/h≥0.4

7. 制动性能

采用微机控制的直通式电空制动系统，并基于网络及硬线冗余控制方式；全列车设两套空气压缩机单元，采用螺杆式空气压缩机及膜式干燥器；列车制动力管理采用全列制动力分配控制方式；每辆车都配有一套电空制动控制装置。在达到要求的制动性能的同时尽量节能环保，改善空气制动装置，充分利用电制动，使列车充分利用轮轨粘着；优化电空制动控制，提高再生制动利用率。列车制动性能如表33、表34所示。

表33 市域快轨车辆减速性能要求（动拖比1:1）

最高运行速度	制动减速度（m/s²）	
	常用	紧急
120km/h	1.0	1.2
140km/h	0.9 ~ 1.0	1.1 ~ 1.2
160km/h	0.8 ~ 1.0	1.0 ~ 1.1

表34 市域快轨车辆减速性能要求（动拖比2:1或3:1）

最高运行速度	制动减速度（m/s²）	
	常用	紧急
120km/h	1.0	1.2
140km/h	1.0	1.1 ~ 1.2
160km/h	0.9 ~ 1.0	1.0 ~ 1.1

8. 安全性

（1）运行安全性

市域快轨交通车辆动力学指标评价参照《高速动车组整车试验规范》的有关规定，其主要指标如表35所示。

表35 车辆动力学性能参数

项点	指标
脱轨系数	小于0.8
轮重减载率	小于0.65（静态），小于0.8（动态）
轮轨横向力	≤10 + P0/3
轮轨垂向力	≤170kN
平稳性	客室≤2.5，司机室≤2.75
横向稳定性	采用构架上的横向加速度进行评判，当构架横向加速度滤波在0.5 ~ 10Hz下连续出现6次以上的横向加速度值达到或超过8m/s² ~ 10m/s²判定为失稳（与转向架构架的设计相适应）

（2）结构安全性

a. 车体结构强度

欧洲采用 EN12663《铁道应用—轨道车身的结构要求》；我国城市轨道车辆根据用途，按 EN12663 中 P – Ⅲ类、P – Ⅳ类和 P – Ⅴ类车辆的强度要求设计，其中市域 B 型车车体结构强度应满足纵向压缩静载荷不低于 800kN，纵向拉伸静载荷不低于 640kN；其他车型车体结构强度应满足纵向压缩静载荷不低于 1200kN，纵向拉伸静载荷不低于 960kN 执行。

b. 转向架构架强度

欧洲 UIC615 – 4"动力车转向架和走行装置转向架构架的结构强度试验"标准和 UIC515 – 4"非动力转向架和走行装置转向架构架的结构强度试验"标准可以作为静强度和疲劳强度计算的载荷条件的来源和依据，也可据此对构架的静强度和疲劳强度进行评价。市域快轨交通车辆构架采用 UIC515 及 UIC615 标准执行。

c. 车轴强度

中国采用 TB/T2395 –2008 铁道机车车辆动力轴设计方法，TB/T2795 –2010 铁道车辆非动力车轴设计方法。从国产化角度考虑，建议国内市域轨道交通车辆采用 TB/T2395 –2008 铁道机车车辆动力轴设计方法，TB/T2795 –2010 铁道车辆非动力车轴设计方法。

d. 车轮强度

建议车辆采用 TB/T2817 –1977"铁道车辆用辗钢整体车轮技术条件"，TB/T1718 –2003"铁道车辆轮对组装技术条件"，有利于轮对配套国产化。

（3）防火安全性

市域快轨交通车辆的运行性质介于干线铁路车辆与城市轨道交通车辆，其防火安全性要求应与其相当。目前世界上轨道交通车辆执行的防火性能主要标准如表 36 所示。

表36 轨道交通车辆执行的防火性能对比

国家	标准	适用类型	试验方法	要求		
				燃烧性	烟雾	毒性气体
英国	BS 6853：1999	地下、地上运行车辆(Ia、Ib 和 Ⅱ)	BS 467.6、BS 467.7 及 BS6853 的《附录 B》及《附录 D》	要求	要求	要求
法国	NFF16 - 101 - 1998	地铁、轻轨车辆、干线车辆(A1、A2、B)	NF X 70 - 101 NF X 70 - 100 NF P92 - 507	部分要求	要求	要求
德国	DIN 5510 - 2：2009 - 05	地铁、轻轨车辆、干线车辆	DIN5510、DIN 54837、DIN 4102、DIN 53438	要求	要求	要求
美国	NFPA 130 - 2007	运输车辆	NFPA 130	部分要求	要求	无要求
铁路联盟	UIC 564 - 2 - 2002	运输车辆	UIC 564 - 2	要求	无	无
日本	日本国土交通省令 8 章 5 节	地铁及运输车辆	铁运 85 号及 245 号	要求	无要求	无要求
中国	TB/T 3138 - 2006	铁道机车车辆	GB/T 10707 - 2008 GB/T 2406.1 - 2008 GB/T 5454 - 1997 GB/T 8323.2 - 2008	要求	要求	无要求

DIN5510 对燃烧、发烟、液滴特性和毒性都有量化要求，尤其适合市域快轨交通车辆，因此国际上采用该标准的轨道交通数量居多。EN 45545 - 2：2013 综合考虑并结合了当前欧洲主要轨道防火标准（英标 BS 6853、德标 DIN 5510 - 2、法标 NFF16 - 101、意大利标准 UNICEI11170 - 3）等，未来有望成为欧洲国家通用的轨道车辆防火标准。

建议市域快轨交通车辆执行 DIN 5510 防火等标准或按 EN 45545 的标准执行。

9. 车体

车体采用整体承载结构、轻量化设计，在其使用期限内能够实现在正常载荷作用下不产生永久变形和疲劳损伤，并具有足够的强度满足修理和纠正脱轨的要求。车体结构设计寿命不小于 30 年。

市域快轨车辆可采用铝合金或不锈钢车体材料的整体承载结构，铝合金和不锈钢材质各有优缺点，可根据用户要求进行相应的配置设计。

10. 转向架

轮对内侧距：采用与国内道岔通过相适应的轮对内侧距 1353mm。

车轮的踏面：市域快轨交通车辆转向架车轮一般采用 LM 型踏面。

轴距：轴距的确定与车辆曲线通过能力、齿轮传动系统、车辆长度、车辆定距等密切相关；市域轨道交通车辆在城间及城郊运营，曲线半径较小，因此轴距不宜设置太大。市域快轨交通车辆轴距通常控制在 2300 ~ 2500mm。

轮径：车轮直径的大小与轴重、地板面高度有直接关系，轮径的大小与轮轨接触力密切相关，轮径越大轮轨接触力越小，但其辐射声功率越大，综合考虑国内外现状，市域快轨交通车辆轮径的大小根据载荷和空间尺寸通常采用 840、860 等系列轮径。

（五）发展趋势

城市群已成为目前国家新型城镇化的主体形态。而作为城市群的主体支撑，市域（市郊）铁路起着优化城镇规模结构，增强中心城市辐射带动功能，促进单中心结构向多中心城镇区域体系发展、大中小城市和小城镇协调发展的重要作用。

发展城市轨道交通不仅是发展地铁轻轨，而且应该包括发展市域铁路（通勤铁路、市郊铁路），地面市域铁路的建设成本只相当于地铁的 1/5 甚至更低。日本东京大都市区的地铁只有 312 公里，而通勤铁路有 1134 公里。美国纽约大都市区的地铁有 492 公里，而通勤铁路有 2159 公里。通勤铁路大都是从城市核心区的铁路车站呈放射状向外延伸，把一系列中小城市连接在一起，形成以特大城市为中心、由轨道交通连接众多中小城市组成的大城市群。每条通勤铁路的里程在 50 公里左右，形成一小时通勤的大都市区。

这既避免了城市摊大饼式的发展，又最大限度地提高了大都市区的人口密度，发挥了大城市群的集聚经济，同时避免了人口过密。结合中国城市化发展实情，"去中心化"在城市战略规划中必不可少。经济发达的大中城市向外延展，市区和郊区边界逐渐模糊，行政资源、公共产品和社会服务逐步向均衡化发展，人口、资源、生产力等要素需要合理转移，重新布局，交通成为制约发展的重要难题之一。"市郊铁路"这一概念正在被"市域铁路"所取代。也就是说，在城市行政管辖的全部地域，需要建立相对完善的铁路交通系统，即市域铁路。

市域铁路建设大致有两种模式，一种就是利用既有铁路线路，稍加改造完善，开行市域列车。另一种就是新建铁路、轻轨、地铁等轨道交通系统。

按照《"十二五"综合交通运输体系规划》，"为实施国家城镇化发展战略，交通运输业发展将实行由区际向城市、由城外向城内的转变，城市群或城市圈交通将成为未来交通运输业建设的重点"。《关于进一步鼓励和扩大社会资本投资建设铁路的实施意见》指出，"重点鼓励社会资本投资建设和运营城际铁路、市域（郊）铁路、资源开发性铁路以及支线铁路"。国家发改委下发的《关于当前更好发挥交通运输支撑引领经济社会发展作用的意见》也提出要"新增市郊快铁试点"。

目前，北京、上海、重庆、安徽等省市正在加大市域铁路的建设谋划，预计2020年全国城市轨道将达6000公里以上。以此看，市域铁路必然是"十三五"交通建设的重点。

由于市域城市轨道交通站间距大，一般采用公交化运营模式。因此，市域城市轨道交通在交通制式上、线路敷设方式上可以多样化，在系统技术与设备标准上也应适当降低。目前，国内一些城市在开展中心城区城市轨道交通建设的同时，已着手开展市域城市轨道交通线网规划的编制工作，个别城市已启动了市域城市轨道交通建设。城市轨道交通工程投资规模巨大，而国产化是降低工程投资的重要途径。车辆与机电设备系统是城市轨道交通运营的核心，是确保工程安全、正点运营的关键。资料表明：车辆与机电设备系统占城市轨道交通工程建安总投资35%～40%，运营中车辆零部件维修费在运营成本中也占相当大的比例。因此，车辆与机电设备系统国产化对降低工程造价、节省运营开支具有重要意义。目前，国内城市轨道交通制造企业通过与国际企业合作进行产品开发与生产，企业的核心竞争力得到提高，也降低了城市轨道交通工程的建设成本。

参考文献

沈训梁等：《100％低地板有轨电车及其转向架发展现状》，《都市快轨交通》2013年第5期。

王欢、戴焕云：《低地板轻轨车辆的技术分析与自主研发选型》，《中国铁路》2009年第10期。

韩志彬、李芾、黄运华：《我国有轨电车的发展现状与应用前景》，《机车电传动》2018年第2期。

R.3

城市轨道交通关键系统
装备发展水平

一 车辆电气牵引和控制系统

电气牵引和控制系统作为城市轨道交通车辆的核心装备，以其高技术含量成为城市轨道交通发展的主要保障。

交流传动是城轨交通车辆电气牵引及控制系统的发展方向，20世纪80年代末一些发达国家就停止生产直流电传动的城轨车辆，取而代之的是以交流牵引传动（VVVF）和列车通信网络（TCN）为技术特征的城轨车辆。采用交流传动技术的城轨车辆具有性能好、可靠性高、驱动功率大、维护工作量小等直流电传动无法比拟的优越性；在交流传动系统中应用TCN网络技术可自动实现整列车的控制、监测、诊断、安全防护以及列车信息管理等功能，大大提高了列车的技术性能；应用静止辅助变流器，可大大提高辅助电源系统性能并使系统简洁，实现列车辅助用电的需要，使空调等舒适性设备得以应用。这些技术涉及电力电子变流技术、计算机及网络信息技术、电机电器技术、控制理论等学科领域。20世纪我国还未有成熟的产品可供应用，其中90年代建成并投入使用的广州地铁一号线和上海地铁一、二号线地铁车辆设备，全部从国外进口。至2005年前的交流传动地铁车辆，其电传动系统完全依赖于国外和所合作的国外公司，主要由西门子、日立、庞巴迪、阿尔斯通、三菱等跨国公司提供。"十五"期间，以中车株洲电力机车研究所有限公司、中车长客股份、西南交通大学、北京市地铁运营有限公司等为代表的企业和院所，通过产、学、研、用协作，进行了地铁列车交流传动系统研制，进行了交流传动系统核心技术的研究攻关，掌握了传动与控制系统的核心技术，研制出了产品，通过国内整车自主设计、系统集成，实现了自主电气牵引和控制系统的成功应用，2006 年以后，掀起了车辆电气牵引和控制系统自主和国产化的浪潮。

目前，国内城轨车辆电气牵引和控制系统供货商有欧系的西门子、庞巴迪、阿尔斯通、ABB 等，日系的三菱、日立、东芝等，国内企业有中车株洲所时代电气、四方所、北京纵横、大连所、永济、英威腾、汇川、江苏经纬、南京华士等。

（一）交流传动系统

交流传动系统由高压电器及线路电抗器、逆变及斩波器、电子控制装置、制动电阻或过压吸收电阻、交流牵引电机等主要部件组成，主电路采用电压型直—交逆变电路，电源通过受电弓从接触网或通过受流器从接触轨或由车载储能系统直接提供，经高压电器、线路电抗器送入牵引变流器，电子控制单元控制逆变器完成直流到三相交流的 VVVF 变换，输出三相电源给交流牵引电机，并对牵引电机转矩实施控制。其主电路典型电路原理如图 1 所示。电路构成包括高压电器及电容器充放电单元、滤波单元、电阻制动斩波及过电压抑制单元、逆变单元、检测单元、电/机变换单元（牵引电机）等部分。

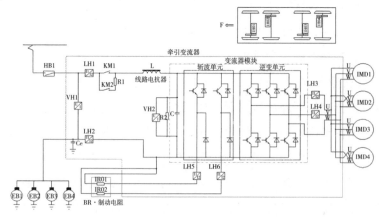

图 1 交流传动系统主电路典型电路原理

其中，高压电器及电容器充放电单元主要是指高速断路器（HB）及接触器（KM）、充放电电阻（R1）等，高速断路器用于主电路的故障保护，具有较高的可靠性和高压电气性能；接触器与充放电电阻（R1）组成电容器充放电单元，用于直流回路支撑电容器（C）充、放电的实现，同时协同高速断路器（HB）进行主电路的联通及故障时的隔离；滤波单元由线路电抗器（L）及支撑电容器（C）组成，使主电路直流侧电压保持稳定，同时滤除高次谐波、抑制短路电流并协助变流器开关元件换相的实现等；电阻制动斩波及过电压抑制单元由斩波模块及制动电阻（BR）组成，进行电制动能量耗散，兼顾抑制瞬时过电压；逆变单元由逆变模块组成，一般为两点式逆变电路，给异步牵引电机提供频率和幅值均可调的三相交流电；检测单元即系统中的电压、电流、电机转速等检测传感器及其各量值的采集和检测；电/机变换单元即为三相交流牵引电机（IM01～04），实现牵引时转矩的输出或电制动时的能量回馈。

交流电传动系统的功能主要是进行列车牵引及电制动顺序逻辑控制、电机输出转矩控制、故障保护等，驱动牵引电机获得所需的牵引/电制动转矩，实现列车的牵引及电制动有效运行。牵引时，能量是从电网流向电机，电能转化成机械能。制动时，机械能转化成电能回馈电网。

交流电传动系统的主要技术特征为采用电压型直—交变换主电路，采用基于 IGBT 电力电子开关器件的大功率 VVVF 牵引变流器，采用交流牵引电机，采用高性能的交流传动转矩控制策略，具有高性能的粘着控制和空转/滑行保护，优先使用电制动。

交流电传动系统的系统技术包括系统特性及仿真、系统电路及架构、系统组合及试验、系统参数匹配与优化、系统逻辑控制及故障保护、系统 RAMS 及 EMC、故障诊断及记录等。通过系统集成，在电子控制单元的控制下，各部件有机地结合起来，将直流电变换为可控变频、变压的三相交流电，给交流牵引电机供电，实现对电机的输出转矩控制，以提供列车的牵引/电制动力和实现列车的牵引顺序逻辑控制、故障保护等，最终做到按照司机的指令控制列车的起、制动运行及实现列车的运行速度等。系统满足基于城轨车辆特殊工况条件下（起/制动频繁、起动力矩大、制动峰值功率大）的动力性能和运行要求，系统工作为短时过载重复周期工作制。

1. 牵引变流器

在交流电传动系统电路中，牵引变流器介于供电电源与牵引电机，为交流牵引电机提供可变频变压的三相交流电源，是交流电传动系统的核心关键部件之一，其技术指标的优劣决定了牵引系统的技术水平。

牵引变流器主要由逆变模块、斩波模块、电子控制单元、冷却系统及各类检测传感器等组成，也可集成主电路高压电器及线路滤波电抗器等。

牵引变流器采用开关频率高、驱动功率小、外围电路简洁的电力电子开关器件，通过低感母排进行连接，通过门极驱动单元进行驱动控制，实现了基于地铁工况条件下直—交和交—直能量的有效变换。与牵引电机匹配，通过一定的控制策略，输出电压和电流，驱动牵引电机牵引或电制动运行。牵引变流器的典型技术参数如表1所示。

表1 牵引变流器的典型技术参数

技术参数	DC1500V 系统牵引逆变器	DC750V 系统牵引逆变器
标称输入电压	DC1500V	DC750V
输出三相交流电压	0 V ~ 1400V	0 V ~ 700V
额定输出容量	2 × 600kVA	2 × 600kVA
额定输出三相电流	2 × 265A	2 × 500A
最大牵引输出三相电流	2 × 410A	2 × 700A
最大制动输出三相电流	2 × 530A	2 × 860A
斩波最大输出电流	2 × 740A	2 × 950A
冷却方式	走行风冷或强迫风冷	走行风冷或强迫风冷

牵引变流器技术包括大功率半导体器件的应用技术、功率器件驱动与保护技术、基于可编程逻辑器件（CPLD）的脉冲分配技术、叠压低感母排技

术、光纤传输与隔离技术、冷却技术、模块化及整机防护技术等。其主要的细分技术内容有高压大电流功率器件的选型及可靠性、驱动电路、控制脉冲分配电路、低感母排（Busbar）、支撑电容器、散热、模块化、柜体结构等的分析研究。

目前，牵引变流器的冷却主要有走行风冷和强迫风冷两种形式。走行风冷变流器一般采用热管散热器，通过车辆运行时的自然风散热；强迫风冷变流器一般采用翅片散热器，通过变流器内的风机运行时的强迫风散热。变流器的总体结构，按模块化及便于检修等原则设计，有分立式结构和集成式结构，其中，集成式结构是将每辆动车上的高压电器也集成在一个牵引变流器箱中。电子控制装置一般合成在变流器柜中，便于控制和通信；逆变器模块一般采用抽屉式结构，便于维护。

每个变流模块一般集成 8 个电力电子开关器件，作为三相逆变器的三相桥臂及制动相桥臂，该模块还包括热管或翅片散热器、温度传感器、门控单元、门控电源、脉冲分配单元、支撑电容器（滤波电容器）、低电感母排等。

2. 电子控制单元

应用于城轨车辆牵引电传动系统的电子控制单元一般简称为传动控制单元（DCU），放置于牵引变流器箱内，是实现电传动控制的控制器，为牵引电传动系统的核心控制部分，是列车控制和诊断系统与电传动系统的联系纽带。

DCU 经历了由模拟电路到数字电路、微机及采用高性能实时控制器芯片的发展。目前，DCU 装置一般采用 32 位双 DSP 的高性能数字信号处理芯片、先进的转矩控制策略、SVPWM 技术和磁链轨迹优化控制技术，形成了模块化、网络化产品。

DCU 接受列车网络、硬线指令以及主电路电量检测信号，一方面控制主电路中的主断路器和各接触器，进行主电路解锁逻辑控制和实施故障保护；另一方面，与电力电子变流模块之间通过屏蔽电缆传输触发脉冲和反馈信号，按照一定的控制策略，输出将直流电转换成可变压变频的三相交流电的变流模块的控制脉冲，达到控制牵引变流器实现电源逆变/电制动再生和实现牵引电传动的目的。

3. 牵引电机

电机种类有很多，但牵引电机作为一种特殊的应用，目前在我国城市轨道交通中主要有异步牵引电机、直线感应牵引电机及永磁同步牵引电机几种类型。

（1）异步牵引电机

异步牵引电机号称第二代牵引电机，其工作原理是"感应原理"，具有结构简单、可靠性高等特点。自从我国20世纪90年代广州地铁1号线采用以来，异步牵引电机在城市轨道交通车辆领域（含地铁车辆和有轨电车）基本上一统天下。2008年之前，主要由日本公司（含三菱、东洋、日立等）、西门子、阿尔斯通、Adtranz（后被庞巴迪合并）等外国企业提供。2008年以后，中车株洲电机有限公司等逐步扩大了市场，近三年来，湘潭电机、上海ABB、江苏经纬、永济电机等也逐步进入该市场，异步牵引电机的技术也呈现基本稳定的状态。

异步牵引电机均采用架承式悬挂，电机的转矩通过联轴器、齿轮箱连接后进行输出驱动车辆轮轴。典型的异步牵引电机的总体结构由电机定子、转子、轴承、端盖及速度传感器、温度传感器等构成。

地铁车辆以及大部分低地板车辆异步牵引电机冷却方式为自带风扇冷却方式，电机轴承采用双轴承结构和铁路专用绝缘轴承；少部分低地板车辆电机采用水冷方式，少部分因与齿轮箱一体化而采用单轴承结构。绝缘等级均为200级或以上等级的绝缘系统。另外，安装速度传感器，给控制系统提供电机速度信号；采用温度传感器检测电机温度，并反馈给控制系统，检测电机运行情况。

近三年来地铁车辆所应用的典型异步牵引电机技术参数如表2所示，部分地铁车辆用异步牵引电机实物照片如图2所示。近三年来有轨电车车辆所应用的典型异步牵引电机技术参数如表3所示，部分有轨电车用异步牵引电机实物照片如图3所示。

表2　地铁车辆典型异步牵引电机技术参数

公司	电机型号	额定功率（kW）	额定转速（r/min）	额定转矩（N.m）	最大转矩（N.m）	重量（kg）	功率密度（kW/kg）	转矩密度（N.m/kg）
中车电机	YQ190	190	1800	1008	1564	590	0.32	1.7
永济电机	YJ260	190	1800	1008	1482	590	0.39	1.7
ABB	AMXM280	230	2100	1046	1620	570	0.32	1.83
湘潭电机	YQ190	190	1900	955	1420	590	0.32	1.62

注：转矩密度为额定转矩除以重量。

图2　部分地铁车辆用异步牵引电机

表3　有轨电车典型异步牵引电机技术参数

公司	电机型号	额定功率（kW）	额定转速（r/min）	额定转矩（N.m）	最大转矩（N.m）	重量（kg）	功率密度（kW/kg）	转矩密度（N.m/kg）
中车电机	YQ105	105	1800	557	910	400	0.26	1.39
中车电机	YQ110	110	1601	656	848	470	0.23	1.39
中车电机	YQ128	128	2600	470	900	330	0.39	1.42
ABB	AMXL225	115	1800	610	812	420	0.27	1.45
SKODA	/	100	1966	486	825	340	0.21	1.43

注：转矩密度为额定转矩除以重量。

图3　部分有轨电车用异步牵引电机

（2）直线感应牵引电机

直线电机具有直接传递力矩、无轮轨粘着限值等特点，适合转弯半径小、坡度大的应用领域。尽管在原理上讲，有直线感应牵引电机和直线同步牵引电机，但在城市轨道交通牵引上只采用了直线感应牵引电机。

目前广州地铁 4/5/6 号线、北京 S1 线、长沙磁浮线、清远磁浮线、北京机场线等线路上采用了直线感应牵引电机。

城轨车辆直线电机一般为长转子短定子结构，其工作原理与一般的异步牵引电机相类似，可以看作将旋转电机沿半径方向剖开展平，定子部分安装在车辆转向架下部，转子部分为感应板，铺设在线路走行轨道之间，定子铁芯与转子感应板之间感应产生牵引力/电制动力，驱动车辆运行。表 4 为地铁车辆典型直线牵引电机技术参数。图 4 为广州地铁 4/5/6 号线用直线感应牵引电机实物照片。

表 4　地铁车辆典型直线牵引电机技术参数

线路	电机型号	额定功率（kW）	额定电压（V）	最大推力（kN）	冷却方式	重量（kg）	功率密度（kW/kg）	推力密度（N/kg）
广州 4/5/6 号线	—	120	420	12	强迫风冷	640	0.188	18.75
温哥华	LIM201	160	570	18.3	自然风冷	640	0.25	28.60

图 4　广州地铁 4/5/6 号线用直线感应牵引电机

（3）永磁同步牵引电机

永磁同步牵引电机具有效率高、节能等优点，因此国际上从20世纪90年代开始进行永磁同步牵引电机的研究。目前在城市轨道交通上，东芝、阿尔斯通、斯柯达等公司，都有典型的批量应用。

中车株洲时代从2003年开始进行永磁同步牵引电机的研究，自2010年在沈阳地铁2号线装车试验研究以来，永磁同步牵引电机先后在地铁车辆和有轨电车上得到应用。

与异步牵引电机相比，永磁同步牵引电机定子结构、轴承结构、绝缘结构等均与之相同，主要差异是转子结构，异步牵引电机为铜条转子或铸铝转子，无磁性，永磁牵引电机为永磁转子，带有磁性。因此，为防止永磁转子表面吸附冷却风中的杂质、灰尘后导致扫镗，永磁电机内部通常采用全封闭结构，考虑到电机散热，机座可采用开启式、水冷或自然走行风冷的方式。典型地铁车辆永磁同步牵引电机技术参数如表5所示，典型的"机座外通风＋内封闭"的永磁同步电机结构如图5所示。

表5　典型地铁车辆永磁同步牵引电机技术参数

技术参数	株洲电机	江苏经纬	东芝	株洲所
功率(kW)	190	190	140	190
重量(kg)	527	510	610	475
效率(%)	96.5	96	/	97

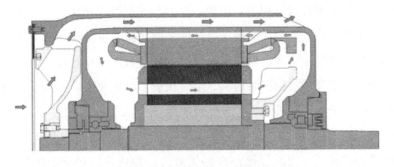

图5　典型永磁同步电机结构

（二）网络控制和诊断系统

列车网络控制和诊断系统是基于列车通信网络，用于连接车载设备，实现信息共享、控制功能、监测诊断的数据通信系统。在 TCN 出现之前世界范围内列车通信网络技术的差异，造成了多种总线技术并存的局面。worldFIP、LonWorks、CAN 等其他网络总线形式也在列车通信网络中有不同程度的运用，这几种列车网络技术，绝大部分都是在其他领域应用成熟的现场总线技术移植到列车控制系统中来的，它们依据各自的标准，不便进行互联。于是基于制定一种开放式列车通信系统，实现各种轨道车辆互联互通，车载可编程电子设备统一接口标准而实现互换的构想，TCN 列车通信网络标准应运而生。

用于城轨列车的网络控制和诊断系统，必须适应城轨车辆流动性大、环境恶劣、可靠性要求高、实时性强的特点，是一种特殊的计算机网络。

系统具有列车控制和监视功能、列车诊断功能、故障和事件记录功能等。实行分级控制，即列车控制级、车辆控制级、传动控制级。列车控制级实现整列车的控制（如列车的牵引、制动等），它由中央控制单元或车辆控制单元根据列车总线收集来的全列车信息来实现；车辆控制级实现本节车的控制（如车载电器的监视和保护等），它由车辆控制单元根据车辆总线和硬连线收集来的本节车的信息以及从列车总线得到的信息来实现；传动控制级主要实现牵引变流器的控制功能，它主要是通过实时的采集信号以及从总线上得到的信号对部件进行控制和保护。对列车控制进行分级，并将列车及各种车载设备的通信、控制、监视、故障处理的功能要求分配到列车各级控制中，使列车控制接口清晰，功能单元设置合理，资源能有效共享。

系统的关键技术包括网络通信、实时控制、图形化编程、状态监测及故障诊断、电磁兼容、在线调试、试验检测等。

系统采用符合 IEC61375 标准的 TCN 列车网络系统，TCN 列车通信网络具有网络协议开放、产品互操作性好优势，已经成为轨道交通领域主流技术。列车通信网上可传输 3 种类型的数据，即过程数据（指按一定时间周期进行传输的数据)、消息数据(指由事件触发而传输的数据)和监督数据(指进行网络管理而传输的数据)。列车总线的传输介质采用双绞屏蔽线，逐渐由 FSK(频移键控)提升至 WTB 列车总线。列车总线具有自动编组(初运行)功能和总线连接器接触处去氧化功能。车辆总线采用多功能车辆总线(MVB)，其物理介质在近程采用电介质，远程采用光纤，车辆总线的传输率为 1.5Mb/s。该列车网络具有传输实时性强、差错恢复能力高、互操作性好的特点。

系统采用实时操作系统。为实现列车的实时控制，列车控制系统嵌入实时操作系统。实时操作系统的应用可以实现列车控制系统的多任务调度。它可实现时间段轮询的任务调度、有优先级的中断的任务调度、事件驱动任务调度。操作系统对任务的有效调度可提高控制系统的实时性。

用户程序采用符合 IEC61131 - 3：2001 标准的编程语言。该标准定义了多种可视工程化编程语言，应用符合该标准的编程语言编写用户程序，便于用户软件的维护、扩展和调试。

总之，电气牵引网络控制和诊断系统为列车电气控制系统中的一部分，主要完成列车有关牵引的控制指令及状态的获取、传输、给出，实现列车牵引顺序逻辑控制、牵引/电制动特性控制、电机实时控制和牵引系统故障保护等；由司机控制器、各指令开关、有接点控制单元、列车网络控制及诊断单元(即 CCU 和 VCU，为列车及车辆级控制)、传动控制单元(即 DCU)等构成并实施系统功能；受列车空气制动系统、门控系统、ATO 系统等的状态及逻辑制约。系统遵循 IEC61375 等国际标准，采用分布式控制系统和模块化结构，中央控制单元采用热备冗余，总线 MVB 采用双通道冗余。系统集列车监视、诊断和控制功能于一体，网络协议开放，产品互操作性好，接口丰富，适用性强。

1. 分布式列车网络控制系统

列车网络控制和诊断系统可采用模块化设计，根据功能划分形成了不同功能模块，形成分布式列车网络控制系统，系统构建灵活。列车网络系统拓扑示例如图 6 所示。

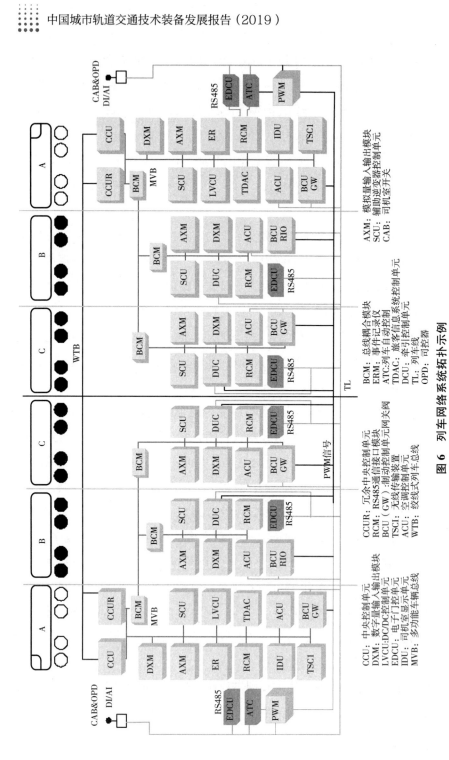

图 6　列车网络系统拓扑示例

CCU：中央控制单元
DXM：数字量输入输出模块
LVCU：DC/DC控制单元
EDCU：电子门控制单元
IDU：司机室显示单元
MVB：多功能车辆总线

CCUR：冗余中央控制单元
RCM：RS485通信接口模块
BCU（GW）：制动控制单元网关单元
TSC1：无线传输装置
ACU：空调控制单元
WTB：绞线式列车总线

BCM：总线耦合模块
ERM：事件记录仪
ATC：列车自动控制
TDAC：旅客信息系统控制单元
DCU：牵引控制单元
TL：列车线
OPD：司机控

AXM：模拟量输入输出模块
SCU：辅助逆变器控制单元
CAB：司机室开关

（1）中央控制单元（CCU）

CCU 位于每个司机室内。CCU 管理整个列车网络通信，并监控车辆设备。CCU 包括两套互为冗余的 CCU1/CCU2 装置，在正常运行情况，系统随机选择一套作为主控设备，另一套为备用，备用设备不停地监视主控设备状态，当主控设备出现故障时，备用设备将代替主控设备，行使列车中央控制单元的功能，以保障整个列车正常运行。

（2）输入输出单元（DXM、AXM）

通过配置适量的数字量输入输出模块（DXM）和模拟量输入输出模块（AXM），并就近放置在信号采集场合，完成控制信号的采集和输出。

（3）总线耦合单元（BCM）

总线耦合单元，实现 MVB ESD + 和 EMD 的通信介质转换，实现车辆间 MVB 总线连接。

（4）显示器（MMI）

显示器位于每个司机台，采用符合人机工程学原理设计，以及高分辨率的图形显示，包括一个触摸屏系统。

（5）事件记录仪（ERM）

ERM 装在每个司机室里面。ERM 自身有闪存 FLASH 作为存储体来记录列车状态。它可以通过高速以太网将记录数据下载到地面设备或无线传输装置。

（6）便携式维护工具（PTU）

PTU 包括笔记本电脑（Windows PC）和打印机。通过连接 PTU 和 DTECS ⓒ单元后，记录的数据可从 DTECS ⓒ单元下载到 PTU。下载数据可在 PTU 显示器上显示，并可打印。

2. 集成式列车网络控制系统

列车网络控制和诊断系统也可以采用机箱式设计，机箱式与模块分布式相比较，安装空间可更小。

（1）安全型 CCU 平台 DTECS – G600 机箱

标准 6U 机箱，84R/60R 两种配置，电源采用冗余架构，主控采用 1oo2D 安全架构，I/O 信号处理采用 2X2oo2 安全架构。支持安全 TRDP 实时以太网协议；通过 SIL2 级安全认证。安全型 CCU 平台 DTECS – G600 机箱如图 7 所示。

图 7　列车安全型 CCU 平台机箱

（2）通用型 CCU 平台 DTECS – G300 机箱

标准 3U 机箱，背板采用 cPCI 总线和以太网，可实现相互的冗余；44R/60R/84R/105R 四种配置；电源采用冗余架构，支持 DC110V、DC24V 电源供电；可实现 cPCI 双主控热冗余；支持 CAN/RS485/HDLC/MVB 总线接入；通用型 CCU 平台 DTECS – G300 机箱如图 8 所示。

图 8　列车通用型 CCU 平台机箱

（三）辅助电源系统

辅助电源系统是车辆辅助系统的重要组成部分。辅助电源系统一般包含辅助逆变器（SIV）、蓄电池充电机、扩展供电装置、紧急逆变器等。

SIV 将直流输入电压逆变成三相四线制的 $3 \times 380 \text{Vrms}/220 \text{Vrms}/50 \text{Hz}$ 交流电压输出，作为空调及通风装置、采暖、空压机、电加热器、客室照明等三相或单相交流辅助负载的电源。

蓄电池充电机将直流输入电压通过高频 DC/DC 变换为 DC110V 电压输出，或者将 SIV 输出的稳定的三相 380Vrms 通过高频 AC/DC 变换为 DC110V 电压输出，作为列车直流照明、各系统控制回路、电动车门以及车载信号和通信设备的直流电源，同时为 DC110V 蓄电池组充电。

扩展供电装置是当列车上某一台 SIV 故障时，自动切换到相邻另一台正常运行的 SIV，由切换后的 SIV 向该列车的基本负载供电的装置。

当由于某种原因，车辆无法为空调机组提供正常的工作电源时，紧急逆变器启动，空调机组按紧急通风模式运行。

城市轨道交通车辆辅助电源技术包括半导体器件（IGBT）应用、输出电压低谐波含量控制、输出滤波、高频变压器设计、降噪、应急启动、整机防护、冷却以及输出并网控制技术等，实现列车的辅助电源供给。

辅助变流器采用 IGBT 开关元件、模块化结构、低感母排、两点式逆变电路、微机数字高频 SPWM 控制、自然冷却等技术。充电机具有符合蓄电池恒压、限流充电要求的输出特性和自主功能。装置分为集中式和分散式两大类，冗余输出采用扩展供电方式或者并网供电方式。

（四）系统发展

随着电力电子技术、信息技术、新型材料等的进一步发展和现代控制技术的进步，城市轨道交通车辆电气牵引和控制系统也在向更高效、安全、绿色、智能方向发展。近几年来，尤其在高能效永磁同步电机驱动、以太网列车控制和诊断、高频辅助变流器、智能运维等方面，已取得技术突破和阶段性成果，已开始应用实践并逐步开始批量应用。

1. 高能效永磁同步电机驱动系统

1821 年，法拉第发明的世界上第一台电机就是永磁电机，随着永磁材料的开发和进步，永磁电机应用从 20 世纪 60 年代开始的航空航天和高科技领域逐步向工业和民用扩展，尤其进入 21 世纪，电机本身更是向大功率、高转速、大转矩方向发展。其特点是：转子采用永磁体励磁，无励磁损耗，高效率、高功率因数、高功率密度；机壳采用封闭式结构，低噪声、少维护；响应快、过载能力强。目前在众多领域得到广泛应用。

在轨道交通方面，国外从 20 世纪 90 年代已开始应用研究，东芝、阿尔斯通、斯柯达等公司在机车、动车、城轨等各型车辆上均成功应用，现在正处于批量化推广阶段。我国中车株洲所从 2003 年开始进行永磁同步牵引电机的研究，自 2010 年在沈阳地铁 2 号线装车应用研究以来，永磁同步牵引电机先后在地铁车辆和有轨电车上得到应用。目前典型的应用项目有长沙地铁、北京地铁、天津地铁、浦镇低地板车辆、佛山高明低地板车辆、青海德令哈低地板车辆、韩城空轨车辆等。其中长沙地铁 1 号线永磁同步电机牵引系统自 2016 年上线运营，目前已累计运营 20 多万公里，运行状态良好。同时，在长沙地铁 1 号线经过实际运营测量发现，与异步系统相比，永磁系统节能率超过 30%。

关于永磁同步牵引系统的节能，一方面，主要是由于电机效率的提升，永磁电机额定效率高于异步电机，尤其是高效区范围远远高于异步电机，由于地铁车辆频繁启停，牵引电机在高低速频繁转换，使永磁电机在地铁运用工况的节能优势更加明显；另一方面，从系统的角度看，则是节能和发电的能量叠加，由于永磁系统效率的提高，地铁车辆频繁处于牵引和电制动状态，使牵引时用能更少，电制动时馈能更多，一减一加，使节能效果非常可观。

永磁同步驱动系统的关键技术如系统设计、永磁同步电机设计、永磁材料可靠性及其应用、变流及其控制策略等获得突破，并通过数个项目的实践和应用验证，不但日趋成熟，而且在向无位置传感器控制、电机不解体维护新型结构、轻量化等方向发展。另外，满足轨道交通特定线路及车辆需求条件的低地板车、地铁等，也逐渐在应用或研究永磁直驱系统以实现其特殊需求。

正如 20 世纪七八十年代异步牵引系统大规模替代直流牵引系统一样，高能效的永磁同步牵引系统符合节能环保的社会发展趋势，并且低噪、少维护，将逐步取代异步牵引系统成为下一代牵引系统。

2. 以太网列车控制和诊断系统

目前，列车网络控制和诊断主要采用 TCN 技术，包括 MVB 车辆总线和 WTB 列车总线。TCN 协议具有非常良好的实时性、确定性，但是其带宽限制了其进一步的应用。随着媒体与故障数据的传输，智能列车、城轨运行状态检测传感器网等都要求列车通信网络在具有确定性和实时性的同时，具有更高的带宽。为解决这些问题，中车株洲所开展了基于以太骨干网的新一代网络控制系统平台的研发工作。

新一代网络控制系统完全符合 IEC 61375 国际标准的最新版本，其网络架构分为两级：以太骨干网，采用骨干网交换机、链路汇聚方式进行冗余；编组网，采用编组网交换机、环网方式进行冗余。对于需要动态编组的列车，一般采用两级网络；对于不需要动态编组的列车，可以采用一级网络。系统采用了 100Mbps 及以上的以太骨干网，具有同时传输控制信息和媒体信息的能力，在物理上可以为一个网络。为了保证控制信息的传输，在传输时可以对两种数据分别采用不同的 VLAN（Virtual Local Area Network 虚拟局域网）进行传输，系统的骨干网和编组网可以同时支持多个 VLAN。

目前国外和国内的厂家已经应用基于实时以太网技术的网络控制系统。芬兰 EKE 公司在澳大利亚和巴西的项目中将自己公司的 EKE-Trainnet IP 技术装车应用，其中澳大利亚的项目全车采用工业以太网，并且实现了通过以太网为设备供电；巴西项目中的列车微机控制系统完全基于以太网，使用光纤通信。庞巴迪公司于 2010 年开发的基于以太网控制的列车已经交付到德国和荷兰开始正式运行。国内方面，中车株洲所早在 2012 年就已经完成了基于实时以太网技术的网络控制平台研发，并已经实现装车应用。例如长沙地铁 1 号线和 3 号线、红河低地板车、洛杉矶地铁、北京新机场线等。

3. 高频辅助变流器

传统的工频隔离辅助变流器的隔离变压器工作频率为 50Hz，体积重，噪声大；效率约为90%，损耗大导致散热风机噪声较大。

高频辅助变流器，隔离变压器工作频率为18~20kHz，重量轻；效率为92%~94%；电路技术串联或并联设计，适应DC1500V/750V电网；前级Boost/Buck预稳定变换器；IGBT零电压开通，小电流关断，损耗低；整流二极管零电流关断，损耗低无反向恢复问题。

高频辅助变流器拓扑种类繁多，隔离方式多样，如ABB采用普通全桥电路作为隔离环节，西门子采用全桥LLC作为隔离环节，而三菱则采用半桥LLC作为隔离环节，图9为中车株洲所所采用的典型高频电路拓扑，输入级采用Boost电路作为系统预稳压，中间采用全桥LLC谐振软开关变换器作为隔离环节，输出采用分裂电容式三相四线。该设计采用输入串联输出并联（ISOP）的方式来适应DC1500V供电系统，同时，也可以配置成输入并联输出并联（IPOP）的方式适应DC750V供电系统。

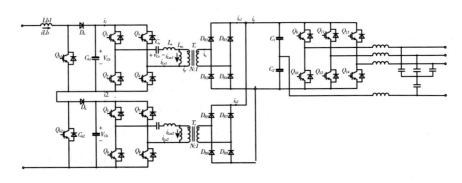

图9 典型高频电路

目前高频辅助变流器不仅在地铁中有应用（如中车株洲所在成都地铁10号线），同时在有轨电车、空轨也实现了装车考核。

二 车辆制动系统

制动系统作为轨道交通车辆的重要组成部分，不仅完成车辆运行的调速、停车控制，而且其性能直接影响车辆的运行组织和运营安全。城市轨道交通车辆的制动系统的性能通常基于轮轨关系并以粘着作为基础而设计，因此，制动系统设计均受到粘着限制的影响，包括电制动、电阻制动、摩擦制动等粘着制动。在类似现代有轨电车等非独立路权需要更大减速度的前提下，磁轨制动等不依赖于轮轨粘着关系的非粘着制动方式才会被使用。

城轨车辆主要包括地铁、轻轨、市域快轨、现代有轨电车、单轨、APM、磁悬浮交通等 7 种制式，由于车辆的特点及技术要求不同，城市轨道交通车辆采用电—空制动系统或电—液制动系统。电—空制动主要用于地铁、轻轨等交通车辆，通常由风源系统、制动控制单元、基础制动等组成，电—空制动系统结构如图 10 所示。电液制动系统在低地板有轨电车、中低速磁悬浮列车、新型跨座式单轨列车、悬挂空轨车等多种形式的新型轨道交通车辆上运用，在部分 APM 列车和直线电机车辆（如北京机场线）上也有应用。电—液制动系统通常由电气控制装置、液压控制装置、夹钳单元、摩擦副部件（制动盘、闸片）等组成，电—液制动系统结构如图 11 所示。

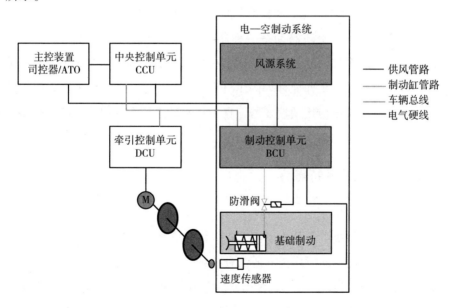

图 10　电—空制动系统结构

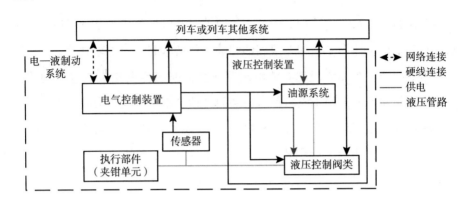

图 11　电—液制动系统结构

目前大容量制式的地铁、轻轨等车辆普遍采用微机控制的直通式电—空制动系统，通过微机控制实现空气制动与电制动的协调配合。现代低地板有轨电车为了适应共用路权的运用方式，缩短制动距离，通常配备磁轨制动装置，将减速度水平提高到 $2.0m/s^2$ 以上水平。目前我国的有轨电车多借鉴欧洲结构，根据其道路安全相关法律要求，车辆必须同时配备粘着和非粘着制动，我国也在 CJ/T 417《低地板有轨电车车辆通用技术条件》中对磁轨制动装置进行了要求。磁轨制动是一种非粘着制动方式，可有效缩短制动距离，提高行车安全性，并具有励磁功率小、供电负担轻、结构简单、维修量小等特点，磁轨制动工作原理如图 12 所示。轨道交通制动系统的应用也带动国内自主制动系统应用快速发展，自主化制动系统在国内多个城市线路上使用。

（一）制动技术特点

1. 制动系统形式

车辆的制动系统主要分为以压缩空气作为介质、以液压油作为介质以及以压缩空气和液压油同时作为介质三种方式。对于制动方式而言，对于目前定义的 7 种车辆的制式，并非每种车型指定某种特定的制动方式，一般在车体和转向架空间安装都允许的条件下，优先采用以压缩空气作为介质的制动系统。

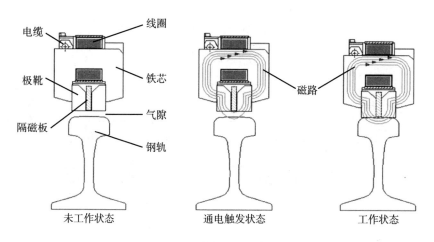

电缆　线圈　铁芯　极靴　隔磁板　气隙　钢轨　磁路

未工作状态　　　通电触发状态　　　工作状态

图 12　磁轨制动工作原理

资料来源：王可：《低地板有轨电车磁轨制动装置的研究》，《铁道机车车辆》2016年第 3 期。

2. 制动控制方式

空气制动系统从被控对象角度可以分为两种形式，一种是以每辆车为制动力车控制动系统，每辆车只有 1 个制动控制单元；一种是以每个转向架为制动力架控制动系统，每辆车需有两个制动控制单元。两种制动机本身控制响应性能相当并在轨道车辆均有应用。架控制动系统安装靠近每个转向架，由于相对管路短些，架控制动比车控制动系统响应快，但不是很明显，通常 0.2s 左右，制动性能和减速度水平通过压力调节完全可以补偿紧急减速度的响应时间对制动距离的影响。车控制动系统原理如图 13 所示，架控制动系统原理如图 14 所示。

车控制动系统采用分布式控制方式，独立接收制动指令并进行制动力的计算和分配，各车制动系统之间的依存度小。目前地铁车辆制动力的管理和分配会综合考虑，一般至少采用单元内电空制动力的配合。损失一辆车制动力，对短编组车辆损失较大，但通常会有指令提升功能，保证总制动力影响最小。架控制动系统也是采取分布式控制方式，并通常在列车单元内进行管理和分配，车辆编组较少时一般采用架控制动，可以减少单个制动控制装置

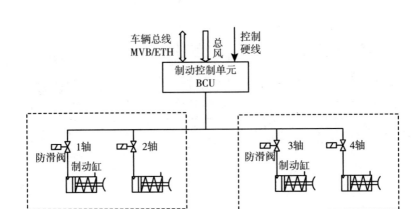

图 13　车控制动系统

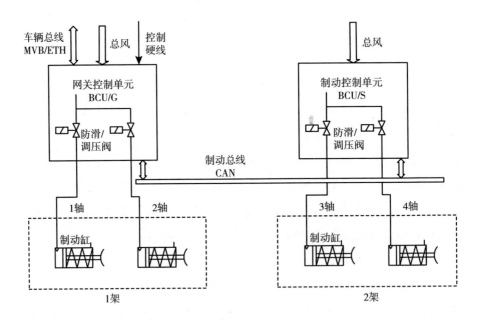

图 14　架控制动系统

故障对全列车紧急制动减速度的影响，并且架控制动单元对牵引系统采用架控或既有动力又有非动力转向架的车辆更有优势。对于 6 辆及以上的长编组列车，采用架控制动系统对减小故障模式下的制动力损失作用不明显，一定程度上要求系统软件和控制逻辑的复杂性高。

3. 制动网络构架

制动系统通常作为列车控制网络拓扑结构下的设备之一进行统一管理。在车控制动系统中，车控系统通常是每个 BCU 直接接入列车 MVB 网络。对于架控制动系统来说，由于单个架的 BCU 直接采集的状态信息较少，为保证制动系统的完整性，架控制动系统通常采用多个 BCU 组成制动网络。例如架控制动系统的制动网络有的是双通道冗余的 CAN 总线，把制动 CAN 总线分成两个或多个网段，每个网段采用两个互为冗余的网关，单个网关单元故障时可通过冗余的网关保证制动系统与 TCMS 的通信。

（1）制动与车辆接口

制动系统根据整车的接口需求进行设计，接收来自司机或 ATO 施加的制动控制命令和车辆状态信息，包括紧急制动、常用制动、制动设定值、检测空簧压力计算车辆的载重等。制动系统需要根据实际车重控制制动力，补偿载荷变化对制动减速度的影响，同时需要检测各轴的速度以进行滑行检测和防滑控制等。列车的紧急制动通常都采用紧急制动环路进行控制，当紧急制动环路断开时制动系统实施紧急制动，紧急制动环路可以有多种装置触发断开，包括车载信号系统 ATP 紧急制动、紧急制动手柄或按钮、总风压力开关等。

常用制动一般为空气制动与电制动的混合制动模式，为减少摩擦副的磨耗，一般情况下要优先使用电制动，当电制动不能满足总的制动力需求时，不足部分补充空气制动。列车制动力管理或制动力分配主要包括电制动设定和空气制动补充两个方面。而根据设定力进行的电制动和空气制动力控制则分别由牵引和制动系统来实现。电制动力设定方式有制动系统计算、TCMS 计算和牵引系统计算三种模式。TCMS 计算和牵引系统计算电制动设定值都可以减小传输延迟，TCMS 计算电制动设定值可以有更大的灵活性，但具体采用何种模式与 TCMS 系统的设计和功能要求有关。

（2）制动与牵引接口

常用制动一般为空气制动与电制动的混合制动模式，空气制动需要根据总的制动力需求和实际电制动力实时协调配合。随着车辆对牵引系统的性能要求的不断提高，电制动已可以满足正常情况下车辆的常用制动力需求，在电制动低速阶段衰退前，常用制动可以是单一的电制动，而不需要空气制动的介入。在停车阶段，一些牵引系统已可以实现电制动到零速，这种模式电制动模式在正常运营时没有摩擦制动的噪声和摩擦副的磨耗。但为了保持摩擦副接触面的清洁，需要在适当时机使用一定量摩擦制动以达到清洁的目的。列车控制系统采用 TCMS 时，制动系统与牵引系统的接口信号可以全部使用网络信号，在一些系统中，也会采用一些硬线传输模拟信号。从列车控制网络化的发展来看，制动系统与牵引系统越来越多地采用网络信号接口。

（3）制动与信号接口

城轨车辆列车的正常牵引、制动和停车通常都是由 ATO 系统来控制的。主要目标是控制列车按期望的减速度制动减速并在期望的目标位置停车。实际上，影响摩擦副摩擦系数的因素很多，会造成 ATO 与制动系统的配合调试的难度增大，在实际运用时容易发生停车精度超差的情况。适当提高电制动向空气制动转换的速度点以增加停车前的可调节时间，或尽可能降低电制动的退出点以减小使用空气制动的制动距离，会有助于提高停车精度，如果牵引系统可以实现电制动到零速，则可以从根本上避免电制动向空气制动转换的减速度波动对精确停车的影响。

ATP 系统从安全和效率的需要出发，要求制动系统可以保证的紧急制动减速率（GEBR）比较大，在任何条件下都不能出现实际紧急制动减速度低于 GEBR 的情况。城轨车辆粘着制动受粘着系数的变化影响较大，在雨雪天气条件下粘着系数可能会变得比较低，会影响列车的追踪间隔和运输效率。在现阶段的实际运用中，信号厂商已开始进行"兼顾安全风险和运输效率，增加信号系统的天气模式功能"方面的研究，但真正投入实际还需要很长时间的探索和实践。

（4）制动安全认证

制动系统及产品质量直接涉及车辆的安全。在信号系统安全认证的基础上，制动系统及产品的安全认证已经成为国外通行的评价产品质量的重要手段。建立制动产品认证制度是我国城轨装备制造业创新发展的需要。国家发改委、国家认监委共同组织推动了城市轨道交通装备产品自愿性认证工作，以通过市场手段保证城轨制动装备质量安全水平，并进一步提升城轨装备企业自主创新能力。实施认证制度可对制动产品可靠性、安全性进行验证和确认，助力新技术装备的产业化、工程化，对制动系统的安全性、可靠性问题十分重要。国家认监委将依据第一批城轨装备产品认证目录制定并发布相应认证规则，制动系统作为 8 个特定要求之一已形成报批。目前国内外主要制动系统供应商主动开展了产品的安全认证并获得安全认证证书，2020 年将逐渐带动制动系统安全认证的覆盖。

（二）制动技术动态

1. 标准及规范

在城轨装备制动系统快速发展过程中，适合城市轨道交通制动系统的标准缺失问题逐渐显现。一方面，国内缺少适合我国国情的城市轨道交通制动系统相关标准，很多设计、制造通常采用国外标准，其适用性受到一定的限制。另一方面，技术快速发展的同时，国内标准覆盖不足、规范性要求不足等问题成为行业发展的瓶颈。中国城市轨道交通协会技术装备专业委员会根据国家发改委产业司的部署，于 2015 年 7 月发布了中城装备〔2015〕60 号文件，包括制动系统通用技术条件、试验规则、防滑系统技术等 3 个系统类规范，2016 年 2 月发布了中城装备〔2016〕001 号文件，涵盖制动系统的风源装置、制动控制装置、基础制动装置等 7 个部件类规范。2016 年 9 月，国家发改委和认监委下发了城轨装备认证的要求。2018 年 9 月中国城市轨道交通协会标准部及技术装备专委会组织将发布的制动系统行业技术规范，经过相应的流程审查提升为协会团体标准。

制动系统团体标准是城市轨道交通车辆的基本、通用准则，是中国城轨车辆多年广泛应用的成果及经验总结。综合考虑我国国情，技术规范具有一定的先进性和良好的可操作性，提出了制动系统及部件的基本技术条件，适应我国城市轨道交通车辆制动系统的使用特点及使用环境要求，体现了我国城市轨道交通领域对制动系统的实际需求。

2. 防滑效果评价

城轨交通车辆主要采用粘着方式的电制动和摩擦制动，在风霜雨雪等条件下，轮轨之间的粘着条件受到不确定的影响，在制动情况下常常出现车轮的滑行及擦伤，并导致制动距离的增加，直接影响到车辆的运行安全。《空气制动防滑系统技术规范》2018 年被发布为团体标准，目的也是提出空气防滑的技术规范要求，采取国内外标准和技术规范的相关内容，具有一定的先进性和良好的可操作性。结合城市轨道交通车辆防滑系统的特点，初步确定了城市轨道交通车辆防滑系统的技术要求、试验方法和评价标准等内容。实际线路中的粘着条件差异变化大，很难评估粘着系数的大小，如何充分利用粘着条件，需要对制动防滑控制的效果进行摸索和试验，并建立有效的理论依据和试验方法及手段，支撑并完善防滑效果的评价体系，并有针对性地优化和改善轮轨粘着措施。

3. 风源系统

轨道交通车辆中最常见的是活塞式空压机和双螺杆空压机，二者占据了国内轨道交通车辆风源装置95％以上的市场。活塞式空压机是进入中国城市轨道交通车辆风源市场最早型式的空压机，也是各行业总用量最大的机型。城市轨道交通车辆用活塞式空压机均是往复式活塞压缩机，由于压缩过程中的往复运动，振动相对偏大，空气压缩及其输送时气体脉冲较大，难以实现高转速，可达到的容积流量范围较小。近几年来，螺杆式空压机在城市轨道交通车辆上的应用大幅增加，且有着良好的运用表现。螺杆式空压机旋转机械运行平稳、噪声小，输送压缩空气时几乎无震动，而且能连续输送，但外形尺寸偏大、重量偏重。除此之外，涡旋式空压机、滑片式空压机在城市轨道交通车辆中使用不多，其应用效果及情况需要一定的数据积累和运用观察。

4. 制动控制

制动控制装置是制动控制系统的核心部件，主要进行常用制动、防滑控制及紧急制动控制。机电一体化、智能化、轻量化等设计理念运用到制动控制装置的设计之中，形成了目前电气控制与气动控制高度集成的制动控制装置，并成为主流产品。机电一体化的制动控制装置便于机械安装、气路接口和电气接口的连接，并且集常用制动控制、紧急制动控制、防滑控制以及制动监测等功能于一体，便于制动功能的实现以及故障定位。目前主流车控和架控制动控制装置均具有此特点，今后的趋势也将是制动控制装置更加智能化、轻量化。

5. 基础制动

城市轨道交通车辆的基础制动装置，从制动方式上主要分为踏面制动和盘形制动两种形式。具体采用哪种形式与线路的要求、制动的频次和制动功率有关。踏面制动形式的优点是踏面制动单元重量轻、体积小，经济性较好，但制动时车轮踏面热负荷会影响车轮的使用性能和寿命，该配置一般用于 80km/h 以下车辆选型。盘形制动使用制动夹钳单元，制动盘和闸片形成摩擦对偶，制动夹钳单元结构简单，使用灵活，热负荷主要由制动盘来承担，制动盘可通过不同的材料和结构来满足不同速度等级的热负荷要求，因此多用于 100km/h 以上车辆选型。随着环保、节能要求的不断提高，基础制动装置的轻量化，以及新材料的应用已经陆续在一些车辆上使用，如结构更紧凑、重量更轻的踏面制动单元和制动夹钳单元、铝合金制动盘的应用及轻量化新材料制动盘的试装车。

6. 液压制动应用

液压制动系统以液压油作为传动介质，采取电控液压的方式将电信号转换为液压输出，并通过液压制动夹钳推动闸片，依靠闸片与制动盘的摩擦实现制动。一般来说，与空气制动系统相比，液压制动系统体积小、重量轻、噪声低，适合用于对空间、重量或环境噪声要求较高的车辆。

（三）制动技术发展

1. 系统协同

轨道车辆调速、停车、安全性、运行效率等控制性能不仅仅与制动系统相关，而且与牵引系统、信号系统、列车控制系统等越来越密切相关，因此需要各系统之间的优化配合，综合考虑车辆综合效能，保证安全、降低磨耗、车辆可用性、控制性能等方面协同有效的工作，解决各系统相对孤立的问题。列车控制系统以车辆整体性能和运行要求为目标，基于制动力管理、停车控制、防滑控制等性能，提升整车的运行品质和效率。

2. 网络化

网络化和智能化的发展方向主要体现在涵盖整个交通领域的新型智能化一体化交通要求，新型智能化交通是国内发展很快并领先国际的新技术领域。就制动系统而言，网络化主要是需要采用统一的以太网，也实现了从设备到列车再到地面通信协议和数据的一致。目前，国内的主要设备生产商都可以提供以太网连接的设备，完全使用以太网控制的城轨列车已开始进行设计和生产。

3. 智能诊断

智能化的要求一方面是基于大数据和 AI 分析的智能维护管理系统，需要制动系统提供可用于大数据和 AI 分析的原始数据，另一方面是制动系统自身的智能化发展，主要是基于 AI 的自学习自诊断和自修复。制动系统自身的智能化发展目前还处于起步阶段。制动智能诊断技术的主要发展方向把目前广泛使用的固定判定条件的诊断方式发展为具有历史数据及趋势分析的智能诊断和预测诊断，以更好地支撑智能化的预防性维修。

实际线路的粘着条件非常复杂，将传统的基于滑行检测和滑移率控制的防滑模式发展为预防滑行并充分利用粘着的控制模式，以达到更好保护轮对和充分利用粘着并减少耗风的目的。从城轨行业看，这需要在以后的试验研究或通过实际线路测试来填补。

4. 轻量节能

基础制动装置多数部件均使用铸造成型的工艺方法，为了避免各种因素对结构强度的影响，在设计时结构冗余度较高，带来的负面效果就是重量偏大。通过采用强度更高的材料，使结构能够更加简洁，能够以较小的截面来满足强度要求，从而达到减重的目的。风源装置重量比重最大的部件是电机、压缩机和集成框架。今后，在满足强度要求的前提下，这些关键部件应采用更轻的材质，同时要优化产品结构，实现风源装置的小型化。

5. 无油空气压缩机

城市轨道交通车辆用风源装置面临的最大问题是润滑油乳化、装置的轻量化和节能环保。市场上应用较多的是喷油螺杆式空气压缩机组（简称空压机），有油空压机，如果运用过程中的工作率低于一定程度，在高温高湿季节、车辆的调试、初期运营阶段容易出现润滑油乳化现象。目前由车辆耗风低引起的工作率低和乳化问题，会引起压缩空气含油量过高；若液态油进入车辆管路，对车辆造成的影响非常大，甚至引起制动系统故障，严重时需对部件进行返厂大修。不仅如此，有油空压机漏油会带来环境污染等诸多问题。考虑无油空压机对于空气质量的高要求，是否完全适用还有待观察，与此同时无油空压机的价格高昂，也将是延缓其在国内市场进一步推广的重要影响因素。因此，无油空压机应用也会得到广泛关注，无油风源系统组成如图15所示。

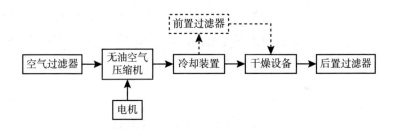

图15　无油风源系统组成示意

6. 铝基制动盘

制动盘由于安装在车轴或轮对上，属于簧下质量，其重量与整个车的运用性能和能耗有直接关系。目前已开始应用铝合金制动盘。由于铝合金密度远远小于铸铁材料，约为铸铁的1/3，因此采用铝合金制动盘可显著降低城轨车辆质量，如图16所示。车辆减重后，其运行过程的能量消耗必然降低，因此车辆的节能环保指标会大大提高；另外，车辆簧下质量减小还可达到减轻车辆振动、降低噪声、提高乘坐舒适度、降低轨道振动及对线路周边环境不良影响等良好效果。

总之，制动模块化、小型化、轻量化是产品的主要发展方向，而网络化和智能化将是未来控制技术的发展方向，对产品的安全性、可靠性、可维护

图16 铝基制动盘

修性也会有更高的要求，同时生命周期成本还要逐步降低。模块化、小型化、轻量化的产品设计需要从产品的结构甚至原理上对传统的产品设计进行根本性的甚至是颠覆性的变革，而不是简单的按比例压缩或缩小，需要技术原理、电子、结构、整机布置紧密结合，而全新的原理性变革还需要必要的安全分析评估及可靠性试验。

三 牵引供电和配电系统

（一）总体技术要求

1. 供电系统及环网方案

（1）供电系统组成

供电系统包括外部电源、主变电所、中压供电网络、牵引供电系统、动力照明供电系统、电力监控系统、杂散电流防护系统。其中牵引供电系统又包括牵引变电所与牵引网；动力照明供电系统又包括降压变电所与动力照明配电系统。

（2）供电系统主要方案

①外部电源供电方式

城市轨道交通外部电源方案应根据城市轨道交通线网规划、城市电网现状及规划、城市规划进行设计。

按供电方式分，主要有集中式供电、分散式供电和混合式供电。集中式供电：需要设置轨道交通专用主变电所，由城市电网引入高压电源（通常为110kV），经降压后供轨道交通使用。分散式供电：不需要设置地铁专用主变电所，地铁所需要的中压电源由沿线的城市电网高压变电站提供，要求城市电网比较发达，满足地铁对电源引入点数量、供电能力及电压质量的要求。混合式供电：根据城市电网的实际情况，在地铁沿线城市电网中压电源比较发达的地段采用分散供电方式，在不具备分散供电条件的地方采用集中供电方式，将两种供电方式结合起来，在保证地铁供电可靠性的基础上合理地利用城市电网资源。

②中压环网构成方案

连接主变电所及轨道交通车站变电所的中压供电网络是整个供电系统的基础。中压供电网络方案的合理性，直接影响到供电系统可靠性、工程投资、运营管理方便性、运营维护工作量及运营成本等。

a. 小环串构成方案

早期建设的城市轨道交通线路中，供电系统的中压环网普遍采用的是小环串方式，保护方案则是"线路差动保护 + 过电流保护"。由于差动保护的原理决定了其保护范围的局限性，保护范围仅是两侧电流互感器之间的环网线路，不能作相邻元件的后备保护，只能以过电流保护作为环网电缆短路故障的后备保护。而过电流保护的时间设定，与中压环网供电方式中每个供电分区的变电所数量，以及主变电站馈线侧的过电流保护时间的设定密切相关，因此每个环串中变电所的数量不能超过4个。当一个主变电所解列时，一个环串内串接十多个变电所，使各所间的过电流保护的级差无法配合，这时区间有故障发生时，会造成停电范围的扩大；另外每个变电所根据运行方式的不同需设置2~3组整定值，给运营调度带来了诸多不便。

小环串构成方案示例如图17所示。图中共12个车站，为满足继电保护的需要，3个车站构成一个供电分区，全线被划分为4个供电分区，即从主变电所 35kV 母线需馈出 8 回馈线。为节省土地资源，从主变电所 35kV 母线至车站 3、6、7、10 的 8 回电缆，敷设路径为统一由主变电所经电缆通道或排管敷设至距主变电所最近的车站 6 后，再沿地铁线路敷设至车站 3、7 和 10。另外，目前主变电所多数情况下需同时向 2~3 条线路供电，这时采用小环串方案，在线路区间敷设的环网电缆会更多，鉴于轨道交通内部空间有限，工程实施难度非常大。

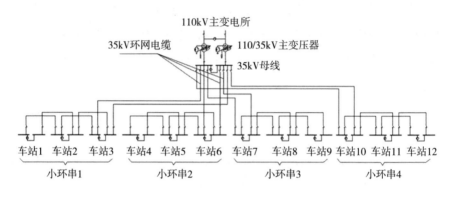

图 17　小环串构成方案示例

b. 大环串构成方案

随着通信技术的进一步发展，光纤传输速率及可靠性等各项水平不断提高，设备的编程能力日趋强大，利用光纤实现保护装置之间的直接信息传输，经装置逻辑编程，直接进行判断的"数字通信电流保护"出现了。

数字通信电流保护是在原过电流保护装置基础上开发出来的，可有效解决传统过电流保护级差配合困难的问题，有效解决了电流选择性和速动性的矛盾，是对传统"差动保护＋过电流保护"方案的进一步优化。

鉴于上述原因，后续建设的轨道交通线路，中压环网广泛采用了大环串的构成方案，示例如图 18 所示。该方案的特点是全线供电分区少，每个供电分区的车站数量依据主变电所位置、线路负荷分布等确定即可。

随着继电保护技术的发展和中压环网电缆可靠性的提高，大小环串构成方案均能满足系统可靠性、灵活性、兼容性、运营方便性的要求。其中大环

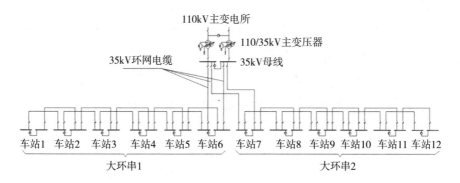

图18　大环串构成方案示例

串构成方案全线供电分区少，对土建要求低，工程实施更加方便，且节约投资，是目前地铁供电系统中压环网接线的发展方向，已被广泛采用。

2. 主变电所

主变电所的功能是将来自城市高压电网的110kV电源通过主变压器降为中压35kV（或10kV）交流电源，并通过中压供电网络将电能分配到每一座车站、牵引变电所和降压变电所。

3. 牵引降压变电所

牵引变电所的功能是将引自中压环网的交流电源经整流机组降压整流，变成供轨道交通车辆运行的直流电源。牵引变电所包括中压交流开关柜、整流变压器、整流器、直流开关柜、交直流电源屏、控制信号屏等设备。

降压变电所的功能是将引自中压环网的交流电源经配电变压器降压，变成供轨道交通动力照明等设备使用的低压电源。降压变电所包括中压交流开关柜、配电变压器、低压开关柜、交直流电源屏、控制信号屏等设备。

4. 接触网

（1）接触网构成及其功能

在广义上，城市轨道交通中接触网系统可分为刚性接触网系统和柔性接触网系统，按安装位置和接触导线的不同分为接触轨和架空接触网两种方式。其中接触轨按授流接触位置的不同分为上部授流接触轨、下部授流接触轨和侧部授流接触轨；一般来说，刚性接触网系统包括架空刚性悬挂、第三轨、第四轨等接触轨系统，柔性接触网主要指通过支柱、吊柱等支持结构悬挂安装于线路上方，由不同的带张力的悬链线索组成。

（2）接触网主要设备和材料

接触网是牵引供电系统的核心组成部分，但接触网主要设备和材料繁多复杂，主要可以分为线材、绝缘子、接触网零件、接触网开关、分段绝缘器、避雷器及接触网支柱、吊柱。

5. 电力监控系统

地铁供电系统应设置电力监控系统。其系统构成、监控对象、功能要求，应根据供电系统的特点、运营要求、通道条件确定。

电力监控系统应包括电力调度系统（主站）、变电所综合自动化系统（子站）、复示终端系统及联系主站和子站的专用数据传输通道构成。

6. 再生电能的利用

传统的列车做法是将制动电阻装设在车辆底部，当制动能量不能被相邻车辆和本车辅助用电消耗时，车辆电阻制动启动，消耗掉部分再生制动能量，当车辆速度较低、再生电阻不再起作用时采用空气制动，从而保证车辆的平稳制动，在此过程中传统的列车电阻制动产生的大量热量散发在地铁隧道内，使地铁洞体的温升加剧，提高了对环控系统的要求。

目前轨道再生制动能量地面利用系统的主流方案是回馈型再生制动能量地面利用系统和储存型再生制动能量地面利用系统。回馈型再生制动能量地面利用系统是将车辆再生制动产生的电能通过牵引变电所设置的逆变系统将直流电转换成中压交流35kV（10kV）电源接至变电所AC35kV（10kV）母线上，向本地铁线的中压供电系统提供交流电，由系统统一将逆变电源输送到需要的设备。由于中压交流系统设备多，容量大，能够尽可能地将列车制动能量充分利用起来。回馈型再生制动能量地面利用系统典型拓扑如图19所示。储存型再生制动能量地面利用系统主要采用IGBT逆变器将列车的再生制动能量吸收到储能介质中，当供电区间内有列车起动、加速需要取流时，该装置将所储存的电能释放出去并进行再利用。储能介质有超级电容、电池、飞轮等，目前较为成熟的是超级电容方案。储存型再生制动能量地面利用系统典型拓扑如图 20 所示。

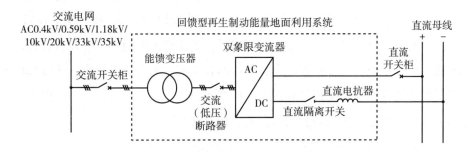

图19　回馈型再生制动能量地面利用系统典型拓扑

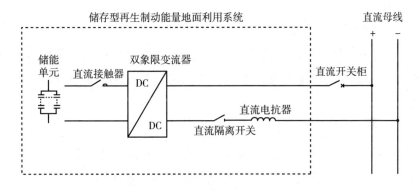

图20　储存型再生制动能量地面利用系统典型拓扑

7. 配电系统

地铁的低压配电系统主要包括地铁内除牵引设备以外的各种低压设备的动力配电系统以及车站、区间内的照明设备配电系统两部分。

动力配电系统的职能是向地铁内的机电设备、通信信号设备、自动售检票设备、综合监控设备、门禁设备等提供可靠的电力能源，满足各设备的用电要求，并完成机电设备的工艺控制要求；照明配电系统的职能是向地铁内的全部空间提供可靠、方便、舒适的照明，营造明亮的旅客乘车环境，方便运营部门的维护管理。

低压配电负载按其不同用途及重要性分为下列三级：

（1）一级负荷

火灾自动报警系统设备、消防水泵及消防水管电保温设备、防排烟风机及各类防火排烟阀、防火（卷帘）门、消防疏散用自动扶梯、消防电梯、应急照明、主排水泵、雨水泵、火灾或其他灾害仍需使用的用电设备；通信系统、信号系统、综合监控系统、电源整合系统、电力监控系统、环境与设备监控系统设备、自动售检票设备、门禁系统设备、站台门设备、变电所操作电源、地下站厅站台等公共区照明、地下区间照明等。

火灾自动报警系统设备、环境与设备监控系统设备、专用通信系统设备、信号系统设备、变电所操作电源、地下车站及区间的应急照明为一级负荷中特别重要负荷。

（2）二级负荷

乘客信息系统、变电所检修电源、地上站厅站台等公共区照明、附属房间照明、普通风机、排污泵、电梯、非消防疏散用的自动扶梯和自动人行道。

（3）三级负荷

区间检修设备、附属房间电源插座、车站空调制冷及水系统设备、广告照明、清洁设备、电热设备、室外广场用电和服务设施用电。

8. 能源管理系统

（1）能源管理系统构成

地铁能源管理系统应由线网级能源管理系统、线路中心级能源管理系统、站段/变电所级能源管理系统及其数据传输的网络通道组成。

（2）能源管理系统功能

地铁能源管理系统借助计算机、网络通信设备、计量采集装置等，搭建实时数据采集及统计分析的平台，通过采集变电所内中压电能质量监测装置、0.4kV智能监测仪表的数据，车站和场段的水、燃气、热力数据，实现对电、水、天然气、热力分析统计和计量管理，以及对供电系统的电能质量参数测量、监测分析、统计，为运营企业提供全面的能源数据采集分析及节能辅助决策依据。

9. 牵引供电的回流系统

目前国内轨道交通多数采用的是以走行轨为回流通路的直流牵引供电系统。

回流系统包括回流轨、回流电缆、均流电缆、道岔处回流轨的连接电缆。回流系统作为牵引电流最主要的回流通路，与接触网有着同等重要的作用。

近年来，为解决杂散电流问题，国内也对采用专用回流轨方案开展研究。专用回流轨技术是以第三轨授流技术基础的，因此其基本组成结构与第三轨授电方式一样，由回流轨、支持装置、端部弯头等组成。由于正极授电轨与负极回流轨同样肩负车辆电流的传递，从工程技术和实施角度而言，授电轨和回流轨均可以采用相同类型的钢铝复合轨。

10. 供、配电系统中的接地系统

（1）供电系统接地系统

供电系统每座车站、车辆段设置一个综合接地网，接地网的接地电阻一般不大于1Ω。各车站、车场接地网通过接地体、接触网架空地线等途径互相连接，在全线范围内形成统一的高低压兼容、强弱电合一的综合接地系统。

（2）配电系统接地系统

在车站照明配电室、通风空调电控室、污水泵房、冷冻机房、废水泵房、通风空调机房及卫生间设置局部等电位联结箱或强电接地端子箱；通信设备机房、信号设备机房、综控设备室等弱电设备房间设置弱电接地端子箱。

11. 杂散电流的防护系统

当采用走行轨为回流通路时，尽管钢轨对地采取了一系列绝缘措施，但钢轨对地泄漏电阻在工程实施中不可能无限大，一般在$5 \sim 100\Omega \cdot km$范围。

当列车在两牵引所间运行时，钢轨电位如图21所示。列车位置为阳极区，钢轨电位为正；牵引所附近为阴极区，钢轨电位为负。钢轨电位产生的原因是牵引回流电流在钢轨上产生了纵向电压。研究表明，钢轨电位的大小，与钢轨泄漏电阻的关系不大，当钢轨对地泄漏电阻在 $5 \sim 100\Omega \cdot km$ 变化时，钢轨对地电位基本不变，这是由钢轨对地泄漏电阻相比从牵引所至列车位置的钢轨纵向电阻（$0.02\Omega/km$）太大所致。杂散电流的大小，就是图 21 中阴影区段从钢轨泄漏至地下电流密度的积分。

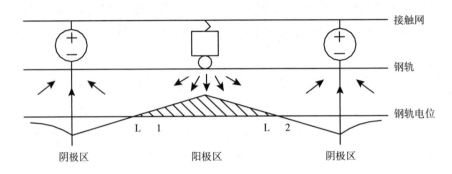

图21　钢轨电位分布示意

全线杂散电流的总量基本上只与全线钢轨正电位及钢轨对地泄漏电阻有关。因此降低钢轨电位及增大钢轨泄漏电阻是杂散电流防护的基础。

杂散电流对土建结构钢筋、设备金属外壳及地下金属管线产生腐蚀。腐蚀主要存在以下三方面的危害：①对轨道交通主体结构钢筋腐蚀，影响轨道交通结构的寿命及安全；②对轨道交通金属管线腐蚀，影响轨道交通的安全运营并增加运营成本；③对轨道交通沿线城市公用管线或结构钢筋产生杂散电流腐蚀，影响轨道交通以外沿线公共设施的安全及寿命。

基于以上三方面的危害，杂散电流防护在工程建设及运营中均应引起足够重视。

12. 供电系统的防雷击系统

（1）主变电所的过电压防护

轨道交通主变电所一般为全户内式变电所，为防大气雷电对设备的直接袭击，其直击雷保护采用建筑物二级防雷保护方式，对建筑物采用屋顶敷设避雷带的方式防直击雷。

为防止系统内部操作过电压及大气过电压的冲击对电气设备绝缘的危

害，在主变电所主变压器 110kV 中性点、110kV、35kV 进线及 110kV、35kV 母线上分别设置氧化锌避雷器。

（2）牵引及降压变电所的过电压保护

a. 变电所的每段 AC35kV 母线均设一组氧化锌避雷器。

b. 地下变电所 DC1500V 母线正极对地设置一组氧化锌避雷器，整流器出口正负极之间设置一组氧化锌避雷器；地上牵引变电所及与地上相邻的地下牵引变电所，每路 1500V 馈线对地及负母线对地设置一组氧化锌避雷器。

c. 变电所的每段 AC0.4kV 母线各设置一组电涌保护器。

d. 如果车辆段、停车场变电所为独立建筑，在其屋顶设置避雷带，作为建筑物防直击雷措施。

（3）接触网系统的雷电过电压防护

a. 接触网应设置架空地线，兼做避雷线。地面及高架段地线不需特别抬高，在结构合理的基础上尽可能靠近接触网带电导线，并与接触网支柱或底座实现可靠的电气连接。

b. 隧道外馈线上网点处设避雷器，防止雷电波侵入变电所。

c. 进入隧道的接触网在隧道入口处设置避雷器，防止隧外雷电流进入隧内，保护地下供电设备不受大气过电压的冲击。

d. 进入封闭式雨棚高架车站的接触网在车站两端设置避雷器。

e. 高架区段利用桥墩做自然接地体，接地电阻不大于 10Ω。

f. 在地面段、高架段、车辆基地出入段线及试车线，支柱的平腕臂绝缘子处安装带串联间隙的金属氧化物避雷器（带间隙避雷器间隙应匹配各类绝缘子性能最小值）。避雷器的安装间距不大于 200m，雷害严重区段应尽可能减少避雷器安装间隔距离。

g. 高架段架空地线上下行设置避雷器的支柱通过电压均衡器接地，达到正常运行状态下减少杂散电流泄露、雷电或过电压情况下迅速泄流的目的。

（二）新技术、新产品、新工艺、新材料的发展现状和应用情况

1. 主变电所

（1）发展现状

主变电所110kV高压开关采用六氟化硫气体绝缘全封闭高压组合电器，采用标准化、模块化设计。各功能模块外壳采用铝合金铸造或整体浇铸工艺，具有壳体内部电场分布均匀、无磁滞损耗、防锈性能好、机械强度高（厚度大）、耐电弧烧灼时间更长、重量轻便等优点。

主变压器采用有载调压三相双绕组（或加平衡绕组）交流电力变压器，具有损耗低、噪声低、局放小、抗短路能力强、可靠性高、寿命长、现场安装维护方便的特点。

（2）应用情况

近年来在主变电所采用静止无功发生器（Static Var Generator，SVG）进行无功补偿，解决了主变电所功率因数达不到电力部门要求，遭受电力部门罚款的问题。该技术代表了无功补偿技术的发展方向，已在轨道交通供电系统主变电所实现了广泛应用。

2. 牵引降压变电所

（1）变压器

轨道交通工程中的变压器包括整流变压器和配电变压器。变压器一般采用户内、干式、空气自冷型式。变压器绕组绝缘主要有环氧树脂浇注方式和杜邦纸缠绕绝缘方式。

线圈的绕制采用先进的自动排线绕线机，绕线全过程采用电脑控制，绕制出的线圈内应力均匀，电阻平衡性好，外观美观且生产效率高。

硅钢片剪切加工设备采用先进的全自动剪切、叠码生产线，可以大大降低铁芯的损耗及噪声。

（2）整流器

轨道交通牵引系统中的整流器与工业领域中的整流器技术大同小异，采用平板二极管、空气自冷型式。整流器设备的核心元件为整流二极管，国内

整流器生产企业已广泛引进具备国际先进水平的可控硅生产线，硅二极管的制作水平大幅度提高，均能够提供高性能的整流器产品。

（3）交流 40.5kV 开关柜

交流 40.5kV 开关柜一般采用户内 SF_6 气体绝缘金属封闭开关柜（GIS）。在原装引进母线室、断路器室、柜内综合保护测控装置等关键部件进行开关柜整体组装的基础上，引进激光焊接技术及自动化生产装备，已实现部件及整柜的国产化生产。

（4）直流开关设备

直流开关设备包括直流断路器柜、直流负极柜、钢轨电位限制装置。直流断路器柜采用手车式断路器。

由于直流断路器产品开发费用较高，试验和运行考核严格，直流开关柜的完全国产化进程较缓慢。目前生产企业仍然采用技术合作或合资等方式，引进原装直流断路器、保护装置在国内进行整柜组装。

（5）保护测控装置

牵引降压变电所设备保护、控制、测量等一般采用微机型综合保护测控装置。微机型综合保护测控装置目前仍然以独资、合资企业生产的设备为主，国内一些知名企业生产的微机型综合保护测控装置虽然已广泛应用于电力系统，但在国内轨道交通领域得到的应用较少。

直流牵引供电系统采用的微机型保护测控装置仍然采用进口产品，直流保护目前在国内仍处于研发阶段。

（6）变电所综合自动化系统设备

牵引降压变电所采用计算机型全所综合自动化系统，采用分散、分层、分布式系统结构。系统由站级管理层、网络通信层、间隔设备构成。目前，国内有能力开发完成系统软件及系统集成的企业较多，但系统关键硬件如计算机、工业交换机、光电转换器、微处理器等仍然采用进口或合资企业生产的工控产品。

3. 接触网

（1）接触网承力索铜铬锆合金绞线的应用

铜铬锆合金具有远超铜镁、铜锡合金的高强高导特性，在保持与普通铜镁合金绞线强度相当的前提下，大幅度提高了线材导电性，也就是提高了接触悬挂的载流能力，从而可以实现节能的主要目的，适用于城市轨道交通的大电流运行条件。铜铬锆合金单线具有突出的导电性能，在单线抗拉强度和整绳拉断力保持一致条件下，由于铜铬锆合金绞线具有远超铜镁合金绞线的导电性能，其直流电阻又大幅下降，从而接触网在输电过程中的发热电损可以显著下降，具有极佳的节能降耗效果。

（2）接触网地下区段纳米导电精的应用

纳米导电精作为电接触保护材料，在国家电网已成熟应用。纳米导电精是分子导电材料，在金属导体电接触中，电磁场使其紧密的导电高分子更趋于定向排列，显示出奇特的电接触导电性。当压力大于 $10\text{g}/\text{mm}^2$，即触面间纳米导电精处于单分子状态时，其拥有更优良的导电性。

纳米导电精具有优异的防腐性能，能有效防止汇流排中间接头的盐化腐蚀。纳米导电精用于接触线，一方面可增加接触线凹槽与汇流排连接处触面的接触面积，降低自身接触电阻；防止铜铝触面电化学腐蚀和氧化腐蚀，有效抑制接触电阻变大，从而降低触面发热耗能；同时，因触面发热减少，也可间接降低接触线与受电滑板间的相互磨耗。另一方面，其优异的润滑抗磨性能，可直接减少接触线与受电滑板间的相互磨耗。

（3）专用回流轨回流系统的应用

基于架空接触网及第三轨供电的设计经验和理论依据，专用回流轨回流模式将回流路径从走行轨上独立出来。走行轨主要用于车辆行进和接地保护，牵引系统的回流路径由轨旁单独架设的专用回流轨系统承担。专用回流轨系统的安装方式决定其对地绝缘性能好（与正极绝缘水平相同），杜绝了杂散电流的泄漏，能够完全避免轨道交通内部结构及周围金属管线的杂散电流腐蚀及危害。

（4）双重绝缘技术的应用

采用双重绝缘技术对全补偿简单链形悬挂接触网而言，可使腕臂支撑装置不带电，便于运营人员在接触网不断电时进行简单特殊情况的紧急操作，可以提高接触网的整体绝缘能力和雷电冲击耐受能力，而且还可以使接触网减少架空地线，节约成本，使之更加简洁美观。

4. 再生电能的利用

随着储能介质（超级电容、电池、飞轮等）技术的飞速发展，近年来，储存型再生制动能量地面利用系统得到了更多的关注。尤其是超级电容储能方案，已在广州、东莞、青岛、北京等地挂网试验，在北京 8 号线四期 2 座牵引变电所正式运行。该方案的优点是可将再生能量在直流系统内部存储、输出，对交流中压网络影响较小。

成本是影响超级电容器产业发展的关键因素，尤其是双电层电容器产业。而影响成本的两大关键因素在于核心原材料（活性炭、隔膜、铝箔、电解液）以及生产设备。国内供货商掌握了核心原材料的生产技术，采用国内生产设备替代进口生产设备，促使超级电容器大幅度降低成本成为可能，为电容储能装置在轨道交通领域的推广应用提供了有利条件。电容的寿命受充放电次数（温度在 25℃ 时，电容充放电寿命为 100 万次）和环境温度影响较大，性能还需进一步提升。

5. 能源管理系统

目前，北京、上海、南京等城市轨道交通线路以线路为单元单独构建能耗监管系统，北京、广州、深圳等城市的能源管理系统则采用由综合监控系统实现的系统架构。由于轨道交通供电专业及机电专业已根据能源管理系统建设的相关要求在现场就地设备上配置电能计量表计、燃气及热力计量表计和水计量表计，并已在车站级分别接入车站电力 PSCADA 和 BAS 系统，由于电力 PSCADA 和 BAS 系统深度集成到综合监控系统，综合监控系统在控制中心及车站已具备对全线各车站、变电所相关供电及机电系统的实时能耗数据采集及监测，实现线路能源管理系统功能。

线路级能源管理系统智能表计技术成熟，已被广泛应用在轨道交通供电系统、动力照明系统供电回路的智能计量，同时，给排水系统设置远传水表和通风系统设置智能热力表计技术成熟，已被广泛应用在国内轨道交通车站和车辆基地，为能源管理系统提供数据支撑。

（三）供电系统主要装备的发展趋势

1. 主变电所

主变电所开关设备将向环保型、智能型方向发展，采用更加环保的材料，如采用其他的惰性气体代替 SF6 气体。主变电所主变压器设备将向环保型、节能型方向发展，如采用植物油代替矿物油，可生物降解，也更加环保。

主变电所设备整体的布置方式将向标准化、模块化方向发展，如采用预装式变电所，不但可以减少占地，而且可以缩短主变电所建设周期，维护、维修也更加便捷。

2. 牵引降压变电所

牵引降压中压开关设备将向环保型、智能型方向发展，采用更加环保的材料，如采用其他的惰性气体代替 SF6 气体。

变压器设备将向节能型方向发展，如非晶合金干式变压器具有优异的低空载损耗特性，特别适合地铁系统配电变压器容量大、低负荷率时间长的运行特点，能产生良好的经济效益和环保效益。非晶合金干式变压器具有安装方便、安全可靠、维护简单、使用寿命长等特点。

箱式牵引变电所在提高工程可靠性、缩短工期和降低投资方面均有明显的优点，有利于实现工厂化、标准化，并能很好地适用于轨道交通工程中的地面独立牵引变电所，今后箱式牵引变电所在轨道交通领域中的应用将会更加广泛。

智能变电所在电力系统行业经过了近十年的发展，但在轨道交通领域智能变电所技术方案还一直在探索和研究。智能变电所将采用先进、可靠、集成的智能设备，以全所信息数字化、通信平台网络化、信息共享标准化为基本要求，自动完成信息采集、保护和监视、控制、测量/计量等基本功能，支持自动保护控制、五防、系统可视化、智能调节、在线监测/状态修、电能质量和能耗管理、装置间协同互动等高级功能，最终实现供电系统中各变电所之间的互动，控制中心与下级变电所之间的互动、无人值班/值守。

3. 接触网

（1）接触网线索的材料及工艺研究

由于列车速度的提高，在受电弓通过分段、接头及接触线高度变化时，易形成离线产生电弧，使接触线温度升高，机械强度下降，电烧蚀损耗和机械磨耗增加，因此需要接触线有更好的耐高温性能、耐磨耗性能及平直度。随着城市发展，郊区线路的不断增加，高架接触网线路的增多，为了列车能高速运行，同时减少导线根数、降低施工难度，导线的最大截面可以优化增大。通过研究接触网导线的允许最高强度、最大截面、耐磨性及抗疲劳性等技术特性，使接触线改善它的平直度，以降低离线率，增大载流量。这些都是线索材料和工艺研究的目的及方向。

（2）高耐疲劳、高耐腐蚀接触网零部件的研究

随着城市化进程加快，经济发展提速，粗放的发展模式使环境倍受考验，城市环境每况愈下，接触网零部件与环境息息相关，存在易疲劳、易腐蚀等问题，时刻挑战着接触网系统安全性、可靠性，因此研究高耐疲劳、高耐腐蚀接触网零部件是必要的。

（3）零部件无螺栓化研究

接触网的安装有大量的螺栓，无螺栓化研究是通过其他连接方式代替螺栓，不使用螺栓紧固，安装后无松动隐患，免维护。

（4）接触网智能化检测设备及接触网参数收集分析

接触网作为直接给列车提供电能且无备用的设备，一旦发生故障，将对运营带来重大影响。因此运营过程中加强对接触网的智能监测，根据状态监测和诊断技术提供的接触网状态信息，评估接触网的状况，在故障发生前进行检修，将成为接触网检修方式的发展趋势。

4. 电力监控系统

目前，电力监控系统/综合监控系统多采用"线路—车站—变电所"的三层架构，实现对供电系统数据采集和设备监控功能，但是，随着城市轨道交通的发展，各城市的轨道交通会逐渐从单线独立运营阶段跨入多线网络化运营阶段，主变电所多线路资源共享等需求日趋明显，需要进行多线路供电

系统的协调配合。因此，随着各城市智慧城轨线网融合云平台的构建，电力监控系统的系统架构将会从现在的"线路—车站—变电所"的三层架构向"线网—变电所"扁平化的两层架构发展，简化系统架构的同时，打通各线路供电系统的监控数据，实现多线路的供电系统数据共享和专家智能决策，实现主变电所资源共享的高效调度和快速联动。

5. 再生电能的利用

储存型再生制动能量地面利用系统中，利用飞轮储能是方案之一，原理是列车制动时，利用电动机带动飞轮高速旋转，将电能转化成动能储存起来，在需要的时候再用飞轮带动发电机发电。在英国、香港电力系统、纽约部分地铁、香港巴士公司均有应用。

该设备关键技术是轴承、飞轮材料和转换效率。轴承一般采用高速磁悬浮技术，飞轮材料选择复合材料（碳纤维、玻璃纤维等）或4340钢，吸收和释放电能过程中整体效率约可达80%。

相比电容储能，飞轮的预期充放电次数可达1000万次，使用寿命可提高至20年，成为储能型再生制动能量地面利用系统未来的发展方向。

6. 配电系统

环控电控柜是通风空调设备配电和控制的主要载体，配电设备一直以断路器和熔断器为主，但控制设备已经从传统的"接触器+热继电器"形式逐步发展到智能低压控制，即风机控制采用智能马达保护器，风阀控制采用智能 I/O 控制。环控电控柜的智能低压控制目前已经在国内轨道交通项目中普遍采用，只是设置的范围和方式存在差异。随着工业控制的进一步发展，环控电控柜智能低压控制将具备通风风量和水量数据采集及模糊计算功能，通过计算结果联动控制通风空调设备开启状态，形成更为集约化、智能化的控制模式。

在节约能源和保护环境的同时，高效节能的光源和高效率灯具是照明灯具未来发展的趋势，地铁车站设备区、公共区及区间内 LED 照明灯具将会得到更为广泛的应用。

7. 能源管理系统

目前，各城市能源管理系统的架构多为"线网级—线路中心级—站段/变电所级"的三层架构，未来，随着各城市智慧城轨线网融合云平台的构建，随着线网能源管理数据的不断积累，能源管理系统将从"线网级—线路中心级—站段/变电所级"的三层架构向"线网级—站段/变电所级"两层架构发展，将线网能源管理系统部署在线网融合云平台，打通能源管理系统与企业管理、企业办公自动化、维修管理等系统的数据孤岛，实现能源管理数据与企业管理数据、安全生产数据和外部服务数据的共享。在此基础上通过大数据挖掘与分析技术、人工智能技术，建立能源管理大数据分析模型，实现线网能耗数据统计和分析、能耗实时监测、能源计费与成本分析、实现节能诊断和能耗指标评估，建立能耗分析结果的反馈机制，回馈给站段/变电所自动控制设备进行节能策略的执行，最终实现轨道交通的动态节能控制目标。

四　信号系统

（一）概述

城市轨道交通信号系统是指挥列车运行、保证列车安全、提高运输效率的关键设备系统。信号系统通常由各类信号显示、轨道电路、道岔转辙机等设备及其他附属设备构成，主要用于列车进路控制、列车间隔控制、调度指挥、信息管理、设备工况监测及维护管理等，在城市轨道交通中发挥着重要的作用。

信号系统包括列车自动控制（ATC）系统及车辆综合基地信号系统。ATC系统包括列车自动监控（ATS）、列车自动防护（ATP）、列车自动运行（ATO）、计算机联锁（CI）。信号系统按所处地域划分包括控制中心、车站及轨旁、车载设备、车辆综合基地（包括试车线、维修中心、培训中心）。

信号系统具有以下主要技术特点：高可靠性、高可用性和高安全性。信号系统中凡涉及行车安全的子系统或设备均满足故障—安全的原则，系统中主要行车设备或子系统的计算机系统采用了多重冗余技术，热备切换时间不影响设备工作的连续性。信号系统与其他专业或系统间接口的相关设备具有信息收发的记录和检测功能。系统的接口应符合相关国际和国内标准。

（二）信号系统的发展现状及应用情况

信号系统的发展经历了固定闭塞、准移动闭塞及移动闭塞三个主要阶段。为了进一步压缩列车的追踪间隔，发展了移动闭塞，后续列车基本上以前行列车车尾为跟踪运行的目标点。在移动闭塞系统中，关键是需要地—车大容量、双向的信息传输和列车的准确定位。

1. 固定闭塞和准移动闭塞系统

固定闭塞系统采用传统轨道电路，按固定方式将轨道分成若干个闭塞分区，每个闭塞分区只能被一列车占用，列车上的司机必须根据信号机的显示来控制列车。闭塞分区的长度必须满足司机确认信号和列车停车制动距离的要求。闭塞分区的长度取决于最长列车、满负载、最高速度、最不利制动率等不利条件以及信号显示的数目等。在所有的固定闭塞系统中列车位置是通过其所占用的闭塞分区来确定的，因此闭塞分区的长度和数量就决定了线路的通过能力。采用固定闭塞方式的信号系统，列车速度控制方式采用阶梯式速度控制模式。

准移动闭塞系统同样基于轨道电路，在控制列车的安全间隔上比固定闭塞系统进了一步，采用目标距离控制模式。它通过采用报文式轨道电路辅之环线或应答器来判断分区占用并传输信息，可以告知后续列车继续前行的距离，后续列车可根据这一距离合理地采取减速或制动，列车制动的起点可延伸至保证其安全制动的地点，从而改善列车速度控制，缩小列车安全间隔，提高线路利用效率。但准移动闭塞系统中后续列车的最大目标制动点仍必须在先行列车占用分区的外方，并没有完全突破轨道电路的限制，且追踪点为前行列车占用轨道区间的末端，列车通过能力有限。

2. 移动闭塞系统

随着城市化进程的不断加快以及通信技术的快速发展，城市轨道交通作为公共出行方式的需求愈发凸显。同时，2000 年以来，中国的城市轨道交通线路建设进入了高速增长期。信号系统作为城市轨道交通保证高效、安全、稳定运行的关键组成部分，在技术和市场的推动下，出现了基于通信的列车控制系统（Communication Based Train Control，CBTC）。

CBTC 系统摆脱了轨道电路的束缚，不再通过轨道电路来确定列车的位置，充分利用通信传输手段，采用独立于轨道的车—地双向通信设备，实时或定时地进行列车与地面间的双向通信，通过车载设备、现场的通信设备与车站或列车控制中心实现信息交换完成速度控制，实现了移动闭塞。后续列车可以及时了解前方列车运行情况，通过实时计算，后续列车可给出最佳制动曲线，从而提高了区间通行能力，减少了频繁减速制动，提高了旅客乘车舒适度，地面可以及时向车载控制设备传递车辆运行前方线路限速情况，指导列车按线路限制条件运行，大大提高了列车运行的安全性。与固定闭塞系统和准移动闭塞系统相比，移动闭塞系统具有下列优势：①运行间隔缩短；②硬件数量相对减少，施工维修也更为简单；③传输方式更为优越；④系统的灵活性和安全性更高。

随着系统功能的强大，CBTC 系统的结构组成越来越复杂，与线路、运输组织、车辆等专业的关系越来越密切。CBTC 系统是一个复杂的分布式控制系统，主要由控制中心设备、车站设备、轨旁设备、车载设备及网络通信设备五大部分组成：①控制中心设备主要是 ATS 系统设备，负责列车整体运行控制及调整工作；②车站设备主要包括区域控制器设备、数据库存储单元设备、计算机联锁设备及车站 ATS 设备，负责联锁逻辑处理、临时限速管理、移动授权计算、车站级运行控制等工作；③轨旁设备主要包括应答器设备、计轴设备等，负责列车位置矫正、后备级别下的移动授权授予、轨道空闲/占用状态监测等工作；④车载设备主要包括车载 ATP 设备、车载 ATO 设备、MMI 设备等，负责列车运行中的安全防护、列车自动运行以及系统与司机间的人机交互等工作；⑤网络通信设备由有线网络设备与车—地无线通信网络设备组成，负责 CBTC 系统各部分设备间的网络连接。其中控制中心设备、车站设备及轨旁设备通过有线骨干网连接，而上述三部分设备与车载设备间的通信通过沿线布置的车—地无线通信网络设备实现。车地无线通信技术多采用基于 IEEE802.11 系列标准的 WLAN 技术，随着通信技术的快速发展，近几年 LTE 技术已经作为信号 DCS 车地无线系统的主要解决方案，提供更高的传输速率和更稳定的传输质量。

作为一个结构复杂的分布式控制系统，CBTC 系统提供了丰富且强大的功能。根据城市轨道交通信号系统的功能需求，结合 CBTC 系统的自身特点，CBTC 系统的功能主要分为以下五大类、保证行车安全、保护和辅助乘客、辅助列车运行、辅助驾驶、提供技术支持。

（1）保证行车安全

保证列车运行、运营中的行车安全，是信号系统最主要的功能，为了实现列车行车安全，CBTC 系统各子系统间需要协同工作，对列车运行进行全方位的监控。主要功能如下：确定轨道占用信息、列车追踪间隔控制、生成信号机强制命令、列车自主测速定位、列车轮径校正功能、驾驶模式和运行级别管理、列车追踪速度曲线计算、列车超速防护、退行防护、红灯误出发防护、列车完整性监督、管理临时限速、管理数据库版本、联锁功能、道岔控制功能、区域（信号）的封锁和解封、提供地—车双向通信。

（2）保护和辅助乘客

除保证列车运行安全外，保护和辅助乘客也是 CBTC 系统非常重要的功能。系统需要防护车门、安全门、紧急停车按钮等与乘客相关的设备，以保证乘客在站台乘降、列车运行过程中的安全。主要功能如下：管理列车车门、管理站台安全门、检查列车安全停靠站情况、授权驶离站台、管理站台紧急停车按钮。

（3）辅助列车运行

除安全防护功能外，CBTC 系统为了辅助列车运行，也提供了一系列的功能。这些功能涵盖设备自检、提供驾驶信息、进路控制及运营调整等各个方面，使运营人员可以方便地对系统工作状态进行了解，并通过

CBTC 系统对列车运行状态进行监控。主要功能如下：设备上电自检、设备自诊断、车载设备日检、向司机显示详细驾驶信息、子系统之间通信状态监测、站控遥控切换功能、操作防护功能、车站操作员工作站的功能、各级操作工作站权限管理、进路操作、列车追踪、运营调整、时刻表/运行图管理与编辑。

（4）辅助驾驶

CBTC 系统提供了列车自动驾驶功能，以减少司机工作量，辅助司机对列车进行驾驶。同时，ATO 子系统与其他子系统相互配合，能够提供更多的功能。主要功能如下：列车自动启动、列车运行时分调整、管理跳停、管理扣车、列车节能运行、控制列车进站停车、站间运行时间控制、自动驾驶舒适度控制、计算牵引和制动命令、管理列车折返。

（5）提供技术支持

在为运营人员提供用于列车监控的功能的同时，CBTC 系统还提供了用于系统问题分析、维护管理的技术支持功能。主要功能如下：时钟同步、数据记录、系统故障报警、培训设备功能、运营记录和统计报表、系统回放、网络管理。

3. 全自动运行信号系统

全自动运行系统（Fully Automatic Operation，FAO）是基于现代计算机、通信、控制和系统集成等技术实现列车运行全过程自动化的新一代城市轨道交通系统。

全自动运行信号系统是一个复杂的分布式控制系统，主要由控制中心设备、车站设备、轨旁设备、车载设备及网络通信设备五大部分组成，整个系统的组成结构示意如图 22 所示。

控制中心设备主要是 TIAS 系统设备，负责列车整体运行控制及调整工作；车站设备主要包括区域控制器设备、数据存储单元设备、计算机联锁设备及车站 ATS 设备，负责联锁逻辑处理、临时限速管理、移动授权计算、车站级运行控制等工作；轨旁设备主要包括应答器设备、计轴设备等，负责列车位置矫正、后备级别下的移动授权授予、轨道空闲/占用状

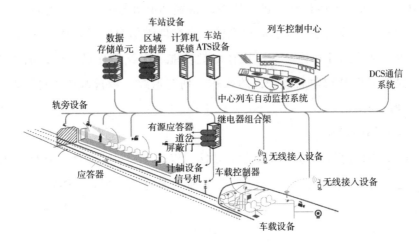

图 22　全自动运行信号系统组成结构示意

态监测等工作；车载设备主要包括车载 ATP 设备、车载 ATO 设备、辅助驾驶设备 AOM、MMI 设备等，负责列车运行中的安全防护、列车自动驾驶以及系统与司机间的人机交互等工作；网络通信设备由有线网络设备与车—地无线通信网络设备组成，负责全自动运行信号系统各部分设备间的网络连接，其中中心设备、车站设备及轨旁设备通过有线骨干网进行连接，而上述三部分设备与车载设备间的通信通过沿线布置的车—地无线通信网络设备实现。

这五大部分设备的协同工作，组成了完整的全自动运行信号系统。全自动驾驶场景，包含正常的处理和异常的处理，共形成 40 个场景，如图 23 所示。

（三）信号系统发展趋势

网络化、自主化、智能化、云计算化是轨道交通发展的重要方向，应对行业的发展，以下三方面是重要发展方向。

1. 互联互通全自动运行系统技术特点

为了应对网络化、自主化和智能化的发展，互联互通全自动运行的关键

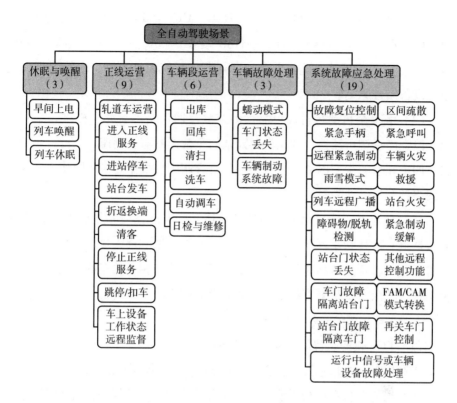

图 23　全自动驾驶场景

技术及创新点涉及以下几方面。

（1）统一适用于全自动运行的轨道交通互联互通信号系统需求和系统架构。在原有互联互通系统架构的基础上，增设辅助驾驶单元，用于实现全自动运行休眠唤醒；并形成统一的车地通信规范满足标准的休眠唤醒接口要求；形成全自动运行互联互通的线路布置原则。

（2）统一适用于全自动运行互联互通的子系统需求分析和功能分配，包括车门站台门对位隔离、全自动洗车、精确停车、蠕动模式、雨雪模式、障碍物检测等功能。在原有互联互通系统功能的基础上完成互联互通的全自动运行场景设计；实现对位隔离、全自动洗车、蠕动模式、雨雪模式、障碍物检测等全自动运行功能。

（3）设计一系列适用于全自动运行互联互通的接口规范。例如，车地接口，VOBC - TIAS、VOBC - ZC、VOBC - CI、VOBC 应答器；地地接口，CI - CI、ZC - ZC、TIAS - TIAS；TIAS 接口，TIAS - CCOV、TIAS - PIS、TIAS - PA；一些相关规范：电子地图规范、系统设计原则、应答器报文规范、设备编号原则。

（4）满足全自动运行高可靠性的互联互通设备的优化。提供一系列冗余手段提高系统可靠性：列车头尾冗余的车载控制器、测速、定位、车地通信；四重冗余的中心网关；主备中心与所有调度台根据登录权限切换；冗余的网络控车与硬线控车。

（5）优化基于全自动运行的轨道交通互联互通信号系统的 LTE 综合承载数据流。信号和车辆通过数据独立端口上传数据实现大量车辆数据的独立上传，且不影响信号高优先级的传输质量；与控车相关的车辆调度信息由信号上传，其余车辆报警直接上传，数据有效隔离。

2. 基于车车通信的列车运行控制系统技术特点

（1）以车载的高智能化来减少轨旁设备

①利用车—车信息交换代替 ZC 实现列车间隔控制功能

在常规的全自动运行系统中，列车有规律地向区域控制器（ATP）发送其位置报告。这些报告经过处理之后，区域控制器给每列列车发送回移动闭塞，使列车定义其速度控制曲线。这意味着车上 ATP 和地面 ATP 之间周期性通信，由地面设备来实现列车的管理和间隔控制。

在基于车车通信的列车运行控制系统中，为了确保正确的列车运行间隔，追踪运行的前后列车之间可以直接通信，减少通信中间环节。由车载根据各列车信息确认线路中列车的位置及顺序。前车周期性地向后车发送其实时位置信息，后车收到前车位置后可以立即更新其速度控制曲线，并通过实时计算动态更新，提高系统检测的精度。

列车根据前方障碍物状态、前方列车的位置信息，计算当前列车移动闭塞，并基于自身计算的移动闭塞计算 EBI，并控制列车运行。

②以车载对轨旁设备的征用和控制代替联锁来实现道岔控制功能

车站没有设置联锁系统，而是通过车载控制器设置进路。在列车开始运营或运行中，列车从 ATS 接受任务，例如时刻表或下一站信息。列车从地面接收线路占用状态、道岔状态、信号机状态等信息，根据事先存储的联锁表和运行任务，计算进路控制命令。在地面布置对象控制器作为执行单元，用于向车载和中心汇报轨旁设备状态，并执行车载的控制指令。目标控制器通过对资源的锁定来确定不会有多列车同时控制同一个设备。当列车需要对地面设备进行控制时，便向对象控制器申请资源。目标控制器应答列车，以确认需要资源已经分配并锁定。一旦轨道资源被锁定，只要不被释放，就不能被其他列车使用。当列车检测通过 1 个轨道资源时，立即释放该资源，然后该资源被另一列车征用并控制。

（2）高 RAMS 的系统硬件及软件技术

RAMS 即可靠性、可用性、可维护性和安全性，轨道交通关系乘客的出行与安全，轨道交通控制系统的研发、维护必须满足 EN50126 的 RAMS 要求，尤其相关安全设备应满足 SIL4 的安全集成等级。列车运行控制系统由于其多样性、分散性、可靠性、实时性、安全性和系统性六维度的复杂性，系统复杂程度极高，而基于车车通信的 CBTC 系统设备更少、功能更复杂，对控制系统提出了更高的 RAMS 要求，必须采用全生命周期的高RAMS 设计、开发、生产、维护的技术和管理手段来实现系统 RAMS 目标。

（3）高智能化的车载统一平台技术

车车通信系统要求车载平台更智能化。智能化要求平台具有更强的处理能力、更快的运算速度，还必须要保证安全。更智能化的车载平台使车载设备具有更强的全自动驾驶功能，在城市轨道交通实现 GoA4 级的自动控制。车载安全计算机平台应基于高可靠性的安全平台（如 2 乘 2 取 2）设计。智能化车载平台包含安全控制子系统、非安全控制子系统、服务子系统、健康管理子系统四大部分。这四大子系统通过以太网总线架构连接形成智能化车载平台，可方便地实现升级或扩展。

（4）多传感器融合的列车定位技术

ETCS、CTCS、CBTC 目前主要采用车载测距与应答器定位结合技术，可充分利用卫星定位、惯性导航等技术与现有技术形成一个多传感器融合的定位技术，以适应不同制式、不同线路环境下的定位需求，替代目前以地面安装设备为主的定位方法，减少地面设备的布置。

3. 基于云平台和大数据平台的调度系统技术特点

（1）中心调度系统纳入城轨中心云平台中。其中，工作站宜采用桌面云终端，应用服务器、数据库服务器、接口设备采用云主机服务。为保证存储数据的安全可靠，应设置专有的磁盘阵列设备。

（2）车站调度系统是整个系统监控功能的基础。为了保证城轨列车运行监控的稳定可靠，避免外部系统对车站调度系统的可能影响，车站调度系统采用独立物理机配置，不采用云部署方式。

（3）调度系统的数据流应该是封闭的，数据流处理节点应由调度系统提供。调度系统软件应与云平台分离，具有独立性。

（4）为了保证信号安全网的封闭性，与信号安全网的接口设备采用独立物理机设置，不纳入云平台。

（5）在控制中心和备用中心采用统一的云平台，各专业生产系统纳入云平台后，就可具备实现数据融合的数据平台。

（6）线网级调度系统可完全纳入中心云平台。依托云平台中的数据融合平台，线网级调度系统可以实现与单线调度系统、各专业生产系统的数据融合与交互，大大提高了线网级调度系统的综合指挥能力。

五　通信系统

城市轨道交通通信系统一般由专用通信系统、民用通信引入系统、公安通信系统组成，主要包括传输系统、无线通信系统、公务电话及专用电话系统、视频监视系统、乘客信息系统等。

城市轨道交通通信系统的技术装备发展与国内乃至全球 IT 技术的发展密切相关，在当今以"互联网＋大数据＋人工智能"三位一体解决方案为核心的新兴产业融合基础技术在国内迅速兴起的环境下，在城市轨道交通自动化、信息化、智能化的运营管理和调度指挥理念的推动下，城市轨道交通通信系统技术装备也在向着 IP 化、集中化、综合化的方向发展。

（一）传输系统

1. 技术现状

根据传输技术的发展情况，目前可应用于城市轨道交通的传输技术有以下几种：OTN（开放式传输网络）、MSTP（多业务传送平台）、纯 IP 技术、PTN（分组传送网络）。

（1）OTN 技术

OTN 是一种基于光纤技术的综合多业务传输系统。它采用双环路方式，具有很高的网络可靠性，而且在一个网络里综合了不同类型的服务。由此，它能满足城市轨道交通中各类传送任务的需求，包括语音、数据、LAN、视频等。

随着 OTN 技术的发展，目前也有全 IP 交换的设备，保留了架构简单、易于网管的特性，但更适应 IP 数据的传输。

（2）MSTP 技术

①基于二层交换的 MSTP

与传统 SDH 相比，增加以下功能：支持 802.3MAC 交换，支持 X86/GFP、虚级联、LCAS。

②含 RPR 功能的 MSTP

a. 外挂式 RPR，是指独立于 MSTP 设备，能够通过相关接口来实现 RPR over SDH。

b. 内嵌式 RPR，即各厂家在原有 MSTP 设备基础上开发出相应的 RPR 板卡，在 MSTP 设备上支持 RPR 环。

③MSTP（增强型 MSTP）

增强型 MSTP 技术是对现有的 MSTP 技术进行改进，升级为具有 MSTP 与分组交换双平面功能的技术。增强型 MSTP 技术保留了 MSTP 固有的 TDM 交叉能力，既能满足话音业务的需求，又能满足不断增加的 IP 业务需求，实现了在大带宽下，网络和业务的综合化。

MSTP 设备处在不断的发展过程中，各种新的传输技术出现，都有可能结合到 MSTP 中，而使 MSTP 的功能更为完善。

（3）纯 IP 技术

IP 技术：简单、有效、不行则重发；主要应用于数据/互联网服务；位于 OSI 模型中的第三层，面向应用数据；采用包转发技术、统计复用技术。

（4）PTN

PTN 是适合于传送电信（有线/无线）业务、电视和数据业务的综合传输平台，是符合 NGN 要求的传输基础。

PTN 在 IP 业务和底层光传输媒质之间设置了一个层面，针对分组业务流量的突发性和统计复用传送的要求而设计，以分组业务为核心并支持多业务提供，具有更低的总体使用成本，提供了更加适合于 IP 业务特性的"柔性"传输管道，同时秉承光传输的传统优势，包括高可用性和可靠性、高效的带宽管理机制和流量工程、便捷的 OAM 和网管、可扩展、较高的安全性等。

2. 应用现状

国内城市轨道交通传输系统统计如表 6 所示。

表 6　国内城市轨道交通传输系统统计

线路名称	传输制式及带宽	供货厂家	备注
北京地铁 4 号线	MSTP(2.5G)	上海贝尔—阿尔卡特	已开通
北京地铁 5 号线	OTN(2.5G)	西门子	已开通
北京地铁 10 号线一期	OTN(2.5G)	西门子	已开通
北京地铁 10 号线二期	OTN(10G)	西门子	已开通
南京地铁 1 号线南延线	OTN(2.5G)	西门子	已开通
南京地铁 2 号线	OTN(2.5G)	西门子	已开通
南京地铁 3 号线	OTN(10G)	西门子	在建
南京地铁 10 号线	OTN(2.5G)	西门子	在建
广州地铁 4 号线	OTN(2.5G)	西门子	已开通

线路名称	传输制式及带宽	供货厂家	备注
天津滨海轻轨	OTN(2.5G)	西门子	已开通
北京地铁 6 号线	MSTP(内嵌 RPR) 10G	华为	已开通
北京地铁 9 号线	MSTP(内嵌 RPR)10G	华为	已开通
北京地铁 14 号线	MSTP(内嵌 RPR)10G	华为	已开通
北京地铁 15 号线	MSTP(内嵌 RPR)2.5G	华为	已开通
北京地铁大兴线	MSTP(内嵌 RPR)2.5G	华为	已开通
北京地铁机场线	MSTP(2.5G)	爱立信(原马可尼)	已开通
长春地铁 3 号线	MSTP(内嵌 RPR)2.5G	中兴	在建
武汉地铁 2 号线	MSTP(内嵌 RPR)10G	烽火	在建
沈阳地铁 1 号线	MSTP(内嵌 RPR)2.5G	华为	已开通
沈阳地铁 2 号线	MSTP(内嵌 RPR)2.5G	华为	已开通
杭州地铁 1 号线	MSTP(内嵌 RPR)2.5G	华为	已开通
西安地铁 2 号线	MSTP(内嵌 RPR)10G	中兴	已开通
北京地铁 7 号线	MSTP(内嵌 RPR)10G	中兴	已开通
哈尔滨市轨道交通 1 号线一期	MSTP(内嵌 RPR)2.5G	华为	已开通
昆明地铁 1 号线	MSTP(内嵌 RPR)2.5G	华为	在建
南昌地铁 1 号线	MSTP(内嵌 RPR)2.5G	华为	在建
郑州地铁 1 号线	MSTP(内嵌 RPR)10G	中兴	已开通
深圳地铁 5 号线	MSTP(内嵌 RPR)2.5G	中兴	已开通
上海地铁 4 号线	MSTP(2.5G)	朗讯	已开通
上海地铁 9 号线	MSTP(2.5G)	上海贝尔—阿尔卡特	已开通
广州地铁 3 号线	MSTP(2.5G)	上海贝尔—阿尔卡特	已开通
武汉地铁 1 号线	MSTP(2.5G)	烽火	已开通
北京地铁 16 号线	增强型 MSTP	华为	已开通
北京地铁燕房线	增强型 MSTP	华为	已开通
北京新机场线	增强型 MSTP	华为	在建

3. 发展趋势

（1）系统容量的提升

随着社会信息化进程的不断推进，以视频、云计算、物联网为代表的新兴业务对带宽需求剧增，现有的骨干光传输系统迫切要求进一步提升传输容量。

实际上，随着网络传输容量需求的激增，光传输系统单通道传输速率经历了 2.5Gbit/s、10Gbit/s、40Gbit/s、100Gbit/s 的提升，正在酝酿下一代的超 100G 光传输系统。光传输复用维度也从单纯的时分复用发展到时间、波长、频率、偏振态、传输模式的多维复用、多管齐下。高速率、高容量的传输系统必是未来的发展趋势。

（2）向开放、简单的演进

随着互联互通、联网运营等网络运营要求的不断提高，传输网络将向"极速、开放、简单"演进。"极速"即从 Gbit 向 Tbit 发展，"开放"即向网络 SDN 化、云化转变并可弹性伸展，"简单"即向一体化运维管理演进以提供更高的网络效率。

（二）无线通信系统（含 LTE）

1. 技术现状

随着城市轨道交通建设的发展，城市轨道交通专用无线通信系统经历了从模拟到数字、从专用到共享、从提供单一话音业务到提供综合业务的发展过程。数字化、综合化、能提供话音数据等多种业务并与计算机技术高度融合是城市轨道交通无线通信技术的发展方向。

国内建设较早的北京地铁 1 号线和 2 号线、上海地铁 M1 和 M2 均采用了专用频点常规无线通信方式，后期上海建设的明珠线、长春建设的轻轨采用了 450MHz 的模拟集群通信。这些无线通信系统虽然价格低廉，但由于频率和设备资源利用率不高、提供的通信业务有限及控制管理能力不足等原因，已逐渐为其他系统所取代。随着城市轨道交通建设的发展和通信技术的更新及数字化、综合化，能提供话音数据等多种业务并与计算机技术高度融合的数字集群技术成为城市轨道交通无线通信技术的主流。目前我国所有地铁交通线路在选择数字集群体制时，均采用调度功能较强的 TETRA 数字集群体制。这是由于 TETRA 数字集群体制是一个空中接口信令开放的系统，指挥调度功能比较健全，国际国内支持的厂商较多，国内所有采用数字集群体制的城市轨道交通线路，均已采用 TETRA 系统，各 TETRA 厂商针对地铁无线应用的二次开发已比较成熟，有完整的产业链和成熟的二次开发配套产品。

2012 年 1 月，国际电信联盟在 2012 年无线电通信会议上，正式审议通过将 LTE-Advanced 和 WirelessMAN-Advanced（802.16m）技术规范确立为

IMT-Advanced（俗称"4G"）国际标准，我国主导制定的 TD-LTE-Advanced 同时成为 IMT-Advanced 国际标准。TD-LTE 改善了小区边缘用户的性能，提高了小区容量和降低系统延迟。目前国内主要移动通信设备厂商均有相应的系统产品，并积极推动基于 LTE 的综合宽带无线集群调度系统在城市轨道交通及其他行业中的应用。

2. 应用现状

专用无线通信系统主要由中心控制及交换设备、基站、用户终端设备和天馈等组成，可根据用户的需求构成各种网络。结合城市轨道交通专用无线通信系统的应用要求和线路特点，通常采用多基站小区制和多基站中区制两种组网方式。为了给地铁内部固定工作人员与流动工作人员及列车之间提供高效的专用话音通信和数据短信息信道，城市轨道交通无线通信系统建设通常采用多基站小区制方式进行组网。专用无线通信系统结构网络拓扑如图24 所示。

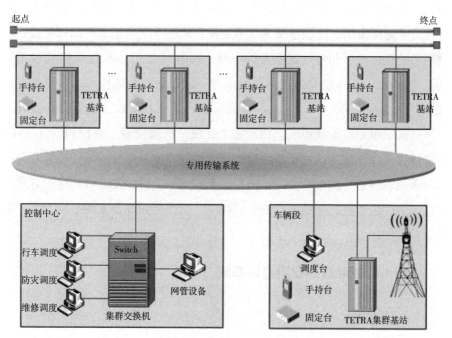

图24 专用无线通信系统结构网络拓扑

城市轨道交通专用无线通信系统通常同一控制中心多条线路共用一个集群交换机、共享一个调度交换平台，不同线路的无线调度系统设置为虚拟专网，组成相对独立的调度专网。

无线信号的覆盖方式分为天线开放式覆盖及漏泄同轴电缆封闭式覆盖方式。综合考虑城市轨道交通建设现状和无线频率的有效利用，新建各条线路数字集群系统的无线信号在地下、地面、高架车站和线路采用漏缆覆盖方式，信号场强覆盖区域呈线状；车辆段/停车场以天线覆盖为主，地面空间信号场强覆盖区域呈面状。

3. 发展趋势

LTE 网络不仅可提供高速率的数据业务，而且提供高质量的音视频通话。由于可采用高分辨率编解码技术，VoLTE 相较传统制式语音通话，语音质量能提高 40% 左右。基于 LTE 技术的宽带集群可通过对语音、数据、视频信息融合应用实现对会商系统（视音频会议系统）的支持，宽带集群可以丰富调度业务，提升调度效率，满足现场可见、及时会议、快速决策等现代专业调度需求，克服窄带无线数字集群调度系统受技术体制和无线资源限制只能提供语音和短数据服务的不足。随着《基于 LTE 技术的宽带集群通信（B-TrunC）系统总体技术要求》等一系列基于 LTE 技术的宽带集群标准的发布及运营商在 VoLTE 上的扩展应用，基于 LTE 技术的宽带集群调度应用呈现了很好的发展势头。LTE 技术在城市轨道交通正在得到广泛应用，部分城市正在开展建设宽窄带融合，涵盖无线调度、车地数据传输等业务的综合无线通信系统的有益尝试。LTE 技术将进一步拓展在城市轨道交通运营管理中的应用领域，提供承载语音、视频、数据等的综合无线平台为其未来几年的发展趋势。

（三）公务电话及专用电话系统

1. 技术现状

根据电话交换技术的发展情况，可应用于城市轨道交通公务电话及专用电话系统的电话交换技术包括电路（程控）交换技术和软交换技术。

（1）电路（程控）交换技术

电路（程控）交换技术的基本特点是采用面向连接的方式，在双方进行通信之前，需为通信双方分配一条具有固定带宽的通信电路，通信双方在通信过程中一直占用为其所分配的资源，直到通信结束才释放，并且在电路的建立和释放过程中都需要利用相关的信令和协议。

实现电路交换的主要设备是电路交换机，它由交换电路部分和控制部分构成。交换电路部分实现主、被叫用户的连接，构成数据传输通路；控制部分主要功能是根据主叫用户的选线信号控制交换电路完成接续。

（2）软交换技术

软交换技术独立于传输网络，主要完成呼叫控制、资源分配、协议处理、路由、认证、计费等功能，可以向用户提供现有电路交换机所能提供的所有业务，并向第三方提供可编程能力，是下一代网络（NGN）的核心技术。

软交换技术将控制、承载与业务分离，其核心是硬件软件化，通过软件的方式来实现电路交换机的控制、接续和业务处理等功能，各实体之间通过标准的协议进行连接和通信。

软交换网络的控制层与承载层相分离，可以采用平面结构，也可采用分级结构组网，提高了组网灵活性，且网络结构比传统 TDM 交换网更加扁平。

NGN 的基本特征：基于分组交换技术的公用传送网络，可以提供各种电信业务，可以使用多种宽带技术，支持 QoS 传送能力，在 NGN 中，控制、传送、业务三者相互独立，支持多接入，具有泛移动性。

软交换技术具有成本低、扩展性好、业务提供能力强等优点，可满足公务电话用户对系统扩展性、维护管理、业务提供等方面的需求。软交换技术作为新一代的电话交换技术，符合通信技术的发展趋势，能够更好地服务于城市轨道交通。

2. 应用现状

基于不同电话交换技术的特点，在城市轨道交通工程中，公务电话系统和专用电话系统通常采用各自适用的电话交换技术。

公务电话系统主要用于轨道交通内部各部门之间的电话联系，为运营、管理、维修等部门的工作人员提供通信联络服务。同时公务电话系统需要与本地公用电话网互联，实现轨道交通用户与本市用户（包括火警、匪警、救护等）以及长途通信公用电话网的通话。因此，公务电话系统更倾向于采用与电信运营商相近的电话交换技术，即在早期（5～10年前）建设的公务电话系统中，通常采用程控电话交换技术，近几年新建城市轨道交通线路大多采用软交换技术。

专用电话系统是为控制中心调度员，车站、车辆基地的值班员组织指挥行车、车辆运营管理及确保行车安全而设置的电话系统设备，主要包括调度电话，站间行车电话，车站、车辆基地专用直通电话以及区间电话。专用电话系统要求实时性强、时延小，通常采用程控电话交换技术组网，采用主/分系统方案（中心设置主系统、车站/段/场设置分系统）。目前也有部分城市轨道交通线路采用软交换技术组建专用电话系统。

3. 发展趋势

随着通信技术的迅猛发展，网络分组化、电话交换技术的发展也必将势不可挡。随着程控电话交换技术的用户数量日趋减少，其成本优势逐渐削弱，生产厂商也势必逐步转型。随着城市轨道交通云化、智慧化发展，可以预见，基于分组交换的软交换技术将城市轨道交通领域发挥较为重要的作用。

（四）视频监视系统

1. 技术现状

视频监视系统是城市轨道交通维护和保证运输安全的重要手段。根据视频技术的发展情况，目前可应用于城市轨道交通视频监视系统的主要技术包含以下几种：①图像处理、传送和控制技术分为全数字高清技术、全数字标清技术以及车站模拟＋数字传输方案等三类；②高清视频技术主要分为IPC和HD–SDI两类；③图像编码技术主要有H.264、H.265、M–JPEG、MPEG–2、MPEG–4等几种方式；④录像存储技术主要有直接连接存储

（DAS）、网络附加存储（NAS）、存储区域网络（SAN）等三种。

2.应用现状

结合视频监视系统各种技术自身特点，以及轨道交通视频监视系统整体技术定位，可对各类视频监视系统技术进行组合，构建一套完整的视频监视系统。目前在建轨道交通视频监视系统最主流的技术采用了全数字高清技术。

（1）图像处理、传送和控制技术

方案一：全数字高清技术

前端采用高清数字摄像机，通过其内置视频编码输出高清数字信号，接入本地以太网交换机，用于图像实时调用和音频图像记录。以太网交换机输出的数字视频信号，可进行本地视频解码（或软解码），解码后在本地的监视器上显示；还可通过传输设备的以太网通道进行共享传输，上传至远端供远端值班员调用。

在本地设置高清数字摄像机（含高清编码）、高清解码器、视频存储设备、视频管理服务器、视频分析设备、以太网交换机、视频控制终端和监视器等设备。在远端设置解码器、视频管理服务器、视频存储服务器、视频分析服务器、监控终端、网管服务器等设备。

全数字高清技术满足高清技术发展趋势，图像的监视调看更加灵活、网络扩展更加方便、图像质量更加清晰、视频信息共享更加容易。

方案二：全数字标清技术

本地设置标清摄像机、以太网交换机、编码器、视频存储设备、视频管理服务器、视频分析设备、视频控制终端和监视器等设备。

在本地对所有标清图像进行数字化，通过编码器将摄像机获取的模拟图像转换成数字信号，接入本地以太网交换机，供本地实时调看并存入存储设备，同时远距离传输至远端供远端值班员调看。

系统架构与方案一基本相同，较方案一的主要不同在摄像机及编码器部分，在高清技术飞速发展及国内视频监视系统厂家的积极推进中全数字标清技术正在逐步退出舞台。

方案三：车站模拟＋数字传输方案

本地采用模拟方式：在本地设置模拟摄像机、模拟视频切换矩阵、视频控制终端、视频编码器、视频存储设备、视频管理服务器、视频分析设备、以太网交换机、监视器等设备。所有摄像机获取的图像经视频分配器处理后分别接入视频切换矩阵和编码器。本地值班员通过视频控制终端对模拟视频切换矩阵进行图像的控制切换，切换后图像输出至监视器供实时观看。

图像至中心的传输采用数字方式：将本地图像数字压缩编码后通过传输系统传送至远端，远端设数字解码器、视频管理服务器、视频存储服务器、视频分析服务器、视频监视终端等设备，接收的数字视频信号通过数字解码器恢复成模拟信号，将模拟图像送至各值班员的模拟显示器上。

大部分已开通线路采用了此方案，部分已开通项目已经进行改造工作，系统改造后已采用了全数字高清技术方案。

（2）高清视频技术

在城市轨道交通工程中采用的高清视频技术主要包括 IPC 及 HD－SDI 两类。

IPC（IP Camera）技术是由网络编码模块和视频摄像机组合而成，摄像机前端直接将视频信号进行高清编码压缩及 IP 封装，利用 IP 网络传输承载高清视频流。IPC 技术，具有布线简易、安装方便、系统组成简单、产品丰富，前端压缩编码利于图像存储、节约空间，智能分析技术更有利于图像资源的深度应用等优点，适用于大规模的视频监视系统。

HD－SDI 技术是广电的高清数字输入与输出标准，采用了广播级的高清数字串行接口传输技术，具有数据量大、图像还原度高、传输时延低、系统稳定性高、安全性高等特点；系统含高清矩阵、压缩编码设备等，构成相对复杂，适用于小规模的视频监视系统。

（3）图像编码技术

图像压缩编码有多种方式，适合视频监视系统图像质量要求的主要有 H.264、H.265、M－JPEG、MPEG－2、MPEG－4 等几种编码方式。

M－JPEG 技术即运动静止图像（或逐帧）压缩技术，被广泛应用于非线性编辑领域，可精确到帧编辑和多层图像处理，把运动的视频序列作为连续的静止图像来处理，此外，M-JPEG 的压缩和解压缩是对称的，可由相同的硬件和软件实现。但 M-JPEG 只对帧内的空间冗余进行压缩。不对帧间的时间冗余进行压缩，故压缩效率不高，且不同厂家的标准不完全统一。

MPEG-2 是 MPEG（运动图像专家组）组织制定的视频和音频有损压缩标准之一，名称为"基于数字存储媒体运动图像和语音的压缩标准"。它支持隔行扫描的视频格式和多层次的可调视频编码，适用于运动变化较大、要求图像质量很高的实时图像，是针对标准数字电视和高清晰电视在各种应用下的压缩方案。

MPEG-4 标准是面向对象的压缩方式，不是将图像分为一些像块，而是根据图像的内容，将其中的对象（物体、人物、背景）分离出来，分别进行帧内、帧间编码，并允许在不同的对象之间灵活分配码率，对重要的对象分配较多的字节，对次要的对象分配较少的字节，从而大大提高了压缩比、在较低的码率下获得较好的效果。MPEG-4 支持 MPEG-1、MPEG-2 中大多数功能，提供不同的视频标准源格式、码率、帧频下矩形图形图像的有效编码，为多媒体通信及应用环境提供标准算法及工具。

H.264，也是 MPEG-4 第十部分，是由 ITU-T 视频编码专家组（VCEG）和 ISO/IEC 动态图像专家组（MPEG）联合组成的联合视频组（JVT）提出的高度压缩数字视频编解码器标准，具有低码率、高质量图像、容错能力强、网络适应性强等优势。

H.265 是 ITU-T VCEG 继 H.264 之后所制定的新的视频编码标准。H.265 标准在 H.264 技术基础上，对码流、编码质量、延时和算法复杂度之间的关系加以改进，达到最优化设置。具体的研究内容包括提高压缩效率、提高鲁棒性和错误恢复能力、减少实时的时延、减少信道获取时间和随机接入时延、降低复杂度等。

以上几种编码技术从图像分辨率、带宽占用方面比较如下。

图像分辨率：在相同的画面质量条件下，采用 H.264 技术压缩后的数据量只有 MPEG-2 的 1/8，MPEG-4 的 1/3。H.264、MPEG-4 和 MPEG-2

较 M – JPEG 更适用于激烈运动动态图像的压缩存储。H. 265 作为新一代视频编码标准，相比 H. 264 具有灵活的编码结构、灵活的块结构，具有采样点自适应偏移、自适应环路滤波、并行化设计等特点，同等分辨率数据量比 H. 264 更低。

带宽占用：M – JPEG 占用带宽最高，每路图像需要 12 ~ 16Mb/s 的带宽；MPEG – 2 每路图像占用带宽为 6 ~ 8Mb/s；MPEG – 4 每路图像占用带宽相对较低，为 128 ~ 2Mb/s，H. 264 每路占用带宽低，实现了在 1.2 ~ 1.5Mbit/s 的视频码率下传输清晰的 D1 图像；H. 265 每路占用带宽最低，约为 H. 264 的 60%。

（4）录像存储技术

录像存储技术目前主要有 DAS、NAS、SAN 三种。

DAS 指将外置存储设备通过连接电缆直接连到服务器。它的特点是存储架构简单，但存储设备与服务器直接相连，导致连接的存储设备及其存储的数据有限，而且整个系统中的数据分散，共享和管理比较困难。并且 DAS 方式无法实现物理存储设备对多服务器的物理共享，目前虽然单台存储设备的容量不断提高，但是随着系统整体存储容量和使用存储资源服务器数量的提升，存储设备的使用效率、管理、维护以及应用软件的开发成本增加。

NAS 存储设备功能上独立于网络中的主服务器，不占用服务器资源。NAS 设备直接通过网络接口连接到网络上，作为网络的一个节点存在，简单地配置 IP 地址后，就可以被网络上的用户共享使用。由于 NAS 设备直接接入网络中，所以整个系统的扩展性好，而且 NAS 设备提供硬盘 RAID、冗余的电源、控制器，可以保证稳定运行。

SAN 即建立了一个专用区域网络连接所有存储资源和要访问这些存储资源的服务器，实现存储资源的物理共享。SAN 是一种将存储设备、连接设备和接口集成在一个高速网络中的技术，它本身就是一个存储网络。在 SAN 中，所有的数据传输在高速网络中进行，其实现的是直接对物理硬件的块级存储访问，提高了存储的性能和升级能力。SAN 采用高安全性的存储阵列，支持 RAID，确保存储图像的安全性，提高了存储系统长时间连续工作能力，其在保证综合网络的灵活性、可管理性和可扩展性的同时，提高了存储 I/O 的可靠性。

SAN 有 FC－SAN 和 IP－SAN 等实现方式，FC－SAN 采用高速的光纤通道构成存储网络，IP－SAN 则是架构在 IP 网络上的存储网络，通过 IP 网络来传输数据。

3. 发展趋势

随着计算机全面融入人类的社会生活，信息爆炸已经积累到需要变革的程度，"大数据"超出了常规软件工具捕捉、管理和处理的能力，研究机构 Gartner 给出定义：大数据是需要在新的处理模式下，才能具有更强的决策力、洞察发现力和流程优化能力的海量、高增长及多样化的信息资产。

视频监视系统中存储了海量的非结构化数据，庞大的数据信息在定期更新，而有价值的信息密度较低，目前常规技术手段很难体现其社会价值。利用适当的技术对海量数据信息进行专业化处理、释放数据的潜在价值、实现数据的增值，是轨道交通视频监视系统的一个发展趋势。

云计算本身是大数据的一种业务模式，本质是大数据处理技术。美国 NIST 定义：云计算是一种按使用量付费的模式，这种模式提供可用的、便捷的、按需的网络访问，以进入可配置的计算资源共享池（资源包括网络、服务器、存储、应用软件、服务），这些资源能够被快速提供，只需投入很少的管理工作，或与服务供应商进行很少的交互。

城市轨道交通各专业系统需打破管理壁垒，整合共享视频监视系统、乘客信息系统、综合监控系统、信号系统等的服务器、网络操作系统、存储等资源，通过硬件设备虚拟化、软件版本标准化、系统管理自动化和服务流程一体化等手段，建设成为一个以服务为中心的运行平台，将资源的使用方式从专有独占方式转变为完全共享方式，运行环境可以自动部署和调整资源分配，实现资源随需掌控，建立一个基于业务的资源共享、服务集中和自动化的平台，降低服务器、网络崩溃造成停运、降级运行的概率，有利于提高城市轨道交通系统的可靠性、可用性、可扩展性。

而云存储是在云计算基础上延伸来的，不是一个具体的设备、软件或系统，而是涵盖网络、存储、服务器、应用软件、接口等的综合体系。

视频监视云存储系统架构多采用分布式集群技术，由云存储管理集群、存储阵列集群网络、统一应用的接口等构成；运用集群构架、负载均衡、对象存储等技术，结合视频、图片数据特点，面向应用地满足了视频监控业务高可靠性、不间断的海量存储需求；离散算法将同一通道的数据分散到不同的存储节点当中，然后在数据读取时各个存储节点即可同时并行发送数据，大幅提高数据读取时的吞吐量。云存储系统对于前端摄像机就像一个超大容量的"磁盘"，不需关心"磁盘"的构成。云存储系统的使用将有利于海量非结构化数据的深度挖掘利用，提高运营服务水平。

六　自动售检票系统（AFC）

（一）概述

自动售检票系统（AFC）是城市轨道交通运营普遍应用的现代化联网收费系统，是基于计算机网络通信、现金自动识别、微电子、机电一体化、嵌入式系统集成的大型数据管理、自动控制等技术，实现轨道交通售票、检票、计费、收费、统计、清分、管理等全过程自动化的系统。AFC 系统不需要人工值守，简化操作，方便出行，可提高乘客的出行效率，具有很强的智能化功能，不仅是交通系统发展的趋势，也是城市信息化建设的一个重要体现。与城市轨道交通的其他系统相比，无论在认知水平、技术水平和管理水平上，AFC 系统的技术更新速度更快，国产化程度更彻底，前沿新兴技术应用程度更高。

1. 国外 AFC 发展历程

日本 1962 年开始有自动售票机，目前票卡主要有磁票、IC 卡和手机。磁票一般作为单程票、优惠票使用，由于日本的轨道交通建设较早，单程票仍沿用磁票。日本的 IC 卡为非接触式 IC 卡，一般分为月票和储值票。日本的手机支付是以 FELICA 芯片和 I – MODE 技术为基础，充值时通过互联网及 I – MODE 服务器连接数据交换网络将充值金额数据写入芯片内，在消费时经读卡器进行有效性识别后扣款，互联网消费时则输入卡号及密码确认，并进行扣款。

欧洲国家轨道交通发展较早，20 世纪 70 年代初城市轨道交通系统就开始配置 AFC 设备。经过近半个世纪的时间，已形成了完善的网络化建设运营管理模式。包括地铁在内的公共交通都由一个交通运营公司统一管理，其中涉及不同地铁线路之间、地铁与公交等其他公共交通设施，以及不同国家之间公共交通的互联互通问题。在经过技术革新、设备产品变迁后，欧洲各国对于公交系统范围的读写器和票卡产品进行了统一，制定了严格统一的技术标准，对于 AFC 系统中的系统、软件、硬件设备进行了模块化，统一各模块接口技术标准，从而保证了各功能产品的可替换程度。在管理方面，采用建设运营一体化的模式，减少相互间的沟通环节，将项目管理融入地铁运营中，真正实现"建设为运营、运营参与建设"的理念；技术方面在设备的初期选型和设计中充分考虑预留空间，为今后的功能模块扩展提供便利，系统软件设计中也尽量设计冗余字节，为新增的交易类型提供可能。

2. 我国城市轨道交通 AFC 发展历程

从 1993 年至今，我国城市轨道交通 AFC 系统的发展经历了启蒙阶段、国产化蓬勃发展阶段、"互联网＋"创新发展阶段三个阶段。

（1）启蒙阶段（1993～2004 年）

我国大陆地区城市轨道交通运营始于 1971 年 1 月，北京地铁一期工程线路开始试运营，城市轨道交通 AFC 系统概念在中国还是一片空白，人们也还看不到该系统在轨道交通大系统中的重要性和必要性。在其后的近 20 年时间里，在国内乘坐地铁使用的都是纸质车票，没有自动售检票的设备，一切都靠人工进行售检票。而国外发达城市的轨道交通已普遍采用 AFC 系统，并达到较先进的技术水平。直到 20 世纪 90 年代初，在广州地铁 1 号线可行性研究报告中，票务系统是采用人工还是自动收费仍是可研报告的一个重要章节。那时对 AFC 系统的功能设置是以学习成功经验为主，在此期间中国香港地铁给予了内地同行许多帮助，将其宝贵的建设和运营经验传授给内地；同时国际著名的 AFC 专业厂家，如美国的寇比克（CUBIC）、法国的 CGA（后来被泰雷兹 Thales 收购）和日本信号（Nippon Signal）等，也通过产品和系统的推介，把其 AFC 系统的许多好的技术特性推荐给了国内地铁公司，这些都为广州地铁和上海地铁的 AFC 系统在建设之初就拥有严谨和基本完善的系统框架奠定了基础。1999 年，国内第一个地铁 AFC 系统（磁卡制式）在上海地铁 1 号线开通。2002 年，国内第一个全 IC 卡制式的地铁 AFC 系统在广州地铁 2 号线开通。

（2）国产化蓬勃发展阶段（2004～2015 年）

1999 年国务院办公厅转发国家计委《关于城市轨道交通设备国产化实施意见的通知》，明确规定：城市轨道交通项目，无论使用何种建设资金，其全部轨道车辆和机电设备的平均国产化率要确保不低于 70%，对 AFC 系统的国产化提出了明确的要求。基于此，国内企业在与国外企业合作完成项目的同时，也投入大量资源进行 AFC 系统和设备软硬件的攻关与研发。例如上海邮通（上海普天）、上海华虹计通、上海华腾、南京熊猫、中软万维、方正国际、深圳现代、浙大网新、广电运通等厂家，在经历了国内组装、部件供应、合作开发等阶段之后，相关能力和经验不断提高，初步具备了独立设计和建造的能力，使 AFC 系统的国产化工作取得了重大进展。2004 年，第一个完全由国内集成商完成的地铁 AFC 系统在深圳地铁首期工程开通。2008 年北京奥运会，同时开通 5 条地铁线路，此后 AFC 系统开始全面普及。

（3）"互联网＋"创新发展阶段（2015 年至今）

随着 NFC 技术的发展，2008 年 7 月，广州地铁与中国移动合作，在闸机上开通手机支付，乘客使用 NFC 手机或者装用特制 SIM 卡的手机，直接刷手机过闸。但是由于各种原因，该项目没有向乘客全面推广。随着移动支付在其他消费领域的普及应用，2014 年，有国内厂商在 AFC 年会上提出二维码和移动支付等技术在 AFC 系统上的应用；2015 年 6 月，寇比克在伦敦地铁的闸机上测试刷 VISA、万事达、Apple Pay 等电子票证过闸功能；2015

年底，广州和深圳两个城市先后上线了基于互联网支付技术的云售取票机设备；2016 年，广州地铁陆续开通了二维码、银联、NFC 过闸功能试点；2017 年 5 月，无锡首个全线网全闸机通道开通二维码扫码过闸功能，通过官方 APP"码上行"面向公众用户开放运营；随后福州、杭州、西安、上海、北京、深圳、苏州、宁波、长沙、南宁等 20 多个城市地铁也陆续开通了 APP 扫码过闸、银联闪付 NFC 过闸、APP 线上购票线下取票、TVM 扫码购票等多元化支付功能。

"互联网 +"与 AFC 的融合，不仅仅是技术发展的趋势，更是乘客和地铁运营管理者乐于接受的。乘客能免去现金兑换和找零，减少排队时间，让出行更加便捷、高效；地铁运营管理者则简化了设备，减少车站的现金管理，有效降低了运营成本；通过留存乘客实名信息，提高安保效率；同时通过引入互联网运营思维打造增值服务平台，整合出行消费数据，大大提升运营企业服务水平。由此，短短 3 年间，"互联网 +"AFC 的应用"风生水起"。

经过 20 多年的建设和发展，从启蒙到实践，从引进到国产化，再到当下的运用"互联网 +"的多元化新型支付方式，我国城市轨道交通 AFC 系统的快速发展极大地丰富了 AFC 运作模式，让乘客使用更加快捷方便，让地铁运营管理者更加轻松精确。

（二）我国城市轨道交通 AFC 系统技术演进

1. AFC 系统架构演进

（1）AFC 经典五层架构

AFC 系统自进入我国以来，一直按照经典的五层结构进行建设，是由车票、车站终端设备、车站计算机系统、线路中央计算机系统、清分系统五个层次构成的封闭式运行系统，如图 25 所示。

第五层：车票。车票记载了乘客从购票开始完成一次完整行程所需要和产生的费用、时间、乘车区间等信息，是乘客乘车的唯一有效凭证。

第四层：车站终端设备（SLE）。主要包括自动售票机、自动检票机、半自动售票机、自动验票机；完成售票、检票、编码、验票等操作，并将数

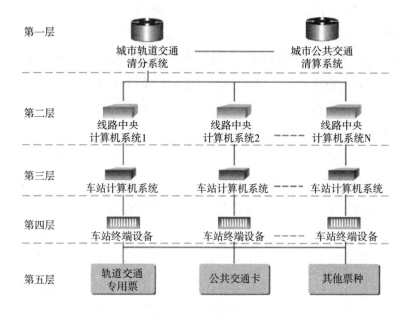

图 25　AFC 系统架构

据传输至上级设备，具有一定的数据存储能力。

第三层：车站计算机系统（SC）。主要具有存储车站交易数据、与线路中央计算机系统和各终端设备进行通信、运行车站清算服务、数据处理程序和校准设备时间等功能。

第二层：线路中央计算机系统（LCC）。负责收集本线路车站终端设备上传的交易数据、运行数据、模式状态数据，以及各车站计算机系统日结的统计数据等，并将 ACC 下发的参数数据、模式数据、黑名单数据，以及线路参数数据等下发至 SC 和终端设备。

第一层：轨道交通清分系统（ACC）。作为轨道交通线路 AFC 系统协调对外票务信息和管理的主要窗口，负责与其他部门和单位进行票务事宜联系与协调工作。

（2）"互联网＋"时代的 iAFC 架构

随着移动互联网的高速发展，智能手机得到快速普及，人们的行为方式也发生了根本性的改变，移动购物、移动社交等表明移动互联网与人们的生活高度融合。特别是在支付方式发生巨大变化这一背景下，移动支付（二维码、NFC 等）得到迅猛发展，正逐步替代纸币、硬币。同时，伴随着人工智能技术的日渐成熟，人脸识别、声纹、掌纹等生物识别技术也陆续得到应用，AFC 系统势必在"互联网 +"时代演变为新一代的 iAFC 系统。

随着互联网取票、移动支付购票、手机扫码（蓝牙）过闸、银联卡闪付过闸和 NFC 手机 PAY 过闸的应用，AFC 系统的终端设备也发生相应的变化，出现了云闸机（iAGM）、云售票机或者互联网取票机（iTVM）、智能客服机（iBOM）和数字票务云平台等新的设备和新系统，具体特点表现在以下两个方面。

一是终端设备功能更强大，但结构趋于简化。iAGM、iTVM 和 iBOM 不仅能处理传统的车票业务，还可以要求兼容新兴的各种支付方式，例如二维码技术、PBOC3.0、手机 NFC、银联闪付和 HCE 等技术，同时为了实现与互联网的实时通信，大部分设备还具备移动网络通信功能。但与此同时，设备的机构越来越简单。iTVM 与传统的 TVM 相比，就省去了识别和找兑现金的纸币和硬币模块，而 iAGM 的设计则更简化，因为它不再需要考虑回收单程票了，省去了复杂、笨重的车票回收模块，有的厂家甚至用一台 PAD 控制一个门模块来完成原来需要很多模块组合才能完成的功能，因为 PAD 上有显示、NFC 读卡器、摄像头、WiFi 和移动网络通信、内置喇叭，还能外扩接口。

二是 AFC 系统结构发生了变化，同时系统对网络的依赖性越来越强。由于移动支付和"互联网 +"的紧密关联，AFC 系统越来越需要通过互联网与第三方支付平台和 APP 平台等进行数据交互，对 AFC 系统的可靠性、安全性、实时性和开放性的要求越来越高，AFC 系统对网络的依赖性也越来越强。为应对这些变化，各地 AFC 系统在升级改造时对地铁内部通信传输网络进行加强或调整，实现双联路通信，保证数据传输的可靠性，同时在原来 AFC 系统五层传统架构下，增加数字票务管理平台，实现与外部的支付平台、第三方业务平台对接，以将客流和交易数据传回到现有 AFC 系统，实现数据的汇总和清分。

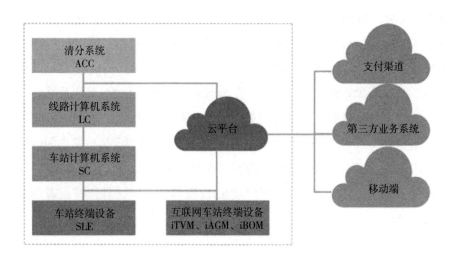

图26　当前常见的"互联网＋"的 AFC 系统架构

（3）架构未来发展趋势

中国城市轨道交通协会正在组织编制《智慧城轨信息技术架构及信息安全规范》。该规范中明确了今后城轨行业云计算平台的发展思路：一是横向，将对城市轨道交通行业的应用系统全部纳入云平台进行整体设计，并按信息安全的要求，分级分域管理；二是纵向，按 IaaS、PaaS、SaaS 云计算三层架构设计，按照应用系统的成熟度和需求，整体部署或分层部署；三是既有应用系统的融合迁移，要预留既有云平台与新建平台资源融合，以及非云平台应用系统迁移到云平台的条件和资源。

根据规范要求，AFC 系统的清分中心（ACC）和线路中心（LC）/区域中心（ZLC）/多线路中心（MLC）要纳入线网中心云平台，车站计算机系统（SC）可纳入线网中心云平台，也可纳入车站系统云平台。按照这个思路，未来 AFC 系统的架构将演变成二层或者三层架构，即基于云技术的数据管理中心（DMC）—车站计算机系统（SC）—终端设备，原来的第五层——车票，将逐步被手机 NFC、二维码等虚拟电子票证代替。

根据规范要求，不仅 AFC 系统要向云架构迁移，AFC 系统的数据也将纳入大数据平台进行管理，而且覆盖整个轨道交通系统内所有的应用系统，原则上一个城市的轨道交通只建设一个轨道交通数据中心，根据统一的信息安全策略划分为安全生产网、内部管理网和外部服务网三个应用网。因此AFC 系统架构将不是关注系统自身，而是与其他机电生产系统共同演进，整体的架构演进趋势将呈现从多层级到扁平化的特征，在保留系统的功能性、降级保障、可用性前提下，尽量简化系统架构，使系统运行更敏捷、管理更简单。通过"中心—边缘"的融合型架构，中心是承载着各专业的各个系统的中心云，边缘是承载终端设备以及边缘所需的实时计算系统的边缘云，边缘与中心间需要完善的网络基础设施。如自动售检票系统的清分系统属于中心云范畴，车站计算机系统属于边缘云范畴，真正实现生产域的 IT资源整合，提高中心和边缘强大的运算能力、弹性、高可用、可靠、安全等技术特性，如图 27 所示。

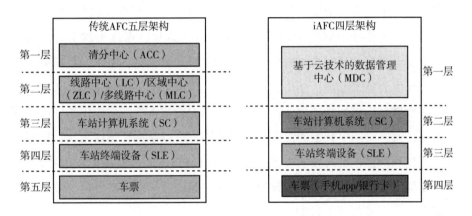

图 27　传统 AFC 架构和 iAFC 架构对比

图 28　城市轨道交通售检票业务模式的发展趋势

2. 售检票业务模式的发展趋势

我国城市轨道交通售检票业务模式的发展趋势如下：① 人工收费：在

引入 AFC 系统以前，采用现金与纸质票；② 自动收费：AFC 系统引入，主要采用现金与电子票（非接触卡），替代了原有的纸质票，进入了自动化售检票阶段；③ 平台化收费：随着二维码、NFC、移动支付技术的成熟以及"互联网＋"的发展，数字票（二维码、银联云闪付、手机 PAY 等）采用以实名制为前提的信用支付方式，正逐步取代先购票后乘车的传统方式；④ 无感支付＋信用支付：随着人工智能技术的日渐成熟，人脸识别、掌脉等生物识别技术将进一步推进 AFC 系统最终实现刷脸过闸、刷掌过闸无感支付信用后付费方式。

3. AFC 数据演进趋势

大数据时代已经来临，数据分析越来越受到重视，通过数据分析指导运营管理是未来的发展方向。一是随着售检票业务模式的发展，数字票的实名数据，进一步提升了数据价值；二是随着 AFC 系统架构的演进及线网建设的推进，AFC 系统由五层架构演进为云平台，运营数据越来越丰富，数据的集中度也更好、延时少，数据分析的质量将大大提高，对未来数据和发展趋势的预测会更加准确；三是越来越多数据元素将会被加入数据分析中来，从而使数据分析更加精细化，可供数据挖掘的内容也将随着应用的推进而不断增加，通过对历史数据的深度挖掘和利用，可以掌握客流规律，为管理规则的编制和调整提供有效的决策依据，为轨道交通的远期规划、车站设计、站厅布局等提供参考，为票务政策的编制和票价方案的调整提供有效的决策依据。

4. 数字票务系统建设模式

城市轨道交通二维码、NFC 闪付支付等系统目前尚无行业标准，各城市在摸索实践过程中也采取了不同的建设模式。根据数字票务支撑系统与传统 AFC 系统的融合情况，国内轨道交通所采用的建设模式主要分为以下四种。

（1）平台、终端设备完全融合的模式

在此模式下，数字票务系统与轨道交通 ACC 系统完全融合；云购票机、云闸机、云 BOM 等云终端设备，分别与自动售票机（TVM）、自动检票机

（AGM）、半自动售票机（BOM）等传统 AFC 终端设备完全融合。目前，北京、天津、广州、杭州、济南、兰州等城市轨道交通公司正按照此模式进行研究实施。

（2）平台融合、终端设备独立的模式

在此模式下，数字票务系统与 ACC 系统融合，云购票机、云闸机、云 BOM 等云终端设备，则相对于传统 AFC 终端设备独立设置。广州等城市轨道交通公司设置部分云闸机、云购票机、云 BOM 设备，采用了平台融合、终端设备独立的模式。

（3）平台独立、终端设备融合的模式

在此模式下，数字票务系统相对于传统 ACC 系统独立设置，云购票机、云闸机、云 BOM 等云终端设备，分别与传统 AFC 系统设备融合。目前，上海、深圳、无锡、福州、郑州、苏州、南昌等城市轨道交通公司按照此模式进行研究实施。

（4）平台、终端设备完全独立的模式

在此模式下，云平台和云终端设备，相对于传统 AFC 系统设备完全独立设置。青岛、西安等城市轨道交通公司采用了此种模式；广州、深圳、杭州等城市轨道交通公司针对部分云闸机、云购票机、云 BOM 设备，也采用了这种模式。

以上几种模式，在实际运作管理中各有优缺点，加之各城市轨道交通公司在功能定位、组织架构、职责界面划分等方面各不相同，为了满足城轨"互联网＋"的建设及城市间互联互通的需要，中国城市轨道交通协会应会员单位要求，于 2018 年 8 月组织业主、第三方支付方、AFC 集成商、互联网票务系统开发商等单位编写、发布了《城市轨道交通新建互联网票务平台建设指南》，旨在为城市轨道交通建设业主方提供新建互联网票务平台的决策依据，为平台设计方提供设计指南，为运营方提供运营维护指导。

（三）新技术的应用

1.移动支付在 AFC 的应用

近年来，在"互联网＋"、智慧城市建设浪潮的推动下，信息技术不断地推动城市轨道交通行业往数据化、智能化、互动化方向发展。在轨道交通自动售检票系统领域，各个城市的轨道交通公司不断尝试引入新型支付模式，以丰富地铁的票务支付形式，改善乘客们的出行支付体验，降低票务运营管理成本。其中，以互联网云购票、二维码扫码进出站、NFC 闪付进出站等为代表的新一代数字票务、移动支付技术在全国地铁城市迅速推广，有效解决了地铁售检票系统存在的购票效率低、客流高峰期排队购票时间长、车票单次使用成本大等问题。

截至 2018 年 12 月，初步统计，全国实现全线网二维码扫码过闸的城市，已有 23 个城市，随着时间的推移，开通的城市数量将持续增加。

表7　二维码扫码过闸城市统计

序号	城市	二维码过闸	上线时间	APP 所有权	APP 开发技术服务
1	无锡	官方 APP（码上行）	2017 年 5 月 17 日	八维通	八维通
2	福州	官方 APP（福州地铁码上行）	2017 年 10 月 16 日	八维通	八维通
3	杭州	支付宝、云闪付	2017 年 12 月 27 日	支付宝、银联	支付宝、银联
4	厦门	官方 APP（厦门地铁 AMTR）	2017 年 12 月 31 日	厦门路桥	厦门路桥
5	西安	官方 APP（西安地铁 APP）支付宝乘车码 微信乘车码	2018 年 1 月 1 日	小马联城	小马联城
6	上海	官方 APP［Metro 大都会（蓝牙）]	2018 年 1 月 20 日	申通地铁集团	支付宝
7	石家庄	官方 APP（石家庄轨道交通）	2018 年 2 月 28 日	八维通	八维通
8	北京	官方 APP（易通行）	2018 年 4 月 29 日	北京如易行科技有限公司	北京如易行科技有限公司
9	深圳	官方 APP（深圳地铁 APP）微信乘车码	2018 年 5 月 8 日	深圳地铁集团	腾讯科技

续表

序号	城市	二维码过闸	上线日期	APP 所有权	APP 开发技术服务
10	宁波	官方 APP（宁波地铁 APP）微信乘车码	2018 年 6 月 15 日	宁波智慧地铁科技有限公司	宁波优城
11	青岛	官方 APP（青岛地铁）	2018 年 6 月 29 日	青岛地铁集团	中软
12	广州	官方 APP（广州地铁 APP）微信乘车码	2018 年 7 月 15 日	广州地铁集团	擎云科技
13	大连	官方 APP（大连地铁 e 出行）	2018 年 8 月 28 日	大连地铁集团有限公司	八维通
14	南昌	官方 APP（鹭鹭行）	2018 年 10 月 15 日	南昌轨道交通资产经营有限公司	八维通
15	武汉	官方 APP（Metro 新时代）	2018 年 10 月 25 日	武汉智慧地铁科技有限公司	武汉智慧地铁科技有限公司
16	南宁	官方 APP（南宁轨道交通 APP）爱南宁 APP	2018 年 12 月 5 日	南宁轨道交通集团云宝宝	云宝宝
17	苏州	官方 APP（苏 e 行）	2018 年 12 月 8 日	苏州市轨道交通集团	八维通
18	贵阳	官方 APP（贵阳地铁 APP）	2018 年 12 月 11 日	贵阳城市轨道交通集团	
19	哈尔滨	哈尔滨城市通 APP 微信公众号"哈尔滨城市通"	2018 年 12 月 15 日	哈尔滨城市通智能卡有限公司	
20	长沙	官方 APP［长沙地铁 APP（蓝牙）］	2018 年 12 月 21 日	长沙市轨道交通集团	华腾
21	合肥	官方 APP（合肥轨道）	2018 年 12 月 24 日	合肥城市轨道交通集团	
22	天津	官方 APP（天津地铁）	2018 年 12 月 25 日	天津轨道交通集团	八维通
23	昆明	智慧通行 APP	2018 年 12 月 25 日	八维通	八维通
24	温州	温州轨道 APP	2019 年 1 月 4 日	温州市铁路与轨道交通投资集团	宁波优城
25	沈阳	官方 APP（盛京通）	2019 年 1 月 22 日	辽宁新天地铁科技有限公司	辽宁新天地铁科技有限公司
26	郑州	官方 APP（商易行 APP）支付宝乘车码 微信乘车码	2019 年 2 月 14 日	郑州市轨道交通有限公司运营分公司	智元汇

序号	城市	二维码过闸	上线日期	APP 所有权	APP 开发技术服务
27	重庆	官方 APP、支付宝、微信、银联	2019 年 5 月 30 日	支付宝、微信、银联	支付宝、微信
28	南京	官方 APP(南京地铁 APP)、支付宝、云闪付	支付宝 2018 年 12 月 25 日 (APP:2019 年 3 月 28 日	南京地铁集团	支付宝
29	成都	天府通 APP		天府通金融服务	中广瑞波公司

随着城市化进程的推进，各地轨道交通建设呈现加速发展的趋势。城市轨道交通发展正全面形成网络化运营的新局面。"互联网＋"、大数据、云计划、人工智能等新技术飞速发展，轨道交通行业正面临新一轮信息产业革命的到来，数字化转型是其必然的趋势。显然，这个趋势已经对传统 AFC 行业、城市一卡通行业造成了冲击，也势必会带来对城市交通一卡通应用、传统 AFC 系统技术的颠覆。

（1）二维码在城市轨道交通的应用

二维码是在平面上使用若干个与二进制相对应图形来表示记录数据信息的几何形体，通过图像输入设备或光电扫描设备自动识读以实现信息自动处理。

通过移动终端 APP、第三方支付平台与新型互联网自动售/检票设备之间的交互，"互联网＋"技术在 AFC 系统中可以有多种实现形式。按照城市轨道交通运营商在其自动售检票系统中应用"互联网＋"技术的不同程度，可以概括为二维码互联网＋售票、二维码互联网＋售检票两种实现方式。

①二维码互联网＋售票

城市轨道交通运营商在自动售检票系统中应用"互联网＋"技术初期，出于技术实现的难易性、成本投入的大小、改造时间的长短等因素考虑，通常采用移动终端 APP 购票、互联网取票机、互联网自动售票机等方式，为乘客提供多样化的非现金购票途径，实现"互联网＋"售票。

目前，各城市轨交公司"互联网＋"售票的实现方式主要有以下三种。

方式一：APP 支付，互联网取票机扫码取票。首先，乘客通过移动终端如手机，在手机 APP（轨道交通运营商 APP、第三方应用 APP 等）上购票，选择乘车信息，在第三方支付平台支付后，获得取票二维码，完成 APP 支付流程；随后，乘客凭该二维码到车站互联网取票机兑换车票即可进闸乘车。

方式二：互联网 TVM 主动扫手机中二维码。乘客通过车站互联网自动售票机，选择乘车信息，自动售票机提示乘客进行扫码支付。乘客打开手机第三方支付平台付款码，在自动售票机的二维码扫描设备上进行付款码扫描。自动售票机扫描和解析付款码，并将支付请求（包含付款码、车票价格和张数）上传到移动支付手机购票服务器，手机购票服务器与第三方支付平台进行交互，完成车费的支付，然后将支付结果返回给自动售票机。自动售票机根据支付结果，决定是否给乘客出票。

方式三：手机 APP 主动扫互联网 TVM 中的二维码。

乘客通过互联网自动售票机选择乘车信息，自动售票机将售票信息发送到手机购票服务器，手机购票服务器向自动售票机返回支付信息的二维码信息。自动售票机接收到支付信息的二维码信息后，在自动售票机界面上生成支付二维码图片。同时提示乘客使用手机扫描二维码进行支付。乘客扫描支付二维码后，乘客手机中的第三方客户端会与手机购票服务器进行交换，完成车费的扣费。手机购票服务器将支付结果返回给自动售票机。自动售票机根据支付结果决定是否给乘客出票。

"互联网 +"售票改变了传统的单一现金支付方式，为乘客提供多样化购票途径，丰富了乘客购票体验。但是，通过该方式购买的车票，仍是传统的非接触式 IC 卡车票，并未改变车票的存在形式。

②二维码"互联网 +"售检票

"互联网 +"售检票不仅可以为乘客提供非现金支付途径，还可以通过使用二维码车票，取代传统的非接触式 IC 卡车票介质，改变乘客的进出站检票方式。相比"互联网 +"售票，"互联网 +"售检票方式的改造范围更广、成本支出更大、花费的时间也更长，但由于不需要再携带传统车票，乘客的进出闸将更加便捷。

二维码扫码过闸实现用户先享服务后支付的模式。为支持二维码扫码过闸业务，需要改造现有的 AGM 闸机设备，改造机具构件增加二维码读头，升级闸机软件，支撑二维码识读认证等业务。该业务同时引入了移动应用 APP 平台、数字票务系统等系统。

地铁乘车二维码有如下特点：①支持手机和闸机"双离线、双脱机"，验证速度在 200ms 内，满足轨道交通应用场景要求；②乘车码采用私钥签名、用户私钥加密、手机设备绑定以及数据传输加密、二维码动态更新等安全保障机制，杜绝一码多进多出的情况；③乘车码提供乘客"先享后付"的乘车体验，并通过实名信息记录乘客行为，在提供乘客便捷支付体验的同时，保证轨道交通企业票务收入安全；④乘车码借助 APP 的入口，不受智能手机品牌限制，增加了用户黏性，更利于轨道交通企业的互联网转型。表 8 是目前市场主要的地铁二维码扫码过闸方案的比较。

表 8　二维码扫码过闸方案对比

详情	脱机通用码方案	联机通用码方案	联机专用码方案	脱机通用码 + 蓝牙回写
简介	APP 脱机生码、闸机准联机验码	APP 联机请码、闸机准联机验码	APP 联机请码、闸机脱机验码、联机回送验码结果	APP 脱机生码、闸机脱机验码
密钥算法	非对称密钥（SM2）	对称密钥（3DES）、非对称密钥（SM2）	对称密钥（3DES）、非对称密钥（SM2）	非对称密钥（SM2）
单边情况	少量	少量	少量	无
闸机网络	允许短时间脱机，闸机脱机时扣款延迟，不影响通行	允许短时间脱机，闸机脱机时扣款延迟，不影响通行	闸机实时在线，否则影响通行	可脱机，不影响通行
手机网络	可离线	实时联网	实时联网	可离线
手机要求	无要求	无要求	无要求	需要手机支持蓝牙
计费方式	后台计费	后台计费	后台计费	后台计费、终端计费
闸机改造	需增加二维码模块	需增加二维码模块	需增加二维码模块	需增加二维码、蓝牙回写模块
对运行环境的依赖度	低	中	高	低
使用感受	好	较好	一般	差（需开启蓝牙、部分机型不支持）

（2）NFC 技术在城市轨道交通的应用

NFC 支付技术在国内城市轨道交通领域也得到应用、发展，目前国内有 HCE 云卡、银联闪付卡/银联手机 PAY。

HCE 云卡目前主要是广州地铁正在使用，其将手机变成"卡"轻松出行，可脱机使用，达到金融级安全等级，并且对于读写器、清算系统的升级改造较少，在交易便利性和速度方面的体验更接近传统 IC 卡。

银联闪付联机交易是指符合银联标准的 IC 卡以及移动设备卡通过非接方式在特定行业商户终端进行联机交易时，通过实时脱机数据认证，实时或延迟联机交易，借助现有的小额免密免签通道，持卡人无须输入账户交易密码和签名，实现非接快速支付功能的产品。在轨道交通领域，银联主要推出两种银联闪付卡挥卡过闸的受理模式：银联联机预授权模式、ODA 模式。

银联联机预授权模式是基于银联云闪付联机方案及小额免密免签业务实现银联卡联机预授权交易，进站过闸时乘客通过挥卡发起联机预授权申请，预授权通过乘客过闸，出站过闸时乘客通过挥卡出站，由数字票务系统后台进行 OD 匹配、计费后向银联系统发起账户延迟扣款从而完成交易，无须开通，直接使用，适用于地铁或公交分段计费且网络条件好的双边交易的应用场景。已在杭州地铁、南昌地铁、大连地铁得到成熟应用。

ODA 模式即联机交易的脱机数据认证的模式，采用实时脱机数据认证对卡片真伪进行验证、事后延迟联机请款交易对用户主账户扣款的模式，并可根据后台行程匹配、计费模式实现分时分段计费，持卡人无须开通、无须圈存，实现持卡人手持银联标准的 IC 卡以及移动设备卡通过非接方式进出轨道交通闸机。如广州地铁的银联闪付预授权过闸、ODA 模式采用脱机过闸、延迟计费及账户延迟扣款，对银行卡操作只读取不写入。它的优势在于脱机刷卡、实时性要求不高。但因进站和出站都是闸机脱机处理，只核验银联闪付介质卡的有效性，并未做联机验证，因此存在多进多出以及扣款信息不及时的情况，从而导致乘客投诉率高。另外，系统对 ODA 交易匹配过于复杂，不一定完全反映乘客实际情况。

（3）实名认证，信用消费

移动支付在城市轨道交通领域的应用，应遵循实名认证、先乘车后付费的信用支付原则。各地城市轨道交通公司、第三方 APP 基于实名认证、信用体系的小额免密免签，采用信用消费的原则，在数字票务系统、APP 加强对用户信用的管理，解决数字票使用过程中的单边消费问题。对于可疑消费、单边交易等异常情况，将计入乘客的信用体系，通过对乘客的信用管理，如通过一定的使用规则产生信用积分，积分低于一定数值会转为重点关注用户，数值低于一定值将不允许生成二维码，保障业务安全。

2. 人工智能在城市轨道交通 AFC 的应用

采用"互联网＋"的模式，将移动通信、物联网技术、互联网技术、人工智能技术与传统的系统相结合，打造适合未来发展趋势的 iAFC。

2017 年 10 月，YoYo 人工智能服务机器人在广州地铁琶洲站上岗，提供智能咨询及引导服务；2018 年 4 月，上海南站部分售票机可通过人机语音对话完成购票——乘客不用知道具体站点，只要说出目的地，售票机就会自动推荐站点，语音确认后即可完成购票。人工智能语音机器人与 TVM 和 BOM 的结合，会使乘客有更亲切的使用感受，也能将地铁的客服人员从繁杂票务工作中解放出来，更好地做好乘客服务和运营安全管理。

生物识别技术是一种综合性的高科技学科技术，它将计算机技术、光学技术、声学技术、生物统计学技术等密切结合，利用人体生物学的固有特征（指纹、视网膜、掌纹等）和行为特征（声音、笔迹等），来鉴定个人的身份。2018 年，上海、南宁和深圳等地的地铁公司，分别开始测试人脸识别过闸、生物识别技术无感过闸，这或许将是 AFC 发展的下一个趋势。生物识别＋信用支付，乘客不仅无须刷卡、刷手机，只要在闸机前"刷脸"就行，运营管理者也可以将生物识别与乘客实名制结合在一起，与地铁智慧安检结合起来使用。

3. 数字票务系统在 AFC 的应用

数字票务的特点是采用各种互联网、人工智能的技术手段实现票的虚拟化、数字化。目前数字票票种分为多种介质，包括二维码、NFC（银联闪付卡、手机 PAY 等）、蓝牙、智能穿戴式设备（如智能手环、智能手表等）、生物特征识别（如人脸、掌纹、声纹、虹膜）等。目前业内把基于以上多种新型介质实现的虚拟化、数字化票种统称为数字票务，如二维码票种，采用二维码技术及手机支付，乘客只需凭移动应用 APP 生成的二维码，即可实现"刷码过闸"，为乘客提供更多便捷的出行体验。

现有轨道交通 AFC 系统架构为支持数字票务业务，需要根据数字票务特点，在传统票卡交易数据处理的基础上，增加实现对二维码、NFC 闪付、生物识别等移动支付交易的处理。数字票务属于新兴技术，目前轨道交通数字票务支撑系统尚无行业标准，各城市在摸索实践过程中，也采取了不同的建设模式。

iAFC 系统是由车票、车站终端设备、车站计算机系统、线路中央计算机系统、清分系统五个层次的封闭式运行系统，以及支持数字票务新增的数字票务平台、移动应用和支付体系构成。

轨道交通原有 AFC 运行在安全生产网内，稳定性要求高，承担原有传统票务系统业务。新建的数字票务系统部署在对外服务网区域，既可确保城轨 AFC/ACC 安全生产网的安全运行，又可兼顾互联网票务平台的开放性及安全性要求。数字票务系统与第三方支付平台之间的网络通信一般采用互联网或专线方式。

AFC/ACC 系统是轨道交通业务运营系统域主要业务系统，除支持传统票务业务外，为适应现有的互联网数字票务业务进行了相应改造。数字票务系统可理解为一条虚拟的数字票务线路，实现对闸机实时监控、处理扫码/挥卡进出站业务、接收闸机上传进出站数据、行程匹配和计费等，支撑地铁的数字票务服务。

银联支付系统负责银联闪付卡预授权和 ODA 交易业务，APP 支付由 APP 自行对接支付通道。

票卡介质增加二维码和银联闪付卡（包括手机 PAY）。

七 综合监控系统

城市轨道交通综合监控系统（Integrated Supervisory Control System, ISCS），是从最初各专业分别建网并单独监控的分立自动化监控系统，发展成为统一的分层分布式网络结合综合自动化系统软件体系，各机电设备专业资源共享、信息互连互通的高度集成自动化系统。综合监控系统的发展以数字化信息共享为平台，打破了独立系统的局限性，将各个系统的信息进行统一采集、共同处理、集中调度、联动控制，并适当提供统计、分析、辅助决策功能，为调度、维护人员提供最简便直接的手段，使之做出快速高效的响应。

（一）概述

城市轨道交通综合监控系统是指对城市轨道交通线路中机电设备进行监控的分层分布式计算机集成系统。综合监控系统用系统化方法将各分散的自动化系统联结为一个有机的整体，实现轨道交通各专业系统之间的信息互通、资源共享，提高各系统的协调配合能力，高效地实现系统间的联动，提高轨道交通的整体自动化水平，增强应对各种突发事件的应变能力，提高轨道交通的运营管理水平，提高轨道交通服务质量和服务水平，以更好地为广大乘客服务，有利于改进轨道交通资源管理，提高经济效益。

综合监控系统一般以环境与设备监控/电力监控系统和火灾自动报警系统为核心进行深度集成；监控门禁、屏蔽门、广播、闭路电视、列车自动监控系统、时钟系统、火灾防护系统、乘客信息系统、通信等系统状态，在接收显示各系统信息的同时，具备对底层设备的控制功能。

典型的综合监控系统采用两级管理三级控制的架构，由控制中心系统、各车站/停车场/车辆段监控系统，以及网络管理系统、设备维修管理系统、培训管理系统及仿真测试平台等辅助系统组成。综合监控系统一般采用主备、冗余、分层、分布式结构，与集成互联的各专业系统通常采用工业协议进行通信。

ISCS 的硬件分为两层：中央级和车站级综合监控系统。ISCS 软件分为三层：数据接口层专门用于数据采集和协议转换，主要由前置处理器完成；数据处理层用于实时、历史数据管理，主要由中心、车站服务器构成，通过实时数据库和关系数据库提供 ISCS 的应用功能；人机接口层用于处理人机接口，主要由工作站构成，通过从中心、车站服务器获取数据，在工作站上显示人机界面，完成各种监控操作。

ISCS 一般利用通信系统提供的冗余通信通道组建主干网：通信系统在控制中心、各车站、车辆段、停车场各提供 2 个以太网接口，构成综合监控系统主干网。

（二）综合监控系统主要集成系统

1. 环境与设备监控系统（BAS）

BAS 系统可由 ISCS 系统深度集成。BAS 系统负责全线正常、阻塞、火灾工况下机电设备（通风空调系统、风冷冷水系统、给排水系统、照明系统、电扶梯系统）的运行状态监视和控制管理，以及与 ISCS 数据通信等工作。BAS 系统实行中心级、车站级两级管理，和中心级、车站级、就地级三级控制方式。全线 BAS 系统可作为子系统完全融入综合监控系统，其中心级、车站级功能可由综合监控系统中心级和车站级取代和实现。

BAS 系统中心级主要负责全线的日常调度、控制模式、运行统计等工作。中心级对各个车站及地下区间隧道通风空调设备、给排水设备、照明设备、电扶梯、EPS/UPS 等设备进行监视或控制。中心级集成在综合监控系统中，设备由综合监控系统配置，功能由综合监控系统实现。

BAS 系统车站级主要负责对车站及地下区间隧道的通风空调大系统、通风空调小系统、给排水系统、照明系统、电扶梯、EPS/UPS 等进行监控及管理，同时对相关设备用房和公共区的环境温湿度等参数进行监测。采用工作站（一机双屏）实现机电设备的单点控制、执行中心级模式控制、编辑临时时间控制表、显示各种工作状态与报警等。车站级的工作站设备及功能由综合监控系统配置和实现。

就地级主要对地铁通风空调等机电设备的功能、运行工况进行监测、控制。现场级监控系统主要包括冗余配置的 PLC 控制器（设置于 A/B 两端通风空调电控室）、远程智能输入输出模块（RI/O）、各类传感器、执行机构以及现场控制网络等。

2. 电力监控系统（PSCADA）

PSCADA 系统可由 ISCS 系统深度集成。PSCADA 系统采用分层、分布式系统结构。PSCADA 系统由站级管理层、网络通信层、间隔设备层组成。以供电设备为对象，通过网络通信层将所内的间隔层设备连接起来，构成稳定、可靠的变电所综合自动化系统。PSCADA 系统实现对电力控制、监视、测量、保护、自动控制、所内自动化管理及远程通信等功能。

PSCADA 系统控制方式共分为三级：设备就地控制、变电所综控屏集中控制、车站级 ISCS 和控制中心远程控制。

在变电所，PSCADA 系统由控制信号屏、所内通信网络及各开关柜内的微机测控保护设备等组成，完成变电所供电设备的控制、保护、监视及运行数据的测量及传输。在控制中心，PSCADA 可与 ISCS 集成，由 ISCS 完成集中监控功能。

3. 火灾自动报警系统（FAS）

FAS 系统按中央、车站两级调度管理，中央、车站、就地三级监控的方式设置，实现对全线的消防集中监控管理。通过环形总线与设在车站站厅、站台、附属房间等处的感烟探测器、感温探测器、手动报警按钮等报警设备连接，实现对车站管辖区域的 24 小时昼夜火灾监视。火灾时，本系统可根据火灾发生的部位，联动相关防排烟设备、防火卷帘、消防灭火系统、切非装置等，对火警信号做出快速处理，使各设备按照火灾模式运行，并联动广播系统、闭路电视系统、自动售检票系统、门禁系统等系统，对乘客进行安全疏散引导。

FAS 系统向综合监控系统传送其主要设备故障信息，由 ISCS 集成显示；在维修中心 FAS 设置维修工作站采集处理 FAS 的各设备故障信息。

在车辆段、停车场由 FAS 统一设置消防联动控制盘。在地下车站 UPS

电源室、信号设备室、弱电综合设备室、变电所的控制室、高压室、低压室、整流变压器室、站台门控制室等设备用房设气灭控制系统。

气灭控制系统由火灾报警控制器、气体灭火控制器、智能感温探测器、智能光电感烟探测器、声光报警器、放气指示灯、紧急启停按钮及现场总线组成。气体灭火控制器通过输入输出模块与报警总线连接，接受火灾报警系统发出消防指令并返回消防动作指令。车站气体灭火系统控制器安装于火灾自动报警系统（含气灭联动）控制柜上；气体灭火控制器，设置于每个气体灭火防护区门外侧，并配备DC24V电源。

（三）综合监控系统现状及所获进展

1.应用情况

综合监控系统经过十余年的发展已经成为城市轨道交通建设不可或缺的专业生产系统，在已开通的线路中，超过90%的线路建设了ISCS系统。国内综合监控系统的建设方式，基本存在三种形式。

（1）深度集成子系统。这种方案中，被集成子系统只有现场硬件设备，不需要设置独立的工作站应用，应用功能全部由综合监控系统实现。现场硬件设备依赖综合监控系统管理，一旦综合监控系统失效，将导致被集成子系统有限功能工作。

（2）全面互联子系统。在这种方案中，互联子系统由独立、功能完整的应用程序来管理。综合监控系统与互联子系统的应用程序通信，进行数据交互，由综合监控系统实现互联子系统的全部日常功能。调度员的日常调度管理工作在综合监控系统的工作站完成。只有在综合监控系统失效时，可通过互联子系统的工作站完成日常工作。

（3）界面互联子系统。在这种方案中，互联子系统由独立、功能完整的应用程序来管理。综合监控系统与互联子系统的应用程序通信，进行数据交互，并实现联动功能。在综合监控系统的工作站软件，嵌入互联子系统的应用程序控件，完成互联子系统的全部日常功能。只有在综合监控系统失效时，可通过互联子系统的工作站完成日常工作。

2. 功能的发展

ISCS 接口众多、数据完备，是一个多专业集成的大型自动化监控系统。随着数据处理、分布式计算技术的不断提高，新一代 ISCS 在传统规模上可进一步扩大其集成互联各机电专业的范围深度和广度，在满足运营调度和维修维护的基本需求上，充分发挥其在轨道交通信息化平台中的作用，为生产信息共享和数据挖掘工作提供基础。

（1）与上级指挥系统的信息交互

城市的轨道交通系统随着线路建设逐渐增加，渐渐会形成一个密集的线网。为了解决城市轨道交通线网运能匹配、线网客流引导、维修综合调度、紧急事件协调处理、线网运营服务信息统一发布等一系列问题，线网运营指挥中心系统（NOCC）应运而生，实现对全市的轨道交通线路进行集中调度管理。

在北京、广州、深圳、上海、成都、西安、青岛、武汉、南京等城市陆续建设了 NOCC。因此，线路级 ISCS 在管理本线路全部基础数据之外，还须具备与 NOCC 的通信接口，将 SIG、PSCADA、BAS、FAS、FG（防淹门）、PSD 等专业的信息统一上传，并确保这类基础数据的全面性和准确性。同时，针对 NOCC 的集中调度管理特点，ISCS 应具备对各子系统的数据做初始的筛选和处理功能，只上传与线网统一调度管理、统一应急指挥决策行为相关的基础数据。

（2）实现地铁内部信息发布

在传统 ISCS 系统架构和基本监控功能基础上，增加综合生产信息系统，为地铁内部设备管理、维护管理、人员绩效管理等提供数据，实现多种专业生产系统的信息共享、统筹协调，对提高地铁线路的运营综合管理水平、运营效率等都有着很大意义，也可为应急事件的统一指挥协调提供有力帮助。

（3）数据的深度分析与可视化功能

地铁控制中心大屏幕系统的画面设计一直是控制中心工艺设计的难点，特别是多线路共用控制中心的情况下。要攻克此工艺难点，必须摒弃传统简单抓取信号源投大屏幕的做法，在传统 ISCS 基础上增加对生产数据的深度分析和可视化展示功能。此做法一是通过对综合监控系统的大量生产数据做相关性等深度分析，利用可视化图形进行展示，实现对全线重要信息的综合显示；二是实现对 SIG、CCTV、ISCS 等专业系统大屏幕显示画面统一布局和优化，以及联动管理；三是在线路应急情况下，协助快速处置、快速联动各专业提供了有力保障；四是区域控制中心多线路统一设置大屏幕，提高大屏幕利用效率，从而优化大屏幕建设规模。

（4）节能优化与能耗大数据

在线路层面实现能耗大数据的统一管理，包括对关键设备的电流、电压、有功功率、无功功率、有功电度、无功电度、功率因数、谐波等相关电量及能耗数据进行分析和计算。系统能自动生成上述指标的数据报告，如设备的能耗报告，实现按线路/车站对累计能耗数据排名、分设备、分系统、分专业、分时段的能耗数据的同比、环比分析等，帮助用户了解设备能耗差距和数据变化情况，从而帮助用户对耗能比较大的设备进行节能控制，为节能决策提供帮助。

（5）智慧运维功能

地铁运营工作主要涉及行车管理、客运管理、设施设备管理、人员管理等方面。可根据 ISCS 系统的机电设备管理和信息集成特性，突出在运营施工调度管理系统和运营设备维修管理系统上的实现优势，拓展智慧运维功能用于维调、设备维修维护管理、巡检、站务管理、施工管理、关键运维信息发布等工作进行信息化管理。

（四）未来发展趋势及展望

近年随着我国城市化进程的加快，城市轨道交通得到了大发展，以综合监控系统作为核心的线路生产信息集成平台逐渐发展和成熟，使得城市轨道交通进入到了智能化的新阶段。当今多领域科技呈现交叉融合的态势，在轨道交通的系统集成上，将借助以云计算、物联网、智能传感和大数据技术为代表的新一代信息技术有效地应用，使轨道交通系统集成呈现智能化、网联化、协同化趋势。

轨道交通综合监控系统在实现原有生产系统的功能基础上，不断扩展，围绕提高运营效率、乘客便捷出行等发展。未来综合监控系统将在优化现有功能、拓展与信号系统集成、综合安全保障、全息感知与融合智能化、全局效能评估及综合效能提升、运营与管理信息大数据深度应用、智能运维与应急处置等方向有进一步的发展。

1. 与信号系统集成的综合监控系统

城市轨道交通运输的神经中枢即为信号系统。随着计算机技术、数据传输技术及网络技术的快速发展，与信号系统集成的综合监控系统将成必然发展趋势。以行车调度指挥为核心的综合监控系统在集成了环境调度、电力调度子系统的基础上，进一步集成了信号 ATS 子系统。该综合监控系统将具备行车、电力、环境控制的综合调度能力，不仅减少了系统间接口，还加强了系统间的信息互通和资源共享，使轨道交通机电设备的整体运营性能得到进一步提升。

2. 以综合监控系统为智能运营安全管理平台

建立以线路全自动运行运营模式为基础的智能运营安全管理体系，深化全自动运行系统中运控中心、信号系统、车辆、综合监控系统、通信系统、站台门等主要子系统的智能化。在保证全自动运行的基础上，强化多系统深度融合和信息共享，利用大数据技术为运营安全提供平台和手段。

3. 未来综合监控系统的发展还应拓宽互联网在轨道行业的应用

利用互联网、大数据、云计算等信息技术手段，充分发挥互联网企业和运输企业的积极性，优化地铁运营组织方式，提供多元化产品，更好地满足乘客的多元化需求。

八　车站设备

（一）站台门系统

1. 概述

安装于城市轨道交通车站站台边缘，将轨道与站台候车区隔离，设有与列车门相对应，可多级控制开启与关闭滑动门的连续屏障，称为站台门。包括全高闭式站台门（通常简称屏蔽门）、全高开式站台门（通常简称全高安全门）、半高站台门（通常简称半高安全门），站台门系统具有安全、节能、环保等作用。

地铁站台门按其功能可分为两大类：闭式和开式。闭式站台门也是通常所说的屏蔽门，开式站台门即通常说的安全门，开式屏蔽门又有全高开式站台门和半高站台门两种。

闭式站台门除具有保证乘客的安全的作用外，还具有隔断区间隧道内气流与车站内空调环境之间的冷热气流交换的功能，所以要求屏蔽门的气密性良好，这样才能使车站与区间的热交换减小到最低程度，达到节能的目的，这种结构多用于设有空调系统的站台。

全高开式站台门，高度一般为 2700～3200mm，除具有保证乘客安全的功能外，还能阻挡列车进站的气流对乘客的影响，这种结构多用于没有空调系统的地下站台，或用在敞开式地面站台或高架站台。

半高站台门主要的作用是保证乘客的安全，高度一般为 1200～1500mm，由于它不能完全隔绝列车运行的空气流动风和噪声对乘客的影响，因此，这种结构多用在敞开式地面站台或高架站台。

站台门可有效减少空气对流造成的站台冷热气的流失，降低列车运行产生的噪声及活塞风对车站的影响，保障列车和乘客上下车及进出站时的绝对安全，提供了舒适的候车环境，提高了地铁运营社会效益。

站台门在地铁运营中具有不可替代的重要作用。①保障乘客的安全：站台门将轨道与站台候车区隔离，有效地保障了站台上的安全，防止乘客掉落轨道。②增加基础设施的有效使用率：安装站台门后，可节省站台边缘设置的一定距离的警戒线空间，使站台有效使用面积增加。③保障运营的安全：站台门将轨道与站台候车区隔离，可避免未经许可的人进入隧道。④减少能量消耗：使用全高封闭式屏蔽门，可减少站台空调流失，避免电能浪费。⑤改善站台环境：使用屏站台可减少由隧道进入站台的灰尘，减少来自地铁列车的噪声，减少列车的活塞效应所引发的气流。⑥有效管理乘客：当列车停靠在正确的位置上，乘客才进入列车或站台。⑦实现与相关系统的联动控制：在火灾或其他故障模式下，可以配合相关系统进行联动控制。⑧实现资源的最大利用化：可以利用站台门设置广告显示屏，达到资源的最大利用化，同时对车站整体空间布置进行优化。

2. 站台门系统构成

站台门系统由机械部分和电气部分组成，机械部分包括门体结构和门机，电气部分包括软件控制系统和电源系统。

（1）门体结构

站台门门体结构由承重结构、门槛、顶箱（屏蔽门及全高开式安全门）、固定侧盒（半高站台门）、滑动门、固定门、应急门和端门等组成。

（2）门机系统

①屏蔽门及全高开式安全门门机系统

屏蔽门及全高开式安全门门机系统由驱动装置和传动装置、锁紧装置、位置检测开关（光电开关或行程开关）等组成，这些装置都是安装在门机梁上（见图29）。

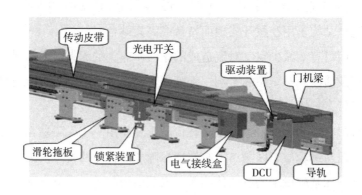

图29 屏蔽门门机系统布置

驱动装置由电机、蜗轮蜗杆减速器、同步带轮、同步齿形传动皮带、联轴器（螺杆传动）及电机支架和皮带张紧装置等组成。

由于直流电动机具有调速性能好、运行平稳、能够载重起动等优点，所以目前一般选用直流电动机作为屏蔽门的动力源。

传动装置一般采用螺杆传动或皮带传动，需保证两门扇运动同步、稳定。螺杆传动属于刚性传动属性，有一定的传动噪声，皮带传动属于柔性传动属性，传动噪声低。两者相比，皮带传动系统的结构工艺性、加工工艺性、安装工艺性及维护工艺性都比较好。

锁紧装置：滑动门自动开启时锁紧装置能自动释放，故障情况时可采用开门把手或钥匙手动释放锁紧装置。滑动门关闭后，该锁紧装置能有效防止外力作用将门打开。

②半高安全门门机系统

半高屏蔽门门机系统包括驱动装置和传动装置、锁紧装置及解锁装置、位置检测开关等，如图30所示。

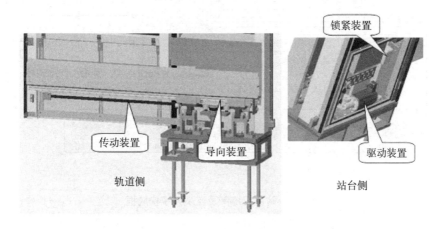

图30　半高安全门门机系统布置

门机系统一般安装在滑动门两侧的固定侧盒内，门机系统应运行平顺、易于调换，无窜动等现象，能够保证两扇滑动门同步、稳定工作。电机、传动装置、DCU等部件应方便在站台侧进行维修。门在关闭状态下能够自锁，防止外力作用打开滑动门。电机、驱动装置、门锁机构和DCU等设备的接线端子和接头均应设计保护功能，防止现场不良环境（灰尘、渗水和雨雪等）的影响。

（3）监控系统

站台门监控系统主要由中央控制盘（PSC）、就地控制盘（PSL）、门控单元（DCU）、通信介质及通信接口等设备组成。控制及监视系统构成框，如图31所示。

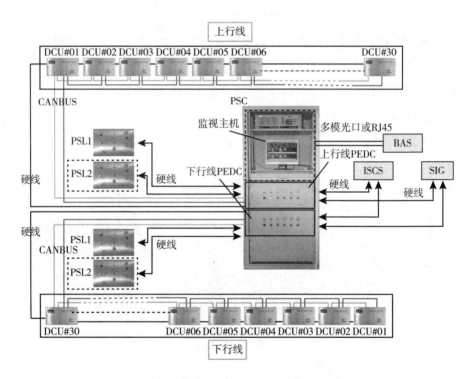

图31 站台门控制及监视系统构成框

①中央控制盘（PSC）的组成与性能

中央控制盘（PSC）包括柜体、单元控制器、监控主机及显示终端、信号系统、综合监控系统的接口装置、接线端子排、布电缆的线槽、排热风扇、测量表计及PSC面板的相关状态指示灯等。

每个站台都至少有一个PSC，PSC内的逻辑控制器（PEDC）负责监控门的各状态信息；PSC和信号系统、PSL、综合后备盘（IBP）、综合监控系统（ISCS）等连接。

PSC内的PEDC分别接收来自信号系统（SIG）、PSL、综合后备盘上的控制信号并向 DCU 发送命令，控制滑动门的开/关。

②门控单元（DCU）的组成及性能

DCU 是滑动门电机的监控装置，一般每对滑动门单元均配置一套 DCU，闭式屏蔽门/全高开式安全门安装在门体上部的顶箱内，半高安全门安装在固定侧盒内。DCU 由 CPU 组、存储单元、接口单元及相关软件等组成。

DCU 接受 PSC 内 PEDC，以及 PSL、IBP 发送过来的命令，并按照指令实现对滑动门的开/关门操作，同时将站台门的状态反馈给 PEDC。

③就地控制盘（PSL）

通过就地控制盘进行开/关门操作。一般每侧站台车头方向设置一个 PSL。

④就地控制盒（LCB）

当站台上的个别滑动门发生故障无法自动打开或需要检修时，站台工作人员可以用就地控制盒对该樘滑动门进行开/关门操作，此时信号系统对该樘门不起控制作用。每个滑动门单元设置一个 LCB。

⑤综合后备盘（IBP）

在 IBP 上以每侧屏蔽门为单位设置开门钥匙开关、开门/关门状态指示灯，并设置一个测试按钮，以测试 IBP 上站台门系统指示灯的工作状态。IBP 与站台门系统接口的"开门"命令使用双切回路，以增强控制命令的可靠性。

⑥门状态指示灯

每一樘滑动门设置一个门状态指示灯。门状态指示灯的设置方式一般为：滑动门处于关闭锁紧状态时，门状态指示灯熄灭；滑动门处于开启状态时，门状态指示灯点亮；在滑动门开启、关闭过程中及故障状态时门状态指示灯闪烁；一般采用不同的闪烁频率表示故障或正常开启、关闭过程。

（4）电源系统

屏蔽门系统电源分为驱动电源和控制电源两部分。驱动电源负责对门机系统供电，应具备充电、馈电、故障保护（过压、并联、过流、过载等）、电源参数和报警信息监测和记录功能。控制电源负责对 DCU、PSC、PSL、IBP 等供电。驱动电源和控制电源一般应采用相互独立的配电回路，避免相互干扰。

3. 主要设计原则及技术参数

（1）主要设计原则

①站台门系统的设计应遵循可靠性、可用性、可维护性、安全性的原则。②在正确使用和正常维护的条件下，门体结构设计寿命应不小于30年。③站台门应设置与列车门位置及数量相对应的滑动门。④每侧站台应设置不少于两樘应急门，一般每节列车设置一樘应急门。⑤每侧站台门的两端应各设置至少一樘端头活动门。⑥滑动门、应急门、端头活动门应能可靠锁闭，在站台侧可用专用钥匙开启，在轨道侧应能手动方便开启。⑦站台门的整体结构应满足设计限界要求。⑧当选用玻璃作为屏蔽门面板材料时，所选用的玻璃应采用安全玻璃。⑨滑动门的净开度不应小于列车门的净开度，所有可开启门的净高度不宜小于列车门的净高度。⑩站台门整体结构应满足设计荷载要求，强度、刚度、疲劳强度应满足设计要求。⑪站台门结构应考虑温差变形及建筑主体的非均匀沉降和伸缩缝的影响。⑫站台门监控系统应以车站为单位独立设置，满足电磁兼容性要求。⑬当站台门与列车车厢有等电位要求时，门体构件应与土建绝缘。⑭站台门主要构件及设备应能在站台侧进行维护、修理和更换，并满足运营要求。⑮站台门应设置就地控制盒，用于单樘滑动门的测试、调试、维修。

（2）主要技术参数

①完成关门过程时间：$3.0s \pm 0.1s - 4.0s \pm 0.1s$ 范围内可调。

②完成开门过程时间：$2.5s \pm 0.1s - 3.5s \pm 0.1s$ 范围内可调。

③手动开启滑动门的力≤150N。

④阻止滑动门关闭的力≤150N（匀速运动区间）。

⑤滑动门手动解锁力≤67N。

⑥应急门及端头门手动开门力≤150N。

⑦每扇滑动门最大动能不超过10J。

⑧每扇滑动门关门的最后100mm行程最大动能不超过1J。

⑨屏蔽门噪声峰值不超过70dB（A）。

4. 未来站台门的发展趋势

（1）站台门系统的标准化、系列化

产品的标准化、系列化是现代工业生产中必须从设计开始就注意贯彻的主要原则之一。产品的标准化、系列化可确保产品获得高质量，并通过改进操作与维修的连贯性和备用零件在规格、尺寸与质量上的一致性，使产品在用户使用的整个过程中，维持其原有的质量。

屏蔽门系统的标准化、系列化包括屏蔽门设计的系列化、通用化，产品加工工艺标准化，附件标准化。系列化是指对同一种站台门类型进行系列化设计，从而形成不同的系列产品。通用化是指在不同站台门类型产品间相同的部位进行通用化设计，另外，也包括各种附、配件的通用化设计，如胶条、绝缘件、五金配件等在不同站台门类型产品间的通用性。产品加工工艺标准化是指所有站台门产品应尽可能地进行工艺标准化设计，产品加工工艺标准化能极大地提高设计效率，减少设计失误，是实现工业化生产的重要环节，更重要的是可有效提升对客户需求的反应能力。附件标准化的附件主要包括连接件、五金件、绝缘件等的标准化设计，通过附件标准化设计，实现各站台门类型间的附件互通、互换和互用，可有效降低生产、使用成本，提高生产、安装和维护效率。

（2）站台门系统的单元式、模块化

目前大部分站台门集成服务单位采用的是构件式站台门系统，即将连接件、支承件、踏步板、门机梁、立柱、顶箱面板、各种门体等在工厂完成生产后，运到工地现场再逐件安装。这种结构类型，一方面，与装修专业等相关专业的工序不好协调，影响工作效率；另一方面，工地现场安装工作量大，工作质量及工作效率受环境及安装工人技能等的影响大，工作效率及产品质量都难以保障。

如果在进行屏蔽门系统设计时尽可能地将屏蔽门结构形式进行单元化设计，将所有加工都放在工厂完成，实行工业化生产，在工厂完成单元板块组装后，运送到工地直接就位连接，这样将大大减少现场安装工作量，极大地提高生产、加工和安装的效率和质量，同时单元式站台门系统可以有效提高站台门的维修效率，节约维修时间。

（3）门体结构材料非金属化

随着高分子复合材料应用技术的发展，构成主要门体结构的部件——上下连接件、立柱、门框、门槛等采用复合材料制作，既可以彻底解决门体绝缘难合格的问题，同时由于实现了部件轻量化，为单元式、模块化的生产和安装提供了方便的条件。

（4）故障诊断定位

通过故障诊断定位新技术的应用，出现故障点的具体位置得到有效定位，将大大缩短故障处理的时间，提高故障排除效率。

为了确保列车运行安全，设计时必须保证列车与站台门之间预留合理的空隙，这就存在有人或物件被夹在列车与站台门之间导致事故发生的隐患。为解决这一问题，目前是在门侧安装站台门防站人安全挡板、站台门防夹挡板及在站台门和列车门之间安装激光平面探测装置。未来可采用三维可视探测装置，不仅可得到单纯的报警信号，还可直接得到可观的实物信号，为故障排除措施提供了直接的帮助条件。

（5）在站台上安装自动伸缩踏板

将自动伸缩踏板安装在站台上滑动门的位置，且自动伸缩踏板与站台门开关同步控制，列车进站停稳后，当站台门打开时，自动伸缩踏板伸出，列车发车前，当站台门关闭时，自动伸缩踏板收回。自动伸缩踏板由伸缩机构、驱动电机和控制部分等组成，伸缩机构由伺服电机驱动实现伸缩动作；控制器接收来自总控器的信号，使踏板伸缩和滑动门的开启实现同步控制。其伸缩量根据需要可调节，使自动伸缩踏板与列车车厢之间的间隙减少到不超过50mm，能更加有效地避免踏空事故发生。

（6）无人自动控制

随着地铁无人驾驶技术的研发，站台门的控制系统及控制软件应该得到与之相匹配的研发，使得列车到站、站台门开启/关闭、出站等整个过程实现无人自动控制，与目前的控制技术比较，安全性、可靠性更高，便于实现更加精细的管理，更能有效识别和控制安全风险。

（7）站台门的显示系统

随着显示技术的发展，显示技术将会逐步在站台门领域中得到应用，全高站台门的活动面板、固定门等都可成为镶嵌显示系统，展示在乘客面前的站台门不再是呆板的"隔离"，而是一道丰富多彩并具有动感画面的靓丽风景线。乘客候车时，仿佛是在看"电视"，列车即将或已经进站时，站台门的显示系统将全屏显示乘车信息，使得乘客在候车期间，"享受"到丰富多彩的生活。

（8）站台门的运行状态信息

随着互联网的发展和应用，站台门的运行状态信息，不但显示在控制室中，而且必要的信息能够在所需的站台维修人员的手机中同步显示，尤其故障诊断报警信息。这一技术的研发应用，使站台维护巡视技术人员，将同步得到故障点位置，能够迅速准确到达故障地点，大大缩短了故障排除前期的辅助时间。故障排除后，通过手机确认，从报警到最终有效处理等整个过程都会上传到服务终端，并自动保留处理痕迹，为累计故障分析、改善设计提供了技术资料。

（二）安检、防爆设备

1. 概述

（1）安检的意义

由于城市轨道交通具有"人流密集、建筑环境封闭、社会关注度高"的特点，易成为恐怖分子袭击的对象。城市轨道交通客流量大，正常乘客非恶意携带违禁品的行为也会造成一定的安全隐患。

《中华人民共和国反恐怖法》第三十四条规定，大型活动承办单位以及重点目标的管理单位应当依照规定，对进入大型活动场所、机场、火车站、码头、城市轨道交通站、公路长途客运站、口岸等重点目标的人员、物品和交通工具进行安全检查。发现违禁品和管制物品，应当予以扣留并立即向公安机关报告；发现涉嫌违法犯罪人员，应当立即向公安机关报告。

城市轨道交通安检是非常必要的，配合安检既是为了乘客的安全，也是乘客应尽的义务。

防爆安检定义：地铁防爆安检，是指为保障乘客生命、财产及公共设施安全，通过技术手段对人身及携带物品等进行检查，以避免管制刀具、枪支弹药、爆炸物等违禁物品进入车站。

违禁品分为：枪支、子弹类；爆炸物品类；管制器具；易燃易爆物品；毒害品；腐蚀性物品；放射性物品；传染病病原体；其他危害列车运行安全的物品；法律、法规、规章规定的其他禁止持有、携带、运输的物品。

（2）国内外地铁安检模式及技术装备

目前国内外使用的安检技术主要有 X 射线透视成像技术、金属探测技术、计算机断层扫描成像技术、离子迁移谱技术、放射性物质监测、拉曼光谱技术、背散射技术、毫米波技术、太赫兹技术等。应用于地铁行业的设备有随身行李 X 光安检机、金属安检门、液体安检仪、痕量爆炸物违禁品探测仪、便携式放射性物质监测仪等。

伦敦地铁是第一个实施设备级安检的地铁，2005 年 7 月 7 日的地铁爆炸案之后一段时间，使用过 X 射线机、警犬巡逻，甚至试用了毫米波人体检查仪，针对可疑人员进行抽检。目前伦敦地铁是通过巡警带着警犬巡逻的方式对可疑对象实施检查，这种方式也是世界大部分发达国家采取的安全检查方式，特别是纽约地铁，时常面临恐袭威胁。

北京是国内第一个地铁实行常态安检的城市，源于 2008 年奥运会，检查对象主要是人携带的包裹，采取机检、人检相配合方式，综合应用 X 射线成像技术、离子迁移谱分析技术、拉曼光谱技术、微波检测技术、金属探测和放射性物质监测等先进安检技术，对爆炸物与武器、易燃易腐蚀物品和放射性物质等各类危险违禁品进行防范，同时震慑恐怖和极端分子。安检级别随外界环境变化可随之提高，如重大赛事、高规格会议、重大节庆、国内外重大安全事件等。

2. 主要安检、防爆设备介绍

（1）人体安检设备

通过式金属探测门，又称安检门，是一种金属探测装置，结构一般为竖立于地面的门框状。当人步行通过其中时，该装置可以探测到通过者有无携带超过限定量的金属。安检门一般具有自动报警功能和计数功能。主要用于对非法携带武器和管制器具的检测。

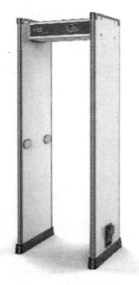

图 32　通过式金属探测门

手持金属探测器，是一种手持式金属探测装置，可以检测到隐藏的超过限定量的金属。该装置轻便小巧，用于检查人身携带金属的具体位置，可配合金属探测门使用。主要用于非法携带武器和管制器具的检测。

图 33　手持金属探测器

（2）行李安检设备

X光安检机，又名安检仪，基于X射线辐射成像原理，用于对乘客行李中的违禁物品进行检查，目前已成为地铁安检的常规手段。X射线是比可见光波长还要短的一种电磁辐射，具有比可见光更强的固体、液体穿透能力，甚至能够穿透一定厚度的钢板。当X射线穿过物品时，不同物质组成、不同密度和不同厚度的物品内部结构能够不同程度地吸收X射线，密度、厚度越大，吸收射线越多；密度、厚度越小，吸收射线越少，所以物品透射出来的射线强度就能够反映出物品内部结构信息。

图34　X光安检机

双能X射线可以得到被检物质的有效原子序数，从而将被检物品的物质组成分为有机物、无机物和混合物（或轻金属）三个类别，并在图像上分别用橙色、蓝色和绿色表示。

双视角X光安检机。传统的X光安检机为单一视角，得到的X光图像是在垂直方向上的投影，因此对于有意藏匿或者较为复杂的包裹情况，单视角设备查验效率较低，正确检出率也受到一定影响。

双视角X光安检机拥有两套独立的射线源和探测器，通过系统和软件的集成，可以将获取的来自两个不同视角的X射线扫描图像，同步显示在显示

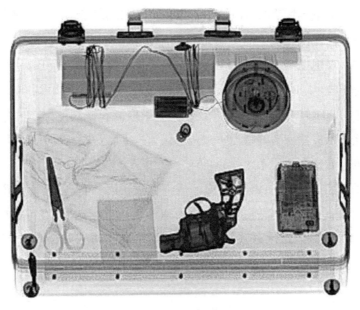

图 35　双能 X 射线揭示物质内结构

器上。通过补充一个与传统单视角设备垂直的光路，以最小的代价，补充了缺失信息，有效提高了正确检出率和查验效率，是目前主流的安检设备之一。

图 36　双视角 X 光安检机

便携式痕量爆炸物/毒品检测仪。爆炸物是地铁安全所受到的主要威胁之一，在世界范围内发生的针对地铁的恐怖袭击中，爆炸占绝大多数。目前，能够实现现场实地运用的主要痕量探测技术包括：离子迁移谱技术、化学荧光分析技术、高频率共振石英微平衡技术、色谱分析技术和电子鼻技术等。其中，离子迁移谱技术凭借其探测灵敏度高、探测范围广、分析速度快，产品技术成熟度高等特点，被普遍认为是目前安检实践中最为可行的爆炸物及毒品痕量探测技术之一。

基于离子迁移谱（IMS）原理的便携式痕量爆炸物/毒品检测仪，能够快速、准确地检测并判断痕量爆炸物的种类。通过专用拭纸在可疑物体表面进行擦拭取样后，将拭纸插入探测仪完成分析，探测灵敏度达到纳克级（$10^{-9} \sim 10^{-7}$克）。

图37　便携式痕量爆炸物/毒品检测仪

市面上的主流产品，具有更新爆炸物及毒品的标准物质库的功能，以应对新的安全威胁和挑战。除了可以快速检测出固体的爆炸物/毒品，还可以通过切换模式，对周围有毒有害气体进行检测。

液体安检仪。汽油、酒精等易燃液体容易获取，一旦引发灾害事故，造成

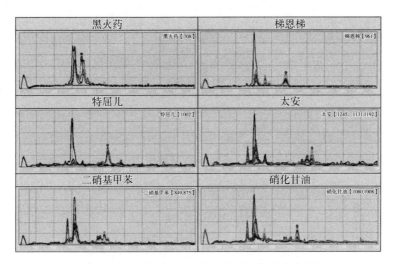

图38　典型爆炸物离子迁移谱（仅供原理说明）

秩序混乱，将导致直接和间接的伤亡和损害。液体安检仪，主要依据拉曼光谱分析技术，以磁感应技术和密度分析技术相结合的方式，对塑料、玻璃、瓷瓶和金属易拉罐等容器内的液体进行检测，并对分析结果进行同步显示。同时可以进行具体液体危险品的鉴别，为安检部门后续危险品的处理提供依据。

市场上的主流产品能够对大多数常见的危险液体进行检测分析，可检测出500多种液体，如易燃、易爆、强氧化、强腐蚀、化学战剂、有毒有害、农药类液体等，还可以根据需求，自行添加被检测物质库，从而扩大设备的检测范围，提升设备的探测能力。

放射性物质监测仪：随着科技的发展，恐怖袭击方式也越来越多，一些非常规手段，如放射性物质，近年来已成为地铁安全面临的新型威胁之一。

放射性物质所发出的射线有多种，其中 X 射线与 γ 射线对人体具有较强的危害。在轨道交通区域内，例如在进出口通道或进出站闸机等轨道区域的必经之路，设置放射性物质监测仪，即使在大客流环境下也基本不会影响正常运营秩序。该仪器能够快速无损地对通过的人员或行李进行放射性检查，判断其中是否藏有放射性物质，为防范放射性物质的非法携带，提供了高效可靠的安检手段。

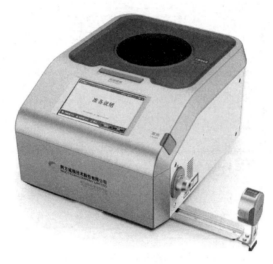

图39　液体安检仪

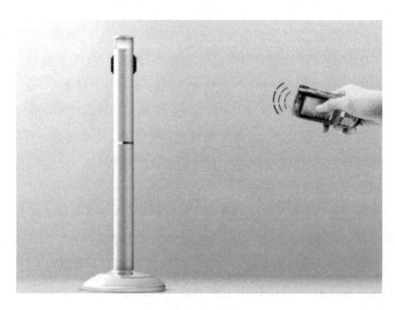

图40　放射性物质监测仪

（3）防爆处置设备

当安检人员发现危险爆炸物后，需在专业人员到达之前，进行临时处置，常见的处置设备有防爆罐、防爆毯等。

防爆罐能有效隔离和阻挡爆炸物爆炸时所产生的冲击波和碎片对周围环境造成的杀伤效应，是用于临时存放和运输爆炸物及其他可以爆炸物的防爆储运容器。

图 41 防爆罐

防爆毯是由高强度防弹纤维材料制成，当防爆毯苫盖在爆炸物上时，可有效防护爆炸物产生的冲击波和碎片，可以避免或减轻对周围人员、物品及场所的损坏，主要用于临时隔离爆炸物，临时储存及处置爆炸物品。特点是质轻、携带方便、操作简单。实际应用中，由两人提起防爆毯四角，苫盖在爆炸物或可疑物上。

（4）辅助设施

为了处置安检过程中的可能发生的一些事件，需要配备一定数量的防暴头盔、防暴盾牌、约束叉、橡胶警棍、辣椒水等防暴器具。

需要开包检查的行包配备的检查用工作台，并具有储物柜的功能。

图42　防爆毯

导流带：引导客流通过安检区域。

安检标识：有对涉及安检工作的法规、工作内容的说明，为了让旅客有更好的配合。

3. 新型安检设备介绍

随着技术的发展，一些新型技术逐渐被应用到安检防爆领域，如人工智能、大数据、毫米波、太赫兹、CT 技术的应用，给安检领域带来新的能量。

（1）X 光安检机智能识别机

X 光安检机智能识别机，是基于智能识别算法，对 X 光安检机生成的图像进行智能判别的专用设备。该设备将传统的开包台，开包站和图像识别算法集成为软硬件一体化的专用设备，具备图像智能识别、开包检查、报警联动、统计查询等多种功能。目前已经在北京地铁、厦门 BRT、重庆地铁、成都地铁有一定使用。

（2）CT 安检设备

CT 技术已被广泛应用于医疗领域，近些年，随着安检重要性的提升和技术的普及，CT 安检机已被应用于民航、海关等领域。CT 安检仪采用多角

图43　X光安检机智能识别机

度探测和图像重建技术，实现三维立体成像、CT切片图像，能再现被探测物体的轮廓，增强了对被测物品判读的准确性。

将双能材料识别技术和螺旋CT扫描技术结合，可获取被测物品密度和有效原子序数等多维信息，自动探测爆炸物、毒品、液体爆炸物等多种违禁品，可实现自动判读，精确定位爆炸物或毒品在行李中的位置，检出率更高，误报率更低。目前地铁行业还没有应用案例。

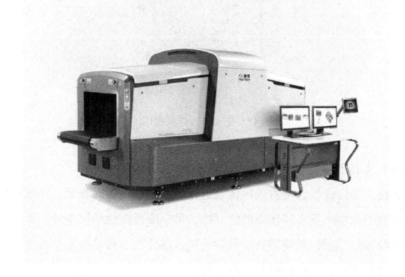

图44　CT安检设备

（3）毫米波人体安检门

毫米波人体安检门，采用安全的主动式毫米波技术，以非接触的方式对人体体表进行快速查验，可自动探测出藏匿于衣物下及人体体表的金属或非金属嫌疑物品。相比于传统的金属探测门只能探测金属嫌疑物，毫米波人体安检门的检测范围更广，提供更全面的安全保障。目前在深圳等地铁有试点应用。

图45　毫米波人体安检门

（4）太赫兹安检设备

太赫兹安检设备，可对人体体表进行远距离非接触式查验，快速有效地测出藏匿于衣物下及人体体表的嫌疑物，可探测范围包括但不局限于：金属/非金属武器、金属/陶瓷刀具、危险液体、爆炸物、毒品粉末、纸币、电子产品、塑料制品、动植物制品、凝胶等。

该设备的优势在于，通过获取人体自身发出的微弱太赫兹信号形成高对比实时图像，可对被检人员进行动态或静止实时检测，动态检测时无须被检人员停留，大大缓解地铁高峰期人流压力。目前在北京等地铁有试点应用。

图 46　太赫兹安检设备

4. 地铁安检设备发展趋势

AI 技术、大数据等技术不断发展，并且与安检技术不断融合、转化。为适应轨道交通的行业特点，未来安检设备的发展将会是集成化、智能化、大数据、服务标准化等方向。

（1）集成化

采用最新的联网集成技术，实现对各类型安检设备（X 光安检机、金属探测门、台式/便携式炸探、台式/便携式拉曼设备、毒气探测设备、RM 辐射监测设备、监控摄像机等）的网络化、智能化精确管理，实现了对安检全要素（行李、乘客、安检员、现场环境、设备状态）的远程、实时、自动化监管；实现判图、开包检查、事件处置等各安检环节的无缝集成；实现了安检事件的一键报警、多级联动处置以及全程追溯；实现了安检设备故障预警和预测修。

（2）智能化

将卷积神经网络人工智能算法，应用到对危险物品的 X 射线图像的智能识别功能中，实现 X 射线安全检查设备对危险物品自动识别和报警，提高危险物品的检出率，减少安检人员看图工作量及技术要求，提升安全运营能力。

（3）大数据

将乘客的乘车、安检、生物、身份等信息进行大数据分析，形成对乘客的潜在危险性的评估，从而进行分等级的安检，来提供安检的效果，解决地铁大客流安检的问题。

（4）服务标准化

目前安检人员的安检技能水平较低，培训时间较短，也是导致地铁安检的效力不足的一个重要因素，地铁安检人员的技能标准化将是地铁安检未来的必然趋势。

九　云平台

伴随轨道交通管理水平的提升以及新技术的应用，轨道交通信息化系统建设规模不断扩大，计算机类设备的数量显著增多。计算机类设备作为商用级设备，其网管功能较弱，配置、管理复杂，并且各个系统单独设置，为城市轨道交通设备系统的运营、维护和管理带来了诸多不便。

云计算是一种新兴的共享基础架构的方法，它可以将巨大的系统池连接在一起以提供各种IT服务。云计算也可以理解为是一种商业计算模型，它将计算任务分布在大量计算机构成的资源池上，使用户能够按需获取计算力、存储空间和信息服务。云计算将计算资源集中起来，并通过专门软件实现自动管理，无须人为参与。用户可以动态申请部分资源，支持各种应用程序的运转，从而提高效率、降低成本。

（一）云计算技术发展现状

维基百科对云计算的定义是：云计算是一种基于互联网的计算新方式，通过互联网上异构、自治的服务为个人和企业提供按需即取的计算。由于资源是在互联网上，而互联网通常以云状图案来表示，因此以云来类比这种计算服务，同时云也是对底层基础设施的一种抽象概念。云计算的资源是动态扩展且虚拟化的，通过互联网提供，终端用户不需要了解云中基础设施的细节，不必具有专业的云技术知识，也无须直接进行控制，只关注自身真正需要什么样的资源以及如何通过网络来获得相应的服务。

云计算技术发展前后共经历了三次大的技术升级。主要是第一阶段传统IT设备的集中化、第二阶段虚拟化技术发展、第三阶段资源池技术发展。

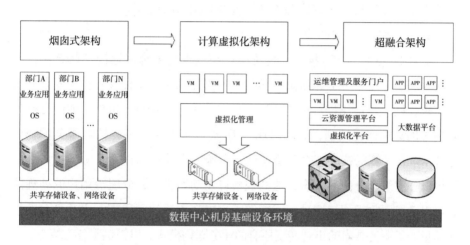

图 47 IT 架构演进趋势

1. 传统 IT 设备的集中化阶段

随着信息化全领域的深入发展，传统烟囱式 IT 资源架构模式越来越凸显出基础设施分散、网络资源浪费、资源利用率低下等问题，同时新业务与既有业务的规划、部署、统一方面也困难重重。因此提出了对 IT 设备集中管理的想法，伴随着 IT 资源的物理集中，数据中心基本完成了自身的标准化建设，新业务部署的规划、可控，同时为了应对自然灾害等突发情况，开展了灾备数据中心建设。

2. 虚拟化技术发展阶段

但是随着业务量的快速发展，数据中心的 IT 基础设施需求扩张速度远远超过建设速度，而且 IT 服务需求是动态变化的，服务需求量小的系统运行在独占的硬件资源中，服务需求量大的系统不能正常部署，造成大量资源浪费以及建设成本居高不下，为了降低成本、提升 IT 运行灵活性、提升资源利用率发展出了虚拟化技术，虚拟化技术主要集中在计算资源、存储资源虚拟化。虚拟化屏蔽了不同物理设备的异构性，将基于标准化接口的物理资源虚拟化成逻辑上也完全标准化和一致化的逻辑计算资源（虚拟机）和逻辑存储空间。虚拟化可以将多台物理服务器整合成单台，每台服务器上运行多种应用的虚拟机，实现物理服务器资源利用率的提升。

3. 资源池技术发展阶段

随着 IT 技术的深入推广，传统生产领域也越来越多地推广信息化，但是在发展中出现了业务系统数据传递、网络需求、安全标准等更为复杂的技术需求，同时在应用推广中也出现即使采用了虚拟化技术依然不能满足业务对资源的需求变化问题，因此出现了 IT 资源可弹性扩展、按需服务的资源池技术。云计算的核心理念是资源池，资源池将计算和存储资源虚拟成为一个可以任意组合分配的集合，池的规模可以动态扩展，分配给用户的处理能力可以动态回收重用。这种模式能够大大提高资源的利用率，提升平台的服务质量。资源池技术的出现转变原有的业务架构模式，以提供服务为核心。

在以服务为核心的发展理念下，发展出了 IaaS（基础设施即服务）、PaaS（平台即服务）、SaaS（软件即服务）的云计算平台类型。IaaS 是以资源池为核心，以虚拟化、动态化技术为支撑构建计算、存储、网络资源池，并通过云管平台对基础设施服务进行实时监管。PaaS 是在基础设施资源池化的基础上还同时具备业务开发运行环境，为企业业务创新提供快速低成本的环境。SaaS 是运行在基础设施平台上的软件也是可以按需使用，不需要每个都购买、安装。

建立在云计算技术发展基础之上的城市轨道交通云平台技术，是充分利用云计算技术对城市轨道交通企业的资源进行整合，打通各专业系统数据壁垒，提升整体信息化系统的弹性、动态性、整体性。

目前城市轨道交通云平台的技术发展处于 IaaS 阶段，传统城市轨道交通领域，生产业务系统、企业管理信息系统、乘客服务管理系统都是单独建设，而且综合监控系统、视频信息系统、乘客信息系统、门禁系统等各业务系统的硬件设备也是"各自为政"，业务系统之间数据共享壁垒重重。随着云计算、大数据、物联网等新技术与城市轨道交通的深度融合，新一代信息化体系架构助推基于 IaaS 架构的城市轨道交通云平台建设发展。

（二）城市轨道交通云平台发展技术现状

基于安全考虑，当前城市轨道交通业务系统仍采用物理隔离方式建设，即"烟囱式架构"。城市轨道交通建设的加快，要求业务系统快速上线，缩短城市轨道交通开通运营周期；运营效率的提升，要求各业务系统之间的信息交互更加频繁，实时性要求更高；运维管理的简化，要求实现所有业务系统的 ICT 资源集中管理，可视化监控。

随着城市轨道交通的快速发展，城市轨道交通信息化发展也迎来了"云化时代"，城市轨道交通云平台技术是云计算技术在城市轨道交通信息化技术发展过程中创新融合的成果。云计算技术的发展为轨道交通信息化系统的升级改造提供了新的解决方案，国内各城市也在积极探索云计算技术与城市轨道交通信息化系统的融合创新模式，并取得一定成效。

国内目前已针对城市轨道交通云平台的技术应用展开了深入研究，研究探索主要从两个方面展开：一是业务系统云化部署；二是运用云计算技术有效提升城市轨道交通信息化发展。

1. 业务系统云化部署

出于安全考虑，与城市轨道交通运营生产管理相关的传统业务系统（例如综合监控系统、乘客信息系统、售检票系统等）都是各自配置 IT 基础设施，建设规模在建设之初根据客流预测、线路数据等确定。但是往往设计会预留 30% 的设计余量，而且前期调研信息不足等可能造成设计规模与实际运营规模不匹配，此外随着线路运营时间的增长，应用服务需求也会发生变化，因此传统的固定规模建设模式往往给后续运营中服务升级等带来一定困难，因此随着云计算技术的发展，开始出现了业务系统云化部署的尝试，可一定程度解决基础设施的可扩展性，同时极大提升基础设施资源利用率。

2. 基于云平台的信息系统架构研究

随着云计算技术的成熟与城市轨道交通智慧化运营、维护需求的发展，慢慢又发展出一种基于云平台的信息系统架构。

（1）城市轨道交通云平台构成。城轨信息化云平台应由中心云平台、站段云节点构成，同时根据应用系统的灾备需求建设灾备中心，灾备中心一般有数据级容灾和应用级灾备，根据不同业务的特点需要，选择不同的灾备方式。

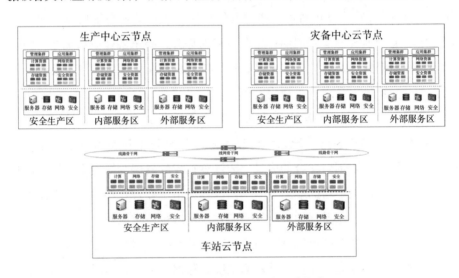

图 48　城市轨道交通云平台系统构成

（2）城市轨道交通云平台逻辑架构。城轨云平台逻辑架构包括 IaaS 层、PaaS 层和 SaaS 层。IaaS 层提供逻辑化/池化后的计算、存储、网络、安全等软硬件资源池及封装后的多种 IaaS 服务，用户可在 IaaS 服务基础上部署和运行操作系统和各种应用软件。PaaS 层为客户提供应用共性所需的部署、管理和运行应用程序的环境和服务，主要包括数据管理、中间件、并行计算、流程管理、SOA、开发测试平台等服务。SaaS 层可为客户提供城轨信息化相关业务应用。

目前正在实施的云计算平台承载安全生产网、内部管理网、外部服务网的多业务应用系统，为安全生产网、内部管理网、外部服务网单独划分逻辑独立的计算、存储、网络资源，提供 IaaS 层服务。其中计算资源池构建时根

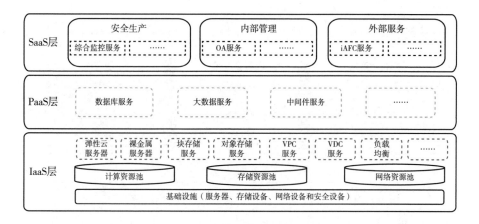

图 49　城市轨道交通云平台逻辑架构

据虚拟机资源池和物理机资源池的各自特点，针对承载业务的特性选择云主机服务器类型；数据中心存储资源池配置时主要存储类型有 FC SAN、IP SAN。

（3）城市轨道交通云平台网络架构。根据各类业务应用系统的功能定位、应用及管理需求，云平台网络划分为安全生产网、内部管理网、外部服务网。安全生产网主要用于部署运营生产类等业务应用，包括线网运营指挥中心系统、安全生产系统大数据平台系统、信号 ATS 系统、自动售检票系统、综合监控系统、门禁系统、乘客信息系统、专用电话系统、LTE 系统、车辆智能运维系统等。内部管理网主要用于部署运营管理、企业管理、建设管理、资源管理等面向企业内部用户服务的业务应用，包括运营管理系统、企业管理系统、建设管理系统、企业管理信息系统大数据平台等。外部服务网主要用于部署乘客服务类等面向外部或公众用户服务的业务应用，包括乘客服务管理系统、互联网购票平台、线网智慧客流组织系统、视频监视系统、企业门户网站、公务电话系统等。构建运维管理网，实现对云平台的运维管理、IT 设备管理、安全管理及运维审计等功能。

（4）城市轨道交通云平台安全管理体系。在并行计算、分布式计算、虚拟化等技术基础上发展起来的云计算技术，拥有按需自助服务、对网络资源、存储资源、计算资源快速弹性提供服务的特点，但同时出现信息资源、

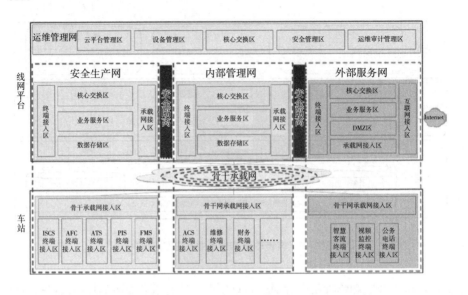

图 50　城轨云平台网络架构示意

数据流动、应用访问的高度集中，带来一系列安全隐患。因此，针对云平台技术特点，遵循"系统自保、平台统保、边界防护、等保达标、安全确保"的总原则，从管理和技术两方面提出相应安全策略保障平台安全稳定。

管理方面首先根据城轨云平台新的业务架构优化传统运营管理组织架构，并在此运营管理组织架构中充分考虑运营管理的授权、复合流程及分配，避免从而从管理上确保系统安全。技术安全策略主要有虚拟化安全策略、网络安全策略、主机及应用安全策略、数据安全策略。

安全生产网、内部管理网和外部服务网从功能区和业务系统两个维度进行逻辑隔离防护，可根据区域权限将网络划分，也可根据业务系统划分网络。安全生产网、内部管理网和外部服务网分别部署安全设备，对功能区之间、业务系统之间的流量进行访问控制，并及时发现并阻断网络入侵行为、病毒传播、DoS 攻击等各类网络攻击。

（5）城市轨道交通云平台主要业务系统架构。为了提升运营维护管理水平，提高应用及数据的安全性，将传统系统架构下每个车站单独设置综合监控、通信、AFC 各业务系统车站级服务器、机房集中部署，有效降低地下车站对机房空间、电力、环控、消防等资源利用率，同时提升服务器及终端运维管理。

此外基于云平台架构模式下，对综合监控系统（ISCS）、自动售检票系统（AFC）、乘客信息系统（PIS）、门禁系统（ACS）、信号系统（ATS）等核心业务系统架构也进行了架构优化探索。

①综合监控系统架构

综合监控系统具备控制功能、监视功能、报警管理、趋势分析、报表生成、权限管理、系统组态、档案管理、系统维护和诊断等功能。

传统综合监控系统分线路中心级、车站级两级管理，线路中心级、车站级和现场设备级三级控制，设置线路中心级、车站级服务器及终端。传统系统在控制中心、车站对多个系统获取的信息进行综合处理并整合，为管理者提供一个友好、完整和统一的人机界面，使各机电系统在统一的信息平台的监控下可靠、高效、节能地运行，实现城市轨道交通设备、环境、供电等监控的集中运营管理，从而提高城市轨道交通运营管理的自动化水平，降低人工操作的复杂性及强度。

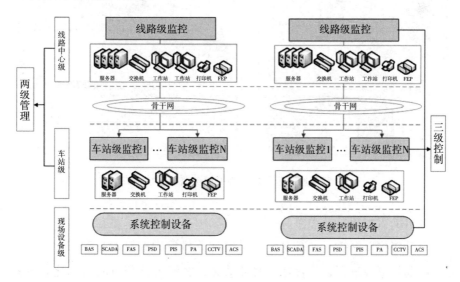

图51 传统综合监控系统构成

城市轨道交通云平台架构下综合监控系统（ISCS）采用线网/线路中心级综合监控系统、车站级综合监控系统两级系统架构。线网/线路中心级综合监控系统具备对全线被集成系统的监控和管理，以及对互联系统的监控和联动控制管理功能，当主控中心级综合监控系统故障后，系统可通过灾备中心实现线网、线路中心级系统的监控功能。车站级综合监控系统具备本车站被集成系统的监控和管理，以及对互联系统的监控和联动控制管理功能，当线网/线路中心级综合监控系统故障后，系统可通过车站级系统实现系统降级功能。

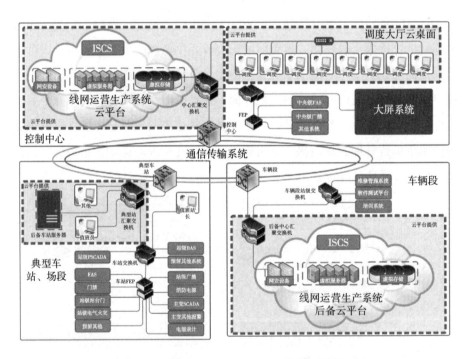

图 52　城轨云平台架构下综合监控系统构成

②自动售检票系统架构

自动售检票系统（AFC 系统）是由计算机集中控制的自动或半自动售票、自动检票及进行票务管理、财务结算、客流统计分析的自动化管理系统。采用 AFC 系统可实现计程计时票价制。AFC 系统不仅能为乘客提供方便、快捷的售检票服务，而且是实现城市轨道交通综合自动化，提高运营管理水平的必要手段。

传统 AFC 系统由清分中心系统、线路中心系统、车站系统、检售票终端、车票五层构成。其中清分中心系统完成整个线网的全局性管理功能，线路中心完成本条线的集中管理功能并向清分中心上传数据，车站系统处理本车站的数据并向线路中心上传数据。一条线路的 AFC 系统，分线路级、车站级和现场终端设备级共三级。

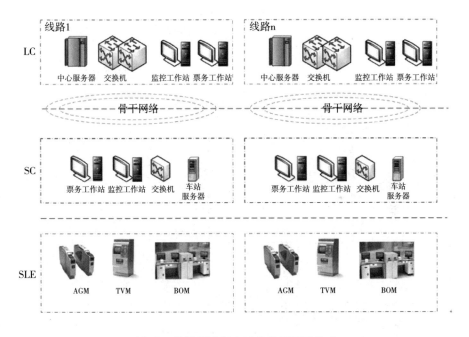

图53　传统线路级自动售检票系统构成

城市轨道交通云平台架构下自动售检票系统由清分中心系统、多线路中心系统、车站级系统组成。并设置维修系统、培训系统作为辅助。清分中心系统（ACC）负责所有轨道交通票卡票种、所有一卡通票种、互联网购票、其他发卡商的票种等交易数据的清分，负责线路的收入统计及线路间收入的清分。互联网购票子系统包括电子支付平台系统和手机 APP 平台，在传统票务系统基础上，实现互联网购票的票务功能。多线路中心系统（MLC）

负责收集线路（区域内）所有车站的各类数据，向所管理线路的车站主动发起或转发系统上层发来的控制命令及控制参数，负责为线路工作人员提供所管理线路内所有车站、终端设备运行状态，对线路内运营情况、收益、票卡的使用等情况进行统计分析。车站中心系统（SC）负责监控和管理车站终端设备，为车站工作人员提供车站终端设备运行状态及收益的统计报表，当多线路中心系统故障后，系统可通过车站级系统实现系统降级功能。

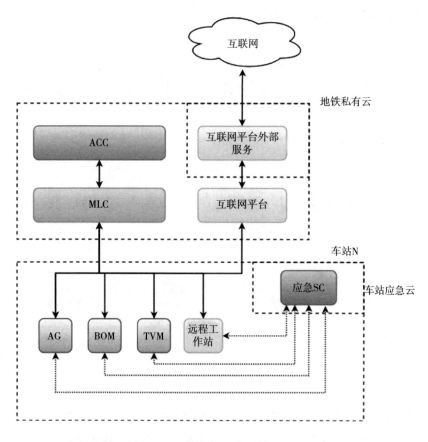

图54 城轨云平台架构下自动售检票系统构成

③乘客信息系统（PIS）

乘客信息系统通过文字、图像为进出车站的旅客提供列车到发等有关信息，引导旅客快捷方便地乘车，而且可为候车旅客提供新闻节目、播放广告等服务。灾害情况下，具备紧急疏散引导显示功能。

传统乘客信息系统主要分线路中心级、车站级、现场终端设备级共三级。

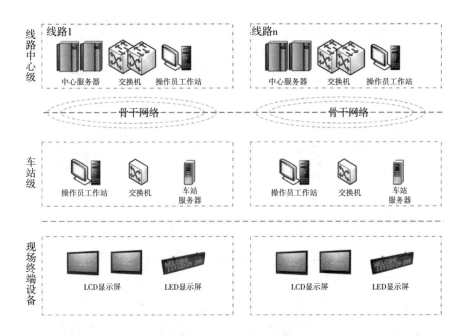

图55 传统乘客信息系统构成

城市轨道交通云平台架构下城市轨道交通乘客信息系统由线网中心级系统、车站/列车两层结构构成。运营控制中心系统设备（视频处理的专业设备除外）纳入信息系统云平台，车站的服务器和工作站纳入车站级云平台，车站其他设备独立物理部署，列车级设备独立部署。

④门禁系统（ACS）

根据城市轨道交通工程的特殊条件和特点，为确保城市轨道交通安全运营，保证授权人员在授权情况下方便地进入设备及管理区域，防止非授权人员进入限制区域，在控制中心、车站、车辆段的设备房及管理用房设置门禁系统。

传统门禁系统主要分线路中心级、车站级、现场终端设备级共三级。

城市轨道交通云平台架构下门禁系统由中心级和终端级两个层级组成，

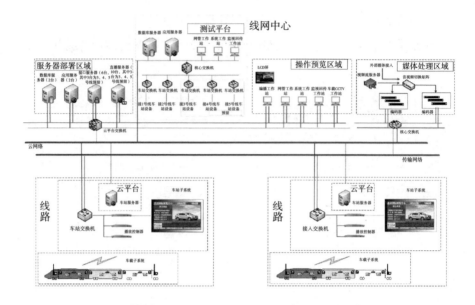

图 56 城轨云平台架构下 PIS 系统构成

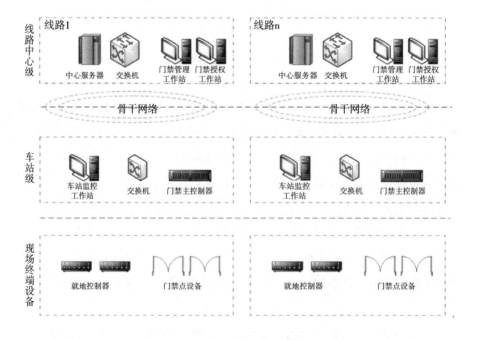

图 57 传统门禁系统构成

系统支持常规运行模式、降级运行模式（含离线模式）、紧急运行模式，并含有测试模式、维护维修模式。

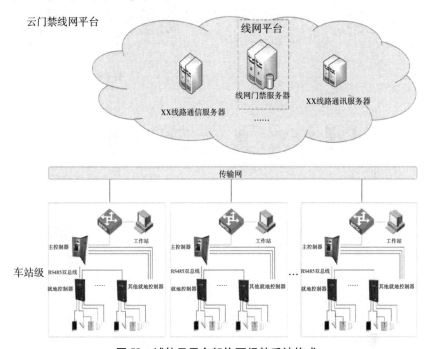

图58 城轨云平台架构下门禁系统构成

⑤视频监视系统（CCTV）

视频监视系统是轨道交通运营管理现代化的配套设备，是调度员和车站值班员监视列车运行、掌握客流大小和流向、提高行车指挥透明度的辅助通信工具，是列车司机在车站停车后监视旅客上下车、掌握开关车门时间的重要手段。在正常情况下用来加强运行组织管理，提高效率，保证安全正点地运送旅客。当车站发生灾情时，视频监视系统可作为防灾调度员指挥抢险的指挥工具。

传统视频监视系统主要分线路中心级、车站级、现场终端设备级共三级。城市轨道交通云平台架构下视频监视系统由线路中心级、现场终端设备级组成，将所有视频信息汇聚到控制中心，在控制中心有视频分析设备，所有的视频存储可选择私有云或公有云存储方式。有效改善传统模式地下车站机房受城市轨道交通运行震动影响，导致的CCTV等系统存储设备的高故障率。

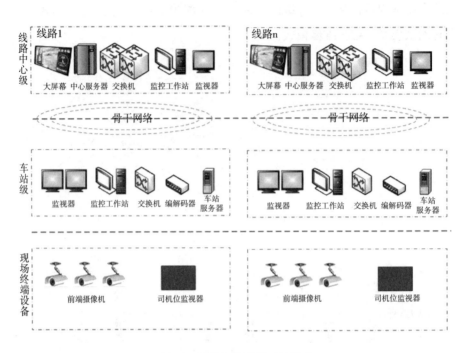

图59 传统视频监视系统构成

⑥信号系统

列车自动运行监视系统是城市轨道交通信号列车自动控制系统（ATC）的重要组成部分，主要完成列车信息（位置、车次号、运行状态）、进路、轨旁信号设备监督，运行时刻表编制、调整，运营数据统计查询等功能，实现列车、线路监控，列车运行控制，列车时刻表/运行图管理、编辑，故障复原等功能，保证行车安全。ATS系统与信号其他子系统（ATP、ATO、CI）通过信息交换网络构成闭环系统，保证行车安全、提高综合运营效率，缩短行车间隔，促进管理现代化和提高服务质量。

传统ATS系统由中心级ATS设备、车站级ATS设备及现地控制设备和ATS承载网络组成。正常情况下，中心ATS系统按时刻表自动控制全线列车运行，中心设备或通道故障时可转为车站自动控制或车站人工控制（现地控制）。

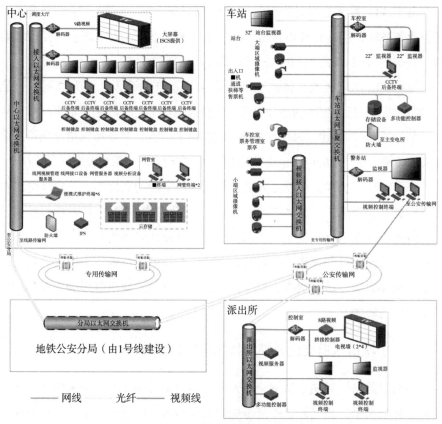

图 60　城轨云架构下视频监视系统构成

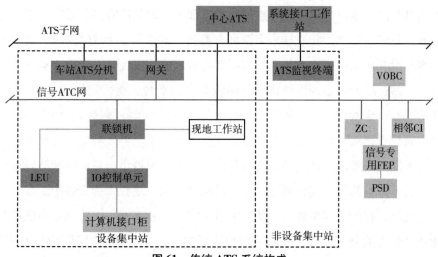

图 61　传统 ATS 系统构成

由于 ATS 系统是控制列车运行的核心信息系统，对安全等级要求高于其他业务系统，因此在城市轨道交通云平台架构下，ATS 系统不改变传统架构，只是将线网/线路控制中心 ATS 设备云化部署。

站在城市轨道交通总体高度考虑自动化系统的建设，更大范围的信息（资源）共享，更高程度的系统集成，将会提高整个工程的建设水平，打破传统"信息孤岛"，构建以云计算为核心的新 ICT 平台，是城市轨道交通可持续发展的关键。云技术的应用也将成为城市轨道交通自动化系统未来的发展方向。

采用云计算技术，可以充分提高系统硬件资源的利用率，节省耗电成本和空间成本，降低工程总体造价。同时，轨道交通各业务应用系统可按照云计算的统一标准进行开发实施、部署，可以方便地对各类业务工作进行标准化管理，从而降低管理成本的同时，也节约系统的运行成本。同时应用系统实现从乘客服务、运输指挥、安全管控、企业管理、建设管理的经验导向到数据导向的转变。

（三）城市轨道交通云平台技术应用情况

国内目前已针对城市轨道交通云平台的技术应用展开了深入研究，研究探索主要从两个方面展开：一是考虑到安全与既有线路改造困难，在新建线路中针对部分业务系统在不改变系统原有架构基础上使用云化部署方案，此方案可解决单系统的资源弹性扩展与动态部署，但是没有打破系统与系统之间的信息传递壁垒，代表城市有深圳、温州、武汉等，目前温州 S1 线一期工程西段开通试运行；二是充分利用新建城市的后发优势在建设之初就搭建基于车站、线网中心两级架构的线网级融合云平台，将传统模式下的车站、线路中心、线网中心的三级架构进行优化升级，后续新线接入线网中心云平台，而且根据城市轨道交通业务系统安全等级、生产调度响应及时性等要求配置不同的资源池，代表城市有呼和浩特、太原等城市，目前呼和浩特市已完成技术方案研究、验证测试、用户需求书编制，正在工程实施中。

此外，在推动城市轨道交通云平台技术的创新实践中，中国城市轨道交通协会牵头编制了《新一代智慧城轨体系的信息技术系统的 IT 架构及信息安全规范》，在此基础上，正在推进针对云平台架构、网络架构、安全保护、线网指挥调度、大数据平台五个方面相关技术标准、设计标准的编制工作。规范的编制、发布对城市轨道交通云平台的推广发展将起到引领作用。

（四）城市轨道交通云平台技术发展趋势

目前，城市轨道交通云平台技术尚处于起步阶段，基于云平台的城市轨道交通的信息化系统建设还没有形成固定模式，同时基于云平台架构下传统生产业务系统的技术架构尚处于验证阶段。在新架构下如何更高效、安全地指导运营生产调度、维护维修保障，如何与 BIM 技术、AI 技术的融合等都是城市轨道交通云平台新的发展方向。

1. IaaS 层服务向 PaaS、SaaS 层发展

目前城市轨道交通云平台技术应用主要集中于 IaaS 层架构分析、实践，下一阶段将依托云平台、大数据平台向 PaaS、SaaS 层发展，深度挖掘平台数据，向智慧调度、智慧运维、智慧应急、智慧决策发展，进一步将运维信息反馈到建设阶段，实现建设—运营—运维—指导建设的闭环智慧化发展，实现各业务系统数据的智能联动，真正提升城市轨道行业的信息智能化。

2. 云计算与人工智能结合

人工智能（Artificial Intelligence，AI）它是研究、开发用于模拟、延伸和扩展人的智能的理论、方法、技术及应用系统的一门新的技术科学。人工智能是计算机科学的一个分支，它企图了解智能的实质，并生产出一种新的能以人类智能相似的方式做出反应的智能机器，该领域的研究包括机器人、语言识别、图像识别、自然语言处理和专家系统等。人工智能从诞生以来，理论和技术日益成熟，应用领域也不断扩大，可以设想，未来人工智能带来的科技产品，将会是人类智慧的"容器"。人工智能可以对人的意识、思维的信息过程进行模拟。

基于云平台技术构建的城市轨道交通云平台打破了传统业务系统数据壁垒，基于云平台建立的大数据平台，可以利用海量数据、充分挖掘数据的力量，结合 AI 技术，实现城市轨道交通的智能运维、智能分析。随着海量数

据的汇聚，云平台技术与 AI 技术的结合将是下一步城市轨道交通云平台建设的核心方向。

3. 私有云与公有云共存的融合云模式应用

运用公有云平台，企业不需要自己建设数据中心，不用关心虚拟化、网格等方面的技术难点，省去了云平台维护维修的技术、人才成本，只需选择一个信得过的云计算服务提供商。

不同于公有云可以直接使用最终的产品，私有云更多的是考虑"云"本身的建设，更关注构建云平台的技术、超大规模、高可用性、成本低廉的数据中心。

对于中小企业来说，公有云是一个不错的选择，云计算服务提供商提供云计算平台。但是对那些想利用云计算平台特性、对安全性要求比较高的大型企业来说，往往采用构建私有云平台。

城市轨道交通主要是面向市民提供市内交通出行解决方案，因此对安全性要求极高。所以目前国内几乎所有的城市轨道交通建设企业都在构建私有云平台。

随着对城市轨道交通信息系统架构及关键业务系统架构的优化，也出现了根据业务内容不同采用私有云与公有云配合使用的混合云模式。例如目前呼和浩特正在探索将与城市轨道交通生产安全、调度指挥相关的业务系统部署到私有云平台，将视频信息、安防信息等部署到公有云平台，采用混合云模式可充分利用已完成建设的公有云基础设施条件，同时降低云计算基础设施维护、保障等成本。该方案目前正在工程实施中。

4. 云计算与 BIM 技术结合

建筑信息模型（Building Information Modeling，BIM）通过三维可视化为主导的设计手段，融合了规划、设计、施工、运营阶段的建设全生命周期的工程数据，使得设计的建筑构件带有价格、时间、型号和规格等工程信息，这些信息相互关联并被重复利用，经过各种深入的再分析，在施工、运营等建造过程的各个阶段传递。这些信息在正式运营后为更好地服务维护维修，同时利用既有工程数据更好指导新线工程的规划设计过程中发挥重要作用。

城市轨道交通云平台作为未来企业发展整体信息化平台的核心，将工程数据与运行数据如何有效融合也是未来重要发展方向之一。

十 建筑信息模型（BIM）系统及应用

（一）概述

建筑信息模型（Building Information Modelling，BIM）是一种强调对工程项目全生命周期相关信息进行参数化表达及集成化管理的里程碑技术。研究表明，BIM技术的应用可消除多达40%的预算外变更，缩短7%的建设工期，节省10%～17%的运营成本，减少50%的建筑物温室气体排放量。BIM不仅是建筑实体的三维图形表达，它还集成了建设工程项目各项功能特性数据，其核心是在不同项目阶段为各参与方提供一个信息交流平台，以数字化、可计算的形式提供一致的图形信息和非图形信息，目的是促使各参与方加强协作、增强工程项目信息的透明性和及时性，以提供有力的决策支持、提高工程项目质量、提升工程项目价值。因此，在城市轨道交通项目中使用BIM技术，可以在设计、施工、运维等项目阶段对工程进度、质量、安全、造价等进行有效的管理控制。

城市轨道交通项目具有投资规模巨大、建设周期长、资产类型与数量多、物资品种庞杂，系统专业性强、专业数量多、集成程度高、隶属关系复杂，设备全生命周期长、智能化程度高、技术更新快、设备运行安全性要求高等特点。如何实现国有资产的保值增值，在资产生命周期内能充分发挥资产效用，提高资产使用效率，使投资效益最大化并能通过有效的成本管理方法合理控制成本，是资产管理的最终目标。同时，随着城市轨道交通企业信息化的不断发展，资产全生命周期中各业务领域的信息化覆盖程度不断提高，要以资产一体化的要求对相关系统进行整合优化，以共同发挥资产全生命周期管理的作用。目前BIM技术已经开始在城市轨道交通项目慢慢普及，从以往在设计和施工阶段应用为主逐渐过渡到运营阶段的应用，同时由单一的设计和施工企业应用为主转变为业主方在项目设计、施工以及运维阶段全面应用，而且 BIM 技术的可视化、集成化优势特别适用于城市轨道交通资产管理。

（二）技术现状

1. 城市轨道交通行业 BIM 技术发展现状

城市轨道交通项目的建设线路长，工期紧，沿线外部接口繁多，地下及地上作业环境复杂，施工空间小，被认为是高风险的系统工程，而且对各专业间的施工及协作有着非常高的要求。BIM 技术是一项可以提升生产效率的关键技术，通过 BIM 技术建立三维模型可以实现建设项目的可视化管理，还可以设定或后续补充设备及管线的性能参数、维修状况等，对城市轨道交通具有重要价值的信息，发挥 BIM 技术在工程项目全生命周期应用真正的价值。

根据最新的行业调查结果，截至 2018 年 12 月，全国已有 29 个城市 107 条轨道交通线路使用了 BIM 技术。在北京、上海、广州、深圳、无锡、南京等城市的轨道交通工程中，业主在合同中明确规定需要使用 BIM 指导设计与施工，主要应用于建设期，部分应用于运营期。城市轨道交通线路进行 BIM 应用的具体阶段统计如图 62 所示，其中 BIM 技术应用在设计和施工阶段为 92 条，运维阶段为 34 条，仅设计阶段为 14 条，仅施工阶段为 1 条，全过程为 13 条。

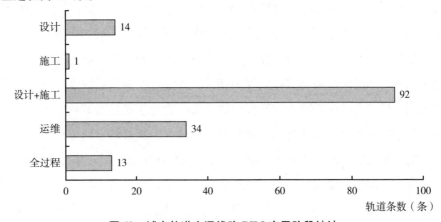

图 62　城市轨道交通线路 BIM 应用阶段统计

设计阶段是目前国内城市轨道交通 BIM 应用最广泛、最成熟的阶段。车站管线综合及构建数字管线是目前 BIM 技术应用的重要切入点，针对管线拆迁模拟、道路仿真模拟、场地现状仿真、装修效果可视化、工程量复核、大型设备检修路径复核等其他设计阶段 BIM 技术应用点的探索也在积极推进。

据不完全统计，现阶段 BIM 技术在城市轨道交通中常见应用点共有 11 个，但应用不够深入，大多集中于设计阶段和施工阶段，全国应用 BIM 技术的轨道交通线路中使用 BIM 进行管线综合的有 106 条、碰撞检查 105 条、净空分析 104 条、施工模拟 87 条、方案比选 84 条、BIM 平台 64 条、工程量计算 61 条、质量验收管理 53 条、进度模拟 51 条，但设施管理方面仅 25 条，预制加工仅 9 条，如图 63 所示。

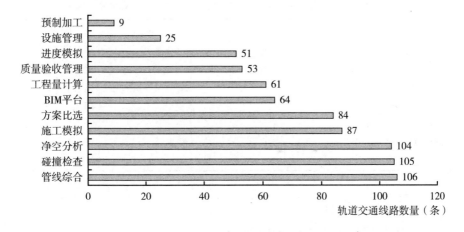

图 63　国内 BIM 技术在城市轨道交通项目中应用点统计

在城市轨道交通项目中，BIM 技术应用能够提高工程项目整体管理水平，并为运营和维护提供大量相关设施设备数据，但 BIM 在轨道交通项目运营及维护期的应用仍处于发展阶段，在实际工程应用中的规模较小，应用范围也比较狭窄，距达到其建筑项目全生命周期的深度还有很长的距离。如何最大限度利用 BIM 技术在城市轨道交通项目全生命周期信息管理中的集成优势，实现 BIM 技术在城市轨道交通的深度应用，是今后 BIM 在城市轨道交通发展的一个方向。

2. 城市轨道交通领域的 BIM 应用软件

（1）BIM 核心建模软件

奔特力（Bentley）、欧特克（Autodesk）、达索（Dassault）及 Tekla 是国内城市轨道交通领域应用较为广泛的 BIM 软件，不同软件有自己的 BIM 系统平台和数据交换接口。BIM 软件是 BIM 技术应用的一大关键条件。城市轨道交通项目是规模大、技术复杂的系统性工程，要求不同专业之间进行全面的沟通与协作，实现各种形式的信息交互。因此，BIM 软件的三维建模、开放性与数据处理等方面的能力对于轨道交通项目而言非常重要。这四种 BIM 软件在城市轨道交通工程中的功能差异如表 9 所示。

表 9　BIM 软件在城市轨道交通工程中的功能差异分析

评价标准	Autodesk 系列	Bentley 系列	Tekla	Dassault
擅长领域	房建	基础设施	钢结构	异形构件
上手难易	易	较难	中	难
参数化	中	弱	弱	强
交互性	强	弱	中	弱
二次开发	易	难	中	难
软件价格	适中	贵	较贵	贵
相关资料	多	少	中	中

（2）模型应用软件

①基于 BIM 的建设期协同管理及项目管理系统

建设期协同管理及项目管理系统一般采用浏览器及移动端访问，主要功能包括模型的整合漫游、分享协同、进度管理、质量管理、安全管理、造价管理、文档管理及竣工交付。该类软件系统中，协同管理系统已出现多个商用平台，如广联达的协筑。面向业主方的项目管理系统一般由业主组织进行定制开发，重点覆盖进度管理、质量管理、安全管理、文档管理和竣工交付等管理功能。面向施工单位的施工管理系统，重点覆盖进度管理、质量管理、安全管理、文档管理、合同管理、成本管理、物料管理等精细化施工管理内容。

②基于 BIM 的运营期运维管理系统

基于 BIM 的运营期运维管理系统主要功能包括模型的整合漫游、分享协同、资产管理、空间管理、集成监控、应急处置、巡检管理、养护维修管理等运营期基于设施设备的精细化管理相关功能。由于国外相关软件所固化的运维管理模式和国内的实际管理模式有较大差异，该类软件系统一般采用定制开发方式。

（三）应用情况

1. BIM 技术应用标准

2012 年 1 月，住建部将"建筑工程信息模型应用统一标准"等六本 BIM 标准列为国家标准制定项目。2013 年 1 月，住建部将"建筑工程施工信息模型应用标准"列为国家标准制定项目。2013 年 1 月，中国工程建设标准化协会 BIM 标准专业委员会成立，简称中国 BIM 标委会。

2013 年，作为轨道交通行业首个自发性自律组织，铁路 BIM 联盟成立，会员单位数量已由成立之初的 24 家，发展到目前的 90 多家。铁路 BIM 联盟以"联合、共享、引领、创新"为理念，积极推进 BIM 技术在铁路工程设计、建设、运营全生命周期的应用。铁路 BIM 联盟采取"标准先行"的发展战略，规划中国铁路 BIM 标准体系，制定各项铁路 BIM 标准，明确技术标准和实施标准两大主要序列，制定先技术标准、后实施标准的技术路线图，先后组织完成 13 项标准的编写和发布，有效地保障各个阶段间信息的高效流转和利用，支撑铁路建造各个环节的有序衔接，整合铁路全产业链资源，并分专业、分层次对标准进行验证和完善。

2016 年，由中国 BIM 发展联盟发起、中国 BIM 发展联盟成员单位编写的《专业 P - BIM 软件技术与信息交换标准》正式发布。系列标准由 21 个专业标准组成，涵盖了建筑工程全生命周期各阶段，包含地基基础设计、规划和报建、规划审批、混凝土结构施工图审查、建筑基坑设计、绿色建筑设计、岩土工程勘察、电气设计、混凝土结构设计、混凝土施工、砌体结构设计、钢结构设计、地基与基础工程监理、钢结构施工、工程造价管理、机电施工、建筑设计、给水排水设计、建筑空间管理、竣工验收等 P－BIM 软件技术与信息交换标准。

表 10 重点归纳了我国现有的城市轨道交通工程有关 BIM 的标准及其要点，其中包括住建部编制的一系列 BIM 技术国家标准，以及我国各地包括上海、深圳、河北、江苏、广东、浙江、山西等地编写的 BIM 技术地方标准。

表 10 国内城市轨道交通工程 BIM 标准编制现状

标准名称	编制主体	标准类型	编制情况	备注
铁路工程信息模型分类和编码标准	铁路 BIM 联盟	团体协会标准	颁布	规范了铁路工程信息模型的分类、编码
铁路工程信息模型数据存储标准			颁布	规范了铁路工程信息模型数据存储
铁路工程信息模型表达标准			颁布	规范了铁路工程信息模型表达
铁路工程信息模型交付精度标准			颁布	规范了铁路工程信息模型交付精度
铁路工程信息模型设计阶段实施标准			颁布	明确了铁路工程信息模型设计阶段实施标准
铁路工程信息模型施工阶段实施标准			颁布	明确了铁路工程信息模型施工阶段实施标准
城市轨道交通建筑信息模型交付标准	上海申通地铁	企业标准	颁布	为 BIM 模型交付制定统一标准
城市轨道交通建筑信息模型应用技术标准			颁布	
城市轨道交通工程建筑信息模型建模指导意见	上海申通地铁	企业标准	颁布	用以建设过程中对建筑信息模型的技术管理
城市轨道交通建筑信息模型族创建标准			颁布	为创建族统一标准
城市轨道交通设施设备分类与编码标准			颁布	以建设成果进行单层次分类
城市轨道交通地下管线信息模型数据规则			颁布	规范模型的数据规则
城市轨道交通岩土工程勘察信息模型数据规则			颁布	

标准名称	编制主体	标准类型	编制情况	备注
基于 BIM 的设备管理编码规范	广州地铁	地方标准	在编	为 BIM 建模和设备编码工作制定统一标准
城市轨道交通 BIM 建模与交付标准			在编	
太原市轨道交通设施设备分类及编码标准	太原地铁	企业标准	颁布	为设施设备分类编码和 BIM 建模工作制定统一标准
太原市轨道交通建筑信息模型(BIM)建模标准			颁布	
城市轨道交通设施设备分类与编码标准	山西省住建厅	地方标准	立项在编	规范了轨道交通工程中设施设备的分类与编码
城市轨道交通信息模型(SIM)建模标准			立项在编	规范了轨道交通 BIM 模型的涉及范围、内容要求及属性信息
城市轨道交通信息模型(SIM)数字化交付标准			立项在编	规范了轨道交通数字化竣工交付要求
城市轨道交通信息模型(SIM)全生命期应用标准			立项在编	规范了轨道交通全生命周期的 BIM 技术应用点及应用流程
城市轨道交通信息模型交付标准	上海市住房和城乡建设管理委员会	地方标准	颁布	为 BIM 建模工作制定统一标准奠定基础
城市轨道交通信息模型技术标准			颁布	
城市轨道交通工程 BIM 设计交付标准	住房和城乡建设部质量安全监管司	研究性标准	通过验收	为 BIM 建模工作制定统一标准奠定基础
轨道交通工程竣工 BIM 模型交付标准研究	住房和城乡建设部	标准研究性课题	通过验收	为竣工交付标准奠定基础

根据国内城市轨道交通工程 BIM 标准编制现状分析，当前正在研究制定的标准中，面向数据标准的制定工作较少，且集中于企业标准层次，影响力小，这将限制 BIM 技术在数据共享与协同方面的应用，影响 BIM 应用价值实现。

2. 国内城市轨道交通行业应用案例

近年来，随着 BIM 技术应用价值的日益凸显，BIM 在城市轨道交通领域的应用已经成为行业的一大特点。然而，目前 BIM 技术的应用主要集中在设计阶段，并且主要用于设备专业和精装修专业。因此，项目全生命周期不同专业 BIM 应用的有效协同仍然是今后探索的关键所在。

（1）上海市轨道交通项目 BIM 应用案例

上海市自 2011 年开始在城市轨道交通工程领域中应用 BIM 技术对设计和施工进行辅助，地铁 9 号线延伸线、11 号线迪士尼段、12 号线、13 号线、14 号线、17 号线等多条线路均不同程度上地应用了 BIM 技术。经过多年的工程实践探索，上海市在城市轨道交通领域已经积累了一定的 BIM 技术应用经验。

在地铁 9 号线延伸线三期工程建设中，设计单位协助业主在项目设计、施工阶段全过程应用 BIM 技术，如场地仿真、管线搬迁模拟、交通疏解模拟、管线综合设计、工程量辅助统计、效果图渲染、场景漫游、施工仿真等。

在上海轨道交通 11 号线北段龙耀路站风水电安装工程施工中，上海地铁第一次运用 BIM 技术进行碰撞检测，BIM 的应用使成本降低 30% 左右，所带来的经济效益非常可观。BIM 技术在上海地铁 11 号线龙耀路检测出各类管线碰撞问题 112 处，可规避问题 93 处，占总数的 83%；报设计修订 19 处，占总数的 17%，有效地降低了返工误工现象。

上海轨道交通 17 号线将 BIM 应用于设计、施工、运维的全过程，目标在于实现轨道交通的全生命周期信息化管理。BIM 技术的应用有利于控制施工进度，提升设计和施工质量，降低成本，并提高了运维管理能力。同时在该项目中还整合了 GIS、物联网等先进的数字化技术，推动着上海市城市轨道交通行业向信息化和工业化的转型。

（2）厦门市轨道交通项目 BIM 应用案例

厦门市在 2013 年轨道交通 1 号线的建设早期就将 BIM 技术引入其中，该项目将 BIM 技术贯穿全线、全周期的建设过程中。通过对其他城市轨道交通项目的 BIM 技术应用进行全方位调研，该项目确定了"业主主导、BIM 咨询管理、各方实施"BIM 应用模式，是全国范围内第一个采用该 BIM 应用模式的轨道交通项目。BIM 技术在该项目中各阶段的主要应用包括设计阶段的土建和机电各专业建模、施工阶段的辅助机电安装施工和运营阶段的基于 BIM 技术实现机电设施设备的信息化管理。在该项目中，厦门轨道交通还首创了同城光网协同模式以便实现协同设计。为设计方所搭建的 BIM 协同设计平台，通过协同设计服务器帮助不同专业进行协同工作；为施工方所搭建的 BIM 机电施工管理平台可以导入 BIM 深化模型，进行施工过程的可视化管理。BIM 协同设计平台和 BIM 机电施工管理平台被接入集团 OA 服务器，两者之间可以进行相互联通。BIM 技术在厦门轨道交通 1 号线的应用实践中取得了显著的效果，设计阶段所发现问题的数量已经达到上万个，为后期施工节省了大量的时间和费用。正在建设中的厦门市轨道交通 2 号线也应用了 BIM 技术。

（3）武汉市轨道交通项目 BIM 应用案例

武汉市轨道交通 2 号线采用 BIM 技术进行地铁车站客流的三维动态仿真，为方案选择阶段提供支持，并应用 BIM 技术建立了安全预警系统，用于检测管理和风险预警。

在武汉市轨道交通 5 号线中，结合 BIM 技术智能化、信息化的特点，对工程中所遇到的困难提供解决方案。BIM 技术被用于进行现场生产、可视化交底、管线改迁与交通疏解、结构模型碰撞检查、施工进度模拟、结构模型碰撞检查、施工进度模拟等方面，为提高管理效率、合理配置资源发挥了重要作用。

（4）呼和浩特市轨道交通项目 BIM 应用案例

呼和浩特市轨道交通 1 号、2 号线在建设之初就引入 BIM 技术，目的在于实现轨道交通的全生命周期的智慧化、数据化管理。呼和浩特轨道交通 BIM 技术应用在智能建造过程的基础上，全线开展站后工程的正向设计；以"封模"的方式，进行模型数据的共享和传递；开展预制加工和现场组合式安装；进行数字化移交，实现资产大数据管理。BIM 技术所建立的三维模型可以在工程中对实体建造起到指导作用，通过事前发现问题，减少返工误工，有效缩短工期，降低成本，在该项目中进行典型工点一体化

BIM 模型建设，在各阶段应用 BIM 技术，在此基础上实现全生命周期 BIM 数据传递、共享、应用体系，打造数字化轨道交通，为后期运营管理提供有力的数据支撑，进而实现轨道交通工程的智能化建造与管理。BIM 技术在该项目中的主要特色包括全生命周期"BIM 封模"应用、站后工程采用全线三维正向设计、BIM 工厂化加工与组合式装配、打造 BIM 资产运维大数据四个方面。

（5）太原市轨道交通项目 BIM 应用案例

太原轨道交通将推行全自动运行、BIM、城轨融合云和故障预测与健康管理系统（Prognostic and Health Management，PHM）等智能建造和运维管理信息技术应用，并将重点利用 BIM 技术实现项目设计、施工、运营的全寿命周期的精细化建设运营。BIM 应用突出以运营为导向，重点破解以终为始的理念、系统集成的理念和智能运营的理念，使 BIM 辅助轨道交通运营方更好地服务市民。

太原轨道交通"以运营为导向的全生命周期 BIM 技术应用"项目是以太原市轨道交通 2 号线一期工程运营阶段的 BIM 集成应用为目标，采用"运营方主导、专业顾问咨询、参与方实施"的 BIM 应用模式。在这种模式下，太原轨道公司与 BIM 应用总顾问、当地高校创新性地成立"BIM 技术创新应用中心"（简称 BIM 中心），依托 BIM 中心为平台，协同进行 BIM 应用的总体策划、BIM 战略实施规划、BIM 实施标准和 BIM 应用实施方案设计，在统一的 BIM 应用系统管理平台和机制下实施过程管理。总体 BIM 咨询从建设期即介入其中，在整个建设期和运营期，BIM 应用总顾问研究的职责包括与业主方共同编制轨道交通项目全生命周期 BIM 应用系列标准；进行总体的组织、里程碑节点控制，具体实施工作的全过程管理；基于轨道交通智能及绿色运营理念，研发轨道交通项目 BIM 竣工交付管理平台及 BIM 运营管理平台，而后基于统一的实施方案、实施标准和管理平台，与业主、咨询方一同，管理设计、施工、运营管理方等 BIM 实施的各主体单位，完成 BIM 应用目标所开展的具体的建模、数据准备及培训等应用实施内容，从而实现在统一的 BIM 应用管理平台和机制下实施以运维为导向的 BIM 应用管理。

该项目除了发挥 BIM 在施工图深化、大型设备路径规划、冲突检测、三维管线综合、施工模拟、竣工交付等设计和施工阶段的作用，还将重点探索 BIM 在轨道交通运营阶段的资产管理、运营沙盘、检查维护、人员培训、应急管理等方面的价值，将最大限度地提高建设和运营的数字化水平，打造太原轨道交通以运营为导向的全生命周期 BIM 技术应用的特色，实现"拓展 BIM 技术在轨道交通行业的应用范围和价值，提升地方及行业 BIM 技术应用水平"的目标。

（四）发展趋势

近年来，BIM 技术在我国城市轨道交通项目的应用取得了令人瞩目的成效，但是当前我国 BIM 技术的应用尚处于发展阶段，仍需进一步探索。在数字化时代，先进的信息通信技术（Information Communication Technologies，ICT）正以惊人的速度不断涌现，已引起各行各业的广泛关注。综合利用各种先进技术，全面改进城市轨道交通项目的生产方式与管理模型，进而提升城市轨道交通项目的生产效率，已经成为今后发展的当务之急。

云计算具有强大的数据存储能力和处理能力，将 BIM 技术转化为 BIM 云服务，可以借助云计算的优势实现 BIM 技术轨道应用中各类信息的访问、共享和处理。城轨融合云技术对于轨道交通的智能选线设计、列车调控、安全监控等工作也具有重要意义。

PHM 可以通过传感器和数据采集系统所搜集的数据，借助各类算法和模型推导设备故障原因与位置，并对故障发生进行预测。BIM 技术为 PHM 搭建了基础数据搭载和展示平台。轨道交通自动化运行技术需要搜集大量的数据并建立相关平台为决策提供支持，BIM 技术、城轨融合云等新技术的发展为此创造了极为有利的条件。

虚拟现实（Virtual Reality，VR），也称作虚拟环境或虚拟真实环境，是一种三维环境技术，集先进的计算机技术、仿真技术、传感和测量技术、微电子技术等于一体，借此产生逼真的视、听、触、力等三维感觉环境，形成一种虚拟世界。VR 技术是人们运用计算机对数据进行可视化，与传统人机交互以及流行的视窗操作相比，VR 在技术思想上有了质的飞跃。BIM 与 VR 集成应用，能够很好地提高模拟工作中的可交互性。在虚拟的三维场景中，可实时地切换备选的施工方案，在同一个视点或同一个观察序列中感受不同的施工过程，有助于比选不同施工方案的优势与不足，以确定最佳施工方案。同时，还可以对某特定局部进行修改，并实时地与修改前的方案进行分析比较。此外，还可以直接观察整个过程的三维虚拟施工环境，快速查看不合理或者错误之处，避免施工中的返工。虚拟施工技术在建筑施工领域的应用将成为必然趋势，在未来的设计、施工中应用前景广阔，势必推动我国建筑施工行业迈入一个崭新的时代。

此外，在轨道交通工程中各参与方应该加强探索集成应用 BIM 技术与物联网、移动技术、智能设备、3D 打印、GIS 等大数据信息化技术手段，在此基础上实现信息自动采集、高效协同合作、科学预测决策、智能管理施工现场。

当前，先进的信息通信技术为数据的自动化收集与存储提供了丰富的技术手段，同时各种科学方法的不断进步也为城市的智能化管理奠定了良好的理论基础。BIM 技术对传统建设模式产生了颠覆性变革，它在建设工程中应用程度的不断深化，不仅提升了我国的信息化水平，同时也推动着城市的工业化、绿色化、智能化建设。采用 BIM 技术所建三维模型，并结合先进的制造理念将在很大程度上促进建设工程项目的工业化水平，从而提高生产效率。但与此同时，这对 BIM 技术在未来的应用与推广提出了更高的要求，BIM 软件的性能、集成化程度、相关标准等关键问题仍有待进一步解决。同时，综合利用 BIM 技术与物联网、移动技术、智能设备、3D 打印、GIS 等大数据信息化技术手段等其他信息化技术，提高 BIM 在城市轨道交通工程领域和整个产业链的深度应用水平将是信息化、工业化、智能化与绿色化发展的共同要求。

总之，BIM 技术不只是对传统技术的颠覆性变革，也要求在实践中对传统的生产方式和组织模型进行变革，用创新的思维模式对待未来城市轨道交通项目的设计、施工与运营管理，这将对整个行业产生巨大而深远的积极影响。

十一　检测设备

目前的检测设备运用平台主要针对采用钢轨钢轮体系、接触网或第三轨供电的地铁车辆，包括综合检测列车、轨道检查车和接触网检测车。

（一）综合检测列车

1. 总体技术要求

综合检测列车是以城轨车辆为载体，集成工务、供电、通信、信号等各专业检测设备，能够对城市轨道交通基础设施状态进行动态实时检测的大型装备。利用检测数据对基础设施状态进行综合诊断，及时发现安全隐患，通过历史检测数据实现基础设施状态预测，指导基础设施的养护维修，是城市轨道交通安全、舒适和经济运营的重要保障。

综合检测列车的车辆，一般采用与检测线路上运营车辆同型或相近的车辆，并进行等速检测，以便获取接近线路实际运营时基础设施的真实状态。综合检测列车具有全车定位同步系统，以能对相互关联的多种基础设施状态参数进行同步采集和综合分析。综合检测列车检测项目涵盖城轨线路基础设施的各专业，包含轨道几何及第三轨几何、钢轨轮廓、轨道结构状态、接触网几何、弓网受流参数、车辆动力学响应、通信、信号等检测系统，可满足检测车双向检测的要求，其技术性能不受运行速度和方向影响。

定位同步系统包括：时间同步系统、车载定位系统、地面电子标签校准点和标识点等。定位同步系统发布统一的脉冲信号，实现全车各检测系统的采样触发。发布实时速度信息和里程信息，保证全车各检测系统里程的准确。

轨道几何及第三轨检测系统的检测参数包括：轨距、左轨向、右轨向、左高低、右高低、超高、水平、三角坑、曲率、曲线半径、车体横向和垂向加速度、接触轨导高和拉出值。钢轨轮廓检测系统的检测参数包括：垂直磨耗、侧面磨耗、总磨耗。轨道状态巡检系统用于识别轨道的结构病害，项目包括：钢轨表面擦伤识别，扣件缺失、弹条断裂等异常识别。接触网检测系统的检测参数包括：接触线高度、拉出值、接触线间水平距离和接触线间垂直距离、接触线动态高度、接触线动态偏移量、硬点和冲击、弓网接触力、燃弧性能、接触网电压、检测车网侧电流、定位点（支柱）、跨距。车辆动力学响应检测系统的检测参数包括：轮轨垂向力、轮轨横向力、脱轨系数、减载率、轮轴横向力、垂向平稳性指标、横向平稳性指标，车体、构架和轴箱振动加速度，并计算车辆运行安全性参数（脱轨系数、轮重减载率、轮轴横向力）、车辆运行平稳性参数（垂向、横向平稳性指标）和轮轨疲劳伤损及磨耗参数（轮轨垂向力、轮轨横向力）。通信检测系统的检测项目包括：电波传播场强覆盖、电磁环境干扰、WLAN 服务质量和 LTE－M 服务质量。

2. 发展现状

我国城市轨道交通领域，基础设施检测一般采用人工添乘、人工巡道、检测小车和测量仪检测测量，也使用轨道检查车和接触网检查车。近年来，随着检测技术的发展，自动检测的项目逐步增多，并且向综合集成的方向发展。

我国各城市如北京、上海、重庆、广州、深圳、武汉、南京、沈阳、长春、成都、郑州、昆明、杭州等的轨道交通已运用专业的轨道检查车和接触网检测车对轨道和接触网运用状态进行检测。为了提高检测效率，各地铁公司逐渐采用将几种检测功能集成在一辆检测车上的方式。如广州地铁、深圳地铁等公司检测车集成了接触网检测和轨道检测功能；无锡地铁检测车集成了轨道检测和三轨检测功能；沈阳地铁检测车集成了限界检测和轨道检测功能；南京地铁检测车集成了轨道检测、磨耗检测和接触网检测功能。北京地铁新机场线创新性采用运营电客车搭载轨道检测、接触网检测和轮轨力检测功能，做到了实际运营工况下的轮轨关系及弓网关系的动态综合检测。虽然各地铁公司做出了积极的尝试，但现有的检测车集成的专业设备较少，且各检测专业相对独立，缺少时空同步功能。

另外，目前城市轨道交通基础设施检测由于在规划、设计、建设及运营仍存在一些技术瓶颈，限制了基础设施检测管理的效率和水平。具体表现为：在检测运用管理方面，现有的检测系统检测功能单一，占用天窗时间多，检测效率低，检测数据同步性差，不便于数据综合分析。国外检测设备"水土不符"现象，检测结果难以符合我国要求，交货周期长，售后成本高，难以发挥应有效率；在检测技术方面，车载钢轨表面状态、钢轨廓形、扣件状态、轮轨力和通信等关键检测技术还没有广泛使用；在城市轨道交通综合检测列车集成和运用方面，缺乏城市轨道交通综合检测列车技术标准，检测系统不规范，检测项目和标准不统一，检测车辆大多采用内燃机车，不能检测实际运营工况下的轮轨关系及弓网关系。

3. 发展趋势

目前，国内外都非常关注轨道交通基础设施检测问题，研制出了轮轨、弓网和通信等检测设备，应用于基础设施检测和维护，但大型多专业集成的综合检测装备主要还是针对高铁、重载铁路等。城市轨道交通方面，各专业基础设施由不同的主管部门管理，主要关注单一专业的基础设施状况，如工务部重点关注轨道几何检测，供电部关注接触网状态，缺少针对基础设施综合性、系统性的检测方案和集成系统。我国城市轨道交通基础设施规模大，运量大，线路繁忙，就基础设施检测工作而言，必然要求智能化、综合性的检测设备和系统方案，以提高检测效率和检测质量，研发适用于城市轨道交通基础设施检测的综合检测技术是下一步重要的发展趋势。

我国城市轨道交通于 21 世纪初进入发展高峰期，至今仍然处于高速发展阶段，城市轨道交通线路长度、运量等快速增长。为了基础设施的科学管理，从我国铁路专业检测车和综合检测列车研制、生产和运用经验看，城市轨道交通研制综合检测列车是可行和必要的。随着城市轨道交通线路规模的扩大，基础设施检测组织形式必然向联网运营、综合检测发展，提高综合分析检测数据能力、指导养护维修、有效提高基础设施养护维修的质量和效率，对基础设施检测提出更高的要求。开展多专业联合检测和数据综合分析是城市轨道交通基础设施检测的重要发展方向。

（二）轨道检查车

1. 总体技术要求

轨道检查车是安装了轨道检测设备的特殊车辆，在运行情况下对轨道状态进行动态检测，用以及时发现轨道病害，指导线路维修，保障线路运行安全。轨道检查车（简称轨检车）是我国目前最普遍、最重要的动态检测设备。城市轨道交通中的轨检设备一般安装在不带动力的轨道车上，运行速度受线路、牵引机车以及轨道车本身的限制，通常不超过70km/h。

图64　地铁轨道检查车

轨道检测系统的主要功能如下：可实时对轨道几何状态及车体响应加速度进行采集和计算；输出间隔为250mm、在空间里程位置上保持同步的各项轨道几何参数。

检测项目包括轨距、轨向、高低、水平、超高、扭曲（三角坑）、曲率、曲线半径、复合不平顺、轨距变化率、车体横向和垂向加速度、里程、速度、轨道质量指数以及用户要求的扩展项目。

具备轨道几何状态检测数据分析处理功能，包括偏差实时判断、波形浏览、偏差编辑、统计分析等，相应记录以数据库形式存储。

实时存储轨道几何状态检测数据，包括原始采集数据、检测波形、偏差数据、统计分析数据等，具备较大的存储检测数据的能力，并支持网络访问；具备检测过程中检测数据分段转储功能。

具备产生模拟速度和原始数据重放功能，可利用原始数据重现整个检测过程；具备自动或手动打印检测波形、检测报表等功能；检测项目、波长范围或基线长度、检测标准等可根据用户需求设置；能实时接收同步、定位信息，并具备里程自动校正和手工校正的功能。

2. 发展现状

国内地铁应用的轨道几何测量系统均以惯性测量原理和结构光测量技术为主，检测系统主要由激光摄像组件、惯性测量组件、信号处理单元、数据处理单元几个部分组成。检测系统结构示意如图65所示。

轨检系统的基本工作原理为：通过加速度计、陀螺仪等多种传感器测量车体和检测梁的姿态变化；采用结构光测量技术测量钢轨相对于检测梁的横向和纵向位移；采用惯性测量原理，通过传感器将需要检测的位移、速度、加速度等物理量转换为相应的模拟电信号，经过放大和模拟滤波处理后输入到数据采集和处理计算机；该计算机对输入模拟信号进行数字转换、存储、滤波、修正以及补偿处理，经过综合运算，合成得到所需轨道几何参数，并按照一定的检测标准，摘取超限数据，输出统计报表，实时显示及存储轨道几何波形图。

部分轨检车增加了钢轨轮廓检测功能，采用全断面检测梁和增加图像处理设备，在输出轨道几何参数的同时输出钢轨的垂向磨耗和侧面磨耗数据。

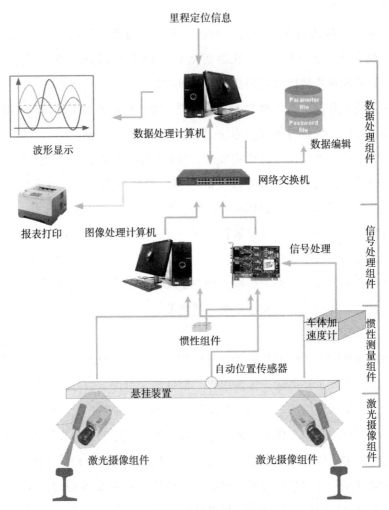

图65　轨道检测系统组成示意

　　钢轨轮廓检测采用结构光测量技术。利用一字线结构激光器和高速工业相机组成激光摄像组件，提取在激光照射下的钢轨图像，进行图像采集、图像处理以及特征提取后，得到钢轨轮廓线的骨架图像，根据事前摄像系统标定得出的一组标定参数，结合钢轨轮廓图像进行像素坐标—物理坐标的坐标变换，得到钢轨特征点（轨距点和轨顶点）相对于摄像组件为基准的位移变化，为轨距、轨向、高低等其他轨道几何参数和垂磨、侧磨等钢轨廓形提

图66 轨道检测系统车下设备

图67 带廓形检测的轨道检测系统

供位移分量。图68为轨道几何的钢轨廓形断面。

采用结构光测量技术使轨检系统摒弃了早期的单点式激光位移传感器和轨距对中伺服电机，并使检测梁从轴箱安装方式更改为构架安装方式，极大地提高了安全性。采用图像处理技术比安装激光位移传感器可以更为准确获取钢轨轮廓上的特征点，尤其在小半径曲线比较多的地铁中更为明显。

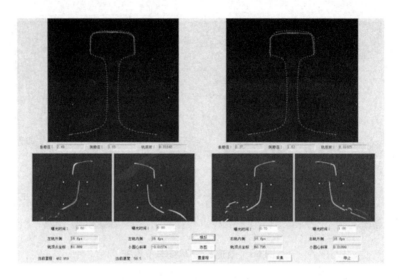

图68 轨检系统钢轨廓形断面

惯性技术是惯性敏感器、惯性稳定、惯性导航和惯性测量等技术的统称。惯性技术的核心是惯性传感器，轨检系统中采用了陀螺平台和加速度计等惯性传感器，陀螺仪用于建立一个稳定的导航坐标系，加速度计用于测量载体的加速度信号，经过二次积分计算，可得到载体相对惯性参考坐标系的运动位移，在高低、轨向、水平的测量中都用到了惯性测量原理。轨检系统采用的光纤陀螺，具有体积小、精度高、抗振性好、性能稳定等优点，可直接安装在位于构架的检测梁中，相比安装在车体减少了测量中间环节，提高了系统的检测精度。

轨检系统配备有完善的波形浏览器、超限编辑及报表打印软件，二者均可在检测中实时操作或检测后线下处理。波形浏览器以波形数据显示各项目的检测数据及原始传感器数据，显示通道可选，可浏览、测量、配置和打印，可以 txt 格式导出数据，方便第三方处理。波形图的数据显示通道、比例可由用户调节。波形图软件具有历史数据对比功能，用户可对同一线路两次检测数据进行对比，可快速发现线路的变化。超限编辑及报表打印软件可剔除数据中的干扰，对数据进行汇总并报表打印。

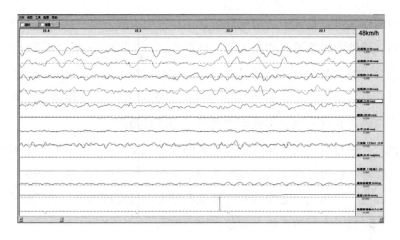

图 69　波形浏览软件

3. 发展趋势

轨检车在轨道的动态安全检查和指导养护维修方面起到了很重要的作用，解决了人工测量效率低、检测准确度不高的问题。目前，轨检车在城市轨道交通应用方面存在一定的局限性。城市轨道交通通常线路较短，大多数城市的不同线路之间也没有做到互联互通，为每条线单独配置轨检车，存在利用率不高的情况。因此，轨道检查向两个方向发展，一是采用功能全面的综合检测列车代替单专业的轨道检查车，二是使用以运营车为载体的搭载式检测设备。

随着嵌入式技术和图像技术的发展，轨道检测设备也朝着小型化、智能化的方向发展，检测系统可设计搭载在运营的电客车上，采用远程控制和无线传输模式，可极大地提高检测频率，及时了解轨道状态，并可通过大量的检测数据对轨道的变化趋势进行分析和预判，提前消除轨道病害，有效降低维护成本，更好地保障轨道交通安全。

（三）接触网检测车

1. 总体技术要求

作为城市轨道交通的关键设施，供电系统支持着整个线路的安全运行，而接触网作为供电系统中的薄弱环节，一旦发生事故，将直接影响列车的正常运营。地铁的线路等级相对较低，站间距短，车辆的振动、网流的急剧变化都会对弓网关系以及接触网设备的状态和使用寿命造成一定影响；尤其在受电弓通过接触网硬点、高差等线路缺陷位置时易产生物理撞击及燃弧现象，将造成接触网的进一步破坏和受电弓的物理损伤。

因此，接触网检测车应对运行径路的接触网进行实时动态检测，检测参数包括接触线高度、拉出值、接触线间水平距离和接触线间垂直距离、接触线动态高度、接触线动态偏移量、硬点和冲击、弓网接触力、燃弧性能、接触网电压、检测车网侧电流、定位点（支柱）。

检测系统应具有系统参数设置、线路资料输入、检测设备标定等功能。能对测量数据进行可视化展示，结果进行分析、统计、归类，对多次测量结果进行对比分析，并具有打印和数据存储等数据输出方式。通常参数的统计数据以接触网支柱的杆号和线路里程为参考坐标。

运用接触网检测车，实现对弓网关系的分析、弓网"病害"的超前诊断、任务的及时发布，有效地指导接触网的检修。

2. 发展现状

城轨线路一般都配备了接触网检测车，或含有接触网检测系统的网轨检测车。接触网检测系统主要包括非接触式测量和接触式测量两部分内容。

非接触式测量基于双目视觉测量原理，在车辆顶部安装光源和相机系统，通过标定确定摄像系统参数，就可以通过处理分析接触线图像，获得接触线的空间位置，进而实现对导高、拉出值、跨距高差、导线坡度、平行线间距等参数的测量。也有采用相位扫描仪作为主要传感器进行接触网几何参数测量的。其他参数则使用接触式测量方式。

在弓头滑板的两端安装力传感器测量弓网挤出压力。接触导线呈"之"字形布置，接触力的作用点在滑板的工作范围内左右移动，加之车体的晃动，不仅力的作用位置随机变化，而且接触力的方向也是变化的，但任何方向的接触力都可以分解为两个互相垂直的力，其中一个力与滑板面垂直，主要测定导线在滑板任意位置时垂直方向的接触力。

使用安装于受电弓弓头下方的加速度传感器测量接触线的硬点。测定受电弓通过接触网硬点时所受到的冲击加速度，通过放大器变换回路、光通信装置和低压部放大变换回路传输和处理信号。

网压检测由隔离变压器变低电压（0~5V）后，输入计算机采集卡，进行换算而测得。

离线检测是根据"离线"时弓网间的电阻变大的原理实现的。弓网接触时，电流通过—受电弓—接触网—钢轨构成回路，一旦产生"离线"，弓网间电阻变化引起回路中电流变化，从而检出离线信号。

3. 发展趋势

在城市轨道交通领域，除了使用接触网检测车对上述弓网参数进行检测，仍存在大量使用日常人工检查方式进行安全保障，难以满足地铁对接触网的安全性、可靠性要求。发展对接触网在线监测与安全状态评估技术，建立基于系统安全评估的地铁接触网安全保障方案，完善我国迅速发展的地铁接触网技术体系，是保证接触网安全稳定运行、降低地铁运营安全风险的重要保障。

我国目前已初步形成了高铁接触网技术体系，从技术上保障了高铁接触网安全。高速铁路供电安全检测监测系统（6C系统）的投入运行，形成了覆盖动态检测、静态监测、专业检测车、运营车在线监测等供电安全现代化检测监测技术手段和装备，初步实现了对牵引供电设备全方位、全覆盖、周期性的检测和实时在线监测。国内各地铁公司目前也在借鉴高速铁路6C系统的建设经验，探索为地铁建立高质量的供电安全检测监测技术和装备体系。6C系统主要包括：在接触网检测车上安装的1C装置；以运营电客车为载体的车载式弓网关系在线监测系统，即3C装置；以高清成像的形式反映轨道交通接触网悬挂设施结构状态的4C装置；安装于接触网线路上以获取车辆通过时弓网接触图像，从而判断受电弓状态的5C装置等。

但与国铁接触网相比，城市轨道交通的接触网存在着线路速度等级低，刚性、柔性接触网并重，运营频次高等不同特点，设备运营维护一般以供电车间为主，这对于6C各检测监测装置的部署、各检测项目的配置及检测精度、检测数据的分析应用都提出了新的课题。因此，需要借鉴国铁接触网检测技术和经验的同时，针对城市轨道交通接触网运营维护的特点，进行适应性研究和改进创新。

参考文献

《城市轨道交通综合监控系统工程技术标准》（GB/T50636-2018），2018，第2页。

朱清峰：《走进云计算》，人民邮电出版社，2018。

THOMAS ERL：《云计算：概念、技术与架构》，机械工业出版社，2014。

顾炯炯：《云计算架构技术与实践》，清华大学出版社，2016。

孙杰、山金孝、张亮、张婷婷：《企业私有云建设指南》，机械工业出版社，2019。

张为民等：《云计算：深刻改变未来》，科学出版社，2009。

李中浩、朱东飞、邢智明：《以信息化助推城市轨道交通快速发展的思考》，《城市轨道交通研究》2017年第5期。

杜平海：《云计算在城市轨道交通行业中的应用场景探讨》，《现代城市轨道交通》2018年第9期。

刘靖：《城市轨道交通线网运营指挥系统工程》，电子工业出版社，2017。

何霖、姚世峰：《城市轨道交通云建设探讨》，《都市快轨交通》2016年第29（2）期。

顾炯炯：《云计算架构技术与实践》，清华大学出版社，2014。

孟存喜：《大数据、云计算在轨道交通工程中的应用需求》，《土木建筑工程信息技术》2015年第5期。

赵小肖：《PaaS模式下私有云政务架构设计与实现》，曲阜师范大学硕士学位论文，2013。

曹阳：《城市轨道交通信息融合与决策方法研究》，吉林大学博士学位论文，2012。

施平望：《城市轨道交通企业BIM技术应用探讨》，《现代城市轨道交通》2017年第5期。

胡波、路红娟、李冰等：《基于云平台的综合监控系统建设方案》，《城市轨道交通研究》2018年第7期。

唐国纯、罗自强：《云计算体系结构中的多层次研究》，《铁路计算机应用》2012年第21（11）期。

罗军舟、金嘉晖、宋爱波等：《云计算：体系架构与关键技术》，《通信学报》2011年第32（7）期。

任易：《IaaS 私有云平台下资源池网络框架的设计与实现》，北京邮电大学硕士学位论文，2015。

汪杰：《基于云计算的城市轨道交通综合自动化系统研究》，《铁路通信信号工程技术》2015 年第 12（4）期。

赵圣娜、张宁、王健等：《基于私有云平台的城市轨道交通自动售检票系统架构及关键技术》，《城市轨道交通研究》2018 年第 6 期。

李明、何治达：《城市轨道交通综合监控系统云平台架构设计方案比较》，《城市轨道交通研究》2017 年第 9 期。

王广斌、张珠晶、周哲峰等：《以运营为导向的轨道交通 BIM 技术应用特点及方案研究》，《土木建筑工程信息技术》2019 年第 3 期。

姚辉彬：《基于工程总承包模式的 BIM 应用研究》，山东建筑大学硕士学位论文，2019。

王天成：《地铁工程建设项目集成化管理研究》，兰州交通大学硕士学位论文，2018。

王建东、于战樵、赵薇：《BIM 应用与云计算的集成》，《建材与装饰》2016 年第 8 期。

吕琛、马剑、王自力：《PHM 技术国内外发展情况综述》，《计算机测量与控制》2016 年第 9 期。

王聪：《虚拟现实和增强现实技术及其标准化研究》，《信息技术与标准化》2016 年第 9 期。

专 题 篇

R.4
城市轨道交通技术装备发展的市场环境

一 国际轨道交通市场需求

（一）宏观经济和政策形势

全球经济环境方面，全球经济在深度调整中曲折复苏，增长动能不足。新一轮科技革命和产业变革蓄势待发，世界经济处于动能转换的换挡期。为了塑造新的竞争优势、抢占新的制高点，发达国家加快调整科技和产业发展战略，推行"再工业化"；新兴经济体和发展中国家积极推动产业升级。当前的国际政治环境方面，贸易保护主义抬头，逆全球化思潮"回涌"，地缘政治风险上升，政商关系、营商环境具有很大的不确定性。国际投资贸易规则体系加快重构，多边贸易体制受到区域性高标准自由贸易体制挑战。企业参与国际竞争、开展跨国经营面临较大风险和挑战。政治与经济环境的不确定性、公共债务和紧缩措施以及不断增长的贸易保护主义都是铁路市场发展的不确定因素，这些因素会特别影响基础设施新项目。

虽然全球政治和经济的发展存在不确定性，但促进轨道交通行业持续发展的基本条件并未改变，这主要表现为以下三个方面。首先，从人口增长及城镇化发展来看，根据联合国发布的世界人口预测数据，到 2050 年世界人口将会从 76 亿增至 98 亿，到 2030 年城市人口的占比将从 54.5% 增至 60%。人口增长和城镇化发展将会刺激对大运量公共交通的需求。其次，从减排需求来看，各国政府越来越重视气候保护。铁路运输排放的二氧化碳仅占全部交通方式排放量的 4.2%，而公路交通排放则占据 72.6%。为了达到减排的目标，政府对碳排放较少的铁路交通的投资意愿持续增强。最后，从融资情况来看，大部分铁路项目离不开政府部门的支持。各国政府和组织希望通过持续投资铁路项目来支持和促进经济发展，可以预计对铁路基础设施和机车车辆的投资将会持续增加。

（二）市场需求分析

1. 总体情况

根据欧洲铁路工业协会（UNIFE）和德国 SCI Verkehr 咨询公司分别发布的《2018 年世界铁路行业市场研究》和《世界铁路市场研究》，世界铁路装备及基础设施市场将继续保持增长态势。

UNIFE 的研究表明，2021～2023 年全球铁路市场年均增长 2.7%。非洲/中东、拉丁美洲地区预期增长率最高，分别为 5.2% 和 4.8%，其次是北美自由贸易协定区为 3.1%。西欧地区（例如丹麦、德国、英国和法国等）对机车车辆的更新需求将积极影响到该地区的铁路市场，预计年均增长 2.2%。尽管中国仍然是铁路设备方面最大的市场，年市场容量超过 330 亿欧元，但经过几十年的高速发展之后，地铁系统投资标准更为严格，据预测市场将萎缩 0.4%，这种情形将持续到 2022 年。

德国轨道交通咨询公司 SCI Verkehr 的研究表明，城市轨道交通是全球轨道交通和机车市场最具活力的领域。2015～2025 年城市轨道交通年均复合增长率（CAGR）为 5.2%。亚太地区城市轨道交通呈现强劲发展动力，

2015～2020 年 CAGR 达到 4.1%。非洲 2020 年城市轨道交通市场规模将比 2015 年增长 17%，潜力市场较大，未来市场容量非常可观。中东地区包括沙特、伊朗、阿联酋等均提出较为宏大的城市轨道交通发展规划，加大投资力度，市场潜力巨大。未来两年内，最大的订单预计将来自俄罗斯的莫斯科地铁扩建项目或秘鲁利马地铁扩建项目以及亚太地区的地铁项目。在阿根廷，预计将对通勤和区域线路进行大量投资。在信号领域，阿根廷和智利将有大量订单，沙特阿拉伯的利雅得市将为新建成的地铁招标运营和维修。

2. 细分市场需求

自 1863 年世界首个城市轨道交通系统——英国伦敦大都会地下铁路开通，发展到现在，全世界共有 60 多个国家和地区已建有多种城市轨道交通系统并投入运用，特别是一些经济发展水平较高的城市，已形成了较为成熟、相对完整、多种制式并存的轨道交通系统。

（1）城轨建设市场

近年来，全球城市数量和平均规模不断增长，城轨系统不断发展成为一种安全的交通方式，市场总体发展迅速，未来发展潜力巨大。

从全球范围来看，随着经济社会发展，各国城市的公共交通需求不断上升。城轨系统逐渐成为城市基础设施建设不可或缺的重要组成部分，并朝着网络高度发达、系统功能完善、与其他交通方式高度衔接配套、与商业服务紧密结合的方向发展。美、日及一些欧洲国家的大型城市现均已形成以地铁为主体、多种城轨制式协同的城轨交通新格局，路网日益完善、通达。在这些城市，城轨交通已是居民出行的主要方式，各种城轨制式承担的客运量占城市公交客运量的 50% 以上；而在日本东京和英国伦敦，这一比重更是高达 70%～80%。

同时，全球性的城市化进程也将成为世界城轨交通系统迅猛发展的决定性动力。近年全球城市数量和平均规模不断增长，城市人口数量现已超过全球总人口的一半，但目前仅少数城市形成了具有速度快、容量大、能耗低等特性的城轨交通系统，约有 150 个超大型城市还没有任何制式的城轨，不得不忍受日益严重的交通问题，以及随之而来的环境威胁、社会经济发展压力。这类城市中有相当一部分位于亚、非等地区，也是未来城轨发展的潜力地区。据联合国预测数据，到 2030 年全球城市人口比例将达到 60%。另有一项预测数据称，到 2025 年全球将出现 37 个常住人口超过 1000 万的巨型城市，其中 22 个位于亚洲。

从地铁的发展情况来看，1990 年全世界处于运营状态的地铁系统有 84 个，2000 年增长到 107 个，2016 年则是 159 个。此外，一些已投入运营的地铁系统也在以不断扩展运营里程的方式扩大自身规模。2016 年，全球共有 12300 公里的地铁网络投入运营。基于公开发表的地铁建设规划，SCI Verkehr 预计，与 2016 年相比，到 2022 年新增线路约 6600 公里，到 2026 年再增加 4400 公里，这些新增的地铁线路主要位于中国和印度。

从轻轨及有轨电车（Light Rail and Transit，LRT）发展情况来看，LRT 系统运行在地面上，运输能力比地铁系统稍小，但 LRT 系统投资和运营成本与地铁相比大大减少。自 2000 年以来，LRT 开始复兴。目前世界上处于运营状态的轻轨系统有 380 多个（含有轨电车），其中过半位于欧洲。世界上还有超过 200 个城市正准备发展轻轨或对本国轻轨系统进行升级，约有 100 个城市正在进行此类建设。未来轻铁市场最大的增长潜力在于未安装轻轨系统且经济稳定的国家，例如美国和中国。截至 2017 年，全球 LRT 的运营里程约为 17300 公里，SCI Verkehr 预计到 2026 年轻轨系统将增加 2300 公里。

（2）城轨装备市场

城轨装备主要包括机车车辆、基础设施（线路及电气化设施）和系统技术（控制、信号和旅客信息系统）。与城轨系统的建设与发展相适应，近年来全球城轨车辆装备的保有量庞大，而相关采购规模仍在不断增长，2015 年城轨车辆市场容量已经达到 104 亿欧元①，其中 73% 来自亚太地区如中国和印度对地铁车辆的采购需求，预计未来五年还将保持增长态势。

在全世界范围内，城轨车辆采购量最大的几个国家依次为美国、法国、

---

① 数据来源于 Unife。

德国，以及其他一些欧洲国家。城轨车辆采购规模增长较快的重点地区有北美、亚洲、非洲、独联体，特别是俄罗斯、印度、美国、沙特等国家，未来几年的增速可能达到两位数。也有部分国家的城轨车辆采购规模趋于放缓，但当局为了保障城市的公共交通能力，仍会更新并采购一些必要的城轨车辆装备，例如在城轨交通较为发达的欧洲，就已经有一些城市因经济危机的影响而放缓了城轨发展速度。此外，部分国家虽有一定规模的城轨车辆采购需求，市场却相对封闭，通常不会对国际装备制造商开放，例如俄罗斯等。

地铁车辆领域，全球地铁车辆市场继续增长，但较之前几年的发展速度放缓。2017 年市场订单总额已经达到 80 亿欧元，SCI Verkehr 预计未来五年地铁新车市场每年增长 1% ~2%。欧洲和非洲、中东增长比较快，亚洲、北美和独联体的增长率低或增长幅度收窄。

轻轨车辆领域，2015 年西欧、北美和东欧对轻轨车辆的采购占据总市场的 69%。未来五年轻轨车辆市场将继续保持 4% 的增长，这是因为越来越多的城市决定建造新的 LRT 系统或扩展现有的基础设施。北美和亚洲是这一增长的主要贡献地区。除此之外，在未来几年内，西欧将会有几项采购计划，以替代较老的车辆。

二 国际城轨交通市场竞争态势

（一）总体情况

轨道交通装备制造产业依赖于较高的技术水平，行业壁垒高、集中度高，总体呈现垄断竞争的局面。近年来，行业呈现巨头谋求兼并的趋势，重大重组持续发生，行业集中度持续提高，行业内竞争越来越激烈。城轨装备市场既面临增长趋缓，又面临市场需求结构变化，运营商对铁路装备产品的适用性、安全性、可靠性、舒适性等提出了更高的要求，此外，中国铁路技术日益成熟并深入国际市场，上述因素均加剧了轨道交通设备行业的竞争。

从近年来的合并情况看，2015 年，中国北车与中国南车完成合并，减少了在订单上相互压价的行为；同年，阿尔斯通置换得到了 GE 的轨交信号业务，进一步提高信号技术水平，并强化了其在北美市场的存在；日立收购了意大利轨交设备公司 Ansaldo Breda 以及铁路信号公司 Ansaldo STS，成功获取大量欧美客户；2017 年 9 月，阿尔斯通与西门子两大轨交设备制造商签署谅解备忘录，计划把西门子交通部分并入阿尔斯通，2018 年西屋制动收购通用电气交通运输集团。因受到反垄断审批的制约，阿尔斯通和西屋制动的合并要到 2019 年初才开始生效。可以预想，未来中国中车和阿尔斯通将成为市场上两个最大的厂商，与排名第三的庞巴迪拉开差距，全球市场竞争进一步激化，同时减少了各自大本营区域的竞争，提高了本土业务的利润率。

从具体排名情况看，中国中车依靠中国巨大的市场，是铁路装备市场无可争议的领头羊，然而国内市场的萎缩增加了中国中车扩展国际市场的压力，这也会形成更为激烈的全球竞争压力。SCI Verkehr 预计，随着非洲和南美洲新建设项目数量的增长逐渐放缓，以及国内市场逐渐饱和，加上政策的不确定性，为了谋求进一步发展，中国中车不得不进入诸如欧洲和北美洲等竞争激烈的铁路市场，在这些市场里，已经有非常强大的本土生产企业。

表 1 近年来轨道交通行业兼并情况一览

公布年份	收购方	被收购方
2018	西屋制动(美国)	通用电气(美国)
2017	阿尔斯通(法国)	西门子交通(德国)
2015	Stadler(瑞士)	福斯罗机车(德国)
2015	日立(日本)	安萨尔多 STS&Breda(意大利)
2014	中国中车(中国)	中国南车和中国北车(中国)
2014	阿尔斯通(法国)	通用电气信号业务(美国)
2012	西门子(德国)	Invensys Rail(英国)

与 2016 年轨道交通制造企业排名相比，通用电气交通运输集团由于营业额的下降，已从第 5 位下降到了第 10 位。西屋制动公司通过收购 Faiveley

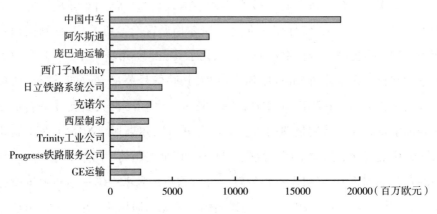

图1　2017年十大铁路设备供应商（营业额）

而得到发展，排名从第8位上升至第7位。一旦与通用电气交通运输集团的合并得到批准，西屋制动公司的排名会上升到第5位，而如果西门子交通运输部与阿尔斯通公司的合并成功，西屋制动公司的排名甚至会上升到第4位。其他值得注意的变化包括：阿尔斯通公司位列庞巴迪公司之前，排名第2，日立铁路系统公司接管Ansaldo Breda之后排名从第9位升至第5位，列车制造企业Stadler和CAF目前则不在世界排名前10之列。

（二）细分市场竞争态势

1. 工程建设市场

城轨建设市场的总体情况与工程承包市场基本类似。从市场份额分布上看，国际工程承包市场呈现"整体分散，区域集中"的格局特点。总的来说，全球工程承包市场的集中度并不高，但在各个区域市场特别是成熟市场，均已有大型国际工程承包商布局多年，并占有主要的市场份额。

具体来看，在中东地区，主要是海湾国家的经济及基础建设需求增长较快。这一地区是目前全球工程建设承包市场中竞争最为激烈的区域，市场集中度全球最低，无论是欧美企业、日韩企业，还是我国企业，均将中东市场作为重要的目标区域市场之一。

非洲地区正处于基础设施大发展的阶段，是未来的潜力市场之一。这一地区希望通过改善基础设施来推动经济发展，近年来不断加大基建投资政策力度。此外，非洲经济一体化发展，与其他地区国家政治经济互动的不断深入，也将持续推动非洲基建市场的快速发展。受诸多因素影响，该市场近年来的竞争日益激烈、进入者不断增加，市场集中度呈现持续下降的趋势。

在亚太地区，近年来经济发展不断推动基础设施建设高速增长，基建市场占全球市场份额的比重逐年增加。但这一地区的市场竞争激烈，市场集中度较低，进入的企业还将不得不面临价格战激烈、运营成本不断上升、高级专业技术人才较为短缺等诸多挑战。

拉美地区近年来基础设施建设需求增长迅速，同时考虑到该地区的区域经济增长预期较为乐观、拥有丰富且长期处于未开发状态的资源、正在围绕区域经济一体化进程进行交通基础设施建设等积极因素，预计未来该地区的基础设施建设市场发展将进一步提速。但是，这一市场的竞争程度相对较低，西班牙、意大利等欧洲企业进入得较早，已具有了十分明显的市场先发优势，这导致该地区的市场集中度偏高，而且还在逐渐上升。

欧洲地区的整体市场不容乐观，虽然中东欧及俄罗斯等独联体国家的基建市场有快速增长的势头，但欧债危机给整个区域的经济复苏带来了巨大的不确定性。北美地区的基建市场以定期维护及升级改造需求为主，并且有望随着区域经济的复苏而逐步复苏。欧洲、北美地区是市场集中度最高的两大区域市场，均已有欧洲企业居于主导地位，同时由于准入门槛较高等特点，其他地区的企业很难参与到这两个市场的竞争中。

根据美国 *ENR*① 的统计，2011 年入选 *ENR* 国际承包商 225 强名单的所有企业总销售额共计 4528 亿美元。按企业所在地区对其进行划分，大致可分为欧洲企业、北美企业、中国企业、日韩企业，以及其他国家，如巴西、印度的企业。其中，欧洲企业虽然数量较少，但具有较高的市场占有率和销售额，欧洲企业不但在欧洲具有绝对领先的市场占有率，而且在北美、拉美

---

① 美国《工程新闻记录》（*Engineering News-Record*，*ENR*）是全球工程建设领域最权威的学术杂志。

地区的市场占有率均超过50%，可以说，欧洲企业在国际工程市场领域具备较强的竞争优势，是全球市场的主导者；北美企业的技术和专业能力突出，在北美市场占据了较大市场份额，同时在中东市场也占有一席之地；中国企业近年来实力增长迅速，在非洲市场占有率排名第一，同时在亚太与中东市场也均有一定占有率；日韩企业也是全球工程承包市场的主要参与者，虽然近年来整体市场份额呈现下降趋势，但在中东市场的占有率仍超过1/4，同时在亚太地区也具有相当的竞争力。

2014年，交通领域①工程承包市场份额最大的十家承包商销售额总计1369亿美元，营业收入总计714亿美元，其中中国交通建设集团有限公司已居于首位。除我国企业外，其他9家国际承包商大多具有以下两个特点：一是重视国际化发展，多数承包商的国际业务占比在50%以上，例如，德国豪赫蒂夫高达94.14%、西班牙ACS集团达到86.33%、奥地利斯特伯格达到85.40%；二是业务拓展趋于多元化，多数承包商涉足基础设施建设多个领域，并且交通类业务的占比并不高，例如美国贝克特尔的交通类业务占比仅为16%、德国豪赫蒂夫占比仅为21%、西班牙ACS集团占比仅为23%。

2. 机车车辆装备制造市场

城轨交通系统的所有制式中，目前运用较为广泛且运量最大的是地铁。2013~2017年，中国中车在全球地铁新车市场上占据绝对的主导地位，其占全球市场份额近六成，各地铁列车装备制造商所占市场份额如图2所示。

中国中车除了在中国本土和亚洲占据领先地位外，在东欧和非洲、中东地区也名列前茅。此外，由于中国中车近年来陆续在美国、印度等大型市场签订了新合同，且在东南亚、伊朗等国家和地区具有一定市场优势，这一比例或将继续上升。

（2）轻轨和有轨电车市场

近年来，全球轻轨新车市场销量维持在每年26亿欧元左右，维护和售

---

① ENR所指的交通领域除了铁路外，还包括机场、桥梁、运河、公路、隧道、码头等。

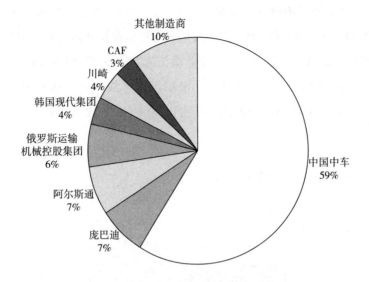

图 2　2013 ~ 2017 年世界地铁列车装备制造商所占市场份额

后服务市场容量大约 30 亿欧元。大多数情况下，运维服务仍然由运输公司负责，但制造商正努力在这一领域取得进展。

　　轻轨市场出现了以下两大趋势。一是轻轨新造车辆的价格近几年出现大幅上涨，这主要是因为运营商对车辆和设备的质量要求不断提高。现今，低地板和空调系统成为招标的标配要求，此外对乘客信息、娱乐系统以及无障碍设施的要求也越来越高，加上轻轨系统中运营商对车辆的需求差别较大，不仅对站台、轨距、信号设备的要求各异，车辆配置和设计需求也各不相同。个性化需求以及城市基础设施的特殊性，使每笔订单的开发成本升高。二是轻轨市场上，分散和集中两种趋势并存，市场竞争越来越激烈。随着新车价格的上涨，轻轨运营商的话语权越来越大，在本地运营商的支持下越来越多的中小企业进入了轻轨市场，比如土耳其企业 Durmarey 或者 Bozankaya。同时，轻轨领域也出现了集中化趋势，例如 Stadler 收购了福斯罗在西班牙的机车和轻轨车辆业务，以此来增强其在德国和西班牙的地位。

　　据 SCI Verkehr 咨询公司统计，2013 ~ 2017 年，庞巴迪和阿尔斯通分别以19%和13%的市场份额位居第一、第二，中国中车在全球轻轨列车市场所占份额为11%。随着中国国内持续加大对轻轨线路建设的投资力度，轻轨车辆需求不断提高，中国中车相关业务增长速度较快（2011～2015年其市场占有率仅为阿尔斯通的一半左右），市场占有率或将进一步提升。2013～2017年世界轻轨列车各装备制造商所占市场份额如图3所示。

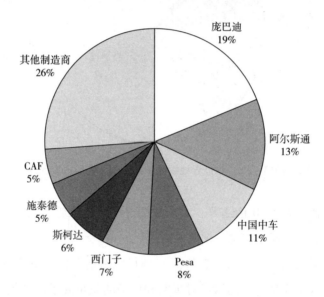

图3 2013～2017年世界轻轨列车装备制造商所占市场份额

从具体的市场份额来看，庞巴迪、阿尔斯通和西门子依然主导了轻轨市场，但近年来所占据的市场份额不断被中型、本地企业蚕食。2000～2007年上述三巨头占据的市场份额超过60%，2013～2017年其份额已经降至39%。近年来，CAF和Pesa国际经营取得了较大的成功，市场份额也越来越大。

3. 基础设施装备市场

与机车车辆装备制造商相比，基础设施装备制造商运营规模相对较小，大型主导企业的年营业收入基本不超过120亿元。通信信号方面，国际性大型系统装备制造商主要包括德国西门子公司、法国泰雷兹集团（Thales）及法国阿尔斯通公司，另外，日本供应商（日立公司于2015年收购意大利

Ansaldo STS 公司股份）在国际市场中也占有一定比例。2013～2017 年中国铁路通信信号集团公司（中国通号）占全球控制与信号系统市场的 26%，与 2008～2012 年相比，其市场占有率增长了 16 个百分点。

表2 2013～2017 年全球控制与信号系统企业所占市场份额

单位：%

排名	企业名称	市场份额
1	德国西门子(Invensys)公司	27
2	中国铁路通信信号集团公司	26
3	日本日立集团 （并购意大利 Ansaldo STS 公司后）	17
4	法国阿尔斯通公司	7
5	法国泰雷兹集团	7
6	其他	16

三 我国宏观经济发展形势

近年来，我国宏观经济发展的良好局面以及一系列政策措施为城轨产业的发展创造了良好的外部环境，既拓展了市场空间，又促进了城轨产业的升级。我国经济的持续稳定增长为城轨发展事业奠定了坚实的基础，各地政府对城轨建设的投资意愿和能力持续走强，城轨交通呈现爆发式增长态势。随着供给侧结构性改革和"中国制造2025"战略的实施，我国轨道交通装备制造业作为高端制造的代表，是我国政府重点培育的先进产业之一，将促进我国实现由制造大国到制造强国的升级。此外，习近平主席提出"一带一路"倡议，为城轨交通"走出去"指明了努力方向。

（一）经济发展的良好局面促使城轨交通的大规模建设

2008 年国际金融危机以来，世界经济始终处于深度调整之中，复苏进程曲折艰难。面对比以往更加复杂混沌的情况，我国坚持供给管理和需求管理并重，充分发挥规划的综合导向作用、财政货币政策的重要作用、投资消费促进政策的关键作用，有力保障了我国经济的持续稳定增长。经济发展的良好局面为城轨发展事业奠定了坚实的基础，各地政府对城轨建设的投资意愿和能力持续走强。

近年来我国宏观经济的发展特点表现为以下三方面。一是经济保持中高速增长，经济长期向好的基本面不断巩固和发展。党的十八大以来，中国GDP 年均增速超过 7.2%，远高于同期世界 2.5% 和发展中经济体 4% 的平均增长水平，在世界主要国家中名列前茅，成为全球发展的"火车头"。二是就业规模持续扩大。2013 ~ 2017 年，城镇新增就业连续五年保持在 1300万人以上，31 个大城市城镇调查失业率基本稳定在 5% 左右，2017 年全国城镇调查失业率和 31 个大城市城镇调查失业率都保持在 4.9% 以下，创下近期新低。三是价格形势稳定。2013 ~ 2016 年，居民消费价格年均上涨2.0%。2018 年全年居民消费价格比上年上涨 1.8%，继续保持较低水平。2019 年 3 月，居民消费价格同比上涨 2.3%。

经济的良好局面为各地政府大力推进城轨建设奠定了坚实的经济基础。进入"十三五"以来，全国有 100 多座城市规划了城轨交通工程的建设，形成百城百市同时发展城轨交通的新局面，城轨交通呈现爆发式增长态势。40 个在建城市轨道交通的城市都制定了"十三五"发展规划，其中京沪穗深已成网的 4 座城市，规划今后 5 年完成投资 6950 亿元，比前 5年增长 47.5%；新建线路 982 公里，比前 5 年建成 582 公里增长 68.7%。津渝宁汉蓉等一批将在"十三五"形成网络的城市，也正以大幅超过以往的速度建设城轨交通。除在建城市外，还有 80 多座城市开展了城轨交通规划、勘测、设计、咨询等前期工作，"十三五"大多有望开始建设。据预测，2020 年底全国将有 60 多座城市开通运营线路 8000 公里左右。

（二）供给侧结构性改革和制造强国战略推动城轨制造业产业升级

随着供给侧结构性改革和制造强国战略的实施，我国经济结构不断优化，数字经济等新兴产业蓬勃发展，铁路、公路、桥梁、港口、机场等基础设施建设以及工业强基、智能制造、绿色制造等重大工程快速推进，先进制造业加快发展，更多资金投向强基础、增后劲、惠民生领域。我国政府以培育若干世界级先进制造业集群为目标，大力促进我国产业迈向全球价值链中高端，其中城市轨道装备制造也面临巨大发展机遇。

1. 供给侧结构性改革促进中国制造业从大到强

2017年12月，中央经济工作会议指出，要深化供给侧结构性改革，推进中国制造向中国创造转变，中国速度向中国质量转变，制造大国向制造强国转变。这将供给侧结构性改革这个建设现代化经济体系的主线，聚焦到中国制造从大到强的转变上。

制造业是我国经济的根基所在，是兴国之器、立国之本、强国之基。改革开放以来，我国快速地推进工业化进程，已经步入到工业化后期，中国也已经从一个农业经济大国转变为工业经济大国。但是，在认识到我国世界性制造大国地位的同时，也必须认识到，从制造业增加值、劳动生产率、创新能力、核心技术拥有、关键零部件生产、在全球所处价值链环节、高端产业占比等方面衡量，我国只是制造业大国而不是制造业强国。制造业大而不强的现实，提出了必须下大力气提升制造业供给质量、实现从大到强转变的急迫要求。党的十九大明确，供给侧结构性改革的主攻方向是提高实体经济的供给质量，制造业是实体经济的核心，因此，深化供给侧结构性改革的关键着力点就是提高制造业供给质量。

2. 制造强国战略推动先进轨道交通装备发展

我国轨道交通装备制造业经历60多年的发展，已经形成了自主研发、配套完整、设备先进、规模经营的集研发、设计、制造、试验和服务于一体的轨道交通装备制造体系，成为创新驱动、智能转型、强化基础、绿色发展的典型代表，是我国高端装备制造领域自主创新程度最高、国际创新竞争力最强、产业带动效应最明显的行业之一。但我国轨道交通装备制造行业仍然"年轻"，与发达工业国家相比还有一定的提升空间，亟须实现从"中国制造"向"中国创造"、制造强国的转变。

2015 年，国家颁布《中国制造 2025》等文件，其中先进轨道交通装备被选为亟须突破发展的重点领域，以及实施工业产品质量提升行动计划的重点行业。《中国制造 2025》明确表示，"加快新材料、新技术和新工艺的应用，重点突破体系化安全保障、节能环保、数字化智能化网络化技术，研制先进可靠适用的产品和轻量化、模块化、谱系化产品。研发新一代绿色智能、高速重载轨道交通装备系统，围绕系统全寿命周期，向用户提供整体解决方案，建立世界领先的现代轨道交通产业体系"。新政策的出台，体现了国家对城轨装备制造业发展的重视，将极大推动城轨装备制造业的产业升级，有力带动相关产业链实力的整体提升。

《中国制造 2025》明确轨道交通装备制造业的根本任务是善用轨道交通作为公共交通和大宗运输载体的巨大发展空间，以绿色智能技术为主线，以多样性产品为载体，以全球市场为目标，实现技术引领、产业辐射。到 2025 年，我国轨道交通装备制造业要形成完善的、具有持续创新能力的创新体系，在主要领域全面推行智能制造模式，主要产品达到国际领先水平，境外业务占比达到 40%，服务业务占比超过 20%，主导国际标准修订，建成全球领先的现代化轨道交通装备产业体系，占据全球产业链的高端。

（三）"一带一路"撬动城市轨道交通产业新支点

进入"十三五"时期以来，进一步扩大开放的方针、"一带一路"倡议已经成为中国主导的全球化、国际化经济发展大格局，将进一步推动经济全球化朝着更加包容、均衡的方向发展，这更加有利于产业链较为齐全并形成产业集群的中国城轨交通走向国际。

"一带一路"是"丝绸之路经济带"和"21 世纪海上丝绸之路"的简称，是 2013 年 9 月和 10 月由国家主席习近平分别提出的。它将充分依靠中国与有关国家既有的双多边机制，借助既有的、行之有效的区域合作平台，坚持和平发展，积极发展与相关国家的经济合作伙伴关系，共同打造政治互信、经济融合、文化包容的利益共同体、命运共同体和责任共同体。"一带一路"倡议使国家和地区间联系更紧密，共同促进经济发展，毫无疑问这将是一场伟大的经济变革，轨道交通企业将在国际市场中迎来更多的机遇和挑战。

共建"一带一路"国家和地区有着庞大的经济总量和稠密的人口分布，但一些大型城市的交通基础设施往往底子薄、基础差，无法满足实际发展需求。在最急需发展城轨系统的重点区域，以城轨"走出去"积极参与相关国家的城市建设与发展，不但迎合了当地基建的实际需要，而且将为我国与这些国家政治、经济、文化等方面的沟通与融合创造良好条件。

R.5
城市轨道交通技术装备发展的
社会环境

一 城镇化推动城轨交通大规模发展

近年来，中国的城市规模和经济建设都有了飞速的发展，城镇化进程逐步加快，城市人口急剧增加，大量流动人口涌进城市，人员出行和物资交流频繁。发展以轨道交通为骨干的公共交通网络，积极引入具有大、中客运量的地铁和轻轨交通方式，是我国城镇化进程中不可避免的选择。只有大力发展城市轨道交通，才能解决城市不断增加的人口的出行问题，才能帮助城市健康、持续发展，提升政府在人民心中的满意度。

（一）人口不断增加

近年来，我国人口总量平稳增长，"十二五"时期年均自然增长率保持在5‰左右，2015年末总人口为13.75亿人。今后15年，我国人口总规模增长的惯性将会减弱，2030年前后达到峰值，此后持续下降。

未来，中国低生育率和与之伴随的低人口增速，意味着人口老龄化程度不断加深。预计"十三五"时期，60岁及以上老年人口平稳增长，2021～2030年增长速度将明显加快，到2030年占比将达到1/4左右，到2050年这一比例将达到1/3，其中80岁及以上高龄老年人口总量不断增加。简而言之，中国将面临未富先老的问题。

未来十几年内，我国人口总量的不断增长，要求不断提高交通运输能力和效率，以满足人们的出行需求。与此同时，人口老龄化发展，对运输服务的智能化水平和便利性提出了更高要求。

（二）城市规模不断扩大

城市的就业机会多、教育水平高、医疗保障体系相对完善等优势促进了城市聚集效应越来越强，大城市或超大城市数量迅速增加、规模不断扩大。《国家新型城镇化规划》提出，"合理放开城区人口 100 万～300 万的大城市落户限制""合理确定城区人口 300 万～500 万的大城市落户条件"。这一重大政策将助推大城市人口的持续增加。

根据住建部《2016 年城市建设统计年鉴》，全国 656 座城市中，100 万以上人口的大城市有 201 座，其中超千万人口的超大型城市 6 座、500 万～1000 万人口的特大城市 12 座、300 万～500 万人口的 I 型大城市 21 座、100 万～300 万人口的 B2 型大城市 164 座。近五年来，我国城镇化率从 52.6%提高到 58.5%，8000 多万农业转移人口成为城镇居民，预计 2020 年大陆地区总人口将达到 14.5 亿人，城镇化率将达到 60%，据此推算还将有约 6000 万农村人口涌入城市，这势必还将进一步扩大城市规模。

按照中国社会科学院发布的蓝皮书中的结论，从世界城市发展规律看，城镇化率达到 40%～60% 的时候，标志着城市进入成长关键期，"城市病"进入多发期和爆发期。此时，继续推进城镇化将面临更为严峻的挑战，这主要表现为中心城市人口的急剧增加和城市发展相对滞后之间的矛盾，例如人口过于密集、土地资源过于紧张、交通压力繁重等。轨道交通具有运量大、节能环保、便捷、节省空间等优势，缓解了城市交通不便和人们出行需求量大的矛盾，同时对城市发展起到了引导作用，积极合理规划轨道交通可以保障人民的生活需求、促进城市的健康发展。

（三）公交出行比大幅提升

近年来，随着经济的稳定发展和人民生活水平的提高，我国汽车销量每年保持稳定增长，汽车保有量不断攀升。2017 年，我国汽车销量达到 2888 万辆，同比增长 3%。其中乘用车销量为 2472 万辆，同比增长 1.4%。我国汽车保有量也节节攀升，截至 2016 年底，全国汽车保有量为 1.94 亿辆，同比增长 13%，其中私家车保有量达到 1.46 亿辆，同比增长 18%，占全部汽车保有量的 75%。我国 40 座城市的汽车拥有量超过 100 万辆，11 座城市超过 200 万辆，与之相伴的则是交通状况的持续恶化。然而，全国平均千人汽车保有量仅 125 辆，距中等发达国家平均千人 200 辆还有较大距离。因此，未来汽车保有量还将持续增长，这必将加剧交通拥堵问题。在此背景下，提升公交出行比例成为必然之举。

《国家新型城镇化率规划 2014～2020》将大幅提升公交出行比例作为解决"城市病"的方法之一，其中明确提出，到 2020 年，大城市公共交通出行占机动化出行比例要达到 60%。考虑到现代城市在一天的客运高峰时期，旅客高度集中，流向大致相同，低运量的交通工具已远远不能满足民众出行的需要，因此城轨交通应成为城市公共交通的骨干，承担较高的客运分担率。目前我国城轨交通的客运分担率约 10%，城轨规模最大的上海也仅为 50%，这与发达国家 50% 以上、东京和纽约高达 80% 以上的客运分担率相比，差距较大。由此可见，我国城轨交通还留有巨大的发展空间。

二 城市群、国家级新区建设促进城轨交通多制式的协调发展

在全球经济一体化的新形势下，我国城市密集区与城市群的迅速发展，对交通网络化、现代化的需求日益迫切。特别是行车密度高、运客量大、出行便捷的城际轨道交通是当前城市群发展的重要方式和前提。近年来，我国坚持实施新型城镇化战略和重点城市群规划，以此促进大中小城市和小城镇协调发展。新城市群、都市圈和国家级新区的建设让城市轨道事业面临更大的市场需求，促进了城轨交通多制式的协调发展。

（一）城市群的发展

城市群，即在特定的地域范围内具有相当数量的不同性质、类型和等级规模的城市，依托一定的自然环境条件，以一个或两个特大或者超大城市作

为地区经济的核心，借助于现代化的交通工具和综合运输网的通达性，以及高度发达的信息网络，发生与发展着城市个体之间的内在联系，共同构成的一个相对完整的"集合体"。城市群中，在中心城市的辐射带动作用下，城市群中的超大、特大城市不断推进适当的疏散经济功能和其他功能，加强与周边城镇乃至相邻省份城市的基础设施连接和公共服务共享。

随着我国经济的快速发展，在经济转型升级、加快现代化建设的进程中，中国的传统省域经济正在向一体化发展的中心城市群转变。经济发达的城市群区域社会形态正逐步从工业化社会向后工业化社会过渡或已进入后工业化社会，城市化已进入加速发展阶段，区域一体化和城乡一体化也日益加快，城市群的发展将作为我国城镇化推进的主体形态。目前，我国在许多区域已形成城市群及城镇密集区，大致可分为国家级和地区级两个层面。截至2018年3月5日，国务院先后共批复了9个国家级城市群，分别是长江中游城市群、哈长城市群、成渝城市群、长江三角洲城市群、中原城市群、北部湾城市群、关中平原城市群、呼包鄂榆城市群、兰州—西宁城市群，此外还有5个城市群正在等待批复。这5个城市群包括珠江三角洲城市群、京津冀城市群、辽中南城市群、山东半岛城市群和海峡西岸城市群。

由于我国城市群区内人口高度集中、流动人口特别多、产业集聚和交通流量极大，城市群的发展迫切需要城际轨道交通等现代交通运输网络来支撑，而城际轨道交通也是城市群区域最佳且必然的交通方式选择。城市群区域需要高效、快速集散客流的城市轨道交通，其发展模式深刻地影响着城市轨道交通的布局；相反，城市轨道交通对城市群区域发展具有支撑作用和先导功能。城市群区域内的社会经济联系不再仅体现为城市及其腹地间的联系，更多体现在城市之间的联系，城际经济联动效应日益凸显，客流、货流、资金流和技术流等"城市流"成为社会经济发展极其重要的要素，这对于承载"城市流"的载体提出了更高的要求。因此，面对区域板块经济竞争愈演愈烈及城市群区域日益激增的巨大客流，原有轨道交通运能已近饱和，能有效提升区域竞争力和缓解客流压力的城际轨道交通建设就非常必要和迫切。

今后五年，城市群和都市圈的建设将快速展开，伴随而起的公众出行和通勤需求也将大幅增长，这为城轨交通建设进一步拓展了发展空间；又由于都市圈和城市群的出行和通勤需求处于更大的区域范围，将给市域快轨等城轨交通制式带来发展契机。

（二）国家级新区的建设

国家级新区，是由国务院批准设立、承担国家重大发展和改革开放战略任务的综合功能区。国家级新区是中国于 20 世纪 90 年代初期设立的一种新开发开放与改革的大城市区。新区的成立乃至开发建设上升为国家战略，其总体发展目标、发展定位等由国务院统一进行规划和审批，相关特殊优惠政策和权限由国务院直接批复，在辖区内实行更加开放和优惠的特殊政策，鼓励进行各项制度改革与创新的探索工作。

改革开放后，国家级新区成为新一轮开发开放和改革的新区。1992 年 10 月上海浦东新区成立，1994 年 3 月天津滨海新区成立，2009 年 12 月珠海横琴新区成立，2010 年 6 月重庆两江新区成立。2010 年之后国家级新区的发展明显加快，从 2011 年至 2017 年共批准建设了 16 个，包括：2011 年 6 月浙江舟山群岛新区成立，2012 年 8 月兰州新区成立，2012 年 9 月广州南沙新区成立，2014 年 1 月陕西西咸新区成立、贵州贵安新区成立，2014 年 6 月青岛西海岸新区成立、大连金普新区成立，2014 年 10 月四川天府新区成立，2015 年 4 月湖南湘江新区成立，2015 年 6 月南京江北新区成立，2015 年 9 月福建福州新区成立、云南滇中新区获批成立，2015 年 12 月哈尔滨新区成立，2016 年 2 月长春新区成立，2016 年 6 月江西赣江新区成立，2017 年 4 月河北雄安新区成立。截至 2018 年 6 月，中国国家级新区总数共有 20 个。此外，还有武汉长江新区、合肥滨湖新区、郑州郑东新区、南宁五象新区等地区在申报中，预计未来数量还将持续增加。

高水平国家级新区的建设，要求高水准的区内交通与之相适应。由于城市轨道交通对新区发展具有较强的引领带动作用，不少新区已将其作为发展目标，如长春新区提出，下一步将打造快捷的城际交通体系和新区内部路网

体系。上述新区管委会负责人建议，国家层面进一步加强在国家级新区优先
布局、提前规划相关城市轨道交通工程。鉴于国家级新区一般面积较大，从
几百平方千米到两千多平方千米，区内又布局了若干个不同的功能片区，因
而对交通有其特定的需求，有轨电车有可能成为主要的适用制式。从近年来
陆续出台的各省市五年规划来看，市域快轨、中型单轨、有轨电车等正逐步
成为二、三线城市和城市群及特大城市特色区域的主要城轨交通制式。未来
城市群都市圈的发展、国家级新区的建设，将为城轨交通特别是市域快轨、
有轨电车、轻轨、单轨、中低速磁浮等中低运量制式的加速发展，创造崭新
的发展空间。

三　绿色可持续发展观念促进城轨交通更绿色、更环保

以绿色、环保、节能等为核心的可持续发展理念已成为国际社会的普遍
共识，轨道交通装备作为方便快捷、绿色环保的产品，越来越受到青睐。与
传统交通相比，对应每一单位运输量的能源消耗量，轨道交通系统的能源消
耗量仅为公共汽车的3/5、私人用车的1/6。因此，发展轨道交通对改善城
市污染状况、提高大气环境质量和改善居民生存环境起到积极的作用。

尽管城轨交通已经是一种绿色交通方式，但随着民众对绿色和可持续发
展的要求越来越高，城轨交通在绿色环保方面依然有一定的改善空间，这主
要表现为以下两方面。一是大规模城市轨道交通和基础设施建设对沿线周边
产生了噪声和振动污染问题，而民众对城市环境要求越来越严格，尤其是在
夜间，对地铁运行产生的振动响应更为敏感。未来，应重点关注轨道交通噪
声和振动的消解措施，合理预测轨道交通可能产生的噪声和振动影响，并提
出具有科学性、针对性、客观性和可操作性的环保措施。二是城市轨道交通
迅猛发展的同时，也带来了巨大的电能消耗。尽管轨道交通是低能耗交通工
具，但是随着轨道交通网络规模的不断扩大，线路行车密度不断增大，系统
的电耗总量呈现阶段上升趋势，其中牵引能耗和车站通风能耗占总能耗的比
例较大。因此，未来应把节约能源作为重要考虑因素，从运营管理节能和技

术节能两方面在源头上控制能源消费量，此外还应继续通过新能源、新技术、新车型的应用来推进节能减排。

四 对美好生活的向往促使城轨交通更舒适、更智能

党的十九大报告提出，中国特色社会主义进入新时代，我国社会主要矛盾已经转化为人民日益增长的美好生活需要和不平衡不充分的发展之间的矛盾。作为公共交通的重要组成部分，城市轨道交通行业应积极应对新的市场变化，通过各种技术手段，不断优化乘客的乘车体验。

近年来，随着经济建设目标的顺利实现和科学技术的飞速发展，城市轨道交通的建设已经争相被纳入政府工作的重点之中。预计到 2020 年，北京、上海、广州、深圳等城市将建成较为完善的轨道交通网络，南京、重庆、武汉、成都等城市将建成轨道交通基本网络，南通、石家庄、兰州等城市将建成轨道交通骨干线。然而，在世界轨道交通漫长的发展历史长河中，我国轨道交通的建设相对滞后，运营总里程数、客运负担率也低于部分发达国家水平。

随着数字化和互联网技术的广泛应用，人们的工作生活方式发生了巨大变化，对客运服务提出了新的挑战。智能手机、网络和人工智能技术的普及改变了乘客的行为模式以及对客运服务的期待，这使快捷准确的旅客信息服务、网络连接服务和基于人工智能的特色服务变得越来越重要。未来政府、轨道交通运营企业、互联网企业需通力合作，共同开发出适合轨道交通发展的互联网产品，从而进一步提高城市轨道交通的服务水平，建成高水平、智能化、人性化的轨道交通新系统。

未来，基于"互联网＋"的轨道交通智能化是地铁系统立体化发展的基本方向。利用互联网、大数据、云计算等信息技术手段，充分发挥互联网企业和运输企业的积极性，加之政府的正确引导，优化地铁运营组织方式，提供多元化产品，可更好地满足乘客的多元化需求。公众可以利用自己拥有的移动终端和地铁公司提供的互联网手段享受到互联网时代带来的便利出行

体验。未来还有巨大发展潜力的领域包括以下两方面。

一是车票电子化信息查询服务。作为城市公共交通运行的一种，轨道交通应充分完善信息服务平台，实现实时、多样化的信息发布、查询及反馈功能。乘客可以通过手机等移动终端平台，实时查询列车班次信息、网络购票，完成导航、票务、支付的"一站式"服务。除此以外，"P＋R"的停车场位置、车位数查询，地铁周边购物消费、休闲娱乐项目查询等衍生服务也一并集成到轨道交通的车票电子化信息查询系统中，充分实现各类交通信息的开放共享，打破信息的不对称。地铁运营企业也可通过平台发布各类信息，例如班次临时调整、地铁活动项目等，分析乘客需求，合理配置资源，加强与其他交通方式的对接，全面提高交通管理能力。

二是车厢内公众移动通信、无线局域网系统。传统地铁的吸引力主要体现在其便捷、高效上，而在出行方式选择众多的今天，轨道交通要继续保持并加大客流吸引力，则需要在不断提高乘客乘车舒适性上下功夫。目前来说，公共交通是普通上班族的首选出行方式，尤其是在北上广等大型城市，不管是通勤，还是节假日出行，乘客都将在地铁等公共交通上花费掉大量时间，而手机往往成为乘客打发漫长无聊时光的必备工具。目前，地铁车厢内已经具备了移动通信的功能，满足了乘客的通信要求。除此以外，为地铁乘客提供无线局域网的高速宽带互联网接入服务，能进一步提高轨道交通系统的智能化、信息化。同时，地铁无线 WiFi 的应用还应考虑到高峰时期的稳定性要求，逐步打造令公众满意的车厢网络环境。这样也可吸引大量乘客，避免客源流失造成的能源浪费。

R.6
城市轨道交通技术装备发展的政策环境

一 城市轨道交通行业发展规划

（一）总体情况

据不完全统计，截至 2018 年底，国家发改委批复的 44 个城市规划线路总投资达 38911.1 亿元。其中上海、北京、广州、杭州、深圳、武汉 6 市投资计划均超过 2000 亿元，6 市规划线路投资总额为 15438.8 亿元，占全国已批复规划线路投资的 37.1%；成都、重庆、青岛、天津、西安、苏州、福州、厦门、长沙 9 市规划线路投资总额均在 1000 亿元以上。

城市轨道交通计划总投资额稳步增长，各城市线路规模持续扩大，并逐步成网，城市轨道交通发展已从单一线路化发展逐步迈入网络化发展时代。

（二）主要城市轨道交通建设规划情况

目前，上海、北京、广州、杭州、深圳、武汉、成都、重庆、青岛、天津、西安、苏州、福州、厦门、长沙 15 个城市的投资计划超过 1000 亿元，这些城市的轨道交通规划如下。

1. 上海市轨道交通近期建设规划（2017～2025）

根据《上海市轨道交通近期建设规划（2017～2025）》，本次计划建设城市轨道交通约 285km，包括 9 条线路。

轨道交通 19 号线起自闵行梅陇，终至宝山杨行。主要沿济明路、浦东南路、江杨南路走行。全长约 40km，设站 30 余座。

轨道交通 20 号线一期起自上海西站，终至共青森林公园。主要沿交通

318

路、场中路、嫩江路走行。全长约 20km，设站 10 余座。

轨道交通 21 号线一期起自国际旅游度假区，终至浦东新区高行。主要沿哥白尼路、广兰路、杨高北路、东靖路走行。全长约 28km，设站 10 余座。

轨道交通 23 号线一期起自闵行开发区，终至徐家汇。线路主要沿东川路、龙吴路走行。全长约 29km，设站 20 余座。

轨道交通 1 号线西延伸为现状 1 号线终点站莘庄站向西延伸 1 站。全长约 1km，新增车站 1 座。

轨道交通 13 号线西延伸线路起自国家会展中心（中国博览会综合体），终至现状 13 号线金运路站。主要沿诸光路、联友路、金沙江西路走行。全长约 10km，设站 5 座。

轨道交通嘉闵线起自嘉定新城，终至闵行莘庄。主要沿澄浏中路、金运路、七莘路走行。全长约 42km，设站 10 余座。

轨道交通机场联络线起自虹桥枢纽，终至上海东站。主要沿沪杭客专东侧、春申塘、外环线走行。全长约 68km，设站 8 座。

轨道交通崇明线起自浦东金桥，终至崇明陈家镇。主要沿 G1501、长江隧桥——沪陕高速公路、中滨路走行。全长约 47km，设站 8 座。

2. 北京市城市轨道交通第二期建设规划（2015～2021 年）

依据城市总体规划和综合交通规划，北京市城市轨道交通 2020 年线网由 30 条线组成，总长度为 1177 公里；远景年线网由 35 条线路组成，总长度 1524 公里。预测 2021 年，北京市公共交通占机动化出行量比例为 60%，轨道交通占公共交通出行量比例为 62%。

2015～2021 年建设 12 个项目，总长度 262.9 公里。3 号线工程自田村至曹各庄北站，线路长 37.4 公里，设站 27 座，投资 415 亿元，规划建设期为 2016～2021 年。7 号线二期（东延）工程自焦化厂至环球影城站，线路长 17.2 公里，设站 7 座，投资 153.3 亿元，规划建设期为 2016～2020 年。8 号线四期工程自五福堂至瀛海站，线路长 3.3 公里，设站 2 座，投资 34.2 亿元，规划建设期为 2016～2018 年。12 号线工程自四季青至东坝站，线路长 29.2 公里，设站 21 座，投资 324 亿元，规划建设期为 2017～2021 年。217 号线工程自未来科技城至亦庄站前区南站，线路长 49.7 公里，设站 21 座，投资 492 亿元，规划建设期为 2015～2020 年。19 号线一期工程自牡丹园至新宫站，线路长 22.4 公里，设站 9 座，投资 221.8 亿元，规划建设期为 2017～2021 年。22 号线（平谷线）工程自东风北桥至泃河湾站，线路长 71 公里，设站 11 座，投资 212.3 亿元，规划建设期为 2018～2021 年。25 号线二期（房山线北延）工程自郭公庄至丰益桥南站，线路长 5 公里，设站 4 座，投资 48.6 亿元，规划建设期为 2017～2020 年。27 号线二期（昌平线南延）工程自西二旗至国家图书馆站，线路长 16.6 公里，设站 8 座，投资 142.3 亿元，规划建设期为 2017～2020 年。八通线二期（南延）工程自土桥至环球影城站，线路长 4.2 公里，设站 1 座，投资 27.2 亿元，规划建设期为 2017～2019 年。首都机场线二期（西延）工程自东直门至北新桥站，线路长 2 公里，设站 1 座，投资 18 亿元，规划建设期为 2015～2018 年。中央商务区（CBD）线工程自东大桥至九龙山站，线路长 4.9 公里，设站 8 座，投资 34.1 亿元，规划建设期为 2018～2021 年。另外，同意北京新机场线（不计入本期规划）起点调整为牡丹园站，线路长度为 59.8 公里，投资 426.7 亿元。到 2021 年，形成 27 条运营线路、总长 998.5 公里的轨道交通网络。

3、12、17、19、22 号线采用 A 型车 8 辆编组，3、12 号线最高运营时速达 80 公里，17 号线最高运营时速达 100 公里，19 号线最高运营时速达 120 公里，22 号线最高运营时速达 120 公里以上；八通线、8 号线、25 号线、27 号线采用 B 型车 6 辆编组，其中八通线、8 号线最高运营时速为 80 公里，25、27 号线最高运营时速为 100 公里；7 号线采用 B 型车 8 辆编组，最高运营时速为 80 公里；机场线采用 L 型车 4 辆编组，最高运营时速为 110 公里；中央商务区（CBD）线采用自动导轨（APM）系统 4 辆编组，最高运营时速为 70 公里。在规划实施阶段，进一步深化主要技术标准和运营组织方案。

本期建设项目总投资为 2122.8 亿元，其中资本金占 40%，计 849.12 亿元，由北京市级财政资金解决。资本金以外的资金以国内银行贷款为主，并辅以多元化融资模式。

3. 广州市城市轨道交通第三期建设规划（2017～2023年）

广州市城市轨道交通2020年线网由21条线组成，总长度约973公里，共设车站465座，其中换乘站104座；远景年线网由23条线路组成，总长度约1025公里，共设车站481座，其中换乘站108座。预测2020年，广州市公共交通占全方式出行量的比例为34%，轨道交通占公共交通出行量的比例为37%。

3号线东延、5号线东延、7号线二期、8号线北延、10号线、12号线、13号线二期、14号线二期、18号线和22号线共10个项目，总长度258.1公里。到2023年，形成18条线路、总长792公里的轨道交通网络。3号线东延工程自番禺广场至海傍站，线路长9.6公里，设站4座，投资56.98亿元，规划建设期为2019～2022年。5号线东延工程自文冲至黄埔客运港站，线路长9.7公里，设站6座，投资78.62亿元，规划建设期为2018～2022年。7号线二期工程自大学城南至水西北站，线路长21.8公里，设站11座，投资162.35亿元，规划建设期为2018～2022年。8号线北延工程自白云湖至广州北站，线路长20.0公里，设站9座，投资150.83亿元，规划建设期为2019～2023年。10号线工程自石牌桥至西朗站，线路长19.9公里，设站14座，投资210.88亿元，规划建设期为2017～2022年。12号线工程自浔峰岗至大学城南站，线路长37.6公里，设站25座，投资351.2亿元，规划建设期为2018～2023年。13号线二期工程自朝阳至鱼珠站，线路长33.6公里，设站23座，投资370.75亿元，规划建设期为2017～2021年。14号线二期工程自广州火车站至嘉禾望岗站，线路长11.6公里，设站7座，投资94.94亿元，规划建设期为2017～2021年。18号线工程自万顷沙至广州东站，线路长62.5公里，设站9座，投资460.51亿元，规划建设期为2017～2020年。22号线工程自番禺广场至白鹅潭站，线路长31.8公里，设站6座，投资258.65亿元，规划建设期为2017～2020年。

为实现与已运营和正在建设项目的资源共享，第三期建设规划项目为前两期建设规划延伸线路和二期工程的，包括 3 号线东延、5 号线东延、7 号线二期、8 号线北延、13 号线二期、14 号线二期，原则上与先期实施项目系统保持一致，并预留扩容改造条件。新建项目 10 号线采用最高运行时速 80 公里的 B 型车，12、13 号线采用最高运行时速 80 公里的 A 型车。新建项目 18 号线和 22 号线采用最高运行时速 160 公里的市域快线列车。在规划实施阶段，需研究优化项目车型、车辆编组、站间距、速度目标值等主要技术标准和运营组织方案，为进一步发展预留空间。

初步估算项目总投资约为 2196 亿元，其中资本金约占 34%，计 740 亿元，由市、区政府两级财政资金承担；资本金以外的资金采用银行贷款等多元化融资模式。

4. 杭州市城市轨道交通第三期建设规划（2017～2022 年）

依据杭州市城市总体规划和综合交通规划，杭州市城市轨道交通 2025 年线网由 10 条线组成，总长度约 423.5 公里，共设车站 228 座，其中换乘站 39 座；远景年线网由 14 条线路组成，总长度 642.2 公里，共设车站 310 座，其中换乘站 82 座。预测 2025 年，杭州市公共交通占全方式出行量的比例为 40%，轨道交通占公共交通出行量的比例为 30%。

建设 10 个项目，总长度 196.1 公里。到 2022 年，形成 10 条线路、总长 387.8 公里的轨道交通网络。1 号线三期工程自下沙江滨至萧山机场站，线路长 11.5 公里，设站 4 座，投资 77.96 亿元，规划建设期为 2017～2022 年。2 号线三期工程自新良路至良渚路站，线路长 1.6 公里，设站 1 座，投资 9.88 亿元，规划建设期为 2017～2020 年。3 号线一期工程主线自文一西路至星桥路站，支线自小和山至百家园站，线路长 52.2 公里，设站 33 座，投资 377.59 亿元，规划 2 建设期为 2017～2021 年。4 号线二期工程自彭埠至紫金港路站，线路长 23.4 公里，设站 14 座，投资 173.88 亿元，规划建设期为 2017～2022 年。5 号线二期工程自中央公园至绿汀路站，线路长 3.2 公里，设站 2 座，投资 17.54 亿元，规划建设期为 2017～2020 年。6 号线二期工程自丰北至东宁路站，线路长 8.3 公里，设站 5 座，投资 65.5 亿元，规划建设期为 2017～2022 年。7 号线工程自吴山广场至江东二路站，线路长 45 公里，设站 22 座，投资 289.97 亿元，规划建设期为 2017～2021 年。进一步优化工程方案和越站运行的运营组织方案，实现与机场的快速联系。8 号线一期工程自文海南路至江东站，线路长 17.2 公里，设站 7 座，投资 126.38 亿元，规划建设期为 2018～2022 年。9 号线一期工程南段自四季青至客运中心站，北段自临平至昌达路站，线路长 17.8 公里，设站 14 座，投资 156.57 亿元，规划建设期为 2017～2022 年。10 号线一期工程自浙大至新兴路站，线路长 15.9 公里，设站 12 座，投资 131.09 亿元，规划建设期为 2018～2022 年。

第三期建设规划项目原则上采用 B 型车 6 辆编组；其中，7 号线、8 号线一期工程最高运营时速为 100 公里，其余项目最高运营时速为 80 公里。在规划实施阶段，进一步研究优化车型、站间距、速度等主要技术标准和运营组织方案。

项目总投资为 1426.36 亿元，其中资本金占 30%，计 427.91 亿元，由市政府财政资金承担；资本金以外的资金采用银行贷款等多元化融资模式。

5. 深圳市城市轨道交通第四期建设规划（2017～2022 年）

深圳市城市轨道交通 2020 年线网由 16 条线组成，总长度约 596.9 公里，远景年线网由 20 条线路组成，总长度约 753 公里。预测到 2025 年，深圳市公共交通占客运机动化出行量的比例达到 65% 以上，轨道交通占公共交通出行量的比例为 45% 以上。

建设 6 号线支线、12 号线、13 号线、14 号线、16 号线，共 5 个项目，总长度为 148.9 公里。到 2022 年，形成 15 条线路、总长约 570 公里的轨道交通网络。6 号线支线工程自荔林站至中山大学站，线路长 6.4 公里，设站 3 座，投资 43.3 亿元，规划建设期为 2017～2020 年。12 号线工程自左炮台站至海上田园东站，线路长 40 公里，设站 29 座，投资 381.4 亿元，规划建设期为 2017～2021 年。13 号线工程自深圳湾口岸站至上屋北站，线路长 23 公里，设站 14 座，投资 214.8 亿元，规划建设期为 2017～2021 年。14 号线工程自岗厦北站至沙田站，线路长 51.9 公里，设站 14 座，投资 429.7 亿元，规划建设期为 2017～2021 年。16 号线工程自大运站至田头站，线路长

27.6 公里，设站 23 座，投资 275.3 亿元，规划建设期为 2018～2022 年。

6 号线支线采用 B 型车 6 辆编组、14 号线采用 A 型车 8 辆编组，最高运行时速为 120 公里；12、16 号线均采用 A 型车 6 辆编组，最高运行时速为 80 公里；13 号线采用 A 型车 8 辆编组，最高运行时速为 100 公里。在规划实施阶段，进一步研究优化车型、站间距、速度等技术指标和运营组织方案，为发展预留空间。

项目总投资约为 1344.5 亿元，其中资本金约占 50%，计 672.25 亿元，由政府财政资金承担；资本金以外的资金采用银行贷款等多元化融资模式解决。

6. 武汉市城市轨道交通第三期建设规划（2015～2021 年）

依据武汉市城市总体规划和综合交通规划，武汉市城市轨道交通线网由 25 条线路组成，总长约 1045 公里，设车站 603 座，其中换乘车站 123 座。规划 2020 年，武汉市区公共交通占机动化出行量的比例达到 62.5%，轨道交通占公共交通的比例达到 53%。

建设 1 号线延伸工程，2 号线北延、南延工程，4 号线西延工程，5 号线，7 号线南段，8 号线二期工程，11 号线东、西段，21 号线。到 2021 年，形成 10 条运营线路、总长 400 公里的轨道交通网络。1 号线延伸工程自金山大道至径河站，线路长 4 公里，设站 22 座，投资 17.43 亿元，规划建设期为 2019～2020 年。2 号线北延工程自宏图大道至天河机场站，线路长 15 公里，设站 5 座，投资 75.97 亿元，规划建设期为 2015～2018 年。2 号线南延工程自流芳至藏龙岛站，线路长 7.8 公里，设站 5 座，投资 68.69 亿元，规划建设期为 2015～2019 年。4 号线西延工程自黄金口至新汉阳火车站，线路长 4 公里，设站 2 座，投资 26.34 亿元，规划建设期为 2016～2018 年。5 号线自武汉火车站至青菱站，线路长 31.9 公里，设站 27 座，投资 249.64 亿元，规划建设期为 2017～2021 年。7 号线南段自野芷湖至纸坊青龙山站，线路长 14.2 公里，设站 7 座，投资 96 亿元，规划建设期为 2016～2020 年。8 号线二期工程自梨园至野芷湖站，线路长 16.7 公里，设站 12 座，投资 137.72 亿元，规划建设期为 2018～2021 年。11 号线东段自武昌火车站至左岭站，线路长 32.1 公里，设站 20 座，投资 246.2 亿元，规划建设期为 2015～2020 年。11 号线西段自红马嘴至柏林站，线路长 14.1 公里，设站 8 座，投资 69.88 亿元，规划建设期为 2017～2021 年。21 号线自后湖至金台站，线路长 33.7 公里，设站 15 座，投资 161.07 亿元，规划建设期为 2015～2020 年。

1 号线延伸工程采用 B 型车 4 辆编组；2 号线南延、北延工程采用 B 型车，初、近期 6 辆编组，远期 8 辆编组；4 号线西延工程采用 B 型车 6 辆编组；5 号线采用 A 型车 6 辆编组；7 号线 3 南段、8 号线二期工程、11 号线东段和西段采用 A 型车，初、近期 6 辆编组，远期 8 辆编组；21 号线采用 A 型车，初、近期 4 辆编组，远期 6 辆编组。1、2、4、5、8 号线最高运营时速达 80 公里，7、11、21 号线最高运营时速达 100 公里。在规划实施阶段，进一步深化主要技术标准和运营组织方案。

近期建设项目总投资为 1148.9 亿元，其中资本金比例为 40%，计 459.6 亿元，由武汉市财政资金解决。资本金以外的资金采用国内银行贷款等融资方式解决。

7. 成都市城市轨道交通第三期建设规划（2016～2020 年）

成都市城市轨道交通 2020 年线网由 11 条线组成，总长度约 460 公里；远景年线网由 18 条线路组成，总长度 904 公里。预计 2020 年，成都市公共交通占全方式出行量的比例为 33%，轨道交通占公共交通出行量的比例为 35%。

建设 8 号线一期、9 号线一期、10 号线二期、11 号线一期和 17 号线一期，共 5 个项目，总长度 124.2 公里。到 2020 年，形成 13 条线路、总长 508 公里的轨道交通网络。8 号线一期工程自长城路至十里店站，线路长 27.4 公里，设站 22 座，投资 218.63 亿元，规划建设期为 2016～2020 年。9 号线一期工程自金融中心东至两河森林公园站，线路长 23.7 公里，设站 11 座，投资 166.68 亿元，规划建设期为 2017～2020 年。10 号线二期工程自航空港 T2 至太平寺站，线路长 26.7 公里，设站 9 座，投资 131.56 亿元，规划建设期为 2016～2019 年。11 号线一期工程自观东路至回龙路西站，线路长 20.7 公里，设站 18 座，投资 165.08 亿元，规划建设期为 2016～2019 年。17 号线一期工程自机投镇至易园站，线路长 25.7 公里，设站 9 座，投资 149.46 亿元，规划建设期为 2017～2020 年。

8 号线一期工程、9 号线一期工程、10 号线二期工程、11 号线一期工程和 17 号线一期工程均采用 A 型车 6 辆编组；其中，8 号线最高运营时速达 80 公里，9 号线、10 号线、11 号线和 17 号线最高运营时速达 100 公里。在规划实施阶段，进一步深化主要技术标准和运营组织方案。

项目总投资为 831.41 亿元，其中资本金占 20%，计 166.28 亿元，由市政府财政资金承担；资本金以外的资金以银行贷款为主，并辅以多元化融资模式。

8. 重庆市城市轨道交通近期建设规划（2012～2020年）

依据城乡总体规划和综合交通规划，重庆市规划城市轨道交通远景年线网为"环＋放射"的网络结构，由 1 条环线、17 条放射线路组成，总长约 820 公里，其中主城区线路长 780 公里、线网密度为 0.69 公里/平方公里。线网中，1 号线为东西向骨干线路，沟通解放碑、两路口、大坪、沙坪坝和西永。2 号线沟通解放碑、大坪、杨家坪和鱼洞。3 号线为南北向骨干线路，沟通南坪、观音桥、重庆站、重庆北站和机场。4 号线沟通龙盛、重庆北站和南坪，5 号线沟通空港新城、园博园、杨家坪和江津卫星城，6 号线沟通茶园、解放碑、大竹林、礼嘉、蔡家和北碚，7 号线沟通北碚、西永和九龙工业园，8 号线沟通龙兴和茶园，9 号线沟通空港新城、江北中央商务区、观音桥和沙坪坝，10 号线沟通机场、重庆北站和会展中心，11 号线沟通弹子石、唐家沱和石坪，12 号线沟通鹿角、李家沱、大渡口和白市驿，13 号线沟通大学城、西永和会展中心，14 号线沟通水土、空港新城和北部新区，15 号线沟通双碑、西永、北部新区和龙兴，16 号线沟通蔡家和水土，17 号线沟通西永、台商工业园和江津卫星城，环线串联重要的对外交通枢纽及客流集散点。预计 2020 年，重庆市区公共交通占全方式出行的比例为 47%，轨道交通占公共交通出行的比例为 47%。

建设 4 号线一期、5 号线一期、6 号线支线一期和二期、9 号线一期和二期、10 号线、环线工程等 8 个项目，全长约 215.04 公里。到 2020 年，形成 9 条运营线路、总长 410.24 公里的轨道交通基本网络。4 号线一期工程自昆仑大道至唐家沱，线路长 14.97 公里，设站 8 座，投资 64.52 亿元，规划建设期为 2016～2020 年。5 号线一期工程自园博园至跳蹬，线路长 40 公里，设站 25 座，投资 200.46 亿元，规划建设期为 2013～2017 年。6 号线支线一期工程自礼嘉至会展北，线路长 12.2 公里，设站 6 座，投资 52.92 亿元。该线作为重庆会展中心的交通配套设施，土建工程已于 2010 年启动建设，计划 2012 年建成。6 号线二期工程自会展北至沙河坝，线路长 13.71 公里，设站 9 座，投资 65.25 亿元，规划建设期为 2016～2020 年。9 号线一期工程自站西路至服装城大道，线路长 28.23 公里，设站 21 座，投资 147.12 亿元，规划建设期为 2015～2019 年。9 号线二期工程自服装城大道至花石沟，线路长 10.77 公里，设站 5 座，投资 56.13 亿元，规划建设期为 2016～2020 年。10 号线工程自兰花路至重庆北站至王家庄，线路长 44.69 公里，设站 27 座，投资 237.24 亿元，规划建设期为 2014～2018 年。环线工程为奥体至重庆西、重庆北、上新街至奥体，线路长 50.47 公里，设站 34 座，投资 273.3 亿元，规划建设期为 2012～2016 年。

9. 青岛市城市轨道交通第二期建设规划调整方案（2013～2021 年）

根据《青岛市城市轨道交通近期建设规划调整》（2013～2021 年），青岛市城市轨道交通第二期建设规划确定的建设任务及目标有所调整，将原 1 号线拆分为 1 号线和 7 号线一期；将原 4 号线向东延伸 4.5 公里至大河东站；对原 6 号线起点、长度、敷设方式进行调整，建设 6 号线一期工程；新增 8 号线工程。调整后第二期建设规划总长度为 181.7 公里，基本形成轨道交通网络。

1 号线工程自峨眉山路至兴国路站，线路长 42.7 公里，设站 29 座，投资 261.85 亿元，规划建设期为 2015～2020 年。4 号线工程自人民会堂至大河东站，线路长 30.7 公里，设站 25 座，投资 211.10 亿元，规划建设期为 2016～2020 年。6 号线一期工程自辛屯路至生态园站，线路长 30.3 公里，设站 20 座，投资 179.08 亿元，规划建设期为 2017～2021 年。7 号线一期工程自兴国路至东郭庄站，线路长 17.3 公里，设站 12 座，投资共计 106.09 亿元，规划建设期为 2015～2020 年。8 号线工程自胶州北站至五四广场站，线路长 60.7 里，设站 16 座，投资 314.03 亿元，规划建设期为 2016～2021 年。预计到 2021 年，将形成 7 条运营线路、总长 231.7 公里的轨道交通网络。

采用 B 型车 6 辆编组，1 号线、4 号线、6 号线、7 号线最高运行时速达 80 公里，8 号线最高运行时速达 120 公里。

项目总投资为 1072.15 亿元，其中资本金占 40%，计 428.86 亿元，由青岛市级财政资金解决；资本金以外资金由银行贷款等方式解决。

10. 天津市城市轨道交通第二期建设规划（2015～2020 年）

依据城市总体规划和综合交通规划，天津市城市轨道交通远景年线网由 28 条线路组成，总长度达 1380 公里。预计 2020 年，天津市公共交通占机动化出行量的比例达到 36%，轨道交通占公共交通出行量的比例达到 40%。

2015～2020 年，建设 M3 线二期（南延）、M7 线一期、M8 线一期、M10 线一期、M11 线一期、Z2 线一期、Z4 线一期和 B1 线一期等 8 个项目，总长约 228.1 公里。到 2020 年，形成 14 条运营线路、总长 513 公里的轨道交通网络。M3 线二期（南延）工程自高新区至天津南站，线路长 3.9 公里，设站 3 座，投资 17.04 亿元，已配合天津南站建成。M7 线一期工程自芦北路至普济河道站，线路长 26.9 公里，设站 24 座，投资 257.04 亿元，规划建设期为 2017～2020 年。M8 线一期工程自资阳路至淇水道站，线路长 20 公里，设站 18 座，投资 200.53 亿元，规划建设期为 2017～2020 年。M10 线一期工程自梨园头至南淀站，线路长 24 公里，设站 223 座，投资 232.03 亿元，规划建设期为 2015～2020 年。M11 线一期工程自晋宁道至七经路站，线路长 25.4 公里，设站 25 座，投资 236.07 亿元，规划建设期为 2017～2020 年。B1 线一期工程自欣嘉园车辆段至新城四站，线路长 31.3 公里，设站 22 座，投资 264.88 亿元，规划建设期为 2015～2020 年。Z2 线一期工程自金钟河大街至北塘站，线路长 52.8 公里，设站 15 座，投资 299.75 亿元，规划建设期为 2017～2020 年。Z4 线一期工程自汉蔡路至中部新城站，线路长 43.7 公里，设站 20 座，投资 286.99 亿元，规划建设期为 2015 ~ 2020 年。

M7、M8、B1 线采用 A 型车 6 辆编组，M10、M11 线采用 B 型车 6 辆编组，最高运营时速达 80 公里；Z2 线采用 A 型车 8 辆编组，Z4 线采用 A 型车 6 辆编组，最高运营时速达 120 公里。在规划实施阶段，进一步深化主要技术标准和运营组织方案。

项目总投资为 1794.33 亿元，其中资本金占 40%，计 717.73 亿元，由天津市区两级及滨海新区财政资金解决；资本金以外的资金利用国内银行贷款等方式解决。

11. 西安市城市轨道交通第二期建设规划调整方案（2013 ~ 2021 年）

根据《西安市城市快速轨道交通建设规划调整》（2013 ~ 2021 年），西安市计划新增 5 号线二期工程、6 号线二期工程和临潼线工程，线路长度 65.1 公里。5 号线二期工程自交大创新港至和平村站，线路长 20.1 公里，设站 13 座，投资 95.21 亿元，规划建设期为 2016 ~ 2020 年。6 号线二期工程自劳动南路至纺织城站，线路长 19.8 公里，设站 16 座，投资 143.64 亿元，规划建设期为 2016 ~ 2021 年。临潼线自纺织城至秦汉大道站，线路长 25.2 公里，设站 15 座，投资 149.88 亿元，规划建设期为 2016 ~ 2021 年。预计到 2021 年，形成 7 条运营线路、总长 243.2 公里的轨道交通网络。

采用 B 型车 6 辆编组，最高运行时速达 80 公里。规划实施阶段，进一步深化主要技术标准和运营组织方案。

项目总投资为 388.73 亿元，其中资本金占 40%，计 155.49 亿元，其中 5 号线二期工程资本金由西咸新区财政资金解决，6 号线二期工程和临潼线工程资本金由西安市、区两级财政资金解决；资本金以外的资金利用国内银行贷款等融资方式解决。

12. 苏州市城市轨道交通第三期建设规划（2018 ~ 2023 年）

苏州市城市轨道交通远景线网由 15 条线路组成，总长 768 公里，其中市域线 6 条 377 公里，市区线 9 条 391 公里；2020 年线网由 9 条线路组成，总长 359 公里。

建设 6 号线、7 号线、8 号线和 S1 线等 4 个项目，总长度 137.4 公里。项目建成后，苏州市将形成 353.4 公里的轨道交通网络。6 号线工程自苏州新区站至桑田岛站，线路长 34.2 公里，设站 28 座，投资 237.4 亿元，项目建设工期为 5 年。7 号线工程自相城大道北站至红庄站，线路长 27 公里，设站 23 座，投资 185.6 亿元，项目建设工期为 4 年。8 号线工程自华山路站至车坊站，线路长 35.2 公里，设站 26 座，投资 236.6 亿元，项目建设工期为 5 年。S1 线工程自夷亭路站至花桥站，线路长 41.0 公里，设站 27 座，投资 273.7 亿元，项目建设工期为 5 年。在项目可行性研究和初步设计阶段，深入研究 S1 线与上海市轨道交通 11 号线北段工程延伸段（安亭站至花桥站）贯通运营方案，结合工程实际，进一步优化车站建设和换乘方案，预留远期贯通运营条件，具体方案由江苏省、上海市确定。

6、7、8 号线原则采用 B 型车 6 辆编组，最高运行时速达 80 公里。S1 线原则采用 A 型车，4 辆、6 辆编组混合运营，最高运行时速达 100 公里。在规划实施阶段进一步优化车辆选型等主要技术标准和运营组织方案。

初步估算项目总投资约 933.2 亿元，其中资本金占 40%，计 373.3 亿元，其中 6、7、8 号线由苏州市政府财政承担，S1 线由昆山市、苏州工业园区财政承担；资本金以外的资金采用银行贷款等多元化融资模式解决。

13. 福州市城市轨道交通第二期建设规划（2015～2021 年）

依据福州市城市总体规划和综合交通规划，福州市城市轨道交通线网由 9 条线路组成，总长约 338.1 公里，设车站 215 座，其中换乘车站 26 座。规划到 2021 年，福州市区公共交通占机动化出行量的比例达到 38%，轨道交通占公共交通的比例达到 30%。

2015～2021 年，建设 4 号线一期工程、5 号线一期工程和 6 号线，总长度为 89.3 公里。到 2021 年，形成 5 条运营线路、总长 147.5 公里的轨道交通网络。4 号线一期工程自洪塘路至螺洲镇站，线路长 24.2 公里，设站 21 座，投资 184.36 亿元，规划建设期为 2017～2021 年。5 号线一期工程自普觉寺至福州南站，线路长 24.6 公里，设站 20 座，投资 192.88 亿元，规划建设期为 2016～2020 年。6 号线工程自会展中心至长乐机场站，线路长

40.5 公里，设站 20 座，投资 277.16 亿元，规划建设期为 2015～2019 年。

采用 B 型车 6 辆编组，4、5 号线最高运行时速达 80 公里，6 号线最高运行时速达 100 公里。在规划实施阶段，进一步深化主要技术标准和运营组织方案。

近期建设项目总投资为 654.4 亿元，其中资本金占 40%，计 261.76 亿元，由福州市财政资金承担；资本金以外的资金采用国内银行贷款等融资方式解决。

14. 厦门市城市轨道交通第二期建设规划（2016～2022 年）

依据厦门市城市总体规划和综合交通规划，厦门市城市轨道交通 2020 年线网由 6 条线组成，总长度约 267 公里，共设车站 139 座，含换乘站 18 座；远景年线网由 11 条线路组成，总长度 404 公里，共设车站 188 座，含换乘站 42 座。预计 2020 年，厦门市公共交通占全方式出行量的比例为 45%，轨道交通占公共交通出行量的比例为 30%。

建设 2 号线二期、3 号线二期、4 号线和 6 号线一期，共 4 个项目，总长度 152.2 公里。到 2022 年，形成 5 条线路、总长约 224 公里的轨道交通网络。2 号线二期工程自天竺山至芦坑站，线路长 15.5 公里，设站 9 座，投资 122.18 亿元，规划建设期为 2016～2020 年。3 号线二期工程自五缘湾至翔安机场站，线路长 22.6 公里，设站 13 座，投资 151.54 亿元，规划建设期为 2016～2020 年。4 号线工程自嵩屿码头至翔安机场站，线路长 69.6 公里，设站 218 座，投资 362.56 亿元，规划建设期为 2017～2022 年。6 号线一期工程自林埭至影视城站，线路长 44.5 公里，设站 27 座，投资 364.64 亿元，规划建设期为 2017～2022 年。另外，为做好城市轨道交通与铁路厦门站的衔接，同意将第一期建设规划中的 3 号线一期工程东端局部改线。调整后自厦门站至五缘湾站，线路长 15.3 公里，设站 13 座，规划建设期为 2016～2020 年。

2 号线二期、3 号线二期、4 号线、6 号线一期工程均采用 B 型车 6 辆编组；其中，2 号线、3 号线和 6 号线最高运营时速达 80 公里，4 号线最高运营时速达 120 公里。在规划实施阶段，进一步深化主要技术标准和运营组织方案。

第二期建设规划项目总投资为 1000.92 亿元，其中资本金占 25%，计 250.23 亿元，由厦门市财政资金承担；资本金以外的资金以银行贷款为主，并辅以多元化融资模式。

15. 长沙市城市轨道交通第三期建设规划（2017~2022年）

长沙市城市轨道交通 2020 年线网由 7 条线组成，总长度约 260 公里，共设车站 182 座，其中换乘站 31 座；远景年线网由 12 条线路组成，总长度约 456 公里，共设车站 286 座，其中换乘站 63 座。预计 2020 年，长沙市公共交通占全方式出行量的比例为 35%，轨道交通占公共交通出行量的比例为 40%。

建设 1 号线北延一期、2 号线西延二期、4 号线北延、5 号线南延、5 号线北延、6 号线、7 号线一期，共 7 个项目，总长度为 121.29 公里。到 2022 年，形成 7 条线路、总长 264 公里的轨道交通网络。1 号线北延一期工程自彩霞路站至开福区政府站，线路长 9.93 公里，设站 5 座，投资 53.37 亿元，规划建设期为 2017~2021 年。2 号线西延二期工程自金桥站至梅溪湖西站，线路长 14.72 公里，设站 11 座，投资 95.13 亿元，规划建设期为 2017~2021 年。4 号线北延工程自连江路站至普瑞大道站，线路长 14.26 公里，设站 8 座，投资 68.31 亿元，规划建设期为 2018~2022 年。5 号线南延工程自大托东站至时代阳光大道站，线路长 8.43 公里，设站 7 座，投资 67.27 亿元，规划建设期为 2018~2022 年。5 号线北延工程自纬三路站至蟠龙路站，线路长 3.65 公里，设站 2 座，投资 14.09 亿元，规划建设期为 2019~2022 年。6 号线工程西段自梧桐路站至麓谷西站，线路长 10.05 公里，设站 7 座，投资 75.65 亿元，规划建设期为 2018~2022 年；中段自麓谷西站至东四线站，线路长 26.50 公里，设站 20 座，投资 223.60 亿元，规划建设期为 2017~2021 年；东段自东四线站至西航站区站，线路长 12.15 公里，设站 5 座，投资 61.40 亿元，规划建设期为 2018~2022 年。7 号线一期工程自匐园路站至云塘站，线路长 21.6 公里，设站 18 座，投资 181.32 亿元，规划建设期为 2017~2021 年。

为与前两期规划系统制式相统一，实现资源共享，第三期规划项目原则上涉及 1 号线、2 号线、4 号线、5 号线的延伸线路均采用 B 型车 6 辆编组；6 号线、7 号线采用 A 型车 6 辆编组，最高运行时速均为 80 公里。在规划实施阶段，进一步研究优化车型、站间距、速度等主要技术标准和运营组织方案。

项目总投资为 840.13 亿元，其中资本金占 35%，计 294.043 亿元，由市政府财政资金承担；资本金以外的资金采用银行贷款等多元化融资模式。

二 城市轨道交通行业发展政策

（一）国家政策

1. 建设规划

近年来，国务院办公厅、国家发展改革委、环境保护部办公厅、住房城乡建设部相继出台关于加强城市轨道交通建设的指导意见和通知，部署了新形势下城市轨道交通规划建设工作，加强了城市轨道交通项目审批管理以及权限下放的后续管理。

（1）国务院办公厅《关于进一步加强城市轨道交通规划建设管理的意见》

2018 年 6 月，国务院办公厅印发《关于进一步加强城市轨道交通规划建设管理的意见》（国办发〔2018〕52 号）（以下简称《意见》），对新形势下我国城市轨道交通规划建设工作作出了部署。

《意见》指出，要以习近平新时代中国特色社会主义思想为指导，全面贯彻党的十九大和十九届二中、三中全会精神，牢固树立和贯彻落实新发展理念，按照高质量发展的要求，以服务人民群众出行为根本目标，科学编制城市轨道交通规划，严格落实建设条件，有序推进项目建设，着力加强全过程监管，严控地方政府债务风险，确保城市轨道交通发展规模与实际需求相匹配、建设节奏与支撑能力相适应。

《意见》提出，城市轨道交通是城市公共交通系统的骨干，近年来发展总体有序，但部分城市也存在规划过度超前、建设规模过于集中、资金落实不到位等问题。为促进城市轨道交通规范有序发展，要坚持"量力而行、有序推进，因地制宜、经济适用，衔接协调、集约高效，严控风险、持续发展"的原则，从以下四个方面推进政策措施落实。

一是完善规划管理规定。严格建设申报条件，提高申报建设地铁和轻轨城市的相关经济指标要求，申报建设地铁的城市一般公共财政预算收入、地区生产总值分别由 100 亿元、1000 亿元调整为 300 亿元、3000 亿元。提高建设规划质量，加强城市轨道交通与其他交通方式的衔接融合，鼓励探索地上下空间综合开发利用。严格建设规划报批和审核程序，确保建设规模同地方财力相匹配。强化建设规划的导向和约束作用，已经国家批准的建设规划原则上不得变更，进一步明确了规划调整和新一轮建设规划报批条件。

二是有序推进项目实施。进一步规范项目审批，未列入建设规划的项目不得审批（核准），已审批项目要合理把握建设节奏。强化项目建设和运营资金保障，强化城市政府对城市轨道交通项目全寿命周期的支出责任，规范开展政府和社会资本合作。

三是强化项目风险管控。严控地方政府债务风险，加大财政约束力度，严禁违规变相举债，对列入地方政府债务风险预警范围的城市，暂缓审批（核准）新项目。坚守安全发展底线，落实城市政府和企业安全责任，坚决防范重特大生产安全事故发生。

四是完善规划和项目监管体系。加强监管能力建设，健全部门间协同联动监管机制，建立城市轨道交通监管数据库。建立健全责任机制，坚持国家统筹、省负总责、城市主体的原则，对违规行为和责任主体实行联合惩戒并依法依规追责问责。

（2）国家发展改革委《关于加强城市轨道交通规划建设管理的通知》

2015 年 1 月，国家发展改革委印发《关于加强城市轨道交通规划建设管理的通知》（发改基础〔2015〕49 号）（以下简称《通知》），加强了城市轨道交通项目审批权限下放的后续管理。

　　《通知》提出，坚持"量力而行、有序发展"的方针，按照统筹衔接、经济适用、便捷高效和安全可靠的原则，科学编制规划，有序发展地铁，鼓励发展轻轨、有轨电车等高架或地面敷设的轨道交通制式。把握好建设节奏，确保建设规模和速度与城市交通需求、政府财力和建设管理能力相适应。《通知》从规划、建设、安全三个方面加强了管理。

　　一是加强规划管理。明确从超前编制线网规划、科学编制建设规划、明确规划审核要点、规范规划调整程序、加强规划实施监管五方面加强规划管理。根据城市总体发展要求，确需发展城市轨道交通的城市要编制线网规划，确定长远发展目标。按照前瞻性和系统性要求，线网规划应统筹人口分布、交通需求等情况，确定城市轨道交通的发展目标、发展模式、功能定位等。城市要结合自身经济、人口、客流需求等情况，根据线网规划编制5～6年期的建设规划。省级发展改革部门对城市政府申报的建设规划进行初审。国家发展改革委根据城市经济社会发展条件、规划实施情况受理建设规划，从线网规划、建设方案、建设规模、资金筹措、财力保障、综合衔接、环境影响、建设条件等方面进行审查。

　　二是加强建设管理。明确从完善项目监管制度、科学组织项目实施、发挥监督服务作用三方面加强建设管理。省级发展改革部门抓紧制定项目审批和监管办法，按照国家对关键设备招标的要求，规范招投标行为。各城市要建立透明规范的政府资本金投入长效机制，均衡年度财政债务负担，确保资金到位。创新投融资体制，实施轨道交通导向型土地综合开发，吸引社会资本通过特许经营等多种形式参与建设和运营。

　　三是加强安全管理。明确从落实主体责任、强化监管责任、完善应急体系三方面加强安全管理。企业要健全安全生产管理机构和管理制度，构建安全预警机制，加强安全生产标准化建设。严格落实安全设施"三同时"管理制度，逐步形成规划、建设、运营全过程全系统的安全评价制度。政府有关部门要落实属地监管责任，明确安全监管政策和机构，落实人员和经费，量化企业安全考核指标，建立常态化安全检查制度和重点工程检查、抽查制度，强化工程质量终身责任制，严格安全准入。健全城市政府各部门、城市轨道交通相关企业之间的协调机制，形成应急救援联动制度，制定快速有效的安全事故和突发事件处置预案，提升一体化应急能力。

（3）环境保护部办公厅《关于做好城市轨道交通项目环境影响评价工作的通知》

2014年12月，环境保护部办公厅发布《关于做好城市轨道交通项目环境影响评价工作的通知》（环办〔2014〕117号）（以下简称《通知》），指导地方做好城市轨道交通建设项目环境影响评价工作，促进城市轨道交通建设与环境保护协调发展。

《通知》明确，城市轨道交通项目必须纳入城市轨道交通近期建设规划或线位规划，规划环评应由环境保护部召集审查，规划环评审查结论和意见作为相关项目环评受理审批的依据，规划及规划环评确定的原则和要求必须在项目环评中得到体现和落实。

一是充分发挥环评优化项目选址选线方案的作用。城市轨道交通项目选址选线应当符合城市总体规划，应当与规划环评审查结论和意见一致，尽量选择沿城市既有交通干线或规划交通干线敷设，与已有敏感建筑物之间设置足够的防护距离。线路穿越城市建成区和人口集中居住区域时，应当采用地下线敷设方式；穿越城市建成区以外非环境敏感区，可采用高架线或地面线的敷设方式。

二是强化噪声污染防治措施。对已有的居民区、学校、医院等声环境敏感目标实施有效保护，重点路段还要考虑未来规划建议的噪声敏感建筑与线路的位置关系是否合理。采取综合措施降低噪声污染，包括噪声源强控制、传播途径阻隔及受声点防护等，涉及环保拆迁和建筑物使用功能置换措施时必须落实相应责任主体、资金来源和进度安排。对预测超标的敏感路段优先采取声屏障措施，以高架、地面形式穿越规划建成区以外路段应预留安装声屏障的条件。

三是严格控制环境振动及其他影响。尽量通过控制地下线与振动敏感点的距离、加大隧道埋深、提高运营维护水平等，降低振动源强，并根据减振量需要采取浮置板道床、减振扣件等轨道减振措施。合理布局风亭和冷却塔，风亭排风口的设置尽量远离敏感点，一般不应小于 15 米。主变电站应远离居民区等敏感目标，对电视信号受干扰的居民进行合理补偿。

四是做好施工期环境保护。在居民区等环境敏感区施工时，应做好基坑支护及基坑围护止水，控制地下线周边地下水位降落及地面沉降等次生环境影响。工程以地下线形式穿越大型居民集中区、文教区和文物保护单位等振动敏感建筑时，应尽量采用盾构法、悬臂掘进机法等非爆破施工法。工程以高架线桥梁形式跨越地表饮用水水源地或其他环境敏感水体时，应优化桥梁设计，不设水中墩或少设水中墩，减少施工期的水环境污染。

（4）国家发展改革委、住房城乡建设部《关于优化完善城市轨道交通建设规划审批程序的通知》

2015 年 11 月，国家发展改革委、住房城乡建设部印发《关于优化完善城市轨道交通建设规划审批程序的通知》（发改基础〔2015〕2506 号）（以下简称《通知》），优化了完善城市轨道交通建设规划的审批程序。

该《通知》明确了以下两项内容。第一，经报请国务院批准，对已实施首轮建设规划的城市，其后续建设规划由国家发展改革委会同住房城乡建设部审批，报国务院备案；初次申报的城市首轮建设规划仍由国家发展改革委会同住房城乡建设部审核后报国务审批。第二，为进一步提高工作效率，城市轨道交通建设规划及规划调整由省级发展改革委会同省级住房城乡建设（规划）等部门进行初审，形成一致意见。在规划环境影响审查意见、社会稳定风险评估完成后，省级发展改革委会签省级住房城乡建设（规划）部门向国家发展改革委报送城市轨道交通建设规划，同时抄报住房城乡建设部。

2. 轨道交通装备产业

近年来，国家发展改革委办公厅和国家认监委先后出台了关于城市轨道交通装备技术产业化、城轨交通车辆投资项目监管、城轨装备认证的通知和计划，明确了城轨交通装备技术产业化的主要任务和重点领域，加强了对城轨车辆投资和装备认证的监管。

（1）国家发展改革委办公厅《关于加强城市轨道交通车辆投资项目监

管有关事项的通知》

2018 年 3 月，国家发展改革委办公厅发布《关于加强城市轨道交通车辆投资项目监管有关事项的通知》（发改办产业〔2018〕323 号）（以下简称《通知》），明确了城市轨道交通车辆投资项目的监管事项。《通知》强调，为深入学习贯彻习近平新时代中国特色社会主义思想和党的十九大精神，深入推进供给侧结构性改革，加强城市轨道交通车辆投资项目监管，有效预防和化解产能过剩，推动城轨装备产业高质量发展。

一是从建立产能信息报送制度、加强产能发布和预警、引导企业合理投资三方面加强产能监测预警。省级发展改革委、有关中央企业要建立产能监测体系，对本地区、本企业的城轨车辆制造、组装和牵引、制动、信号系统等产能情况进行调查，包括已建成、在建、规划建设的产能规模以及工程建设进度、产品产销、产能利用率等情况，并于每年 3 月底前将上年度情况报送国家发展改革委产业协调司。国家发展改革委产业协调司组织中国城市轨道交通协会和相关单位，建立城轨车辆产能预警机制，深入开展产能核查和分析评估，通过全国投资项目在线审批监管平台及时发布产能变动和预警信息，制定完善政策措施，加强对有关地区和企业的指导。省级发展改革委、有关中央企业要根据城轨车辆市场供需、产能预警情况，及时采取切实有效措施，加强对本地区和所属企业的指导、监督，引导企业投资和市场预期，避免盲目投资，使本地区、本企业产能利用率保持在合理水平。

二是从明确项目管理监督责任、严控城轨车辆新增产能和提高投资项目技术要求三方面完善投资项目监管。健全投资项目备案规则和程序，严格执行项目代码制度，制定城轨车辆及牵引、制动、信号系统投资项目管理办法，依法依规办理投资项目备案。省级发展改革委要采取有效措施，严格控制本地区城轨车辆新增产能，加强城轨车辆及牵引、制动、信号系统投资项目管理。

三是从优化产业布局结构、推动企业业务转型和提升企业竞争实力三方面加快产业结构调整。加强城轨车辆产业发展与国家现代综合交通运输体系发展规划、城轨建设规划的衔接，以城轨建设实际需求为导向，在严控新增产能的前提下，积极调整优化产业布局。按照"转型、整合、转移、退出"的思路，积极调整现有城轨车辆制造、组装企业业务结构。城轨装备制造企业要加强自主创新能力建设，尽快掌握核心技术，研发先进适用的城轨车辆，形成自主知识产权，提高自主化、智能化、绿色化、服务化水平。要加强资本、技术等合作，积极开展兼并重组和战略协作，不断增强市场竞争力。

四是从构建中国标准城轨装备体系、加快实施城轨装备认证和加强城轨项目招投标监管三方面促进产业规范发展。加快构建中国标准城轨装备体系，制定城轨车辆等装备选型技术指引，推动装备统型，为预防和化解产能过剩提供支撑。大力推动城轨车辆等装备认证，积极引导城轨装备制造企业开展认证。加强对城轨项目招投标活动的监督管理，对违法将项目招标投标与生产企业投资设厂相捆绑等行为，严格予以查处，坚决遏制地方保护主义，维护市场秩序。要创新招投标方式方法，大力推广电子招投标，实行全流程在线交易、信息公开和动态监督，营造良好的市场环境。

（2）国家发展改革委办公厅《增强制造业核心竞争力三年行动计划（2018～2020 年）》

2017 年 12 月，《国家发展改革委办公厅关于印发〈增强制造业核心竞争力三年行动计划（2018～2020 年）〉重点领域关键技术产业化实施方案的通知》（发改办产业〔2017〕2063 号），该通知旨在全面贯彻落实党的十九大精神，深入学习贯彻习近平新时代中国特色社会主义思想，加快建设制造强国，加快发展先进制造业，推动互联网、大数据、人工智能和实体经济深度融合。

该通知明确了城市轨道交通技术装备产业化的主要任务：发展先进适用城市轨道交通装备和构建新型技术装备研发试验检测平台。同时，明确提出了中国标准城市轨道交通装备研制工程和检验检测能力提升工程。

一是发展先进适用城市轨道交通装备。开发中国标准城市轨道交通装备，完善技术标准体系，推动互联互通和装备统型，重点开展 A/B 型地铁、市域快轨、中速磁悬浮、跨座式单轨、有轨电车等制式标准化。

研制中速磁浮列车牵引系统、跨座式单轨列车牵引系统及车载储能装置、有轨电车超快充储能系统、地铁制动能量储能系统等系统部件，推广应用先进的产品制造工艺，开展型式试验及装车运用考核，提升供给保障能力。

研制中速磁悬浮全自动运行系统，重点突破中速磁悬浮列车测速定位、设备状态在途监测及预警、远程安全控制及自愈等关键技术。研制基于车—车通信的列车自主运行系统，推动列车自主运行条件下车载信号系统和车辆系统的深度融合。建设城市轨道交通列车智能联控平台，开发列车健康信息系统、操作系统和数据库等，推动基于通信的环境控制、视频分析、火灾报警系统、设备管理、决策支持、优化控制等模块的综合集成和示范应用。建设城市轨道交通综合运营与管理平台，推动列车运营自动监控、综合维修和旅客服务信息系统一体化，提升综合运营调度与维修能力。

研制城市轨道交通综合检测列车，增强同步定位、数据传输和分析功能，开展实时监测、综合测试和评估，满足线路联调联试、验收等需要。开发城市轨道交通主动检测与智能维护系统，建立状态修、预防修等运维模式，形成主动检测与运维技术标准和规范体系。

二是构建新型技术装备研发试验检测平台。构建新型技术装备研发试验检测平台，建设城市轨道车辆及关键系统试验检测平台，建立城市轨道交通测试实验室、全自动运行系统综合实验基地等，提高产品试验检测能力，扩大重点产品认证覆盖范围，构建检测认证技术服务体系，满足新产品开发及认证需要。

三是中国标准城市轨道交通装备研制工程。由中国城市轨道交通协会牵头，组织业主、制造企业等单位，研制标准化城市轨道交通车辆及核心系统部件，推进互联互通、装备统型和关键部件兼容互换，全面形成人性化、智能化和舒适化乘客界面，提高地铁、轻轨、磁悬浮、单轨、有轨电车等制式产品及系统部件技术标准，形成城市轨道交通装备中国标准体系。

地铁 A/B 型车。研制标准化 A/B 型地铁列车，统一车体、转向架、牵引传动、制动、网络控制、信息系统、操作界面等系统部件规范及接口，互换率达到 75% 以上，实现地铁列车信息互通互用和在线运营信息交互。

市域快轨列车。研制标准化市域快轨列车，统一标准、统一接口，完善与地铁线路的互联互通和同站换乘，推进综合交通枢纽建设运营。

中速磁悬浮列车。开发车体、牵引系统等核心部件，形成完全自主知识产权和标准体系，研制时速160公里中速磁悬浮列车样车，开展示范应用，形成产业化能力。

跨座式单轨列车。建立统一的标准规范，开展产品方案设计和工程设计，研发时速80公里的跨座式单轨列车，推动示范应用，形成批量生产能力。

列车自主运行系统研制工程。利用移动通信和人工智能技术，研制以列车为控制核心、深度融合车载控制系统和信号系统的列车自主运行系统，实现列车主动进入、自主防护、自动调整、无人驾驶等功能，率先形成列车自主运行系统（TACS）技术规范和标准体系，开展示范应用。

四是检验检测能力提升工程。建立城市轨道交通装备测试实验室，提升CBTC功能和性能试验检验能力，满足车辆、通信、地面设备等装备电磁兼容及大部件产品测试需要。建立城市轨道交通全自动运行系统综合实验基地，提升全自动运行系统综合测试和关键技术验证能力，满足城市轨道交通全自动运行技术研发和测试认证需要。建设轨道交通装备综合试验基地，开展轨道交通装备关键设备和核心系统的试验检测。

（3）国家发展改革委和国家认监委《关于开展城市轨道交通装备认证工作的通知》

2016年9月，国家发展改革委和国家认监委印发《关于开展城市轨道交通装备认证工作的通知》（发改产业〔2016〕2029号）（以下简称《通知》），明确指出，城市轨道交通装备认证是与国际接轨的市场准入方式，是转变政府职能、促进城轨装备产业健康发展的有效措施。

第一，为提高城轨装备质量安全水平、规范城轨装备产业市场秩序、提升城轨装备企业自主创新能力，国家发展改革委、国家认监委共同组织推动城轨装备认证工作，根据部门职责对城轨装备认证工作进行协调和监督。

第二，国家发展改革委、国家认监委委托中国城市轨道交通协会（以下简称中城协）组建城轨装备认证技术委员会（简称技术委员会）。技术委员会负责起草城轨装备产品认证目录和认证规则，协调认证实施过程中出现的技术问题。

第三，按照自愿性认证和强制性认证相结合的原则，对车辆、信号系统等重点装备及关键零部件逐步推进自愿性产品认证，力争到 2020 年实现城轨装备重点产品认证全覆盖；对直接关系运营安全和公共安全的城轨装备，依法开展强制性认证。

第四，城轨装备认证检测机构须具有国家认监委批准的相关资质，具备与从事城轨装备产品认证活动相适应的认证检验检测等技术能力，严格依据法律法规开展认证工作。建立责任追溯机制，加强诚信体系建设，不断提升认证结果的公信力。

第五，城轨装备制造企业要高度重视和积极参与认证工作，按照国家有关产业结构调整、节能减排以及城轨装备自主化等方面的政策法规和技术标准，提升产品一致性管理水平。

第六，城轨项目业主、建设单位、城轨装备制造企业等要重视认证结果的采信，积极将认证结果应用于供应商质量信用评价、招投标采购、装备制造和工程建设监督、验收等环节。

第七，各省区市发展改革委要会同有关方面为开展城轨装备认证工作创造有利条件。制定和完善相关政策，营造公平、公正、开放的市场环境，鼓励采购和应用单位优先使用城轨装备认证产品。

第八，各省区市认证认可监督管理部门要加强对辖区内城轨装备产品认证活动的监督管理，确保认证工作规范有序。及时处置违法违规认证行为，追究有关认证机构和人员的责任，完善认证机构、人员退出机制。

第九，中城协要切实发挥好行业协会的作用，加强行业自律，组织协会成员单位积极参与认证工作，促进技术标准制定和修订。加强与城轨装备相关方的沟通交流，建立城轨装备产品认证信息交换和共享平台，共同推动认证结果的采信。加强对获证产品生产、使用情况的跟踪和评价，及时向有关部门反馈认证工作中存在的问题和对策建议。

3. 运营管理

近年来，国务院办公厅、国家发展改革委、教育部、人力资源和社会保障部出台了关于保障城市轨道交通安全运行和人才建设的意见，为提高城市轨道交通大运营管理和人才培养水平提出具体的指导意见。

（1）国务院办公厅印发《关于保障城市轨道交通安全运行的意见》

2018 年 3 月，国务院办公厅印发《关于保障城市轨道交通安全运行的意见》（国办发〔2018〕13 号）（以下简称《意见》）。《意见》强调，要全面贯彻党的十九大精神，坚持以习近平新时代中国特色社会主义思想为指导，以切实保障城市轨道交通安全运行为目标，遵循"以人为本、安全第一，统筹协调、改革创新，预防为先、防处并举，属地管理、综合治理"的基本原则，完善体制机制，健全法规标准，创新管理制度，强化技术支撑，夯实安全基础，提升服务品质，增强城市轨道交通安全防范治理能力。《意见》明确从以下六个方面保障城市轨道交通安全运行。

一是构建综合治理体系。健全城市轨道交通安全运行的管理体制机制，明确交通运输、住建等有关部门以及各级人民政府、运营单位的安全运行职责，形成工作合力。根据实际需要及时制修订城市轨道交通法规规章和标准体系。

二是有序统筹规划建设运营。将安全和服务要求贯穿于规划、建设、运营全过程，准确把握城市轨道交通发展规模和发展速度，合理确定制式和建设时序，量力而行、有序发展。

三是加强运营安全管理。建立健全运营安全风险分级管控和隐患排查治理双重预防体系，建立城市轨道交通运营安全第三方评估制度。制定城市轨道交通关键设施设备运营准入技术条件，建立运行质量公开和追溯机制。完善列车驾驶员职业准入制度，建立从业人员服务质量不良记录名单制度。

四是强化公共安全防范。运营单位要制定安全防范和消防安全管理制度，保障相关经费投入。鼓励推广应用智能、快速的安检新技术、新产品，逐步建立与城市轨道交通客流特点相适应的安检新模式。加强社会共建共治，构建多方参与的城市轨道交通公共安全协同防范体系。

五是提升应急处置能力。城市轨道交通所在地城市及以上地方人民政府要将城市轨道交通纳入政府应急管理体系，建立突发事件应急处置机制，加强应急救援力量建设和应急培训。强化现场处置应对，建立有关各方协调联动、快速反应、科学处置的工作机制。

六是完善保障措施。建立与运营安全和服务质量挂钩的财政补贴机制，科学确定财政补贴额度。支持对城市轨道交通设施用地的地上、地下空间实施土地综合开发，以综合开发收益支持运营和基础设施建设。

此外，《意见》提出，我国城市轨道交通运行态势总体平稳，但近年来运营里程迅速增加、线网规模不断扩大，城市轨道交通安全运行压力日趋加大。国务院各有关部门、各省级人民政府要根据各自职责加强指导，强化督促检查。城市轨道交通所在地城市人民政府要进一步细化贯彻落实政策措施，明确责任分工和时间进度要求，确保各项工作落实到位。

（2）国家发展改革委、教育部、人力资源和社会保障部《关于加强城市轨道交通人才建设的指导意见》

2017 年 1 月，国家发展改革委、教育部、人力资源和社会保障部印发《关于加强城市轨道交通人才建设的指导意见》（发改基础〔2017〕74 号）（以下简称《意见》），提出了城市轨道交通人才规模不足、结构不合理等问题，并给出了指导意见。《意见》指出，全面贯彻党的十八大和十八届三中、四中、五中、六中全会精神，深入学习贯彻习近平总书记系列重要讲话精神，以服务城市轨道交通行业发展为宗旨，以满足人才需求为导向，统筹考虑规划、设计、建设、运营、管理等方面对人才规模、结构和质量的要求，充分调动各方面积极性，加强规划协同、注重产教融合，加快建设与城市轨道交通行业发展相适应的人才队伍，为促进城市轨道交通的可持续发展提供坚实的人才保障和智力支持。提出了强化人才建设规划引领、落实企业培养主体责任、加强普通高校学科专业建设、扩大职业教育培养规模、实施高端人才提升工程、深化校企合作培养模式、加快实训基地规划建设、健全人才培养标准体系、搭建人才培养协作平台、优化人才培养政策环境等多条指导意见。

一是强化人才建设规划引领。各城市在编制轨道交通规划时，统筹建设规模、发展时序对人才的需要，重点针对行业急需的运营安全、管理经营等各类人才加强培养，相关内容一并纳入、同步规划，使人才规模、结构和质量与城市轨道交通建设运营要求相匹配。

二是落实企业培养主体责任。轨道交通企业应围绕发展规划、生产运营和技术进步的要求，编制企业人才建设体系，量化人才建设各项目标，加强人才战略储备，提升人才素质水平。

三是加强普通高校学科专业建设。鼓励高等学校根据需求设置城市轨道相关专业或专业方向，合理确定相关学科专业招生规模，优化专业课程体系，加强师资队伍建设，加强创新创业人才培养，鼓励高校科研人员开展面向需求的应用开发。

四是扩大职业教育培养规模。加快扩大轨道交通职业教育培养规模，着力解决运营企业技能型人才总量短缺难题。充分利用市场机制，简化审批流程，支持轨道交通企业通过独资、合资、合作等形式参与和举办民办职业教育。推动职业学校和企业成为技术技能人才培养的"双主体"，加强课程内容、教学方式与生产实践对接，提升学生实际操作能力。

五是实施高端人才提升工程。遵循高端人才成长规律，重点创新、拓宽战略规划、资本运作、安全管理、综合开发等高端人才提升模式和引进渠道。鼓励通过高技能人才合作培养、技师研修等方式，大力培养高技能人才。完善高端人才引进机制，提升高端人才市场化选聘比例，支持企业面向全球招聘海内外高端人才等。

六是深化校企合作培养模式。完善普通高等学校、职业学校与企业的合作机制，探索建立互利共赢的产教融合、协同育人模式，推动建设轨道交通职教集团，推广优质教学课程，共享师资、设施等教育资源。鼓励轨道交通有关企业积极参与教育部门产学合作项目，支持高校开展专业综合改革、课程改革、师资培训、大学生创新创业训练计划等。

七是加快实训基地规划建设。鼓励普通高等学校和职业学校加快城市轨道交通人才实训基地建设，提升软硬件教学条件。加强实训资源共享共用，有条件的普通高等学校、职业学校与城市轨道交通企业合作共建实训基地。

八是健全人才培养标准体系。尽快细化城市轨道交通各层次人才的职业分类、水平要求和培养目标，构建轨道交通人才培训标准化体系，进一步规范轨道交通人才培训工作。推动健全轨道交通行业职业分类和职业标准体系，加快制定城市轨道交通职业标准，重点完善水平评价类职业资格相关标准。

九是搭建人才培养协作平台。行业协会要发挥人才培养协作平台作用，深入开展行业人力资源跟踪研究，评估行业人才发展水平，根据行业发展、企业需求情况，制定年度行业人才培养指南，定期发布行业人才需求报告。

十是优化人才培养政策环境。各地抓紧细化相关措施，集中解决制约城市轨道交通人才培养的突出问题，在住房医疗、子女就学、保险接续等方面向紧缺人才适当倾斜，强化物质和精神激励，营造人才汇聚、落地生根的良好政策环境。各城市要加强组织领导，把加强轨道交通行业人才建设工作提上重要议事日程，应结合当地实际研究制定实施意见，统筹做好城市轨道交通发展与人才建设工作。

（二）地方政策

1. 建设规划

在城市轨道交通建设发展、用地规划、安全建造、保护区安全管理等方面，北京市政府、郑州市政府、杭州市政府、青岛市政府、重庆市城乡建设委员会等发布了相关指导意见和通知。

（1）中共杭州市委、杭州市人民政府《关于进一步加快城市轨道交通建设发展的若干意见》

2017年11月30日，中共杭州市委、杭州市人民政府印发《关于进一步加快城市轨道交通建设发展的若干意见》（简称《意见》），明确了建设的目标任务，优化建设模式，进一步理顺了工程建设、资金筹措、征地拆迁、运营管理、体制机制等方面的问题。该《意见》包括总体要求、体制和协调机制、管理模式、用地与规划管理、征迁和安置、资金的筹措和管理、施工协调和管理、运营协调和管理、设施保护、产业和文化发展、发展的良好氛围 11 个部分 33 项内容。

一是城市轨道交通建设发展的重要意义和总体要求。城市轨道交通工程建设的主要目标任务：到 2019 年形成 5 条运营线路、总长约 190 公里的城市轨道交通基本网络。计划到 2020 年，市区公共交通出行量占机动车出行量的 60% 以上，轨道交通出行量占公共交通出行量的 33% 以上。在延续一期建设"六统一、两分开"基本模式的基础上，坚持"轨道交通 + 物业"的模式。

二是城市轨道交通建设领导体制和协调机制。明确了市长、常务副市长、分管工业副市长、分管城建副市长、市政府分管城建副秘书长、市地铁集团主要负责人等人的主要职责和分工。

三是城市轨道交通建设管理模式。按城市轨道交通线路组建线路投资公司，由市地铁集团和各条线路出资主体建立统一管理、分线建设运营的城市轨道交通建设管理模式。市地铁集团组织开展轨道交通建设、运营、经营项目的招标工作，并负责建成项目的接收与运营管理。

四是城市轨道交通建设用地与规划管理。包括线网规划管理、项目审批服务、"拆复建"项目审批等工作。

五是城市轨道交通建设的征迁和安置。沿线各区政府（管委会）负责本区域内城市轨道交通项目征迁安置工作，市轨道交通工程建设指挥部定期对各区政府（管委会）征迁工作进行考核。

六是城市轨道交通建设运营资金的筹措和管理。明确建设资本金出资责任，加强了地铁建设资金筹集和管理。坚持多元化的投融资模式。以政府出资、银行融资为基础，通过多元化融资，全方位筹措建设资金。

七是城市轨道交通施工协调和管理。明确了建设项目协调、交通组织衔接、施工管理以及运营验收工作。

八是城市轨道交通运营协调和管理。市地铁集团要坚持"建设为运营、运营为乘客"的理念，认真做好运营人员招聘和培训等工作，要创新运营管理理念，提升运营服务标准，确保运营的持续性、稳定性和可靠性。

九是城市轨道交通设施保护。规划、建设等行政主管部门应当从严控制在城市轨道交通工程控制区和保护区内的建设项目。市地铁集团及运营单位应加强对涉及城市轨道交通设施安全的施工监控和安全巡查。

十是城市轨道交通产业和文化发展。加大城市轨道交通相关产业扶持力度，加快城市轨道交通沿线房地产业、商贸业的发展，保护历史文物古迹，整合沿线历史文化资源，强化城市轨道交通文化建设。

十一是营造城市轨道交通建设发展的良好氛围。大力培养引进城市轨道交通人才，加强效能监察及廉政风险防范。建设高效、共享的信息化管理、监督平台系统，提升城市轨道交通管理、监督和决策的效率和水平。

（2）郑州市人民政府《关于进一步加快轨道交通发展的意见》

2018年4月11日，郑州市人民政府印发《关于进一步加快轨道交通发展的意见》（郑政〔2018〕19号）（以下简称《意见》），提出加快推进建设"轨道上的郑州"战略部署，推动郑州市国家中心城市建设又好又快发展的相关意见。该《意见》包括发展目标任务及基本原则、管理体制和工作机制、投入力度、加快轨道交通建设步伐、提升轨道交通运营服务品质、加大轨道交通综合开发力度、完善城市轨道交通保障措施7个部分28项内容。

一是进一步加快轨道交通发展的重要意义、目标任务及基本原则。到2020年运营里程突破300公里，网络化格局基本形成，基本实现主城区全覆盖，在城市立体公共交通体系中的主体地位基本确立。到2035年运营里程突破600公里，到2050年运营里程突破960公里。秉承"轨道＋物业"的发展思路，统筹谋划，坚持轨道交通可持续发展道路。

二是进一步完善轨道交通管理体制和工作机制。充分发挥市轨道交通建设工作领导小组作用，进一步完善轨道交通工作协调机制，完善轨道交通工作督查考核机制，以及市发展改革委、市城建委、市交通委、市城管局、市规划局、市财政局等单位的职责任务。

三是进一步加大轨道交通投入力度。市财政局统筹城市轨道交通建设资本金筹措工作，轨道交通其他建设资金由轨道公司负责筹措。取消原由市轨道公司承担的城际铁路、国铁等出资任务，由市财政按照省发展改革委计划直接拨付市轨道公司，由市轨道公司代政府出资。

四是进一步加快轨道交通建设步伐。提出提高轨道交通项目审批效率，实行特事特办，开辟"绿色通道"，提高审批工作的效率。将轨道交通工程建设及综合开发涉及的勘察、设计、施工、监理以及与工程有关的设备、材料、服务等法定招标项目依法依规纳入市公共资源交易中心进行招标采购。市轨道公司应积极办理项目施工手续，进一步完善安全生产预警和应急协调机制等。

五是进一步提升轨道交通运营服务品质。市交通委要加强对轨道交通运营质量安全的监督检查，切实履行监管职责。市轨道公司应按照运营服务规范及相关规定提供安全、便捷、优质的运营服务。

六是进一步加大轨道交通综合开发力度。鼓励和支持对轨道交通广告、民用通信、便民商业服务等衍生资源的开发利用。注重将轨道交通建设与沿线土地开发结合，以公共交通导向（TOD）模式，带动城区开发强度向轨道交通站场及其沿线周边地块适度集中。建立以盾构机生产、车辆制造为龙头，拥有系列核心技术和规模化装备生产能力的轨道交通产业化基地。

七是进一步完善城市轨道交通保障措施。市轨道公司拓宽人才引进渠道，采取人才引进绿色通道、订单培养、社会招聘等多种形式招纳优秀人才，采取措施稳定骨干员工队伍。不断完善轨道公司法人治理结构，充分发挥党组织领导核心和政治核心作用。

（3）《北京市城市轨道交通建设工程推进绿色安全建造指导意见》

2017 年 3 月 6 日，北京市住房和城乡建设委员会、北京市重大项目建设指挥部办公室、北京市规划和国土资源管理委员会、北京市安全生产监督管理局和北京市环境保护局联合印发《北京市城市轨道交通建设工程推进绿色安全建造指导意见》的通知。该意见提出了城市轨道交通建设工程发展目标：大力推进城市轨道交通建设工程钢筋加工工厂化、车站部品部件装配化、矿山法作业机械化应用，积极稳妥助推行业转型升级；着力增强BIM、物联网等信息技术集成应用能力，促进数据资源利用水平和信息化能力提升；努力实现施工生产绿色"四节一环保"目标，打造示范样板工地。

明确了轨道交通建设的主要任务及保障措施。

一是城市轨道交通建设工程的主要任务，包括推行通用设计模数化、推进现场施工工厂化、实施工序作业机械化、加强过程管理信息化、坚持绿色施工常态化。该意见提出促进关键技术和成套技术研究成果转化为标准规范、加快标准图集的编制和推广应用工作，开展通用设计模数化工作。完善安全风险管理信息系统和事故隐患排查治理信息系统，全面推进 BIM 技术应用，推广二维码、芯片安全质量可追溯管理等。

二是城市轨道交通建设工程的保障措施。建立健全标准体系和考核评价体系，强化督导检查；参建各方要明确管理责任，建设单位建立部品部件合格供应商名录制度，有序推进科研课题研究。建设单位应积极开展绿色安全建造费用调整工作，进一步采取措施增强参建各单位全面实施绿色安全建造的工作动力。采用多种形式积极宣传城市轨道交通建设工程绿色安全建造政策措施，切实加强宣传引导，扩大覆盖面和影响力。

（4）北京市人民政府办公厅《关于进一步加强城市轨道交通控制保护区安全管理工作指导意见》

2012 年 5 月 21 日，北京市人民政府办公厅印发《关于进一步加强城市轨道交通控制保护区安全管理工作指导意见》（京政办发〔2012〕26 号），旨在建立健全城市轨道交通控制保护区安全管理长效机制，着力提高控制保护区安全管理水平，确保轨道交通安全运营。该意见明确了轨道交通控制保护区安全管理工作的目标、范围和重点，市相关部门根据职责分工、配套制度和保障机制建设。

一是工作重点。排查和治理轨道交通控制保护区内违章建筑物、构筑物和树木等异物侵界、违章施工作业、私设广告牌匾、堆存易燃易爆危险品、违章经商、人为引火、乱停车辆等非法违法行为，以及控制保护区内地下敷设的水、气、雨、电等各种管井安全隐患。

二是工作职责。建立健全辖区轨道交通控制保护区安全管理体系，明确属地内各部门职责，督促属地有关部门做好控制保护区内安全生产、环境整治、综合治理和园林绿化等方面的工作，切实强化轨道交通控制保护区安全管理。明确了市公安局、市财政局、市国土局、市规划委、市住房城乡建设委、市市政市容委、市交通委、市水务局、市质监局、市安全监管局、市园林绿化局、市城管执法局等单位的工作职责。

三是加强配套制度和保障机制建设。加强控制保护区安全管理组织和人员保障，建立控制保护区安全管理工作制度，建立隐患定期排查整改制度和重点督查督办制度。建立控制保护区安全管理资金投入保障机制和保护区安全管理年度考核机制。

（5）青岛市《关于加强青岛市轨道交通沿线用地规划控制的通知》

2015年9月15日，青岛市人民政府办公厅印发《关于加强青岛市轨道交通沿线用地规划控制的通知》（青政办字〔2015〕88号），严格落实全市轨道交通线网规划线路两侧土地控制与规划管理规定，实现轨道交通建设与沿线土地开发的协调联动。

一是严格控制全市轨道交通线网规划线路两侧各1000米范围内土地。轨道交通线网规划线路两侧各1000米范围内的建设用地，实行严格控制。控制范围内涉及农用地转用、征用的，有关区市应严格按法定程序报批。各区市应当加强集体土地管理，严格控制轨道交通线网规划线路两侧各1000米范围内村庄的建设用地规模，严禁以宅基地名义变相进行房地产开发。

二是全面开展轨道交通线网规划线路两侧各1000米范围内的土地清查工作。控制范围内停止新批建设项目，对确需建设的经济发展项目和基础设施项目，须征求市地铁工程建设指挥部办公室意见。有关区市政府要立即组织对已批未建及未批先建项目开展登记造册，根据轨道交通线网规划及退线规定制定具体工作方案，征求市地铁工程建设指挥部办公室意见后，按程序报市规划、国土资源部门审批后组织实施。各区市负责现状违法建设项目的清理拆除工作，同时要建立巡查机制，严防新的违法建设行为发生。

（6）重庆市城乡建设委员会《关于进一步加强城市轨道交通工程关键节点风险管控工作的通知》

2017年11月20日，重庆市城乡建设委员会印发《关于进一步加强城市轨道交通工程关键节点风险管控工作的通知》，旨在强化城市轨道交通工程关键节点施工前风险预控措施，提升关键节点风险管控水平，有效防范和遏制生产安全事故发生。该通知明确了关键节点风险管控内容、关键节点风险管控程序和风险管控保障措施。

一是明确关键节点风险管控内容。关键节点风险管控内容至少应包括：勘察和设计交底的完成情况；专项施工方案编制、审批和专家论证情况；监测方案编制审批及落实情况；施工安全技术交底情况；安全技术措施落实情况；周边环境核查和保护措施落实情况；材料、施工机械准备情况；项目管理、技术人员和劳动力组织情况；应急预案编制审批和救援物资储备情况；相关工程质量检测资料；法规、标准及合同约定的其他情况。

二是严格执行关键节点风险管控程序。关键节点风险管控应由城市轨道交通工程建设、监理、施工、勘察、设计、第三方监测等单位项目负责人参加，严格按照"编制清单、自检自评、监理预检、正式核查"规定的程序进行。

三是强化风险管控保障措施。关键节点施工前条件核查人员，应严格按照建质〔2010〕5号文件和相关标准规范，对涉及的施工条件逐项进行核查，形成明确核查意见和书面核查记录（包括影像资料），并对签署的核查意见负责。市安全总站、市质监总站和市轨道办要切实督促城市轨道交通工程参建单位做好关键节点风险管控工作，对关键节点风险管控不到位、施工违法违规行为突出、施工现场存在较大实体安全隐患的责任单位和责任人，要依法严肃查处。

2. 运营管理

为保障城市轨道交通安全运行，科学有效处理城市轨道交通运营突发事件，南京市政府、青岛市政府、天津市政府印发了关于保障城市轨道交通安全运行的意见及应急预案的通知。

（1）南京市人民政府办公厅《关于保障城市轨道交通安全运行的意见》

2018年6月6日，南京市人民政府办公厅印发《关于保障城市轨道交通安全运行的意见》（宁政办发〔2018〕64号）。该意见明确，全面贯彻党的十九大精神，坚持以习近平新时代中国特色社会主义思想为指导，认真落实国家、省市决策部署，牢固树立和贯彻落实新发展理念，以切实保障城市轨道交通安全运行为目标，完善体制机制，健全法规标准，创新管理制度，强化技术支撑，夯实安全基础，提升服务品质，增强安全防范治理能力，为广大人民群众提供安全、可靠、便捷、舒适、经济的出行服务。

该意见包括总体要求、构建综合治理体系、有序统筹规划建设运营、加强运营安全管理、强化公共安全防范、提升应急处置能力、完善保障措施等7个部分16项内容。

一是明确了构建公安、交通运输、综治等部门以及运营单位、社会力量多方参与的城市轨道交通公共安全协同防范体系和应急响应机制；市交通运输局负责指导城市轨道交通运营，拟定、监督实施运营管理政策法规和标准规范，承担运营安全监管职责，负责运营突发事件应对工作的指导协调和监督管理；指导城市轨道交通运营单位做好反恐防范、安检、治安防范和消防安全管理相关工作，根据应急预案调动行业装备物资为突发事件应对提供交通运输保障。

二是明确了建立城市轨道交通运营安全第三方评估制度，开通运营10年以内的地铁线路每5年组织一次评估，开通运营超过10年的地铁线路每3年组织一次评估。明确了统筹考虑城市轨道交通可持续安全运营需求，与运营安全和服务质量挂钩的财政补贴机制，科学确定财政补贴额度；保障公共安全防范所需资金并纳入公共财政体系，确保设施设备维护维修、更新改造资金到位。

（2）青岛市人民政府办公厅《关于印发青岛市城市轨道交通运营突发事件应急预案的通知》

2015年12月22日，青岛市人民政府办公厅印发《关于印发青岛市城市轨道交通运营突发事件应急预案的通知》（青政办字〔2015〕132号）。

《青岛市城市轨道交通运营突发事件应急预案》明确了青岛市行政区域内城市轨道交通运营过程中发生的地铁、轻轨、单轨、有轨电车、磁浮、自动导向轨道交通、市域快速轨道交通等系统机车撞击、脱轨和城市轨道交通设施设备故障、损毁，以及客流拥堵等其他情况造成的人员伤亡、行车中断、财产损失等，应由青岛市处置的突发事件。

该预案明确了时间分级，运营突发事件按照危害程度、影响范围等因素，由低到高划分为一般（Ⅳ级）、较大（Ⅲ级）、重大（Ⅱ级）和特别重大（Ⅰ级）4 个级别。明确了市城市轨道交通运营突发事件专项应急指挥部、市专项应急指挥部办公室和成员单位的主要职责。应急处置包括先期处置、分级响应、指挥与协调、现场指挥部、应急处置措施、应急联动、应急结束等七项内容。明确了善后处置、事件调查、总结评估、恢复重建措施，队伍保障、物资保障、交通运输保障、技术保障、经费保障等保障措施。市专项应急指挥部负责对本预案执行情况进行检查，督促有关部门和单位对存在的问题进行整改。对应急处置工作中推诿扯皮、不作为，突发事件信息报告中迟报、漏报、谎报、瞒报，突发事件现场处置中失职、渎职、信息发布不力，以及应急准备中对责任应尽未尽并造成严重后果等不履行或不当履行法定职责的，由有关部门依法追究责任。

（3）天津市人民政府办公厅《关于保障城市轨道交通安全运行的实施意见》

2018 年 9 月 26 日，天津市人民政府办公厅印发《关于保障城市轨道交通安全运行的实施意见》（津政发办〔2018〕30 号），明确了天津市保障城市轨道交通安全运行的具体工作内容。

该实施意见立足天津市城市轨道交通工作实际，以习近平新时代中国特色社会主义思想为指引，认真落实党中央、国务院决策部署和市委、市政府工作要求，以对党和人民高度负责的态度，全力抓好轨道交通安全运行：一是健全体制机制，加强部门协调，形成分工明确、齐抓共管的管理格局；二是压实工作责任，明确任务职责，确保各项工作落地生根；三是细化工作内容，结合实际，完善标准制度措施，切实提升城市轨道交通安全运行水平。

一是构建综合治理体系。健全管理体制机制，明确交通运输、公安、发展改革、建设、规划、国土、安监、市容园林等部门及各级人民政府、运营单位的有关工作职责。明确城市轨道交通立法工作目标，强化技术标准规范对安全和服务的保障和引领作用，建立健全有关标准体系。

二是有序统筹规划建设运营。将城市轨道交通线网规划主要内容纳入城市总体规划。树立"规划建设为运营、运营服务为乘客"的理念，将安全和服务要求贯穿于规划、建设、运营全过程。统筹考虑公共安全设施设备和场地、用房等需求。在工程可行性研究和初步设计文件中设置运营服务专篇和公共安全专篇，发展改革、规划等部门在审批时要以书面形式听取交通运输、公安部门的意见。要严格执行竣工验收、运营前安全评估等程序，规范保护区管理工作。

三是加强运营安全管理。完善运营安全风险分级管控和隐患排查治理双重预防体系，建立第三方运营安全评估、运营安全事故报告和调查处理、统计分析、质量考评等制度。严格落实运营准入技术条件要求，推动关键设施设备产品定型，建立质量信用公开和追溯机制。

四是强化公共安全防范。加强涉恐情报信息搜集、分析、研判和通报、预警工作。依法对进入城市轨道交通站的人员、物品进行安全检查。构建多方参与的公共安全协同防范体系和应急响应机制，实现共建共治。

五是提升应急处置能力。将城市轨道交通应急纳入政府应急管理体系，建立突发事件应急处置机制。加强应急救援力量建设和应急培训，强化现场处置应对，建立有关各方协调联动、快速反应、科学处置的工作机制。

六是加强保护区管理。强调运营期间在保护区范围内进行有关作业要征得运营单位同意，并按规定办理相关手续。作业单位必须落实安全防护方案，并委托专业机构对作业影响区域进行动态监测，避免出现危及运营安全的情形。同时，研究制定城市轨道交通沿线市容环境综合整治方案，加强沿线环境卫生整治，清理沿线违法建设。

七是完善保障措施。适当加大城市轨道交通财政扶持力度，结合轨道交通整体运营情况，统筹现有建设、运营补贴资金，保障必要的运营维护资金。支持对城市轨道交通设施用地的地上、地下空间实施土地综合开发，创新节约集约用地模式，确保城市轨道交通运行安全可持续。

R.7
城市轨道交通装备发展的管理措施

一　地铁车辆统型

（一）总体情况

2017 年，国家发改委发布了《轨道交通装备关键技术产业化实施方案（2018~2020）》（草案）（以下简称《实施方案》）。作为《实施方案》中的重要工作之一，城市轨道交通车辆标准化（统型）工作不仅可以节约建设及维护成本，还可以为各工作环节带来极大便利，是城市轨道交通装备提高技术水平、产业健康持续发展及"走出去"的重要基础。但是，城市轨道交通车辆统型工作十分复杂，主要面临以下三方面问题：①城市轨道交通车辆制式多样，且同一制式包含的种类较为复杂；②涉及供应商较多，不仅包括国内外的车辆制造商，还涉及牵引、信号、制动等关键系统制造商，各方诉求不同，较难统一意见；③结合自主化、简统化、互联互通等要求，需以建设项目为依托，实施难度较大。

鉴于以上问题，中国城市轨道交通协会技术装备专业委员会确定了"初步组织业内专家、业主单位及相关制造商进行研讨，在各方面思想与认识趋于统一的基础上，以业主为主导，实力示范工程，通过项目试验、验证和总结，推动统型工作开展"的总体思路。

（二）相关工作

为进一步遴选标准化、模块化、智能化的自主知识产权车辆，满足互联互通和统型要求，建立城轨标准车辆技术平台并形成协会团体标准，2017

年 8 月，中国城市轨道交通协会针对建设规划和科研均已批复的项目（或建设规划已获批、可研近期获批复），确定以地铁 A 型标准车辆、地铁 B 型标准车辆、市域快轨标准车辆、有轨电车标准车辆、单轨标准车辆（含跨座、悬挂）、中低速磁浮标准车辆为范围，向城轨业主单位及相关车辆、核心系统制造商征集城市轨道交通标准化车辆示范工程项目。

作为代表性地铁列车，A 型地铁列车宽度最大，载客量最大，技术更为成熟，在我国得以广泛运用。2018 年 5 月，受国家发改委委托，中国城市轨道交通协会开展"中国标准 A 型地铁列车研制项目"的实施工作，在原 A 型地铁列车国标的基础上，形成中国新一代 A 型地铁列车的统型方案。以 A 型地铁列车为基础，先期开展列车标准化研制工作，既可以尽快创造社会和经济效益，又具有普遍性和示范性，为其他城轨交通车辆的标准化积累经验，为构建中国标准城轨装备体系打下坚实基础。

中国标准 A 型地铁列车研制项目在列车关键系统功能、设计原理、主体结构、制造体系不变的基础上，对总成、车体、转向架、网络控制、牵引传动、制动等部分功能及部件接口进行统一调整。其基本要求是：推进关键部件兼容互换，综合考虑全自动运行、智能检测和职能维护的功能，在车辆性能及智能方面达到世界先进水平。其目标是：基本形成中国标准 A 型地铁列车的标准化、通用化和系列化。

为保证中国标准 A 型地铁列车研制项目的顺利进行，中国城市轨道交通协会建立了包括领导组、项目组（含工作组）、评审组在内的组织体系，由技术装备专业委员会组织项目组成员工作小组及参加单位，采用集中和分散结合的工作方式，在提出具体统型方案和技术要求并经由评审组组织评审后，交工作组实施。

2018 年 5 月 30 日至 6 月 2 日，中国城市轨道交通协会技术装备专业委员会在北京铁道科学研究院组织中国标准 A 型地铁列车项目组召开了项目启动会暨第一次会议，对中国标准 A 型地铁列车统型工作进行了充分研讨，初步确定了：①标准 A 型列车统型方案的编组形式以 6 辆编组 4M2T 为基础，兼顾 8 辆编组等型式；②构建 80km/h 速度级及 100～120km/h 速度级两种列车平台；车体结构材料保留铝合金和不锈钢两种选择；③客室侧门保留塞拉、内藏、外挂三种形式；④车辆断面保留鼓形、梯形、直线三种选择；⑤客室内装设计、车头造型等属于个性化需求，不做统型要求。

此外，中国城市轨道交通协会组织相关专家对用户的 400 余项统型需求信息进行了系统分析和分组讨论，对其中近 300 项统型需求达成一致意见，对平台内的一系悬挂推荐可维护性更好的弹簧结构。

2019 年 3 月 1 日至 2 日，中国城市轨道交通协会技术装备专业委员会组织项目组专家在北京召开中国标准 A 型地铁列车制动系统及贯通道、车钩、受电弓、空调机组统型方案定稿会，原则上同意了《中国标准 A 型地铁列车制动系统统型方案》《中国标准 A 型地铁列车贯通道统型方案》《中国标准 A 型地铁列车车钩统型方案》《中国标准 A 型地铁列车受电弓统型方案》以及《中国标准 A 型地铁列车空调机组统型方案》。

未来两年内，在结合深圳地铁三期线路 10 号线的建设工期要求，以及其他地铁线路应用需求的基础上，中国城市轨道交通协会技术装备专业委员会将分阶段有序开展中国标准 A 型地铁列车的研制任务，深入推动中国标准 A 型地铁列车的型式试验、运营考核、标准编制等后续工作。

二 技术装备标准制定

（一）总体情况

2015 年 3 月，国务院发布《深化标准化工作改革方案》，提出明确目标，包括在 2020 年前，建立起与法律适配的强制性国家标准体系；政府主导制定的在公益类范围内的推荐性标准体系；市场自主制定的团体标准（联盟标准、企业标准）等渐成体系，满足市场竞争、创新发展的需求；实现与主要贸易伙伴国家标准互认数量大幅增加，我国标准国际影响力不断提升。最终要建立起政府主导制定的标准与市场自主制定的标准互为补充、衔接配套的新型标准体系。究其本质，是"政府之手"与"市场之手"要充分协调发挥最佳作用（"五中全会"报告强调的重要理念是协调发展），形成政府主导的保障国家、财产、健康、环境、资源安全的强制性标准体系，以及与发达国家自愿性标准体系相对应的团体标准（联盟标准、企业标准）体系。

对于城市轨道交通领域，我国现行的国家和行业标准尚未形成体系，还不能满足城市轨道交通新技术以及新装备制造、试验、质检等的发展要求。城市轨道交通技术装备标准化工作的重点之一，就是构成标准体系的组成要素，配备完整、系统、协调、配套的技术标准，成为城市轨道交通技术体系的重要组成部分，为城市轨道交通设计、施工、质量监督、运营管理、维护运营提供主要依据。为此，中国城市轨道交通协会组织中国铁道科学研究院标准所等单位的专家制定城市轨道交通技术装备标准体系。

（二）国内外标准制定情况

目前，一些国家正在大力开展轨道交通标准化工作，轨道交通标准主要涉及三类标准，即国际标准、区域性标准和工业发达国家标准。国际标准主要有国际标准化组织（ISO）标准、国际电工委员会（IEC）标准和国际铁路联盟（UIC）标准等。工业发达国家标准包括德国、英国、法国、日本和美国等国家标准。DIN 标准是一种比较先进、齐全、实用的标准，在国际上享有较好的声誉，有半数 DIN 标准被 ISO、IEC 以及 EN 等国际和区域性标准采用。法国铁路系统，特别是高速铁路十分重视标准化建设，对标准的技术要求较高。日本是城市轨道交通高度发展的国家，机车车辆属于日本国家标准（JIS）的 E 系列。JIS 的 E 系列中共收入 84 项标准，由术语、结构、试验验收方法等方面的内容组成，其中尤以试验验收方法方面的标准较多，以细致、实用著称。

国内城市轨道交通建设始于 20 世纪 60 年代，经过 30 多年的发展，只在北京、天津两城市建设了规模很小的地铁，发展缓慢，标准化工作未能得到重视。直到 90 年代，国内开始加快城市轨道交通建设，才陆续开展城市轨道交通标准编制工作。截至 2016 年，现行城市轨道交通国家标准共 60

项，城市轨道交通标准化显示如下特点。

第一，制定急需标准指导城市轨道交通建设。为促进轨道交通发展，适应轨道交通建设的需要，我国于 20 世纪 80 年代用了十余年时间制定了第一套轨道交通标准，涉及轨道交通的车辆、供电、信号等关键技术，标准实施后在城市轨道交通建设中起到了极大作用。

第二，大量采用符合城市轨道交通要求的相关标准。一是大量采用相关铁路标准。常规钢轮、钢轨方式的轨道交通与铁路系统在系统组成、运营管理等方面有很多相似之处，在城市轨道交通建设的起步阶段，城市轨道交通的车辆、供电、通信信号、环境保护与安全卫生等方面大量采用相关的铁路标准。二是大量采用其他行业的相关标准。城市轨道交通是典型的技术密集、机电设备密集的系统工程，涉及车辆、供电、通信信号等多个专业。在通风和空调、给水排水和消防、防灾报警、自动扶梯和升降梯等机电设备方面，目前还没有轨道交通方面专用的标准体系，但作为通用产品及技术，其标准还是比较成熟和完善的。目前，该类产品主要是借用一般工业和民用建筑上的相关标准，有国家标准、行业标准、地方标准，也有设备厂家的企业标准。近年来，由于轨道交通通风和空调、给水排水和消防、自动扶梯和升降梯等方面出现的一些新技术、新设备、新材料等，还仅限于生产厂家的企业标准，产品的行业标准将逐步提到日程上来。三是部分国际和国外标准在实际应用上受到重视。进入 20 世纪 80 年代，国内进入又一轮城市轨道交通建设阶段，由于大量引进国外先进设备和产品，在国内缺乏标准的情况下，城市轨道交通建设大量引用国际标准和国外先进国家的标准。

（三）相关工作

按照《中国城市轨道交通协会团体标准管理办法（试行）》要求，组织制定了 1 个轻型跨座式单轨交通设计导则、5 个牵引系统系列规范、1 个列车控制与诊断系统规范、10 个制动系统系列规范、17 个 CBTC 互联互通系列规范、19 个 LTE－M 无线通信系列规范等团体标准，并由中国城市轨道交通协会正式对外发布。《城市轨道交通列车运行速度限制与匹配技术标准》、《城市地铁车辆车钩缓冲装置行业技术规范》、《城市轨道交通综合联调规范》、《城市轨道交通全自动运行系统技术规范》、《城市轨道交通 CBTC 信号系统规范》和《城市轨道交通自动售检票系统技术规范》正在编制过程中，计划 2019 年发布实施。

三 城轨装备认证

（一）总体情况

城市轨道交通装备认证是与国际接轨的市场准入方式，是转变政府职能、促进城轨装备产业健康发展的有效措施。城轨装备认证工作的开展，有利于提高城轨装备质量安全水平、规范城轨装备产业市场秩序、提升城轨装备企业自主创新能力。依据《中华人民共和国产品质量法》《中华人民共和国认证认可条例》以及《国家认监委关于加快发展自愿性产品认证工作的指导意见》（国认证〔2015〕76 号）的相关要求，国家发展改革委、国家认监委委托中国城市轨道交通协会组建城轨装备认证技术委员会，技术委员会负责起草城轨装备产品认证目录和认证规则，协调认证实施过程中出现的技术问题，并为政府主管部门和相关方提供专业技术建议。城轨装备认证机构依据认证规则依法开展目录内城轨装备认证，为获证企业颁发认证证书，并对获证企业及产品进行跟踪监督。

（二）相关工作

在城轨装备认证工作中，中国城市轨道交通协会切实发挥行业协会的作用：不断加强行业自律，积极组织协会成员单位参与认证工作，持续推动技术标准的制定和修订；不断加强与城轨装备相关方的沟通交流，建立城轨装备产品认证信息交换和共享平台，共同推动认证结果的采信；不断加强对获证产品生产、使用情况的跟踪和评价，及时向有关部门反馈认证工作中存在的问题和对策建议。目前，已形成城市轨道交通装备产品认证第一批目录（见表1）。

表1　城市轨道交通装备产品认证第一批目录

序号	产品名称（类别）	产品范围		
1	城市轨道交通车辆	车辆		
		车体		
		转向架总成		
		转向架构架		
		悬挂	圆柱螺旋钢弹簧	
			金属橡胶弹簧（一系）	
			空气弹簧	
		轮对组成		
2	城市轨道交通制动系统	空气压缩机		
		制动控制装置		
		制动夹钳单元		
		踏面制动单元		
		合成闸瓦		
		合成闸片		
		铸铁制动盘		
3	城市轨道交通牵引传动系统	牵引逆变器		
		辅助变流器		
		充电机		
		异步牵引电动机		
		车载直流高速断路器		
4	城市轨道交通电动客车列车控制与诊断系统	列车控制与诊断系统		
5	城市轨道交通车辆车门	电动客室侧门		
6	城市轨道交通车辆车钩缓冲装置	地铁车辆车钩缓冲装置		
7	城市轨道交通基于通信的列车运行控制系统（CBTC）	基于通信的列车运行控制系统（CBTC）		
		列车自动监控系统（ATS）		
		列车自动运行系统（ATO）		
		列车自动防护系统（ATP）		
		计算机联锁系统（CI）		
8	城市轨道交通全自动运行系统	全自动运行系统		

　　未来，认证工作将按照自愿性认证和强制性认证相结合的原则，对车辆、信号系统等重点装备及关键零部件逐步推进自愿性产品认证，力争到2020年实现城轨装备重点产品认证全覆盖；对直接关系运营安全和公共安全的城轨装备，依法开展强制性认证。在切实维护各相关方共同利益的基础上，中国城市轨道交通协会将继续公平公正推动认证实施、行业参与和应用，促进产业健康持续发展。随着城轨项目业主、建设单位、城轨装备制造企业等对认证结果采信重视度的不断提高，认证结果将被广泛应用于供应商质量信息评价、招投标采购、装备制造和工程建设监督、验收等环节。

附　　录

$\mathbb{R}.8$
缩略词与专业术语

以下为本报告出现的缩略词与专业术语。

AC　　　　Alternative Current　交流电

APM　　　Automated People Mover　全自动旅客捷运系统

ASCE　　　The American Society of Civil Engineers　美国土木工程师协会

ATC　　　Automatic Train Control　自动列车控制

ATO　　　Automatic Train Operation　自动列车运行

ATP　　　Automatic Train Protection　自动列车保护

ATS　　　Automatic Train Supervision　自动列车监控系统

CBTC　　　Communication Based Train Control　基于无线通信的列车自动
　　　　　控制系统

DC　　　　Direct Current　直流电

DCS　　　Data Communication System　数据通信系统

GW – C   WTB Gateway Controller WTB   网关控制器

IGBT   Insulated Gate Bipolar Transistor   绝缘栅双极晶体管

ISCS   Integrated Supervisory Control System   综合监控系统

LTE – R   Long Term Evolution for Railway   铁路无线通信技术

MRT   Mass Rapid Transit   大运量快速交通系统

NTP   Network Time Protocol   网络时间协议

PA/PIS   Passenger Announcement/Passenger Information System   乘客语音播报/乘客信息系统

PLC   Programmable Logic Controller   可编程逻辑控制器

SIL4   Safety Integrity Level 4   安全完整性等级 4

TCN   Train Communication Network   列车通信网络

TCMS   Train Control and Management System   列车控制与管理系统

UTO   Unattended Train Operation   无人值守全自动驾驶

VATC   Vehicle Automatic Train Control   车载列车自动控制（车载 ATC 系统）

VATO   Vehicle Automatic Train Operation   车载列车自动运行（车载 ATO）

VATP   Vehicle Automatic Train Protection   车载列车自动保护（车载 ATP）

VORS   Vehicle Operational Radio System   列车网络电话无线系统

VVVF   Variable Voltage and Variable Frequency   变压变频

WTB   Wire Train Bus   绞线式列车总线

R.9 内地各地铁公司主要技术装备统计

序号	城市	运营公司名称	线路/项目名称	线路全长（km）	车型	列车数量（列）	速度等级（km/h）	编组形式	供电制式	供电方式（集中供电/分散供电）	信号制式	车地通信制式	通信系统传输方式（OTN\MSTP）	通信系统（涵盖子系统）	综合监控系统（涵盖系统）	自动售票机台数（台）	备注
1	北京	北京市地铁运营有限公司	北京地铁1号线	31	B1	70	80	3M3T	DC 750V 接触轨供电	分散供电	移动闭塞	wlan	XDM-1000（2.5G）、PTN	传输、无线、电话、PIS、时钟、广播、视频	—	484	
		北京市地铁运营有限公司	北京地铁2号线	23	B1	50	80	3M3T	DC 750V 接触轨供电	分散供电	移动闭塞	wlan	XDM-1000（2.5G）、PTN	传输、无线、电话、PIS、时钟、广播、视频	—	347	
		北京地铁运营有限公司	北京地铁5号线	28	B1	61	80	3M3T	DC 750V 接触轨供电	分散供电	固定闭塞	无	OTN、PTN	传输、无线、PIS、电话、时钟、广播、视频	FAS/BAS/PSCADA/PIS/AFC/CLK/PSD	390	
		北京市地铁运营有限公司	北京地铁6号线	54	B1	84	100	6M2T	DC 1500V 接触网供电	分散供电	移动闭塞	wlan	MSTP	传输、无线、电话、PIS、时钟、广播、视频		441	

续表

序号	城市	运营公司名称	线路/项目名称	线路全长（km）	车型	列车数量（列）	速度等级（km/h）	编组形式	供电制式	供电方式（集中供电/分散供电）	信号制式	车地通信制式	通信系统传输方式（OTN/MSTP）	通信系统（涵盖子系统）	综合监控系统（涵盖系统）	自动售票机台数（台）备注
1	北京	北京市地铁运营有限公司	北京地铁7号线	24	B1	35	80	6M2T	DC 1500V接触轨供电	分散供电	移动闭塞	wlan	MSTP	传输、无线、PIS、电话、广播、时钟、视频	FAS/BAS/PSCADA/PIS/AFC/CLK/PSD	282
		北京市地铁运营有限公司	北京地铁8号线	28＋17	B1	111	80	3M3T	DC 750V接触轨供电	分散供电	移动闭塞	wlan	OTN、PTN	传输、无线、PIS、电话、广播、时钟、视频	FAS/BAS/PSCADA/PIS/AFC/CLK/PSD	275
		北京市地铁运营有限公司	北京地铁9号线	17	B1	26	80	3M3T	DC 750V接触轨供电	分散供电	移动闭塞	wlan	MSTP	传输、无线、PIS、电话、广播、时钟、视频	FAS/BAS/PSCADA/PIS/AFC/CLK/PSD	258
		北京市地铁运营有限公司	北京地铁10号线	57	B1	116	80	3M3T	DC 750V接触轨供电	分散供电	移动闭塞	wlan	OTN、PTN	传输、无线、PIS、电话、广播、时钟、视频	FAS/BAS/PSCADA/PIS/AFC/CLK/PSD	737
		北京市地铁运营有限公司	北京地铁13号线	41	B1	56	80	3M3T	DC 750V接触轨供电	分散供电	固定闭塞	无	MSTP	传输、无线、PIS、电话、广播、时钟、视频	—	235

续表

序号	城市	运营公司名称	线路/项目名称	线路全长（km）	车型	列车数量（列）	速度等级（km/h）	编组形式	供电制式	供电方式（集中供电/分散供电）	信号制式	车地通信制式	通信系统传输方式（OTN/MSTP）	通信系统（涵盖子系统）	综合监控系统（涵盖系统）	自动售票机台数（台）	备注
1	北京	北京市地铁运营有限公司	北京地铁15号线	43	B1	34	100	4M2T	DC 750V 接触轨供电	分散供电	移动闭塞	wlan	MSTP	传输、无线、PIS、电话、时钟、广播、视频	FAS/BAS/PSCADA/PIS/AFC/CLK/PSD	323	
		北京市地铁运营有限公司	北京地铁八通线	19	B1	30	80	3M3T	DC 750V 接触轨供电	分散供电	固定闭塞	无	SDH、PTN	传输、无线、PIS、电话、时钟、广播、视频	—	163	
		北京市地铁运营有限公司	北京地铁昌平线	31	B1	27	100	4M2T	DC 750V 接触轨供电	分散供电	移动闭塞	wlan	MSTP	传输、无线、PIS、电话、时钟、广播、视频	FAS/BAS/PSCADA/PIS/AFC/CLK/PSD	208	
		北京市地铁运营有限公司	北京地铁房山线	27	B1	24	100	4M2T	DC 750V 接触轨供电	分散供电	移动闭塞	wlan	OTN	传输、无线、PIS、电话、时钟、广播、视频	FAS/BAS/PSCADA/PIS/AFC/CLK/PSD	166	
		北京市地铁运营有限公司	北京地铁机场线	28	B1	10	110	4M	DC 750V 接触轨供电	分散供电	移动闭塞	wlan	MSTP	传输、无线、PIS、电话、时钟、广播、视频	—	39	

续表

序号	城市	运营公司名称	线路/项目名称	线路全长(km)	车型	列车数量(列)	速度等级(km/h)	编组形式	供电制式	供电方式(集中供电/分散供电)	信号制式	车地通信制式	通信系统传输方式(OTN/MSTP)	通信系统(涵盖子系统)	综合监控系统(涵盖系统)	自动售票机台数(台) 备注
1	北京	北京市地铁运营有限公司	北京地铁亦庄线	23	B1	23	80	3M3T	DC 750V 接触轨供电	分散供电	移动闭塞	wlan	MSTP	传输、无线、电话、PIS、时钟、广播、视频	FAS/BAS/PSCADA/PIS/AFC/CLK/PSD	222
		北京市地铁运营有限公司	北京地铁S1线	9	B1	10	80	6M	DC 750V 接触轨供电	分散供电	移动闭塞	TWC交叉感应换线	MSTP	传输、无线、电话、PIS、时钟、广播、视频	FAS/BAS/PSCADA/PIS/AFC/CLK/PSD	80
		北京京港地铁有限公司	北京地铁4号线	28.195	B1	53	80	3M3T	DC 750V 接触轨供电	分散供电	CBTC	WLAN	MSTP	传输、无线、电话、PIS、时钟、广播、视频	—	221
		北京京港地铁有限公司	北京地铁大兴线	21.756	B1	33	80	3M3T	DC 750V 接触轨供电	分散供电	CBTC	WLAN	MSTP	传输、无线、电话、PIS、时钟、广播、视频	—	66
		北京京港地铁有限公司	北京地铁14号线	47.3	A	63	80	4M2T	DC 1500V 接触网供电	分散供电	CBTC	WLAN	MSTP	传输、无线、电话、PIS、时钟、广播、视频	ISCS/BAS/PSCADA	276

续表

序号	城市	运营公司名称	线路/项目名称	线路全长（km）	车型	列车数量（列）	速度等级（km/h）	编组形式	供电制式	供电方式（集中供电/分散供电）	信号制式	车地通信制式	通信系统传输方式（OTN/MSTP）	通信系统（涵盖子系统）	综合监控系统（涵盖系统）	自动售票机台数（台）	备注
1	北京	北京京港地铁有限公司	北京地铁16号线	49.85	A	64	80	6M2T	DC 1500V接触网供电	分散供电	CBTC	WLAN	MSTP	传输、无线、电话、PIS、时钟广播、视频	ISCS/BAS/PSCADA	111	
2	上海	上海申通地铁集团有限公司	上海轨道交通1号线	36.88	A	64	80	6M2T	AC 1500V接触网供电	集中供电	固定闭塞	轨道电路/环线	增强型MSTP	传输、无线、电话、PIS、时钟广播、视频监视	—	318	
		上海申通地铁集团有限公司	上海轨道交通2号线	60.33	A	68	80	6M2T、2M2T	AC 1500V接触网供电	集中供电	准移动闭塞	轨道电路/环线	SDH/PCM	传输、无线、电话、PIS、时钟广播、视频监视	—	376	
		上海申通地铁集团有限公司	上海轨道交通3号线	40.15	A	49	80	4M2T	AC 1500V接触网供电	集中供电	准移动闭塞	轨道电路/环线	增强型MSTP	传输、无线、电话、PIS、时钟广播、视频监视	—	279	
		上海申通地铁集团有限公司	上海轨道交通4号线	33.83	A	40	80	4M2T	AC 1500V接触网供电	集中供电	准移动闭塞	轨道电路/环线	增强型MSTP	传输、无线、电话、PIS、时钟广播、视频监视	—	173	

续表

序号	城市	运营公司名称	线路/项目名称	线路全长（km）	车型	列车数量（列）	速度等级（km/h）	编组形式	供电制式	供电方式（集中供电/分散供电）	信号制式	车地通信制式	通信系统传输方式（OTN/MSTP）	通信系统（涵盖子系统）	综合监控系统（涵盖系统）	自动售票机台数（台）	备注
		上海申通地铁集团有限公司	上海轨道交通 5 号线	32.69	C	31	80	2M2T、4M2T	AC 1500V 接触网供电	集中供电	CBTC	无线	增强型 MSTP	传输、无线、电话、PIS、时钟广播、视频监视	—	116	
		上海申通地铁集团有限公司	上海轨道交通 6 号线	32.65	C	50	80	2M2T	AC 1500V 接触网供电	集中供电	CBTC	无线	SDH/PCM	传输、无线、电话、PIS、时钟广播、视频监视	—	228	
2	上海	上海申通地铁集团有限公司	上海轨道交通 7 号线	43.93	A	54	80	4M2T	AC 1500V 接触网供电	集中供电	CBTC	无线	SDH/PCM	传输、无线、电话、PIS、时钟广播、视频监视	—	254	
		上海申通地铁集团有限公司	上海轨道交通 8 号线	36.95	C	66	80、85	4M2T、5M2T	AC 1500V 接触网供电	集中供电	CBTC	无线	SDH/PCM	传输、无线、电话、PIS、时钟广播、视频监视	—	275	
		上海申通地铁集团有限公司	上海轨道交通 9 号线	63.88	A	87	80	4M2T	AC 1500V 接触网供电	集中供电	CBTC	无线	SDH/PCM	传输、无线、电话、PIS、时钟广播、视频监视	—	165	

续表

序号	城市	运营公司名称	线路/项目名称	线路全长（km）	车型	列车数量（列）	速度等级（km/h）	编组形式	供电制式	供电方式（集中供电/分散供电）	信号制式	车地通信制式	通信系统传输方式（OTN/MSTP）	通信系统（涵盖子系统）	综合监控系统（涵盖系统）	自动售票机台数（台）	备注
2	上海	上海申通地铁集团有限公司	上海轨道交通10号线	35.19	A	41	80	4M2T	AC 1500V接触网供电	集中供电	CBTC	无线	MSTP	传输、无线、电话、时钟	PA/PIS/BAS/PSCADA/CCTV/ACS	338	
		上海申通地铁集团有限公司	上海轨道交通11号线	81.43	A	82	100	4M2T	AC 1500V接触网供电	集中供电	CBTC	无线	SDH/PCM	传输、无线、电话、PIS、时钟、广播、视频监视	—	326	
		上海申通地铁集团有限公司	上海轨道交通12号线	39.90	A	56	80	4M2T	AC 1500V接触网供电	集中供电	CBTC	无线	SDH/PCM	传输、无线、电话、PIS、时钟、广播、视频监视	—	261	
		上海申通地铁集团有限公司	上海轨道交通13号线	38.04	A	59	80	4M2T	AC 1500V接触网供电	集中供电	CBTC	无线	SDH/PCM/MSTP	传输、无线、电话、PIS、时钟、广播、视频监视	—	352	
		上海申通地铁集团有限公司	上海轨道交通16号线	58.81	A	46	120	2M1T、4M2T	AC 1500V接触轨供电	集中供电	CBTC	波导	SDH/PCM	传输、无线、电话、PIS、时钟、广播、视频监视	—	132	

续表

序号	城市	运营公司名称	线路/项目名称	线路全长（km）	车型	列车数量（列）	速度等级（km/h）	编组形式	供电制式	供电方式（集中供电/分散供电）	信号制式	车地通信制式	通信系统传输方式（OTN/MSTP）	通信系统（涵盖子系统）	综合监控系统（涵盖系统）	自动售票机数（台）	备注
2	上海	上海申通地铁集团有限公司	上海轨道交通17号线	34.76	A	22	110	4M2T	AC 1500V接触轨供电	集中供电	CBTC	无线+波导	MSTP	传输、无线、电话、PIS、时钟、广播、视频监视	—	98	
		上海申通地铁集团有限公司	上海轨道交通浦江线	6.29	APM	10	80	4M	AC 750V接触轨供电	集中供电	CBTC	无线	MSTP	传输、无线、电话、时钟	PA/PIS/BAS/PSCADA/CCTV/ACS	37	
		上海申通地铁集团有限公司	上海轨道交通磁浮线	29.11	TR08,TR09	4	500	5M,4M	AC 20KV接触轨供电	集中供电	移动闭塞	无线38G	OTN	传输、无线、电话、时钟、广播、视频监视	—	0	
3	广州	广州地铁集团有限公司	广州地铁1号线	18.5	A1/A2/A3	36	80	4M2T	DC 1500V接触网供电	集中供电	轨道电路	WLAN	OTN	传输、无线、PIS、时钟、广播、UPS	—	239	
		广州地铁集团有限公司	广州地铁2号线	31.8	A4/A5	54	80	4M2T	DC 1500V接触网供电	集中供电	轨道电路	WLAN	OTN	传输、无线、电话、PIS、时钟、广播、视频、UPS	—	338	

续表

序号	城市	运营公司名称	线路/项目名称	线路全长(km)	车型	列车数量(列)	速度等级(km/h)	编组形式	供电制式	供电方式(集中供电/分散供电)	信号制式	车地通信制式	通信系统传输方式(OTN/MSTP)	通信系统(涵盖子系统)	综合监控系统(涵盖系统)	自动售票机台数(台)	备注
3	广州	广州地铁集团有限公司	广州地铁3号线	67.3	B1/B2/B4	71	120	4M2T	DC 1500V接触网供电	集中供电	CBTC	WLAN	SDH	传输、无线、PIS、电话、广播、时钟、视频、UPS	FAS/BAS/PSCADA	375	
		广州地铁集团有限公司	广州地铁4号线	59.3	L1/L5	57	90	4M	DC 1500V接触轨供电	集中供电	CBTC	WLAN	OTN	传输、无线、PIS、电话、广播、时钟、视频、UPS	FAS/BAS/PSCADA	237	
		广州地铁集团有限公司	广州地铁5号线	31.9	L2/L4	62	90	6M	DC 1500V接触轨供电	集中供电	CBTC	WLAN	OTN	传输、无线、PIS、电话、广播、时钟、视频、UPS	FAS/BAS/PSCADA	293	
		广州地铁集团有限公司	广州地铁6号线	42.1	L3	51	90	4M	DC 1500V接触轨供电	集中供电	CBTC	WLAN	SDH	传输、无线、PIS、电话、广播、时钟、视频、UPS	FAS/BAS/PSCADA	281	
		广州地铁集团有限公司	广州地铁7号线	18.6	B5	23	80	4M2T	DC 1500V接触网供电	集中供电	CBTC	WLAN	OTN	传输、无线、PIS、电话、广播、时钟、视频、UPS	FAS/BAS/PSCADA	138	

续表

序号	城市	运营公司名称	线路/项目名称	线路全长(km)	车型	列车数量(列)	速度等级(km/h)	编组形式	供电制式	供电方式(集中供电/分散供电)	信号制式	车地通信制式	通信系统传输方式(OTN/MSTP)	通信系统(涵盖子系统)	综合监控系统(涵盖系统)	自动售票机台数(台)	备注
3	广州	广州地铁集团有限公司	广州地铁8号线	15.75	A2/A5	25	80	4M2T	DC 1500V接触网供电	集中供电	轨道电路	WLAN	MSTP	传输、无线、电话、PIS、时钟、广播、视频、UPS	—	142	
		广州地铁集团有限公司	广州地铁9号线	20.1	B6	11	120	4M2T	DC 1500V接触网供电	集中供电	CBTC	WLAN	OTN	传输、无线、电话、PIS、时钟、广播、视频、UPS	FAS/BAS/PSCADA	151	
		广州地铁集团有限公司	广州地铁13号线	27	A7	17	100	6M2T	DC 1500V接触网供电	集中供电	CBTC	WLAN	MSTP	传输、无线、电话、PIS、时钟、广播、视频、UPS	FAS/BAS/PSCADA	143	
		广州地铁集团有限公司	广州地铁14号线支线	21.9	B8	8	120	4M2T	DC 1500V接触轨供电	集中供电	CBTC	WLAN	MSTP	传输、无线、电话、PIS、时钟、广播、视频、UPS	FAS/BAS/PSCADA	116	
		广州地铁集团有限公司	广佛线	33.53	B3	33	80	2M2T	DC 1500V接触网供电	集中供电	CBTC	EUHT	MSTP	传输、无线、电话、PIS、时钟、广播、视频、UPS	FAS/BAS/PSCADA	207	

续表

序号	城市	运营公司名称	线路/项目名称	线路全长（km）	车型	列车数量（列）	速度等级（km/h）	编组形式	供电制式	供电方式（集中供电/分散供电）	信号制式	车地通信制式	通信系统传输方式（OTN/MSTP）	通信系统（涵盖子系统）	综合监控系统（涵盖系统）	自动售票机台数（台）	备注
3	广州	广州地铁集团有限公司	广州地铁APM线	3.9	APM	7	60	2M	AC 600V接触网供电	集中供电	CBTC	WLAN	OTN	传输、无线、电话、PIS、时钟、广播、UPS	FAS/BAS/PSCADA	56	
4	深圳	深圳地铁集团有限公司	深圳地铁1号线	40.9	A	85	80	4M2T	DC 1500V接触网供电	集中供电	数字轨道电路	WLAN	MSTP	传输、无线、电话、PIS、时钟、广播、不间断电源、安防	FAS/BAS/PSCADA/MCC	353	
		深圳地铁集团有限公司	深圳地铁2号线	35.7	A	52	80	4M2T	DC 1500V接触网供电	集中供电	CBTC	WLAN	MSTP	传输、无线、电话、PIS、时钟、广播、不间断电源、安防	FAS/BAS/PSCADA/MCC	234	
		深圳地铁集团有限公司	深圳地铁3号线	42	B	76	100	4M2T	DC 1500V接触轨	集中供电	CBTC	WLAN	MSTP	传输、无线、电话、PIS、时钟、广播、不间断电源、安防	FAS/BAS/PSCADA/MCC	253	

续表

序号	城市	运营公司名称	线路/项目名称	线路全长（km）	车型	列车数量（列）	速度等级（km/h）	编组形式	供电制式	供电方式（集中供电/分散供电）	信号制式	车地通信制式	通信系统传输方式（OTN/MSTP）	通信系统（涵盖子系统）	综合监控系统（涵盖系统）	自动售票机台数（台）	备注
4	深圳	深圳地铁集团有限公司	深圳地铁5号线	47.56	A	51	80	4M2T	DC 1500V 接触网供电	集中供电	CBTC	WLAN	MSTP	传输、无线、电话、PIS、时钟、广播、不间断电源、安防	FAS/BAS/PSCADA/MCC	261	
		深圳地铁集团有限公司	深圳地铁7号线	30.17	A	42	80	4M2T	DC 1500V 接触网供电	集中供电	CBTC	LTE	OTN	传输、无线、电话、PIS、时钟、广播、不间断电源、安防	FAS/BAS/PSCADA/MCC	263	
		深圳地铁集团有限公司	深圳地铁9号线	25.38	A	29	80	4M2T	DC 1500V 接触网供电	集中供电	CBTC	LTE	OTN	传输、无线、电话、PIS、时钟、广播、不间断电源、安防	FAS/BAS/PSCADA/MCC	243	
		深圳地铁集团有限公司	深圳地铁11号线	51.93	A	33	120	6M2T	DC 1500V 接触网供电	集中供电	CBTC	LTE	OTN	传输、无线、电话、PIS、时钟、广播、不间断电源、安防	FAS/BAS/PSCADA/MCC	273	

续表

序号	城市	运营公司名称	线路/项目名称	线路全长（km）	车型	列车数量（列）	速度等级（km/h）	编组形式	供电制式	供电方式（集中供电/分散供电）	信号制式	车地通信制式	通信系统传输方式（OTN/MSTP）	通信系统（涵盖子系统）	综合监控系统（涵盖系统）	自动售票机台数（台）	备注
4	深圳	港铁轨道交通（深圳）有限公司	深圳市城市轨道交通4号线	20.5	A	28	80	3M3T	DC 1500V接触网供电	集中供电	LZB700M准移动闭塞系统	FTGS（数字音频无绝缘轨道电路）	MSTP	传输、无线、电话、PIS、时钟、广播、视频	FAS/EMCS/PSCADA	101	
5	南京	南京地铁集团公司	南京地铁1号线	38.7	A	20（另增购13列）	80	4M2T	DC 1500V接触网供电	集中供电	轨道电路		OTN	传输、无线、电话、广播、时钟、视频监视、集中告警、公安安防	无综合监控	179	
		南京地铁集团公司	南京地铁1号线南延线		A	25	80	4M2T	DC 1500V接触网供电	集中供电			OTN	传输、无线、电话、广播、时钟、视频监视、集中告警、公安安防	无综合监控（设IMS）	179	
		南京地铁集团公司	南京地铁2号线	37.6	A	35（另增购14列）	80	4M2T	DC 1500V接触网供电	集中供电	CBTC	wlan	OTN	传输、无线、电话、广播、时钟、视频监视、集中告警、公安安防	无综合监控（设IMS）	285	

序号	城市	运营公司名称	线路/项目名称	线路全长（km）	车型	列车数量（列）	速度等级（km/h）	编组形式	供电制式	供电方式（集中供电/分散供电）	信号制式	车地通信制式	通信系统传输方式（OTN/MSTP）	通信系统（涵盖子系统）	综合监控系统（涵盖系统）	自动售票机台数（台）
5	南京	南京地铁集团公司	南京地铁3号线	44.9	A	46	80	4M2T	DC 1500V接触网供电	集中供电	CBTC	wlan	OTN	传输、无线、电话、广播、时钟、视频监视、集中告警、公安安防	集成BAS、PSCADA独立	366
		南京地铁集团公司	南京地铁4号线1期	33.8	B2	29	100	4M2T	DC 1500V接触网供电	集中供电	CBTC	wlan	OTN	传输、无线、电话、广播、时钟、视频监视、集中告警、公安安防	集成BAS、PSCADA	241
		南京地铁集团公司	南京地铁10号线1期	21.6	A	21	80	4M2T	DC 1500V接触网供电	集中供电	轨道电路		OTN	传输、无线、电话、广播、时钟、视频监视、集中告警、公安安防	无综合监控（设IMS）	188

续表

序号	城市	运营公司名称	线路/项目名称	线路全长（km）	车型	列车数量（列）	速度等级（km/h）	编组形式	供电制式	供电方式（集中供电/分散供电）	信号制式	车地通信制式	通信系统传输方式（OTN/MSTP）	通信系统（涵盖子系统）	综合监控系统（涵盖系统）	备注 自动售票机台数（台）
5	南京	南京地铁集团公司	南京机场线	35.6	B2	15	100	4M2T	DC 1500V 接触网供电	集中供电	CBTC	wlan	OTN	传输、无线、电话、广播、时钟、监视、视频、集中、告警、公安、安防	集成BAS、PSCADA独立	119
		南京地铁集团公司	宁天城际	45.2	B2	26	100	3M1T	DC 1500V 接触网供电	集中供电	CBTC	wlan	OTN	传输、无线、电话、广播、时钟、监视、视频、集中、告警、公安、安防	集成BAS、PSCADA	98
		南京地铁集团公司	宁和城际	36.2	B2	24	100	4M2T	DC 1500V 接触网供电	集中供电	CBTC	wlan	OTN	传输、无线、电话、广播、时钟、监视、视频、集中、告警、公安、安防	集成BAS、PSCADA	109

续表

序号	城市	运营公司名称	线路/项目名称	线路全长(km)	车型	列车数量(列)	速度等级(km/h)	编组形式	供电制式	供电方式(集中供电/分散供电)	信号制式	车地通信制式	通信系统传输方式(OTN/MSTP)	通信系统(涵盖子系统)	综合监控系统(涵盖系统)	自动售票机台数(台)	备注
5	南京	南京地铁集团公司	宁高城际	52.42	B2	13	120	2M1T	DC 1500V接触网供电	集中供电	CBTC	LTE	OTN	传输、无线、电话、时钟、视频监视、集中告警、公安安防	集成BAS、PSCADA	32	
		南京地铁集团公司	宁溧城际	30.16	B2	12	100	3M1T	DC 1500V接触网供电	集中供电	CBTC	wlan	OTN	传输、无线、电话、时钟、视频监视、集中告警、公安安防	集成BAS、PSCADA	56	
6	武汉	武汉地铁集团	1号线	38.5	B	72	80	2M2T	DC 750V接触轨供电	集中供电	CBTC	2.4G WLAN	MSTP	传输、无线、电话、时钟、广播、视频	FAS/BAS	215	
		武汉地铁集团	2号线	47.5	B	56	80	4M2T	DC 750V接触轨供电	集中供电	CBTC	2.4G WLAN	MSTP	传输、无线、PIS、电话、时钟、广播、视频	FAS/BAS	349	

续表

序号	城市	运营公司名称	线路/项目名称	线路全长（km）	车型	列车数量（列）	速度等级（km/h）	编组形式	供电制式	供电方式（集中供电/分散供电）	信号制式	车地通信制式	通信系统传输方式（OTN/MSTP）	通信系统（涵盖子系统）	综合监控系统（涵盖系统）	自动售票机台数（台）	备注
6	武汉	武汉地铁集团	3号线	30.1	B	29	80	4M2T	DC 750V 接触轨供电	集中供电	CBTC	2.4G WLAN	MSTP	传输、无线、PIS、电话、时钟、广播、视频	FAS/BAS	228	
		武汉地铁集团	4号线	33.2	B	39	80	4M2T	DC 750V 接触轨供电	集中供电	CBTC	2.4G WLAN	MSTP	传输、无线、PIS、电话、时钟、广播、视频	FAS/BAS	357	
		武汉地铁集团	6号线一期	36.1	A	40	80	4M2T	DC 1500V 接触网供电	集中供电	CBTC	LTE	OTN	传输、无线、PIS、电话、时钟、广播、视频	FAS/BAS	228	
		武汉地铁集团	7号线	47.7	A	55	100	4M2T	DC 1500V 接触轨供电	集中供电	CBTC	LTE	OTN	传输、无线、PIS、电话、时钟、广播、视频	FAS/BAS	271	
		武汉地铁集团	8号线一期	16.7	A	20	80	4M2T	DC 1500V 接触轨供电	集中供电	CBTC	LTE	OTN	传输、无线、PIS、电话、时钟、广播、视频	FAS/BAS	115	

续表

序号	城市	运营公司名称	线路/项目名称	线路全长（km）	车型	列车数量（列）	速度等级（km/h）	编组形式	供电制式	供电方式（集中供电/分散供电）	信号制式	车地通信制式	通信系统传输方式（OTN/MSTP）	通信系统（涵盖子系统）	综合监控系统（涵盖系统）	自动售票机台数（台）备注
6	武汉	武汉地铁集团	11号线东段一期	19.8	A	12	100	4M2T	DC 1500V接触轨供电	集中供电	CBTC	LTE	OTN	传输、无线、PIS、电话、广播、时钟、视频	FAS/BAS	162
		武汉地铁集团	阳逻线	35	A	25	100	2M2T	DC 1500V接触轨供电	集中供电	CBTC	LTE	OTN	传输、无线、PIS、电话、广播、时钟、视频	FAS/BAS	160
7	重庆	重庆轨道交通（集团）有限公司	地铁一号线（小什字～尖顶坡）	38.94	B型	36	100	6编组	DC 1500V电压架空接触网馈电	集中供电	CBTC	WLAN	MSTP	传输、无线、时钟、广播、视频、门禁、车地无线	PSCADA/FAS/BAS/ACS/CCTV/PSD/PA/PIS/AFC	184
		重庆轨道交通（集团）有限公司	单轨二号线（较场口～鱼洞）	31.36	跨座式单轨	49	80	4编组+6编组	DC 1500V接触网供电	集中供电	ATP/TD	无	较场口到新山村为（OTN\MSTP），天堂堡到鱼洞为MSTP	传输、无线、PIS、电话、广播、时钟、视频监控、车站信息安检设备、门禁、闸机导向标示	FAS/BAS/PSCADA/ISCS	142

续表

序号	城市	运营公司名称	线路/项目名称	线路全长（km）	车型	列车数量（列）	速度等级（km/h）	编组形式	供电制式	供电方式（集中供电/分散供电）	信号制式	车地通信制式	通信系统传输方式（OTN/MSTP）	通信系统（涵盖子系统）	综合监控系统（涵盖系统）	自动售票机台数（台）	备注
7	重庆	重庆轨道交通（集团）有限公司	单轨三号线（江北机场~鱼洞、碧津~举人坝）	67.09	跨座式单轨	84	80	6编组+8编组	DC 1500V接触网供电	集中供电	CBTC	DVB-T	MSTP	传输，公务专用，时钟，闭路，广播，车地无线，PIS，门禁，安检	FAS/BAS/PSCADA	343	
		重庆轨道交通（集团）有限公司	地铁六号线（北碚~茶园、礼嘉~国博中心）	75.91	B2	57	100	6编组	DC 1500V接触网供电	集中供电	CBTC	LTE	MSTP	传输，无线，电话，时钟，广播，视频，门禁	PACADA\FAS\BAS\AFC\PSD\CCTV	258	
8	天津	天津市地下铁道集团有限公司	天津地铁1号线	41	准B	44	80	3动3拖	DC 750V接触轨供电	集中供电	CBTC	WLAN 802.10g	MSTP+工业以太网	传输，无线，公务及专用，乘客信息，时钟，广播，视频监视	BAS/FAS	132	
		天津市地下铁道集团有限公司	天津地铁2号线	27.1	B	27	80	3动3拖	DC 750V接触轨供电	集中供电	CBTC	WLAN 802.11g	MSTP+工业以太网	传输，无线，公务及专用，乘客信息，时钟，广播，视频监视，门禁	ISCS（集成FAS/BAS/PSCADA）	197	

续表

序号	城市	运营公司名称	线路/项目名称	线路全长(km)	车型	列车数量(列)	速度等级(km/h)	编组形式	供电制式	供电方式(集中供电/分散供电)	信号制式	车地通信制式	通信系统传输方式(OTN/MSTP)	通信系统(涵盖子系统)	综合监控系统(涵盖系统)	自动售票机台数(台)	备注
		天津市地下铁道集团有限公司	天津地铁3号线	34	B	31	80	3动3拖	DC 750V接触轨供电	集中供电	CBTC	WLAN 802.11g	MSTP+工业以太网	传输、无线、公务及专用、乘客信息、时钟、广播、视频监视、门禁	ISCS(集成FAS/BAS/PSCADA)	249	
	天津	天津滨海快速交通发展有限公司	天津地铁9号线	52.8	准B	38	100	2动2拖	DC 1500V接触网供电	集中供电	准移动闭塞	无	OTN	传输、无线、公务及专用、乘客信息、时钟、广播、视频监视、门禁	BAS/FAS	130	
8		天津市地下铁道集团公司	天津地铁5号线	33.78	B	31	80	4动2拖	DC 1500V接触网供电	集中供电	CBTC	WLAN 802.11g	MSTP+工业万兆以太网	传输、无线、公务及专用、乘客信息、时钟、广播、视频监视、门禁	ISCS(集成FAS/BAS/PSCADA)	258	

续表

序号	城市	运营公司名称	线路/项目名称	线路全长(km)	车型	列车数量(列)	速度等级(km/h)	编组形式	供电制式	供电方式(集中供电/分散供电)	信号制式	车地通信制式	通信系统传输方式(OTN/MSTP)	通信系统(涵盖子系统)	综合监控系统(涵盖系统)	自动售票机台数(台)	备注
8	天津	天津市地下铁道集团有限公司	天津地铁6号线一期	45	B	45	80	4动2拖	DC 1500V接触网供电	集中供电	CBTC	WLAN 802.11g	MSTP+工业万兆以太网	传输、无线、公务及专用、乘客信息、时钟、广播、视频监视、门禁	ISCS(集成FAS/BAS/PSCADA)	468	
		天津滨海新区城市轨道交通投资发展有限公司	天津滨海新区轨道交通Z4线一期	43.7	A	30	120	4M2T	DC 1500V接触网供电	集中供电	CBTC	LTE、EUHT	增强型MSTP	传输、无线、PIS、电话、时钟、广播、视频监视	FAS/BAS/PSCADA	242	
9	大连	大连地铁集团有限公司	大连地铁1号线	28.34	B2	28	80	4M2T	DC 1500V接触网供电	集中供电	移动闭塞	双WLAN	OTN	传输专用、无线、电话、视频监控、安防集中告警、广播、时钟、旅客导向、门禁、视频会议、办公自动化	–	296	

续表

序号	城市	运营公司名称	线路/项目名称	线路全长（km）	车型	列车数量（列）	速度等级（km/h）	编组形式	供电制式	供电方式（集中供电/分散供电）	信号制式	车地通信制式	通信系统传输方式（OTN/MSTP）	通信系统（涵盖子系统）	综合监控系统（涵盖系统）	自动售票机台数（台）	备注
9	大连	大连地铁集团有限公司	大连地铁2号线	25.74	B2	30	80	4M2T	DC 1500V接触网供电	集中供电	移动闭塞	双WLAN	OTN	传输、专用电话、无线、电话、视频监控、大屏幕、安防、集中告警、广播、时钟、旅客导向、门禁、视频会议、办公自动化	—	281	
		大连地铁集团有限公司	大连地铁3号线	49.15	B2	38	100	2M2T	DC 1500V接触网供电	分散供电	固定闭塞	轨道电路移频发码	SDH	传输、专用电话、无线、视频监控、广播、时钟、办公自动化	—	64	
		大连地铁集团有限公司	大连地铁3号线续建	14.3	B2	8	120	1M1T	DC 1500V接触网供电	分散供电	固定闭塞	轨道电路移频发码	SDH	传输、专用电话、无线、视频监控、广播、时钟、办公自动化	—	14	

续表

序号	城市	运营公司名称	线路/项目名称	线路全长(km)	车型	列车数量(列)	速度等级(km/h)	编组形式	供电制式	供电方式(集中供电/分散供电)	信号制式	车地通信制式	通信系统传输方式(OTN/MSTP)	通信系统(涵盖子系统)	综合监控系统(涵盖系统)	自动售票机台数(台)	备注
9	大连	大连地铁集团有限公司	大连地铁12号线	40.35	B2	10	100	2M2T	DC 1500V 接触网供电	分散供电	固定闭塞	轨道电路移频发码	MSTP	传输、专用无线、视频监控、电源广播、时钟、旅客导向	-	67	
10	苏州	苏州市轨道交通集团有限公司	苏州市轨道交通2号线延伸线	15.595	B2	17	80	3M2T	DC 1500V 接触网供电	集中供电	CBTC	WLAN	OTN	传输、无线、电话、时钟、电源、录音集中告警	BAS/PIS/广播/视频	108	
		苏州市轨道交通集团有限公司	苏州市轨道交通4号线及支线	52.797	B2	40	80	4M2T	DC 1500V 接触网供电	集中供电	CBTC	WLAN	MSTP+	传输、无线、电话、时钟、电源、录音集中告警	BAS/PIS/广播/视频/门禁	303	
11	杭州	杭州杭港地铁有限公司	杭州地铁1号线	53.5	B2	58	80	4M2T	DC 1500V 接触网供电	集中供电	CBTC	WLAN	MSTP(内嵌RPR)	传输、无线、PIS、电话、时钟、广播、视频监控	FAS/BAS/ACS/气灭/ISCS	303	
		杭州市地铁集团有限公司	杭州地铁2号线	43.41	B2	46	80	4M2T	DC 1500V 接触网供电	集中供电	CBTC	WLAN	MSTP(内嵌RPR)	传输、无线、PIS、电话、时钟、广播、视频监控	FAS/BAS/ACS/气灭/ISCS	378	

续表

序号	城市	运营公司名称	线路/项目名称	线路全长(km)	车型	列车数量(列)	速度等级(km/h)	编组形式	供电制式	供电方式(集中供电/分散供电)	信号制式	车地通信制式	通信系统传输方式(OTV/MSTP)	通信系统(涵盖子系统)	综合监控系统(涵盖系统)	自动售票机台数(台)	备注
11	杭州	杭州市地铁集团有限公司	杭州地铁3号线	52.9	AH	72	80	4M2T	DC 1500V接触网供电	集中供电	CBTC	/	/	传输、无线、电话、PIS、时钟、广播、视频监控	FAS/BAS/ACS/气灭/ISCS	308	建设中
		杭州市地铁集团有限公司	杭州地铁4号线	20.8	B2	30	80	4M2T	DC 1500V接触网供电	集中供电	CBTC	LTE	MSTP(内嵌RPR)	传输、无线、电话、PIS、时钟、广播、视频监控	FAS/BAS/ACS/气灭/ISCS	167	
12	青岛	青岛地铁集团有限公司	青岛地铁3号线	24.909	B1	初期24列,增购项目21列	80	4M2T	DC1500V接触轨供电	分散供电	CBTC	WLAN	MSTP	传输、电话、无线、广播、cctv、pis、oa、时钟、集中告警、无限引入、综合网管、公安安防	BAS、PSCADA、ACS、场段安防	211	
		青岛地铁集团有限公司	青岛地铁2号线	25.18	B1	初期25列,增购项目19列	80	4M2T	DC1500V接触轨供电	分散供电	CBTC	WLAN	MSTP	传输、电话、无线、广播、cctv、pis、oa、时钟、集中告警、无限引入、综合网管、公安安防	BAS、PSCADA、ACS、场段安防	183	

续表

序号	城市	运营公司名称	线路/项目名称	线路全长(km)	车型	列车数量(列)	速度等级(km/h)	编组形式	供电制式	供电方式(集中供电/分散供电)	信号制式	车地通信制式	通信系统传输方式(OTN/MSTP)	通信系统(涵盖子系统)	综合监控系统(涵盖系统)	自动售票机台数(台)	备注
12	青岛	青岛地铁集团有限公司	青岛地铁11号线	59.2	B1	40	120	2M2T	DC1500V接触轨供电	分散供电	CBTC	WLAN	MSTP	传输、电话、无线、广播、cctv,pis,oa、时钟、集中告警、无限引入、综合网管、公安安防	BAS,PSCADA,ACS,场段安防	116	
13	郑州	郑州地铁集团有限公司	郑州地铁1号线	41.207	B2	55	80	4M2T	DC 1500V接触网供电	集中供电	CBTC	WLAN	MSTP	专用传输、专用无线、PIS、电话、广播、时钟、CCTV、集中告警、LTE	ISCS/BAS/ACS	308	
		郑州地铁集团有限公司	郑州地铁2号线	20.649	B2	41	80	4M2T	DC 1500V接触网供电	集中供电	CBTC	WLAN	MSTP	专用传输、专用无线、PIS、电话、广播、时钟、CCTV、专用电源、集中告警	ISCS/BAS/ACS	151	

续表

序号	城市	运营公司名称	线路/项目名称	线路全长(km)	车型	列车数量(列)	速度等级(km/h)	编组形式	供电制式	供电方式(集中供电/分散供电)	信号制式	车地通信制式	通信系统传输方式(OTN/MSTP)	通信系统(涵盖子系统)	综合监控系统(涵盖系统)	自动售票机台数(台)	备注
13	郑州	郑州地铁集团有限公司	郑州地铁郑城线(9号线)	31.7	B2	33	100	4M2T	DC 1500V 接触网供电	集中供电	CBTC	WLAN	MSTP	专用传输、专用无线、电话、PIS、时钟、广播、CCTV、专用电源、集中告警	ISCS/BAS/ACS	131	已开通(一期)
14	西安	西安市地下铁道有限责任公司	西安地铁1号线	24.807	B	42	80	3M3T	DC 1500V 接触网供电	集中供电	CBTC	WLAN 802.11g	增强型MSTP	传输、无线、电话、视频监视、广播、OA、时钟、集中告警、通信电源、PIS	FAS/BAS/PSCADA	195	
		西安市地下铁道有限责任公司	西安地铁2号线	26.133	B	47	80	3M3T	DC 1500V 接触网供电	集中供电	CBTC	WLAN 802.11g	增强型MSTP	传输、无线、电话、视频监视、广播、OA、时钟、集中告警、通信电源、PIS	FAS/BAS/PSCADA	257	

续表

序号	城市	运营公司名称	线路项目名称	线路全长（km）	车型	列车数量（列）	速度等级（km/h）	编组形式	供电制式	供电方式（集中供电/分散供电）	信号制式	车地通信制式	通信系统传输方式（OTN/MSTP）	通信系统（涵盖子系统）	综合监控系统（涵盖系统）	自动售票机台数（台）	备注
14	西安	西安市地下铁道有限责任公司	西安地铁3号线	38.031	B	41	80	4M2T	DC 1500V 接触网供电	集中供电	CBTC	WLAN 802.11g	增强型MSTP	传输、无线、电话、视频监视、广播、时钟、OA、集中告警、通信电源、PIS	FAS/BAS/PSCADA	245	
		西安市地下铁道有限责任公司	西安地铁4号线	34.43	B	45	80	4M2T	DC 1500V 接触网供电	集中供电	CBTC	LTE, EUHT	增强型MSTP	传输、无线、视频监视、广播、电话、时钟、OA、集中告警、通信电源、PIS	FAS/BAS/PSCADA	284	已开通28座车站，其中火车站暂未开通
15	昆明	昆明轨道交通集团有限公司	昆明地铁首期工程	41.94	B1	40列	100	4M2T	DC 750V 接触轨供电	集中供电	CBTC	WLAN	MSTP	传输、无线、PIS、电话、时钟、广播、视频	FAS/BAS/PSCADA/门禁/ISCS	304	

续表

序号	城市	运营公司名称	线路/项目名称	线路全长(km)	车型	列车数量(列)	速度等级(km/h)	编组形式	供电制式	供电方式(集中供电/分散供电)	信号制式	车地通信制式	通信系统传输方式(OTN/MSTP)	通信系统(涵盖子系统)	综合监控系统(涵盖系统)	自动售票机台数(台)	备注
15	昆明	昆明轨道交通集团有限公司	昆明地铁1号线支线	5.337	B1	6列	100	4M2T	DC 750V 接触轨供电	集中供电	CBTC	WLAN	MSTP	传输、无线、电话、PIS、时钟、广播、视频	FAS/BAS/PSCADA/门禁/ISCS	67	
		昆明轨道交通集团有限公司	昆明地铁3号线工程	23.4	B1	30列	80	4M2T	DC 750V 接触轨供电	集中供电	CBTC	WLAN	MSTP	传输、无线、电话、PIS、时钟、广播、视频	FAS/BAS/PSCADA/门禁/ISCS	180	
		昆明轨道交通集团有限公司	昆明地铁6号线一期	18.01	B1	6列	100	4M2T	DC 750V 接触轨供电	集中供电	CBTC	WLAN	MSTP	传输、无线、电话、PIS、时钟、广播、视频	FAS/BAS/PSCADA/门禁/ISCS	37	
16	宁波	宁波轨道交通集团有限公司	宁波轨道1号线	46.392	B	37	80	4M2T	DC 1500V 接触网供电	集中供电	CBTC	2.4G通信(波导管)	SDH	传输、专用无线、电话、PIS、视频监控、广播、时钟、集中告警	FAS/BAS/PSCADA	206	
		宁波轨道交通集团有限公司	宁波轨道2号线一期	28.350	B	24	80	4M2T	DC 1501V 接触网供电	集中供电	CBTC	2.4G通信(波导管)	SDH	传输、专用无线、电话、PIS、视频监控、广播、时钟、集中告警	FAS/BAS/PSCADA	167	

续表

序号	城市	运营公司名称	线路/项目名称	线路全长（km）	车型	列车数量（列）	速度等级（km/h）	编组形式	供电制式	供电方式（集中供电/分散供电）	信号制式	车地通信制式	通信系统传输方式（OTN/MSTP）	通信系统（涵盖子系统）	综合监控系统（涵盖系统）	自动售票机台数（台）	备注
17	沈阳	沈阳地铁集团有限公司	沈阳地铁一号线	27.144	B2	33	80	3M3T	DC 1500V 接触网供电	集中供电	CBTC	WLAN	MSTP	传输、专用电话、无线、PIS、CCTV、广播、时钟、综合布线、公安视频	—	175	
		沈阳地铁集团有限公司	沈阳地铁二号线	31.878	B2	31	80	3M3T	DC 1500V 接触网供电	集中供电	CBTC	WLAN	MSTP	传输、专用电话、无线、PIS、CCTV、广播、时钟、综合布线、公安视频	—	191	
18	无锡	无锡地铁集团有限公司	无锡地铁1号线	29.42	B1	23	80	4M2T	DC 1500V 接触轨供电	集中供电	CBTC	WLAN	内嵌 RPR 的 MSTP	传输、无线、电话、PIS、时钟、广播	BAS	223	
		无锡地铁集团有限公司	无锡地铁2号线	26.6	B1	23	80	4M2T	DC 1500V 接触轨供电	集中供电	CBTC	WLAN	内嵌 RPR 的 MSTP	传输、无线、电话、PIS、时钟、广播	BAS	170	

续表

序号	城市	运营公司名称	线路/项目名称	线路全长(km)	车型	列车数量(列)	速度等级(km/h)	编组形式	供电制式	供电方式(集中供电/分散供电)	信号制式	车地通信制式	通信系统传输方式(OTV/MSTP)	通信系统(涵盖子系统)	综合监控系统(涵系统)	自动售票机台数(台) 备注
19	长沙	长沙市轨道交通集团有限公司	长沙地铁2号线一期工程	21.925	B2	16	80	4M2T	DC 1500V接触网供电	分散供电	CBTC	信号:WLAN PIS:DVB-T	MSTP	传输、无线、电话、PIS、时钟、广播、视频	FAS/BAS/PSCADA	183
		长沙市轨道交通集团有限公司	长沙地铁2号线西延一期工程	4.449	B2	16	80	4M2T	DC 1500V接触网供电	分散供电	CBTC	信号:WLAN PIS:DVB-T	MSTP	传输、无线、电话、PIS、时钟、广播、视频	FAS/BAS/PSCADA	35
		长沙市轨道交通集团有限公司	长沙地铁1号线一期工程	23.55	B2	23	80	4M2T	DC 1500V接触网供电	分散供电	CBTC	信号:WLAN PIS:DVB-T	MSTP	传输、无线、电话、PIS、时钟、广播、视频	FAS/BAS/PSCADA	205
20	南昌	南昌轨道交通集团有限公司	南昌地铁1号线	28.8	B2	27	80	4M2T	DC 1500V接触网供电	集中供电	CBTC	IEEE 802.11跳频扩频	MSTP	传输、无线、PIS、电话、时钟、广播、视频、集中告警	FAS/BAS/PSCADA	181
		南昌轨道交通集团有限公司	南昌地铁2号线首通段	19.6	B2	22	80	4M2T	DC 1500V接触网供电	集中供电	CBTC	IEEE 802.11跳频扩频	MSTP	传输、无线、PIS、电话、时钟、广播、视频、集中告警	FAS/BAS/PSCADA	169

续表

序号	城市	运营公司名称	线路/项目名称	线路全长（km）	车型	列车数量（列）	速度等级（km/h）	编组形式	供电制式	供电方式（集中供电/分散供电）	信号制式	车地通信制式	通信系统传输方式（OTN/MSTP）	通信系统（涵盖子系统）	综合监控系统（涵盖系统）	自动售票机台数（台）	备注
21	东莞	东莞市轨道交通有限公司	东莞城市快速轨道交通R2线工程（东莞火车站—东莞虎门站段）	37.8	B型	20	120	4M2T	DC1501V接触网供电	分散供电	CBTC	WLAN	OTN	传输、专用无线、电话、视频会议、CCTV广播子系统、时钟、集中告警	PSCADA、BAS、FAS、TFDS、EFAS、SIG、PSD、ACS、AFC、FG、PA、CCTV、PIS、CLK、ALM	181	
22	佛山	佛山市轨道交通发展有限公司	广佛线二期	6.678	B2	36	80	4M2T	DC1500V接触网供电	集中供电	CBTC	WLAN	OTN	传输、无线、PIS、电话、广播、时钟、视频、计算机网络	FAS/BAS/PSCADA	36	
23	厦门	厦门轨道交通集团有限公司	厦门地铁1号线	30.3	B2	40	最高80	4M2T	DC1500V接触网供电	集中供电	CBTC	LTE	增强型MSTP	传输、无线、PIS、电话、时钟、广播、视频	FAS/BAS/PSCADA	229	

续表

序号	城市	运营公司名称	线路/项目名称	线路全长（km）	车型	列车数量（列）	速度等级（km/h）	编组形式	供电制式	供电方式（集中供电/分散供电）	信号制式	车地通信制式	通信系统传输方式（OTN/MSTP）	通信系统（涵盖子系统）	综合监控系统（涵盖系统）	自动售票机台数（台）	备注
24	福州	福州地铁集团有限公司	福州地铁1号线（一期）	24.89	B1	28	80	4M2T	DC 1500V接触网供电	集中供电	CBTC	信号:WLAN;通信车地无线:DVB-T	专用、民用、公安均是MSTP	传输、电话、无线、视频、广播、时钟、乘客信息、计算机网络、集中告警系统、公安安防	PSCADA/BAS/FAS/PSD/FG	196台	
25	哈尔滨	哈尔滨地铁集团有限公司	哈尔滨地铁1号线一、二期	17.482	B2	17	80	4M2T	DC 1500V接触网供电	集中供电	轨道电路	WLAN	MSTP	传输、无线、PIS、电话、广播、时钟、视频	FAS/BAS/SCADA	156	
		哈尔滨地铁集团有限公司	哈尔滨地铁3号线一期	5.447	B2	4	80	4M2T	DC 1500V接触网供电	集中供电	CBTC	LTE	MSTP+	传输、无线、PIS、电话、广播、时钟、视频	FAS/BAS/SCADA	61	
26	贵阳	贵阳市城市轨道交通集团有限公司	贵阳地铁1号线	35.1	B2	34	80	4M2T	DC 1500V接触网供电	集中供电	CBTC	WLAN	MSTP+	传输、无线、公专电话、PIS、时钟、广播、视频、综合UPS	FAS/BAS/AF/ACS	256	

续表

序号	城市	运营公司名称	线路/项目名称	线路全长（km）	车型	列车数量（列）	速度等级（km/h）	编组形式	供电制式	供电方式（集中供电/分散供电）	信号制式	车地通信制式	通信系统传输方式（OTN/MSTP）	通信系统（涵盖子系统）	综合监控系统（涵盖系统）	自动售票机台数（台）	备注
27	长春	长春市轨道交通有限公司	长春市轨道交通1号线	18.1	B	22	80	4M2T	DC1500V接触网供电	集中供电	CBTC	WLAN	增强型MSTP	传输、无线、电话、PIS、时钟广播、视频监视、集中告警、公安消防通信	FAS/BAS/ISCS/PSCADA	169	
		长春市轨道交通有限公司	长春市轨道交通2号线	20.5	B	21	80	4M2T	DC1500V接触网供电	集中供电	CBTC	LTE	MSTP（内嵌RPR）	传输、无线、电话、PIS、时钟广播、视频监视、集中告警、公安消防通信	FAS/BAS/ISCS/PSCADA	179	
		长春市轨道交通有限公司	长春市轨道交通3号线	31.9	C	54	70	4M2T/2M1T	DC750V接触网供电	分散供电	准移动闭塞	无	MSTP	传输、无线、电话、时钟、广播、视频监视、集中告警	FAS（车辆段）/PSCADA	0	

续表

序号	城市	运营公司名称	线路/项目名称	线路全长(km)	车型	列车数量(列)	速度等级(km/h)	编组形式	供电制式	供电方式(集中供电/分散供电)	信号制式	车地通信制式	通信系统传输方式(OTN/MSTP)	通信系统(涵盖子系统)	综合监控系统(涵盖系统)	自动售票机台数(台)	备注
27	长春	长春市轨道交通有限公司	长春市轨道交通4号线	16.3	C	21	70	4M2T	DC 750V 接触网供电	分散供电	准移动闭塞	无	MSTP(内嵌RPR)	传输、无线、电话、PIS、时钟、广播、视频监视、集中告警、公安消防通信	FAS/BAS/PSCADA	40	
		长春市轨道交通有限公司	长春市轨道交通8号线	13.3	C	17	70	4M2T	DC 750V 接触网供电	分散供电	CBTC	LTE	增强型MSTP	传输、无线、电话、PIS、时钟、广播、视频监视、集中告警	FAS(车辆段北环)/PSCADA	73	
28	成都	成都地铁运营有限公司	成都地铁1号线	41.01	B2	73	80	4M2T	DC 1500V 架空接触网供电	110/35kV两级电压集中式供电	CBTC	2.4G	MSTP	传输、无线、UPS电源、乘客信息、时钟、广播、视频监控、视频会议、集中告警	FAS/BAS/PSCADA	421	

续表

序号	城市	运营公司名称	线路/项目名称	线路全长（km）	车型	列车数量（列）	速度等级（km/h）	编组形式	供电制式	供电方式（集中供电/分散供电）	信号制式	车地通信制式	通信系统传输方式（OTN/MSTP）	通信系统（涵盖子系统）	综合监控系统（涵盖系统）	自动售票机数（台）	备注
28	成都	成都地铁运营有限公司	成都地铁2号线	42.4	B2	60	80	4M2T	DC 1500V 架空接触网供电	110/35kV 两级电压集中式供电	CBTC	2.4G	MSTP	传输、无线、电话、UPS电源、时钟、广播、视频监控、视频会议、集中告警	FAS/BAS/PSCADA	363	
		成都地铁运营有限公司	成都地铁3号线	20.325	B2	24	80	4M2T	DC 1500V 架空接触网供电	110/35kV 两级电压集中式供电	CBTC	2.4G	MSTP	传输、无线、电话、UPS电源、时钟、广播、视频监控、视频会议、集中告警	FAS/BAS/PSCADA	175	
		成都地铁运营有限公司	成都地铁4号线	43.52	B2	54	80	4M2T	DC 1500V 架空接触网供电	110/35kV 两级电压集中式供电	CBTC	2.4G	MSTP	传输、无线、电话、UPS电源、时钟、广播、视频监控、视频会议、集中告警	FAS/BAS/PSCADA	331	

续表

序号	城市	运营公司名称	线路/项目名称	线路全长（km）	车型	列车数量（列）	速度等级（km/h）	编组形式	供电制式	供电方式（集中供电/分散供电）	信号制式	车地通信制式	通信系统传输方式（OTN/MSTP）	通信系统（涵盖子系统）	综合监控系统（涵盖系统）	自动售票机台数（台）	备注
28	成都	成都地铁运营有限公司	成都地铁10号线	10.9	A	5	100	4M2T	DC 1500V 架空接触网供电	110/35kV 两级电压集中式供电	CBTC	2.4G	MSTP	传输、无线、电话、UPS电源、乘客信息、时钟、广播、视频监控、视频会议、集中告警	FAS/BAS/PSCADA	67	
		成都地铁运营有限公司	成都地铁7号线	38.618	A	44	80	4M2T	DC 1500V 架空接触网供电	110/35kV 两级电压集中式供电	CBTC	2.4G	MSTP	传输、无线、电话、UPS电源、乘客信息、时钟、广播、视频监控、视频会议、集中告警	FAS/BAS/PSCADA	247	
29	合肥	合肥城市轨道交通有限公司	合肥轨道交通1号线	24.58	B	26	80	4M2T	DC 1500V 接触网供电	集中供电	CBTC	WLAN	MSTP	传输、无线、电话、PIS、时钟、广播、视频监视	FAS/BAS/ACS	196	

续表

序号	城市	运营公司名称	线路/项目名称	线路全长（km）	车型	列车数量（列）	速度等级（km/h）	编组形式	供电制式	供电方式（集中供电/分散供电）	信号制式	车地通信制式	通信系统传输方式（OTN/MSTP）	通信系统（涵盖子系统）	综合监控系统（涵盖系统）	自动售票机台数（台）备注
29	合肥	合肥城市轨道交通有限公司	合肥轨道交通2号线	27.6	B	28	80	4M2T	DC 1500V接触网供电	集中供电	CBTC	WLAN	增强型MSTP	传输、无线、电话、PIS、时钟、广播、视频监视	FAS/BAS/ACS	200
30	石家庄	石家庄市轨道交通有限责任公司	石家庄地铁1号线	23.9	A型	25	80	4M2T	DC 1500V接触网供电	集中供电	CBTC	WLAN	MSTP	传输、无线、电话、PIS、时钟、广播、视频录音、集中告警、集中办公自动化、门禁	FAS/BAS/PSCADA/PQSS/气体灭火	233
		石家庄市轨道交通有限责任公司	石家庄地铁3号线首开段	6.372	A型	8	80	4M2T	DC 1500V接触网供电	集中供电	CBTC	WLAN	MSTP	传输、无线、电话、广播、PIS、时钟、集中视频录音、集中告警、集中办公自动化、门禁	FAS/BAS/PSCADA/PQSS/气体灭火	61

图书在版编目（CIP）数据

中国城市轨道交通技术装备发展报告. 2019 / 中国
城市轨道交通协会技术装备专业委员会主编. -- 北京：
社会科学文献出版社，2020.1
  ISBN 978 - 7 - 5201 - 5920 - 3

Ⅰ.①中… Ⅱ.①中… Ⅲ.①城市铁路 - 轨道交通 -
设备安装 - 技术发展 - 研究报告 - 中国 - 2019 Ⅳ.
①U239.5

中国版本图书馆 CIP 数据核字（2020）第 004688 号

中国城市轨道交通技术装备发展报告（2019）

主　　编 / 中国城市轨道交通协会技术装备专业委员会

出 版 人 / 谢寿光
责任编辑 / 张　超　吴云苓

出　　版 / 社会科学文献出版社·皮书出版分社（010）59367127
　　　　　　地址：北京市北三环中路甲 29 号院华龙大厦　邮编：100029
　　　　　　网址：www.ssap.com.cn
发　　行 / 市场营销中心（010）59367081　59367083
印　　装 / 三河市尚艺印装有限公司

规　　格 / 开　本：787mm × 1092mm　1/16
　　　　　　印　张：26　字　数：395 千字
版　　次 / 2020 年 1 月第 1 版　2020 年 1 月第 1 次印刷
书　　号 / ISBN 978 - 7 - 5201 - 5920 - 3
定　　价 / 158.00 元

本书如有印装质量问题，请与读者服务中心（010 - 59367028）联系